**DIE DAMEN**
Ona B.
Evelyne Egerer
Birgit Jürgenssen
Ingeborg Strobl
Lawrence Weiner

# DIE DAMEN

Ona B.
Evelyne Egerer
Birgit Jürgenssen
Ingeborg Strobl
Lawrence Weiner

ZEIT KUNST NIEDERÖSTERREICH
Landesgalerie für zeitgenössische Kunst
St. Pölten | Krems

VERLAG *für* MODERNE KUNST

KULTUR
NIEDERÖSTERREICH

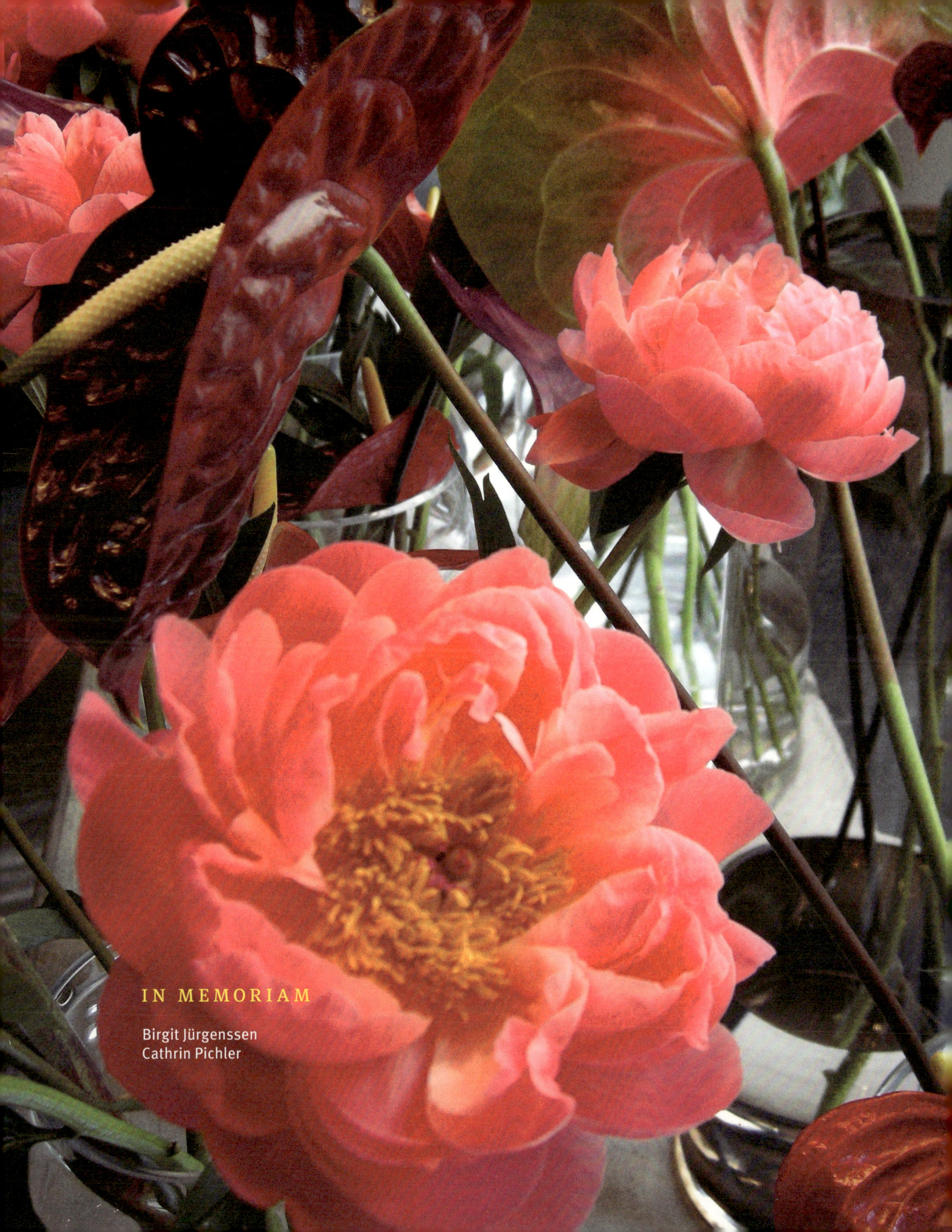
IN MEMORIAM

Birgit Jürgenssen
Cathrin Pichler

# Inhalt

## Contents

# Prolog

---

## Prologue

ALEXANDRA SCHANTL

Als Ona B., Evelyne Egerer, Birgit Jürgenssen und Ingeborg Strobl als DIE DAMEN zusammen in Erscheinung traten, waren die vier bereits teamworkerprobt. Dass die erste gemeinsame künstlerische Tat der DAMEN ausgerechnet in der Produktion einer Postkarte bestand, die am 8. Jänner 1988 unter dem Titel *Aus gegebenem Anlaß* mit großem Tamtam präsentiert wurde, erscheint in Anbetracht der Vorgeschichte des Quartetts durchaus plausibel. Denn die Postkarte als künstlerisches Medium hatte bereits bei früheren Gemeinschaftsprojekten der nachmaligen DAMEN-Mitglieder eine zentrale Rolle gespielt.

Zu erwähnen ist zunächst die von Ona B. und Walter Berger gegründete phoenix production. Unter diesem Namen verschickten die beiden Künstler, die sich bis dahin vorwiegend der Malerei gewidmet hatten, ab 1980 in loser Folge gedruckte Postkarten mit irritierenden Bild-Text-Botschaften, deren Adressatenkreis abhängig vom Thema variierte. Den Prinzipien der Mail-Art folgend, artikulierten diese aufgrund der komplexen Beziehung zwischen Wort- und Bildaussage mehrdeutigen Mitteilungen eine subtile Kritik an der

When Ona B., Evelyne Egerer, Birgit Jürgenssen, and Ingeborg Strobl made their first appearance as DIE DAMEN, the four women artists already knew what working together was about. Considering the quartet's early history, it comes as no surprise that its first joint act consisted in the production of a postcard, presented under the title *Aus gegebenem Anlaß (In View of the Occasion)* with much ballyhoo on January 8, 1988, as postcards had already played a central role as an artistic medium in former joint projects of its later members.

Mention has to be made of *phoenix production* founded by Ona B. and Walter Berger. It was under this name that the two artists, who had dedicated themselves primarily to painting until then, sporadically dispatched printed postcards with irritating image and text messages from 1980 on, whose circle of addressees varied depending on the subject. Following the principles of Mail Art, these messages, whose ambiguity derived from the complex relationship between text and image,

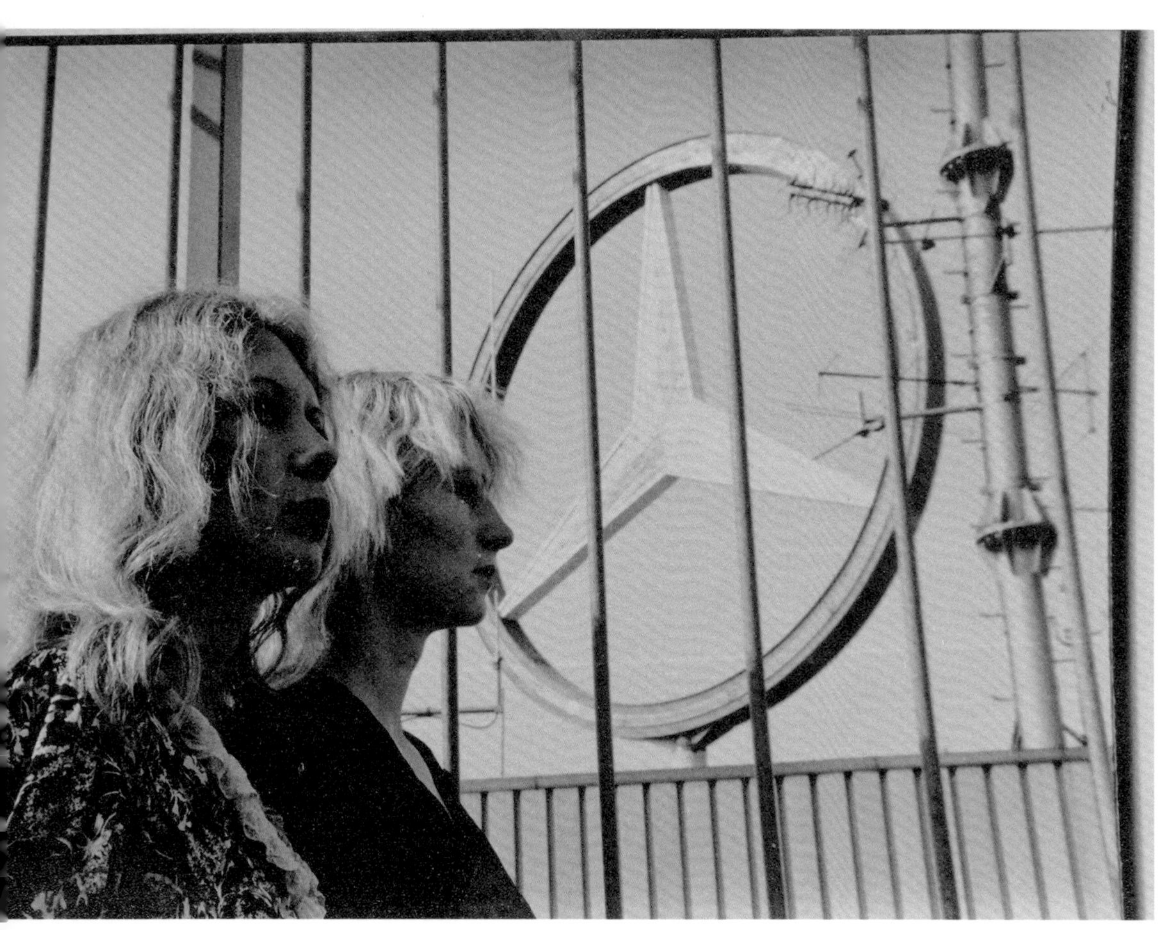

↑
Susanne Kibler (alias Ona B.)
und Evelyne Egerer, Berlin,
1980
———
Susanne Kibler (alias Ona B.)
and Evelyne Egerer, Berlin,
1980

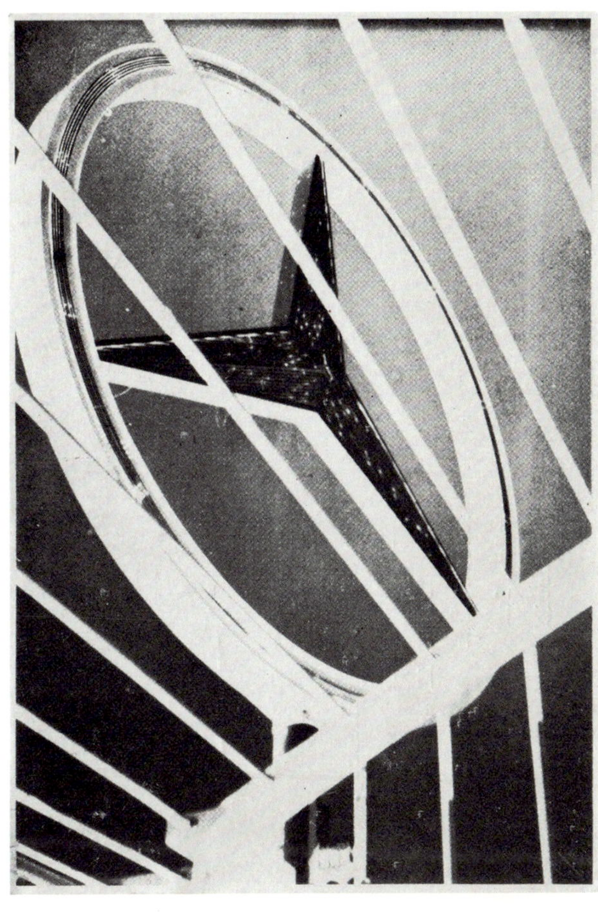

### BEWEGUNG BLAUWEISS
### DISTANZ NULL

↑ →

Morgen Grauen Produktion,
Susanne Kibler (alias Ona B.)
und Evelyne Egerer: BEWEGUNG
BLAUWEISS DISTANZ NULL, 1980
Postkarte

———

Morgen Grauen Produktion,
Susanne Kibler (alias Ona B.) and
Evelyne Egerer: MOVEMENT BLUE-
WHITE DISTANCE ZERO, 1980
Postcard

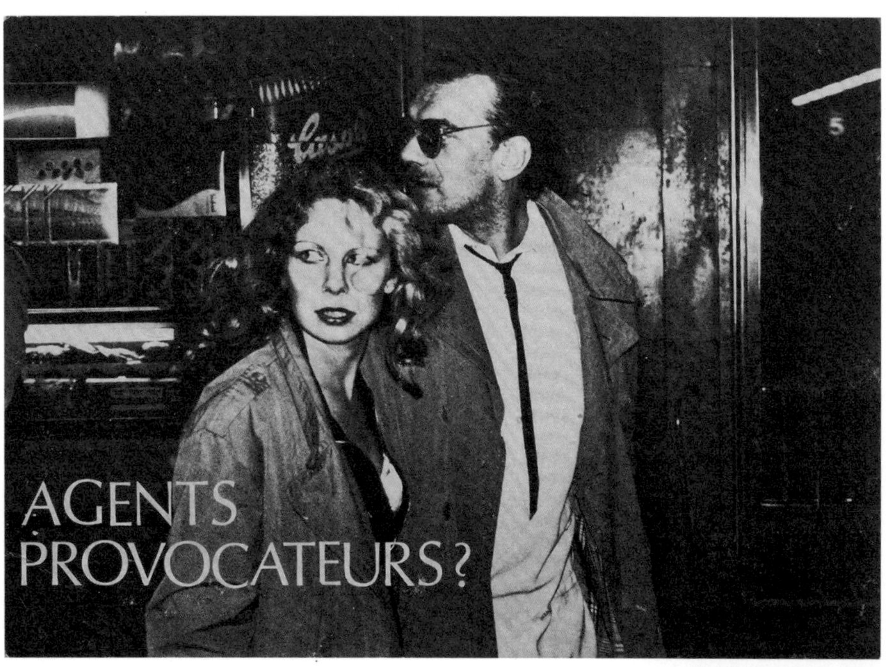


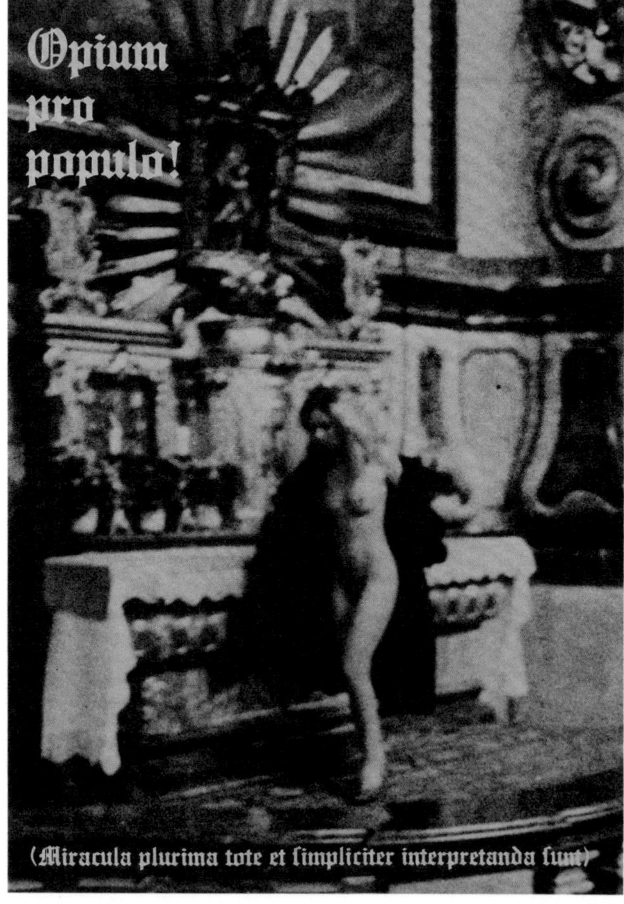


↑

phoenix production
(W. Berger und Ona B.):
*rechtsmetamorphose mit
linken methoden,* Morgen
Grauen Ansichtskarte, 1981
Postkarte, 10,5 × 14,8 cm

———

phoenix production
(W. Berger and Ona B.): *right-
wing metamorphosis with
left-wing methods,* Morgen
Grauen Ansichtskarte, 1981
Postcard, 10.5 × 14.8 cm

→

phoenix production
(W. Berger und Ona B.):
*Opium für's Volk! (die meisten
Wunder lassen sich ganz
natürlich erklären),* 1986
Postkarte, 10,5 × 14,8 cm

———

phoenix production
(W. Berger and Ona B.):
*Opium for the People! (most
miracles have a completely
natural explanation),* 1986
Postcard, 10.5 × 14.8 cm

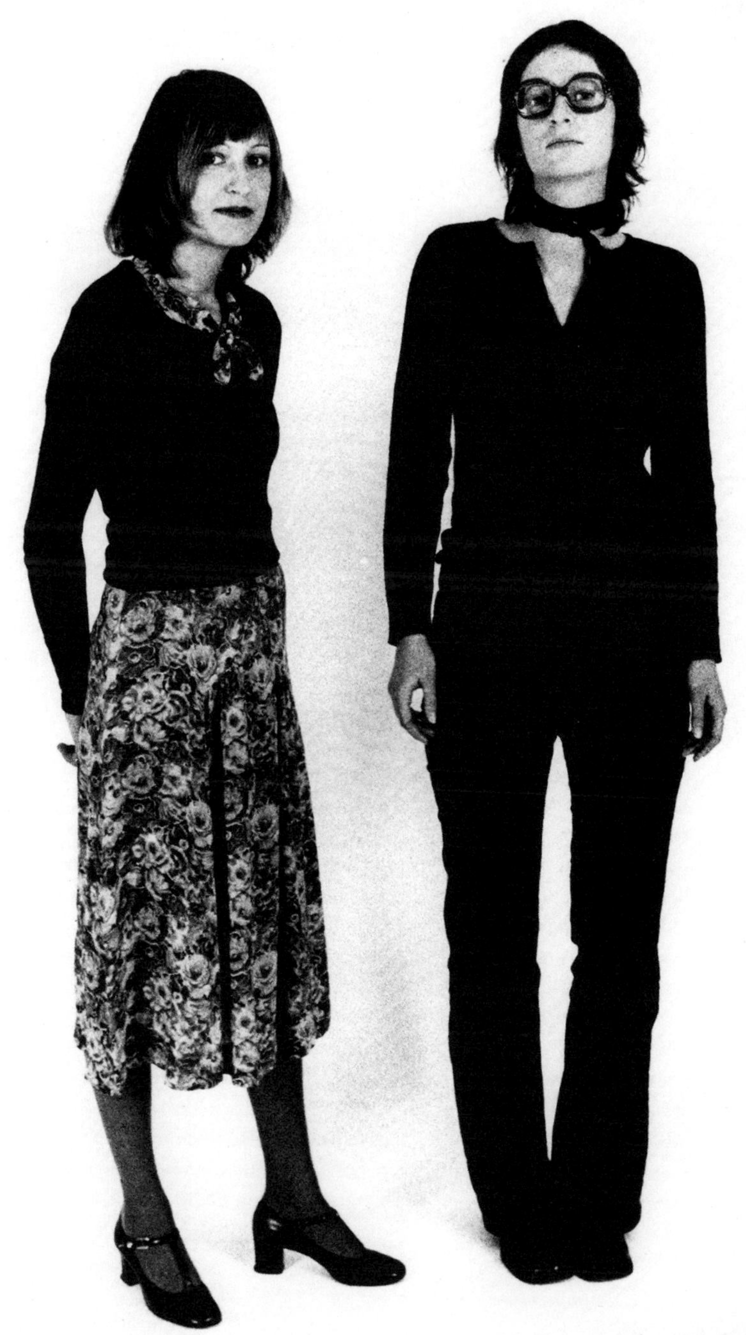



Pressefoto für die erste
gemeinsame Ausstellung
von Birgit Jürgenssen und
Ingeborg Strobl im Forum
Stadtpark, Graz, 1972

———

Press photograph for the
first joint exhibition of Birgit
Jürgenssen and Ingeborg
Strobl, Forum Stadtpark,
Graz, 1972

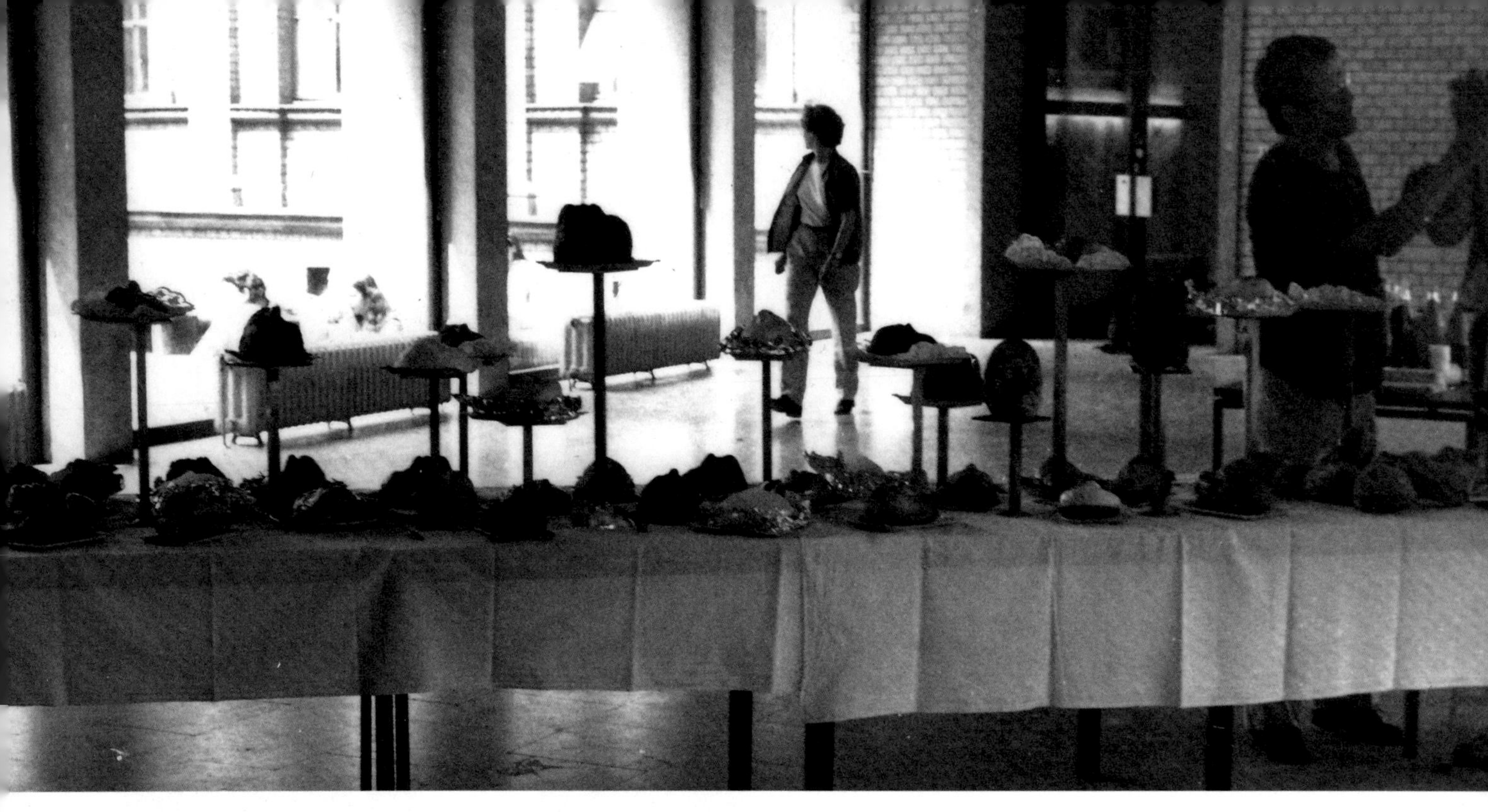



gesellschaftlichen Realität, die für den Empfänger eine Denkaufgabe darstellen sollte. Für die Sujets – der Glaubwürdigkeit zuliebe immer Fotografien – setzte sich das Künstlerpaar, einzeln oder zu zweit, gelegentlich selbst in Szene. So etwa für die *Morgen Grauen Ansichtskarte* (1981) als Agents Provocateurs einer „rechtsmetamorphose mit linken methoden", ein Auftrag, der die beiden, wie ihre argwöhnischen Blicke nahelegen, in ein Wechselspiel von Verrat und Verratenwerden verstrickt, sodass ihnen vor dem kommenden Morgen graut.

*Morgen Grauen Produktion* wiederum war der Arbeitstitel, unter dem Ona B. und Evelyne Egerer im August 1980 am Ende ihres gemeinsamen Aufenthalts in Berlin eine Schwarz-Weiß-Postkarte produzieren ließen. Während die Vorderseite nichts anderes als die Großaufnahme eines Mercedes-Sterns zeigt, ist rückseitig die lapidare Botschaft „BEWEGUNG BLAUWEISS DISTANZ NULL" aufgedruckt. Die kryptische Mail-Art-Aktion war für die beiden jungen Künstlerinnen – nicht zuletzt in monetärer Hinsicht – der Schlusspunkt eines aufregenden Sommers in (West-)Berlin, jener Stadt, in der damals wie heute in Sachen Kunst die Post abging. Von den Hausbesetzungen in Kreuzberg über Oswald Wieners Szenelokale Exil und Ax Bax bis zu durchtanzten Nächten im Dschungel – nichts

articulated a subtle criticism of social reality by confronting the addressees with brainteasers. For the sake of plausibility, the artists always used photographs for their subjects, occasionally posing for the pictures themselves, separately or together. For their *Morgen Grauen Ansichtskarte* (1981), for example—its title playing on the double meaning of "Morgen Grauen" ("morning horror," "dawn")—they presented themselves as the agents provocateurs of a "right-wing metamorphosis with left-wing methods," a challenge which ensnared them, as their suspicious looks suggest, in an interplay of betraying and being betrayed that made them shudder in anticipation of the coming morning.

*Morgen Grauen Produktion* was the working title under which Ona B. and Evelyne Egerer had a black-and-white postcard produced toward the end of the time they spent in Berlin together in August 1980. While the front shows nothing but the close-up of a Mercedes star, the terse message "BEWEGUNG BLAUWEISS DISTANZ NULL" (MOVEMENT BLUE-WHITE DISTANCE ZERO) is printed on the back. This cryptic piece of Mail Art marked—not least in monetary terms—the end of the two young artists' exciting summer in West

von alledem wollten sich Ona B. und Evelyne Egerer entgehen lassen, und dafür versuchten sie tagsüber in den abstrusesten Jobs mit eher mäßigem Erfolg Geld zu verdienen. Das der *Morgen Grauen Produktion* zugrunde liegende Foto entstand zu einem Zeitpunkt, als die beiden völlig abgebrannt waren, auf einem Hochhaus im Herzen Westberlins, das von dem blau-weiß angestrahlten und von einer Selbstmörderschutzabsperrung umgebenen Statussymbol der Bourgeoisie gekrönt wurde.

Ein gewisser Hang zu makaberem Humor hatte sich schon bei der von Evelyne Egerer, Susanne Kibler (alias Ona B.) und Angela Koch initiierten Eat-Art-Aktion *Zum Fressen gern* bemerkbar gemacht, die am 29. Mai 1980 in der Aula der Hochschule (heute Universität) für angewandte Kunst in Wien stattfand. Mit einem Plakat, das sie mit wehenden Haaren im Profil zeigte, luden die drei Künstlerinnen zur Mittagszeit zu einem auf einer langen Tafel appetitlich angerichteten Buffet, dessen Besonderheit darin bestand, dass alle kredenzten und von ihnen selbst zubereiteten Speisen (Leberkäse, Sulz, Gebäck, Kuchen etc.) die Form ihrer Gesichter hatten. Geprägt von den Gepflogenheiten bei Vernissagen, die dazumal oft mehr wegen der reichhaltigen Buffets als aus Interesse an der Kunst besucht wurden, strömten pünktlich zu „high noon" Studenten und Professoren herbei, um die in diesem Fall ja tatsächlich essbare Kunst zu bewundern. Prof. Herbert Tasquil hielt die obligate Rede und schnitt das erste „Gesicht" an. Darauf gab es kein Halten mehr: In einer geradezu kannibalischen Orgie wurden alle „Gesichter" innerhalb kürzester Zeit zerstört und verspeist.

Ein paar Jahre später stellte Evelyne Egerer zusammen mit Ingeborg Strobl aus (1986 in der

Berlin, the city where things were really happening when it came to art as they still do. From the squats in Kreuzberg to Oswald Wiener's hotspots *Exil* and *Ax Bax* to nights danced away in the *Dschungel*: Ona B. and Evelyne Egerer did not want to miss out on anything, which is why they, with rather moderate success, tried to make some money in the most abstruse jobs by day. The photograph for *Morgen Grauen Produktion* was shot at a time when the two were completely broke; the scene is the top of a highrise in the heart of West Berlin crowned by the bourgeoisie's status symbol illuminated in blue and white and surrounded by a suicide barrier.

The Eat Art performance *Zum Fressen gern (Loving to Bits)* initiated by Evelyne Egerer, Susanne Kibler (alias Ona B.), and Angela Koch, staged in the auditorium of today's University of Applied Arts in Vienna on May 29, 1980, already revealed a penchant for macabre humor. A poster showing a profile view of the three artists with fluttering hair invited people to a midday buffet appetizingly arranged on a long banquet table: the buffet's peculiarity was that all dishes prepared and offered by the artists (meat loaf, headcheese, bread rolls, cakes, etc.) were molded after their faces. Informed by the order of usual exhibition openings, whose visitors were more often than not interested in the substantial buffet rather than in the artworks presented, students and professors flocked to the scene at high noon sharp to admire the actually eatable works. Prof. Herbert Tasquil held the inevitable speech and cut the first "face," after which there was no holding the public: all "faces" were destroyed and devoured in an almost cannibalistic orgy.

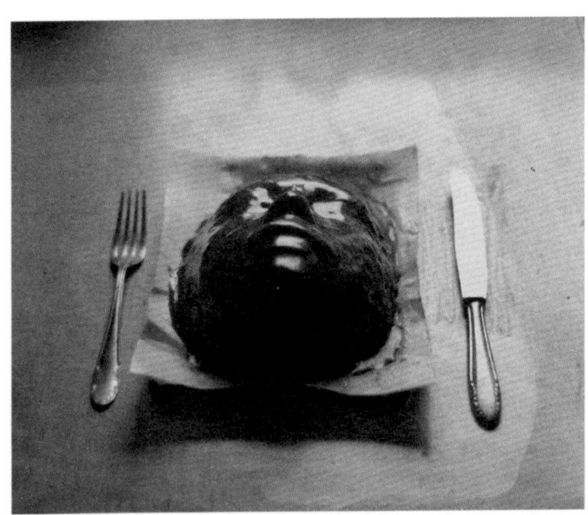
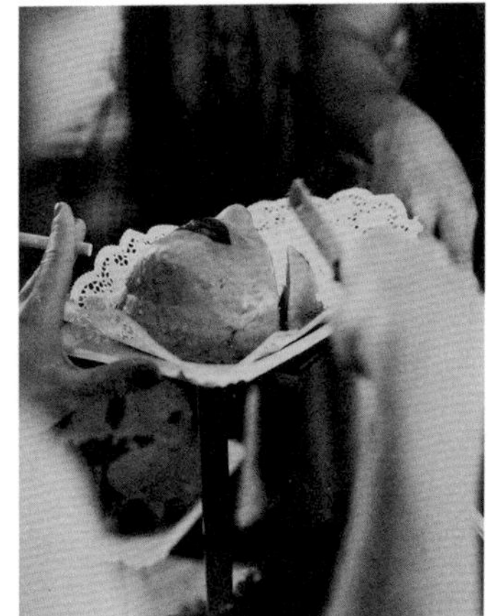
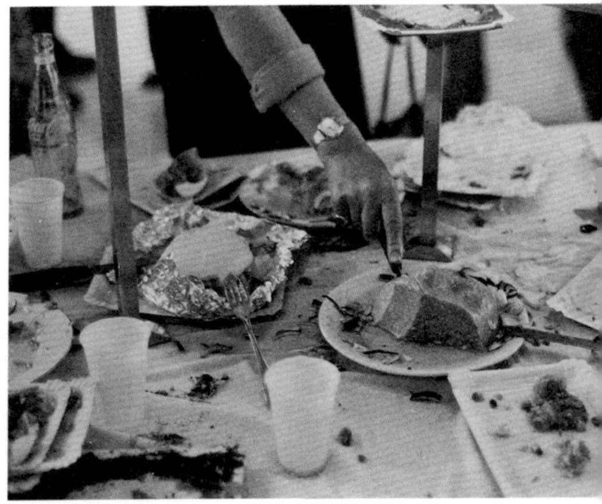

Galerie Altnöder in Salzburg und 1987 in der Galerie Carinthia in Klagenfurt), wobei es sich jeweils um eine Präsentation zweier unabhängiger Positionen handelte. Gemeinsamer Bezugspunkt der Künstlerinnen war die Wiener Galerie Grita Insam, die damals beide vertrat und im Jänner 1987 auch das perfekte Forum für eine im Wesentlichen auf den Eröffnungsabend konzentrierte Gemeinschaftsarbeit bot, eine ironische Überhöhung der hohlen Rituale des Kunstbetriebes. Passend zum Fasching zierten Egerers und Strobls Konterfeis – mit Brille, langer Nase und Bart vermännlicht – die Außenseiten der aufklappbaren Einladung im klassischen Postkartenformat, die im Inneren mit den Worten „Alles ist gut alles ist schön" das Motto des Abends verkündete. Dementsprechend wurden die Vernissagegäste mit live vorgetragener Fagottmusik berieselt und bekamen von einem grazil agierenden Kellner delikate Brötchen serviert. Den Besuchern präsentierten sich zwei schön verarbeitete hohe Holzpodeste, auf denen Teddybären mit roten Pappnasen einander gegenübersaßen; einer war eingegipst, der andere thronte auf einem Leopardenfellimitat. Die als subtil-tragisches Alter Ego der Künstlerinnen zu interpretierenden Tierchen waren, wie der Presseaussendung zu entnehmen ist, als „dezente Bemerkungen zur eigenen Lage" gemeint.

Mit der gleichaltrigen, 2003 verstorbenen Birgit Jürgenssen verbanden Ingeborg Strobl zwar die gemeinsame Studienzeit an der Hochschule für angewandte Kunst und eine lange währende Freundschaft, aber im Hinblick auf die künstlerische Vita lediglich die für beide erste Ausstellung, die 1972, im Jahr ihres Diplomabschlusses, im Forum Stadtpark in Graz stattfand. Ona B. und Evelyne Egerer wiederum kannten Birgit Jürgenssen natürlich auch von ihrem Studium an der „Angewandten". Zur epochalen Begegnung aller vier DAMEN kam es dennoch erst 1987 bei einem von den Künstlerinnen als unbefriedigend wahrgenommenen Symposium zum Thema „Kunst und Wirtschaft", über das – allen Anstrengungen zum Trotz – bis heute nichts Näheres in Erfahrung gebracht werden konnte.

Alles andere aber, was Sie schon immer über DIE DAMEN wissen wollten, erfahren Sie in der vorliegenden Publikation. Lesen Sie einfach weiter!

A few years later, the Altnöder Gallery in Salzburg and the Carinthia Gallery in Klagenfurt presented Evelyne Egerer's and Ingeborg Strobl's works together as two independent positions in 1986 and 1987, respectively. The two artists' common reference point was the Grita Insam Gallery in Vienna, which represented both of them at the time and in January 1987 offered the perfect platform for a joint project that primarily centered on the opening night and ironically aggrandized the art scene's hollow rituals. Fitting the carnival time, Egerer's and Strobl's likenesses—masculinized by glasses, a long nose, and a beard—adorned the outside of the fold-out invitation in the traditional postcard format, while its inside proclaimed the motto of the evening: "Everything's good, everything's beautiful." The guests of the opening were correspondingly subjected to a constant background of live bassoon music and served delicious bread rolls by a gracefully moving waiter. Visitors were confronted with two beautifully executed high wooden pedestals on which teddy bears with red false noses sat facing each other; one of the two teddies had a plaster cast, the other was enthroned on a fake leopard skin. As suggested in the press release, the stuffed animals, which were to be read as the artists' subtly tragic alter egos, were intended as "a discreet comment" on the artists' situation.

Ingeborg Strobl and Birgit Jürgenssen, who was born the same year as Strobl and died in 2003, had both studied at the College of Applied Arts and were bound by a long-standing friendship. Yet, regarding their curricula as artists, they only shared their first exhibition in the Forum Stadtpark in Graz in 1972, the year they did their diploma. Ona B. and Evelyne Egerer also knew Birgit Jürgenssen from their student days at the College of Applied Arts. The momentous encounter of the four DAMEN did not take place before 1987 when they met at a symposium dedicated to the subject of "Art and Business," which they found unsatisfactory and about which no details could be ascertained to this date despite all efforts undertaken.

Yet everything else you always wanted to know about DIE DAMEN, is comprised in the present publication. Just keep on reading!

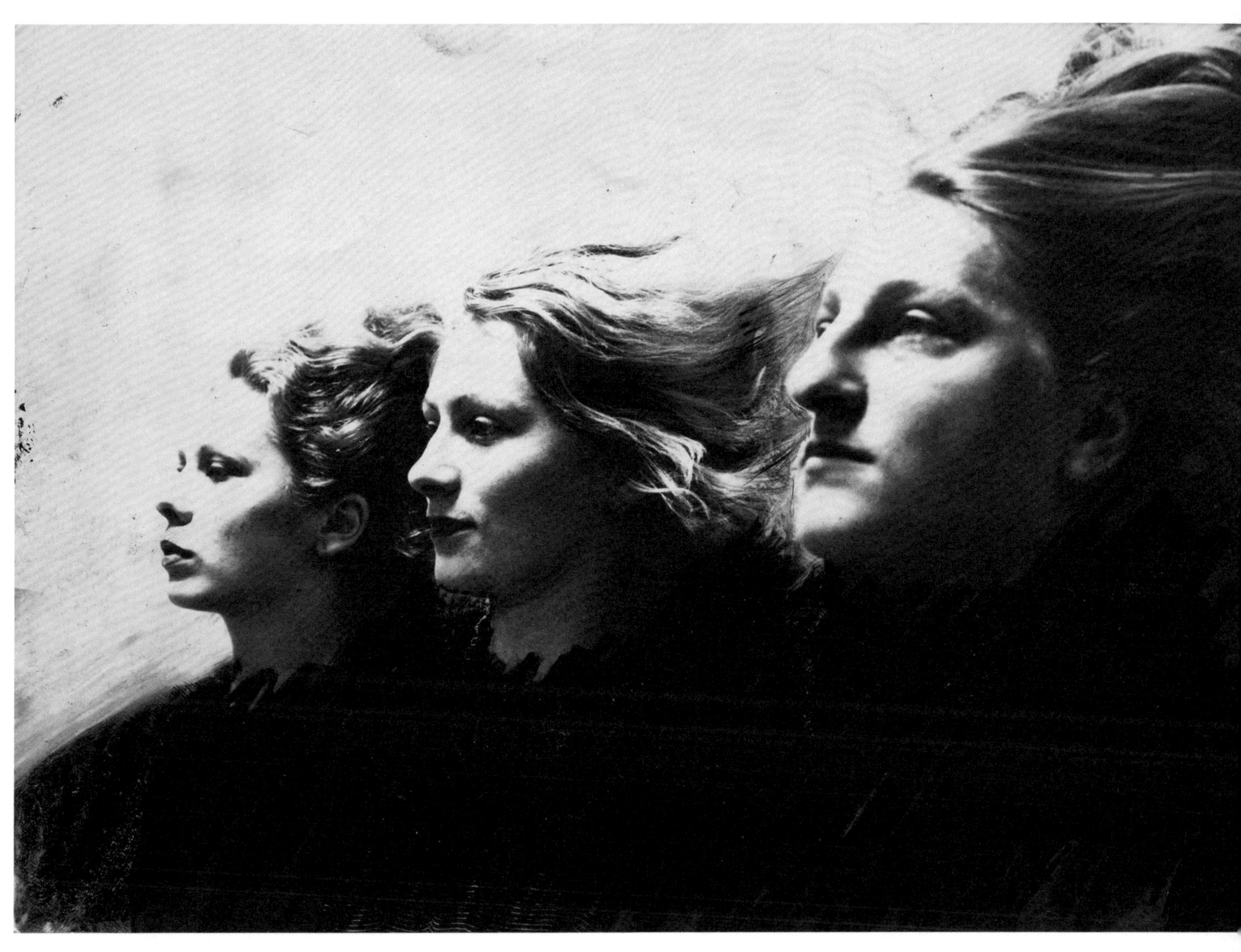


Vorarbeit zum Plakat
*Zum Fressen gern,* 1980
Gelatinesilberabzug,
Retusche, 12,5 × 17,7 cm

———

Preparatory work for the
poster *Loving to Bits,* 1980
Gelatin silver print,
retouched, 12.5 × 17.7 cm

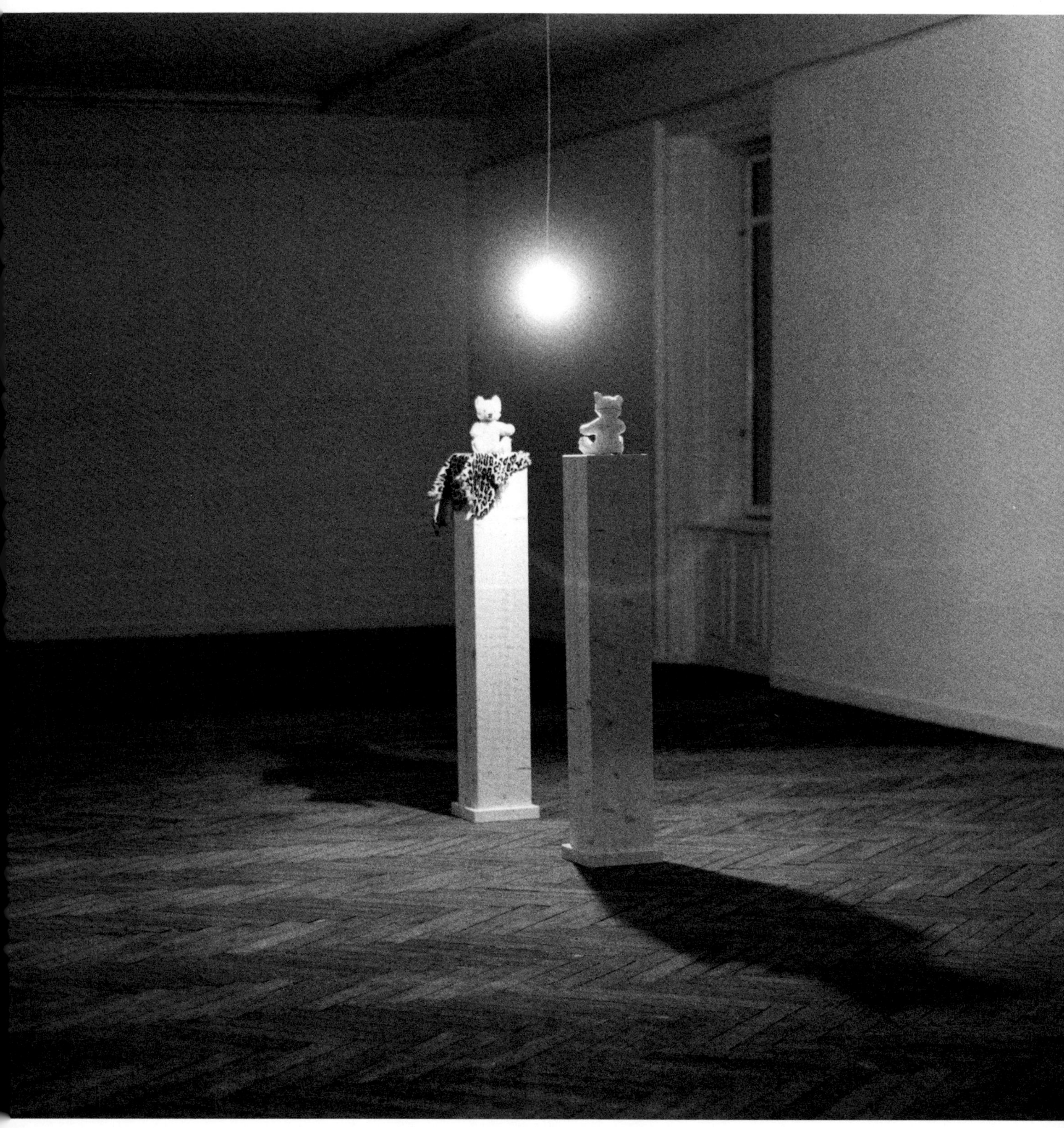

Evelyne Egerer und
Ingeborg Strobl: *Alles ist
gut alles ist schön – gut und
schön,* Galerie Grita Insam,
Wien, 1987

———

Evelyne Egerer and
Ingeborg Strobl: *Every-
thing's good, everything's
beautiful—good and
beautiful,* Grita Insam
Gallery, Vienna, 1987



Einladung zur Ausstellung
*Alles ist gut alles ist schön –
gut und schön,* Galerie Grita
Insam, Wien, 1987
10 × 14,7 cm

———

Invitation to the exhibition
*Everything's good, every-
thing's beautiful—good
and beautiful,* Grita Insam
Gallery, Vienna, 1987
10 × 14.7 cm

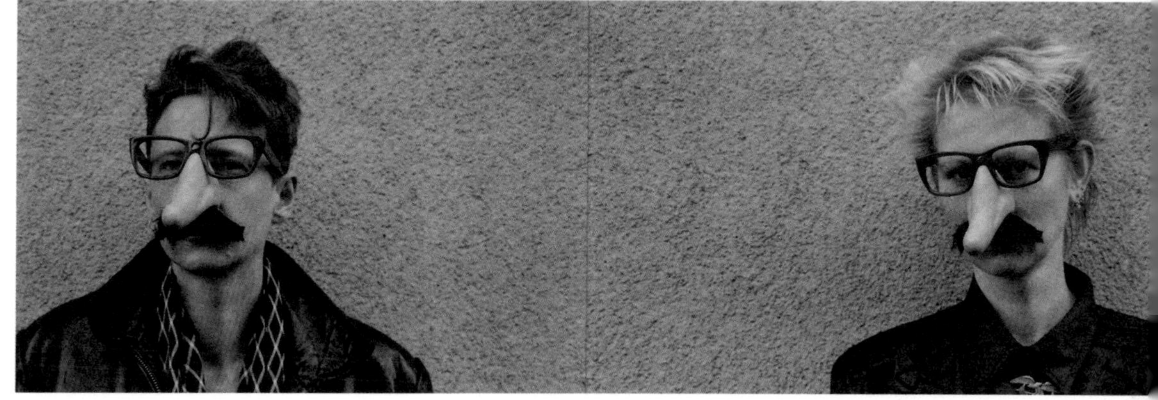

# DIE DAMEN hat es nie gegeben, aber es gibt sie

## DIE DAMEN never existed, but they do exist

ANDREAS SPIEGL

Über DIE DAMEN zu schreiben würde nahelegen, dass es sie gegeben hätte. Man wird erfahren haben, dass vier Künstlerinnen hinter diesem Namen gestanden sind, um sich gemeinsam zu Wort zu melden, Zeichen zu setzen, ja unter dem Banner eines Namens den Bann des Hinnehmens aufzuheben, zu intervenieren im Unhaltbaren. Man wird auch erfahren haben, dass diese vier Künstlerinnen nie nur DIE DAMEN waren und unabhängig von der Gruppe jeweils ihre künstlerische Arbeit weiterführten. Wenn man so will, waren sie nur temporär DIE DAMEN, von Projekt zu Projekt und nur in Aktion in Aktion. In diesem Sinne waren sie keine Künstlerinnengruppe, die zugunsten der kollektiven Praxis die individuelle Arbeit aufgegeben hätte, sondern die Manifestation einer Notwendigkeit, Ausdruck der Dringlichkeit, den politischen und kulturellen Entwicklungen zu widersprechen. Also könnte man sagen, dass die vier Künstlerinnen nicht DIE DAMEN „waren", sondern sie immer nur „verkörperten", von Fall zu Fall, von Anlass zu Anlass, um dem Widerspruch gegen das Unhaltbare, der mit diesem Namen verbunden war, Gestalt und Ausdruck zu

Writing about DIE DAMEN suggests that they existed. One may have found out that four women artists have been behind this name, making joint statements, setting signals, breaking the ban of acceptance under the banner of a name, interfering in the untenable. One may also have learnt that these four women artists have never been just DIE DAMEN and that each of them has pursued her own artistic career independent of the group. If you will, they were DIE DAMEN only temporarily, from project to project and only in action. From this point of view, they were no group of artists who gave up their individual production in favor of a collective practice, but the manifestation of a necessity, an expression of the urgency to contradict certain political and cultural developments. This is why one might say that the four women artists "were" not DIE DAMEN, but only "embodied" them, from case to case, from occasion to occasion, to give the opposition to the untenable linked with this name form and expression. The persistence of

verleihen. Die Konsequenz, mit der sie Einspruch erhoben, machte DIE DAMEN schon bald zu einer identifizierbaren Größe, zu einem Markenzeichen des Widerstands. Einem Label des Einspruchs. Wo DIE DAMEN draufstanden, war der Widerspruch drin: selbst im Namen, den sie sich gegeben hatten, unter dessen Banner sie agierten, um alles zu erfüllen, nur nicht die Vorstellung von vier Frauen als „Damen". Was vom Damenhaften geblieben war, vom Bild der Frau mit Benimm- und Verhaltensregeln, waren vier Künstlerinnen, die sich nicht genierten, die Rolle von Damen außer Kraft zu setzen, den Verhaltenskodex nach bestem Wissen und Gewissen misszuverstehen. Kein Verständnis dafür aufzubringen, dem disziplinierenden Bild der Frau zu entsprechen. Darin waren sie ein Stück weit feministisch, aber nicht feministisch genug, um sich allein dem kulturell und männlich verzerrten Bild der Frau zu widmen. DIE DAMEN hatten das unhaltbare Bild der Frau genauso satt wie die unhaltbaren Entwicklungen in Politik und Kultur, weit über Geschlechterstereotype hinaus. Vor dem Hintergrund eines damals sich konsolidierenden feministischen Diskurses vertraten sie so etwas wie einen „undisziplinierten Feminismus", eine feministische Praxis, die sich nicht in die Geschichte des disziplinären Feminismus einschreiben wollte. Und vor dem Hintergrund, dass Judith Butlers Buch über den *Gender Trouble*[1] erst 1990 erschien und den „Gender"-Begriff in einen bestimmten Zusammenhang stellte, wird deutlich, dass DIE DAMEN schon vor dem Begriff der entsprechenden Politik verbunden waren. Protogender. Schon Trouble ohne die entsprechende Begrifflichkeit, gewissermaßen ohne theoretische Legitimation: ohne Disziplin undisziplinierte DAMEN.

So gesehen waren DIE DAMEN vier Künstlerinnen, die keine Damen waren und alles daransetzten, auch keine zu sein oder gar zu werden. In diesem Sinne gab es DIE DAMEN gar nicht, sondern nur Aktionen und Projekte, die den Begriff strategisch wie ironisch verwendeten, um ihn zu desavouieren, ja um ihn bis an sein Gegenbild heranzuführen, an die Vorstellung von HERREN – das männliche Alter Ego einer Dame. Konsequent und „aus gegebenem Anlaß" hatten sie sich schon bei ihrem ersten gemeinsamen Projekt 1988 dieses

their opposition soon made DIE DAMEN an identifiable quantity, a trademark of resistance, a label of objection. Whatever had DIE DAMEN writ on it, had opposition inside it: which also holds true for the very name they had given themselves, under whose banner they acted to fulfill anything but the idea of four women as "ladies." What remained of the ladylike, of the image of women with rules of how to behave and following a code of conduct, were four women artists who were not too shy to suspend the role of ladies, to misunderstand the code of conduct to the best of their knowledge and belief. To not muster any understanding for complying with the disciplining image of women. In this, they were feminist to a certain point, yet not feminist enough to dedicate themselves exclusively to the image of women as distorted by culture and male standards. DIE DAMEN were fed up with the untenable image of women as much as with the untenable developments in politics and culture far beyond gender stereotypes. It was against the background of a feminist discourse consolidating itself in those days that they advocated something like an "undisciplined feminism," a feminist practice which rejected to be inscribed into the history of disciplinary feminism. Considering that Judith Butler's book *Gender Trouble*[1] situating the gender concept within a specific context was only published in 1990, we realize that DIE DAMEN were already committed to the respective policy before the flourishing of the term. Protogender. Trouble already without the relevant concepts, without theoretical justification, as it were: undisciplined DAMEN without a dicipline.

From this perspective, DIE DAMEN were four women artists who were no ladies and did their best to be no ladies or become ladies. In so far, they did not exist; there were only activities and projects operating with the term both strategically and ironically in order to repudiate it or even approximate it to its opposite image, the idea of HERREN—ladies' male alter egos. Consistently and "in view of the occasion," DIE DAMEN had already relied on this counter image for their first

Gegenbildes bedient und sich der Öffentlichkeit vorgestellt als „Die vier neuen Mitglieder des Ersten Wiener Männergesangvereins". Da sie ihr Markenzeichen DIE DAMEN erst 1989 einführten und hier noch unter ihren Eigennamen auftraten, waren sie schon Repräsentanten eines Männervereins, noch bevor sie die DAMEN-Welt betreten sollten. Trouble auf beiden Seiten.

Trouble auch auf der anderen Seite, auf der Seite der Kunst: Kunst-Trouble. Über DIE DAMEN zu schreiben, im Wissen, dass vier Künstlerinnen unter diesem Label gemeinsam gearbeitet haben, sollte nahelegen, dass es sich bei den Projekten selbstredend um Kunstprojekte, um künstlerische Arbeiten handelte. Aber diese Perspektive erscheint nur retrospektiv so naheliegend – aus einer gegenwärtigen Sicht, die mit verwandten Projekten und Aktionen im Kontext der Kunst vertraut ist. Historisch betrachtet wurden die bestimmenden Merkmale der Praxis der DAMEN erst später mit „Kunst im öffentlichen Raum", „performativer Kunst", „aktivistischen Kunstpraktiken" und vergleichbaren institutionenkritischen Ansätzen verbunden. Die Schauplätze, die sie für ihre Eingriffe ins allzu Affirmative wählten, reichten vom institutionellen Rahmen bis zu Orten, die auf keiner Karte der Kunst eingetragen waren: von der Wiener Secession bis zu einem mittlerweile abgerissenen Café im Wiener Westbahnhof. Aus der Perspektive der Kunst von damals: Unorte, „nonsites". Unpassende Orte für eine Auseinandersetzung mit Kunst, die allein der Kunst gelten sollte. Und gerade dieses Unpassende, diese Qualität von Störgeräuschen, eine Interferenz von Haupt- und Nebensachen, von Attraktion und Unattraktivem, ist ein Element, das für DIE DAMEN wichtig gewesen zu sein scheint. Als hätte es gegolten, Projekte zu realisieren, die nie nur Kunst waren, sondern immer auch etwas anderes, mehr als Kunst. AUCH-KUNST, aber nicht nur. Ein richtiger Unort war etwa die „Blaue Lagune", realiter das Gegenteil der Vorstellung von einer blauen Lagune, eine Ansammlung von Fertigteilhäusern neben einer Shopping-City im Nirgendwo, die die Szenerie bot für ein Projekt mit dem Ziel, Geld zu sammeln für die Unterstützung von Obdachloseneinrichtungen, für Menschen ohne Haus. Hauswirtschaft. AUCH-KUNST, aber

joint project in 1988 and presented themselves to the public as "The four new members of the First Vienna Men's Choir." Though they appeared under their own names—the trademark DIE DAMEN would not be introduced before 1989—they already represented a male group before they entered the sphere of DIE DAMEN. Trouble on both sides.

Trouble also on the other side, the side of art: art trouble. Writing about DIE DAMEN, aware that four women artists collaborated under this label, suggests that the projects were art projects, works of art. This perspective, however, only appears so obvious in retrospect—from today's point of view and based on the familiarity with similar projects and activities in the sphere of art. Historically seen, the crucial elements of what DIE DAMEN did were only associated with "art in public space," "performance art," "activist art practices," and comparable institution-critical approaches at a later point in time. The locations DIE DAMEN chose for their interventions in the sphere of the much too affirmative ranged from institutional contexts to venues not to be found on any map of art: from the Vienna Secession to the restaurant of Vienna's Western Train Station pulled down in the meantime—"non-sites" from the perspective of those days' art, places not suited for an investigation into the field of art that was to be devoted to nothing but art. And it is exactly this inappropriateness, this interfering noise quality, this jarring of primary and secondary things, of the attractive and the unattractive that seems to have been important for DIE DAMEN. As if they had been concerned with realizing projects that were always something else, too, something more than art. ALSO-ART, but not only. One of the non-sites chosen was the Blaue Lagune (the Blue Lagoon), which is actually the exact opposite of what the name suggests, namely an agglomeration of models of prefabricated houses next to a shopping center in nowhere land. It provided DIE DAMEN with the scenery for a project aimed at collecting money for supporting shelters for the homeless. Housekeeping. ALSO-ART, but not only, something more, something different.

nicht nur, mehr, etwas anderes. Kunst haben die vier Künstlerinnen ohnehin jeweils in ihrer eigenen künstlerischen Arbeit gemacht, die Kunst der DAMEN war NICHT-NUR-KUNST: soziales Engagement, politische Kritik und Einspruch, die nicht davor zurückschreckten, das Künstlerische zu instrumentalisieren für Fragen jenseits eines rein künstlerischen Werkbegriffs. Für unpassende Fragen. Für unpassende Kontexte, so unpassend wie alles, was den DAMEN gepasst hat: etwa die Produktion des Jahreskalenders 1991 für ein damals noch staatliches Unternehmen, die Austria Tabakwerke, einen Monopolbetrieb, der mit seinem Kunstanspruch werben wollte. Fast peinlich, Kunst und Wirtschaft, so unpassend und ungeniert wie die Peinlichkeit, mit der DIE DAMEN darin damenhaft-dämlichen Frauenbildern widersprachen. Un-Damen. Punk-Glamour. Hausfrauen-Damen. Haus-Damen. Meine Damen und Herren! Auch der Begriff der performativen Kunst und die Institutionalisierung der Performance waren noch nicht am Horizont erschienen, mit denen man die Projekte der DAMEN in Verbindung hätte bringen können. Unpassende Projekte, die weder das eine noch das andere, meistens aber alles zugleich waren, um nirgendwo ganz hineinzupassen, nicht einmal ins Transdisziplinäre, mit dem erst der heutige Diskurs vertraut ist. Vortransdisziplinär: prototrans.

Wenn man von einer Ästhetik des Unpassenden spricht, die DIE DAMEN charakterisiert und entwickelt haben, scheint die Anrufung des Ästhetischen gerechtfertigt, wenn man bedenkt, mit welcher Präzision sie jedes einzelne Projekt konzipiert und umgesetzt haben: die verschiedenen Bildsprachen, die Inszenierung der Details, die Wahl der Orte, der Maskeraden, ja der verschiedenen künstlerischen, kulturellen, sozialen und politischen Blickwinkel. Selbst dass sie nach dem Ausscheiden einer Künstlerin aus dem Kollektiv Lawrence Weiner zur Dame wählten – gewissermaßen eine Frau mit langem Bart und künstlerischem Hintergrund –, passt in die Ästhetik des Unpassenden.

Hier liegt der Grund dafür, beim Rückblick auf DIE DAMEN nicht auf eine passende Geschichte zu schließen, sie nicht einzuschreiben in eine Geschichte, sondern sie hinauszuschreiben, das

Whereas each of the four women artists produced her own works of art, the art of DIE DAMEN was NOT-ONLY-ART: social commitment, political criticism and opposition which did not balk at instrumentalizing art for issues beyond a merely artistic work concept. For unsuited questions. For unsuited contexts, as unsuited as everything that suited the DAMEN: such as the production of a calendar for the Austria Tobacco Company in 1991, which, still a state-owned enterprise and holding a monopolistic position at the time, wanted to promote themselves by highlighting their commitment to art. The connection between art and business was almost embarrassing, as unsuitable and uninhibited as the embarrassment with which DIE DAMEN contradicted dopily damselesque images of women: non-ladies. Punk glamor. Housewife ladies. Housekeeper ladies. Dear ladies and gentlemen! The concept of performative art and the institutionalization of art with which the projects of DIE DAMEN might have been associated had not yet emerged. Unsuited projects that were neither the one nor the other, but mostly everything at the same time, something that did not really fit in anywhere, not even into the category of the transdisciplinary with which only today's discourse is familiar with. Pre-transdisciplinary: proto-trans.

When referring to an aesthetic of the unsuited, which DIE DAMEN defined and developed, it seems legitimate to invoke the aesthetic when considering the precision with which each project was conceived and realized: the different imageries, the mise-en-scène of details, the range of places, of masquerades, the various artistic, cultural, social and political angles. It even fits the aesthetic of the unsuited that they chose Lawrence Weiner as the lady (a woman with a long beard and an artist's background, so to speak) to replace one of the four artists that had left the collective.

This is the reason for not inferring a suitable story when looking back on what DIE DAMEN did, for not making them part of a history, but excepting them, emphasizing their unsuitedness, the

Unpassende herauszustreichen, das Moment, das irritiert hat und bis heute wirksam ist, das Intervenieren im Hinnehmen, die Herausforderung, für den Einspruch eine herausfordernde Sprache zu finden, eine unzeitgemäße Sprache, quasi das Gegenteil von zeitgenössisch. An die Gegenwart zu glauben, indem man sie hinter sich lässt, über sie lacht, sie selbst zum Lachen bringt und gegenwärtig die Gegenwart provoziert. Aus dieser Perspektive hat es DIE DAMEN nie gegeben und es gibt sie noch immer. Sie haben nie nur Kunst gemacht, obwohl sie auch Kunst gemacht haben, noch immer, anders, unpassend und doch ... rechtzeitig, vorausschauend zurückschauend, voraussichtlich rücksichtslos.

irritating dimension of their works still having an impact today, the questioning of acceptance, the challenge of finding a challenging language for the objection, an untimely language, a language that is the opposite of contemporary, as it were. Believing in the presence by leaving it behind, by laughing about it, by making it laugh and presently provoking the present. Seen from this perspective, DIE DAMEN never existed and are still around. They never made mere art, though they also made art and still do, different, unsuitable, and yet ... in time, looking ahead in retrospect, prospectively regardless.

**1**

Die deutsche Ausgabe erschien 1991 in Frankfurt a. M. unter dem Titel *Das Unbehagen der Geschlechter*.

**1**

The German edition was published under the title *Das Unbehagen der Geschlechter* in Frankfurt a. M. in 1991.

# Eigensinn und Eigenregie:
## DIE DAMEN und ihre Repräsentation

## Obstinacy and Autonomy:
## DIE DAMEN and their Representation

SUSANNE NEUBURGER

Laut Amelia Jones wird Performance erst durch ihre Dokumente zu einem Werk. Diese können als tatsächliche Dokumentation verstanden werden oder aber – nach Philip Auslander – selbst Ereignis sein, folgt man nicht dem dritten Ansatz, nach dem die Performance selbst das Dokument ist.[1] Wenngleich alle drei Ansätze für DIE DAMEN relevant sind, ist es das fotografische Bild, das die Aktion in eine repräsentative Form übersetzt und ihr damit – wie Jones es sieht – Werkcharakter gibt. Im Laufe der Jahre entstanden fast alle Fotografien als Teil von Performances. Sie sind nicht nur als Dokumentation einer Aktion, sondern auch im Sinne des Fotodiskurses der späten 1980er-Jahre autonome Fotografien. So nahm etwa der 1990 erschienene Kalender den Hype inszenierter Fotografie auf und konterkarierte ihn zugleich. In den Fotografien bestimmten die Künstlerinnen nicht nur Pose, Mise en Scène oder Setting, sondern generell Regie und Bildredaktion, in die sie maßgeblich eingriffen, obwohl ihnen anfangs mit Leo Kandl und später mit Wolfgang Woessner professionelle Autorenfotografen zur Seite standen. Sie waren gewissermaßen „phantasmatische" Fotografinnen

According to Amelia Jones, a performance depends on documents to become a work. These documents may be understood as parts of an actual documentation or, as Philip Auslander says, be the event itself, if one does not regard the performance itself as a document.[1] Though all three approaches are relevant for DIE DAMEN, it is the photographic picture that endows their performances with a representative form and, as Jones sees it, lends them the character of works. Almost all photographs taken over the years were made as part of performances. They are not only documents of the acts, but autonomous photographs in the sense of the photography discourse of the late 1980s. The calendar published in 1990, for example, related to the contemporary hype of staged pictures and sabotaged it at the same time. The four women artists not only defined poses, mise-en-scène, and setting, but the production and editing in general, in which they interfered, though they were accompanied by professional author-photographers

und gehorchten auch abseits der Fotosituation dem Diktat der imaginären Linse, wie Kaja Silverman das „Gesehenwerden" beschreibt, bei dem wir uns selbst real oder metaphorisch dem Blick der Kamera präsentieren.[2] Roland Barthes hat es als „Auftreten meiner selbst als ein anderer"[3] explizit fotografisch gedacht. Sowieso war das rimbaudsche „Ich ist ein anderer" der Subjektentwurf der 1980er-Jahre. In der Postmoderne stehen diese bekanntlich nebeneinander und sind nicht hierarchisch geordnet. In diesem Sinne nahmen DIE DAMEN nicht nur die verschiedensten Rollen und Posen ein, sondern widmeten sich neben der performativ ausgerichteten Gruppenarbeit jeweils ihrer eigenen künstlerischen Tätigkeit, die unterschiedlicher nicht hätte sein können und von der Oberfläche der DAMEN verdeckt wurde. Für *Die goldene Kunst in der Kassette*, ein Multiple im Auftrag der Austria Tabakwerke, das als Geschenk für die Geschäftspartner zum Jahreswechsel 1989/90 produziert wurde, legten die Künstlerinnen aktuelle Einzelarbeiten in einen Goldrahmen und demonstrierten ihren Zusammenschluss, der gleichermaßen Individualität und Autorschaft wie deren Zurücknahme im Kollektiv beinhaltete. Das ist allenfalls ein Hinweis auf die temporäre Beschaffenheit der Gruppierung, jedoch kein Widerspruch: Im Gegenteil wurden dieses und andere ambivalente Potenziale der Postmoderne produktiv ausgeschöpft, die alle in der Lage waren, Macht- und Geschlechterverhältnisse aufzubrechen.

Produktiv wurde auch das Verhaltensrepertoire der Dame genützt, die sich im Dauerzustand der phantasmatischen Fotografie befindet und wie das Model die Aufmerksamkeit der Kamera internalisiert hat. Allerdings ist das Model den laufenden Bildern und dem Gehen verpflichtet. Seine Ahnherrin ist Georges Didi-Hubermans *Ninfa moderna*, die an der Wiege der Moderne einen Ersatz für „gute Feen – kluge und wohlwollende Damen mit einer gewissen Macht in ihrem Zauberstab"[4] darstellt. Ihre Gleichgültigkeit steht der „texturalen Entfaltung"[5] ihrer Draperie gegenüber. Fällt sie bei Didi-Huberman im Laufe der Kulturgeschichte zu Boden, bleiben DIE DAMEN aufrecht. Jede Neigung des Körpers ist kalkuliert und dem (fotografischen) Dispositiv der Mortifikation ausgesetzt – dem Stillstand der Bewegung und Lebendigkeit –, die

like Leo Kandl in the beginnings and Wolfgang Woessner in later days. DIE DAMEN were "phantasmatic" photographers, as it were, and, even beyond photographic contexts, subjected themselves to the dictates of the imaginary lens, as Kaja Silverman describes the situation of being seen in which we really or metaphorically present ourselves to the eye of the camera.[2] Understanding this situation as "the advent of self as other,"[3] Roland Barthes took an explicitly photographical point of view. Rimbaud's "I is another" had clearly become what defined the subject in the 1980s. In the age of postmodernism, these find themselves next to each other and not hierarchically arranged. In this regard, DIE DAMEN not only adopted a wide variety of roles and poses, but besides their performance-oriented work as a group devoted themselves to their individual artistic practices, which could not have been more different and were concealed by the surface appearance of what DIE DAMEN did. For *Die goldene Kunst in der Kassette (Golden Art in the Cassette),* a multiple commissioned by the Austria Tobacco Company, produced as a new year present for the company's business partners for 1990, the artists contributed one work each and arranged the items within a golden frame to demonstrate their union, which comprised not only individuality and authorship, but also their suspension in the collective. This underscores, at best, the temporary quality of the group, but constitutes no contradiction: this and other ambivalent potentials of postmodernism suited for breaking up contexts of power and gender relations were actually exhausted in a quite productive manner.

The behavioral repertoire of the lady, who finds herself in the permanent state of a phantasmatic photograph and has internalized the camera's attention like a model, was also made use of prolifically. Models are committed to moving images and to walking, though. Their ancestress is Georges Didi-Huberman's *Ninfa moderna,* who represents a substitute for "good fairies—clever and benevolent ladies with a certain power in their wands"[4]. Their indifference conflicts with

der Fotografie prinzipiell eigen ist und auch vorfotografisch/vorseherisch verstanden werden kann. Lacan sagt: „In dem Moment, wo das Subjekt in seiner Geste innehält, wird es mortifiziert."[6] Die Dame ist per se mortifiziert, indem sie einen Kodex befolgt, der freie Bewegung ausschließt.

Ebenso wie das Mannequin nimmt die Dame Individualität in ihrer Erscheinung zurück, eine Regel, die DIE DAMEN ab ihrer zweiten Arbeit beherzigten: 1989 simulierten sie unter dem Titel *Postmodern* im großen Raum der Secession ein Postamt. Das Szenarium zeigte vier Schreibtische und die vier gleich gekleideten Damen, die sich dem Verkauf einer Briefmarke widmeten. Der Rahmen war nicht nur institutionell abgesichert, sondern wirkte auch postmodern erhaben, um nicht zu sagen absurd. Auf der Marke waren die in eine Richtung blickenden Köpfe der Künstlerinnen zu sehen, die durch Wellen miteinander verbunden waren und auf die bewegungsbestimmte Ninfa, Gradiva oder Aura Didi-Hubermans verwiesen, wobei ein ebenfalls eingesetzter Stempel zugleich als Auslöschung und Bekräftigung aller Referenzbilder verstanden werden konnte. Deutlich war der Gruppenzusammenhang durch Gleichheit bzw. Ähnlichkeit gegeben, und dies durchaus im Sinne der „herrschaftslosen Gleichartigkeit"[7] Magrittes. Auch mit dem Titel ließen DIE DAMEN Magrittes Pfeife der Ähnlichkeiten weiterqualmen. Sie sollten in dieser Ähnlichkeit bleiben. Lediglich in der ersten Fotoserie von Leo Kandl war mit dem Platztausch ein spielerisches Moment gegeben, das in der Endredaktion der Postkarte mit der Nennung der Nachnamen bzw. des Künstlernamens bei Ona B. als festgelegtes Setting präsentiert wurde. Freilich waren Aufbau und Namen ein kritischer Verweis auf das legendäre Foto von Christian Skrein aus dem Jahr 1968, in dem Ingrid Wiener mit „Ingrid", die Männer jedoch mit Nachnamen bezeichnet waren. Eine Überspitzung der Referenz bot der Titel, der DIE DAMEN als neue Mitglieder des Ersten Wiener Männergesangvereins auswies und damit ebenso die Genderfrage wie das Phänomen männlicher Gruppierungen und Vereine aufs Korn nahm.

Der (frontale) Kontakt zum Betrachter spielt in allen Fotografien eine Rolle, selbst wenn in seltenen Fällen die Rückenansicht gewählt ist. Wie im

the "unfolding of the texture"[5] of their drapery. Whereas the latter, according to Didi-Huberman, falls to the ground in the course of the history of art, DIE DAMEN have remained upright. Each inclination of the body is calculated and exposed to the (photographic) "dispositif" of mortification, the end of movement and the standstill of vitality, which are fundamental features of photography and may also be understood in a pre-photographic or pre-visual manner. Lacan says: "At the moment the subject stops, suspending his gesture, he is mortified."[6] The lady is per se mortified, as she obeys a code which excludes free movement.

Like the fashion model, the lady reduces the individuality in her appearance—a rule which DIE DAMEN heeded from their second work on: in 1989, they simulated a post office under the title *Postmodern* in the large space of Vienna's Secession. The scenario revealed four desks and the four ladies, uniformly dressed, devoting themselves to selling a stamp. The framework was not only institutionally secured, but also presented itself as sublime in a postmodern way, if not as absurd. Looking in the same direction, the artists' four heads depicted on the stamp were connected by waves and hinted at Didi-Huberman's motion-molded Ninfa, Grandiva, or Aura; the use of a hand-stamp could be understood as suggesting both the extinction and affirmation of all reference pictures. Identity or likeness made the group context evident, and this actually in the sense of Magritte's "ungoverned similitude"[7]. The title left no doubt that DIE DAMEN enjoyed seeing Magritte's pipe of likenesses still give off clouds of smoke. They were to adhere to this likeness. Only Leo Kandl's first series of photographs revealed a playful moment in the exchange of places, which was presented as a fixed setting after the final editing of the postcard by listing the last names and the pseudonym Ona B., respectively. The composition and the names were of course a critical reference to Christian Skrein's legendary picture from 1968 in which Ingrid Wiener was described as "Ingrid," while the men were indicated by their last names. The title provided

Theater scheint der Betrachter auch der Zuschauer zu sein, der in der ersten Reihe unmittelbar vor dem Spektakel Platz genommen hat. Historisch gesehen sind Verbindungen zum holländischen Gruppenporträt auffällig, das im Gegensatz zum Familienbild eine korporative Einheit mit gleichen, einer Gemeinschaft nützenden Zielen wiedergibt (die hier wie dort nicht auf dem Bild gezeigt werden).[8] Gerade ein Männergesangverein ist als Gruppenporträt gut vorstellbar und spiegelt selbst in der Parodie die Darstellungsstrategien der DAMEN. Das legendäre Bild der *Vorsteherinnen des Altmännerhauses in Haarlem* von Frans Hals etwa bildet als historische Gruppendarstellung einen wichtigen genealogischen Bezugspunkt. Es zeigt uns fünf gleich gekleidete Frauen in lockerer Gruppierung, die durch Blicke und Gesten miteinander und vor allem mit dem Betrachter in Beziehung treten. Obwohl die Frauen Individuen sind, ist es nicht das Individuelle, sondern das Korporative, das im Vordergrund steht. Sie tragen Berufskleidung. Auch DIE DAMEN entschieden sich mit ihrem zweiten Projekt für einen Dresscode. Hatte Kleidung schon beim ersten Projekt eine große Rolle gespielt, war von da an Uniformität angesagt, die allerdings Varianten wie „Rock statt Hose" oder „langes Abendkleid" zuließ. Später setzten DIE DAMEN auch die Maskerade ein und lenkten ebenso wie das Mannequin die Aufmerksamkeit vom Gesicht ab, wenn sie mit Sonnenbrillen oder Zigaretten als skulpturalen Accessoires Partien davon verdeckten. Der Mode, wie der Postmoderne, sagt man eine fehlende Tiefendimension nach. DIE DAMEN wussten auch diesen Faktor gezielt einzusetzen. Weiterhin spielte Kleidung eine tragende Rolle, die Anzüge und Kostüme für *Paul Ankara meets DIE DAMEN* waren von Junior Gaultier, ebenso die rot gestreiften Ensembles für die Aktion in der „Blauen Lagune". Sie waren integraler Bestandteil der Aktionen und wurden mit Produktionsgeldern gekauft. Die Kleidung war lässig, nicht zu elegant, jedoch modisch. Schönheit begann Anfang der 1990er-Jahre eine große Rolle zu spielen, auch in der Kunst, wie beispielsweise 1995 in der Plakatserie *Beauty* von Rosemarie Trockel. Erleichterte das gute Aussehen auch den Eintritt in die Kunstwelt?[9] Eine Frage, die man für

an exaggeration of the reference by identifying DIE DAMEN as new members of the first male voice choir of Vienna, a measure thematizing the gender issue and the phenomenon of male groups and associations.

The (frontal) contact with the viewer is an important element of all photographs, even if a back view has been chosen in rare instances. The viewer also seems to be the spectator, who has taken a seat in the first row directly facing the spectacle. Historically speaking, parallels to Dutch group portraits, which, unlike family portraits, render corporative units of people committed to the same goals regarded useful for the community (which are not made a subject of the picture in either case), cannot be overlooked.[8] A male voice choir may very well become the subject of a group portrait; even as a parody, it mirrors the strategies of representation DIE DAMEN relied on. As a historical group portrait, Frans Hals's legendary painting *Regentesses of the Old Men's Alms House in Haarlem,* for example, represents an important genealogical point of reference. It confronts us with a loosely assembled group of five women wearing the same kind of clothes who relate to each other and, above all, to the viewer through their looks and gestures. Though the women are individuals, the painting rather highlights the corporative aspect. They wear the clothes of their profession. DIE DAMEN also chose a dresscode for their second project. After clothes had already been very important in their first project, uniformity was called for from now on even if it did not exclude variants like "skirt instead of trousers" or "long evening dress." Later, DIE DAMEN also resorted to masquerades and diverted the attention from their faces, as fashion models do, by hiding them behind sun glasses or cigarettes as sculptural accessories. Fashion and the postmodern are supposedly lacking in depth—a factor DIE DAMEN also understood to use. Clothes continued to feature prominently in their projects: the suits and costumes for *Paul Ankara meets DIE DAMEN* came from Junior Gaultier as did the red-striped ensembles for the happening

DIE DAMEN bejahen muss, denn jeder Aspekt ihrer
Arbeit war ein strategisch gesetzter Baustein für
Aufmerksamkeit und Erfolg. Ihr Outfit spielte mit
normativer Schönheit, die ebenso unterstrichen
wie unterbunden werden konnte. Die Mode bietet
sich immer für Paradoxe an und ist außerdem
eher ein Triumph der Nachahmung als einer der
Originalität. Generell zeigt sie mehr Uniformität
als Autonomie: „Von außen betrachtet sehen die
der Mode schlechthin Unterworfenen, die Jugendli-
chen mit all ihren Extravaganzen, fast uniformiert
aus."[10] Das gilt auch für die Models, die man
backstage kaum voneinander unterscheiden kann.
DIE DAMEN nutzten dies positiv für ihr Branding.
Schließlich hatten sie die traditionellen Leitmedien
der Kunst verlassen, um an ihren Rändern und
Nachbarfeldern ein neues Spielfeld zu erschließen.
Hier waren auch Multiples und Give-aways wichtig,
mit denen der Ansatz, die Hochkunst im Epheme-
ren zu unterlaufen, weiterverfolgt wurde.

Die Mode ist immer ein Bild, aber auch die
Sache selbst. Die Dame fällt in dem Idealfall, in
dem sie sich stets befinden müsste, mit ihrem Bild
zusammen. Wolfgang Woessner, der DIE DAMEN in
die Türkei begleitete, schickte ihnen alte Postkarten mit verschiedenen Vierergruppierungen
von Frauen, versehen mit absurden Kommentaren.
Hielt er ihnen nicht auch ihr eigenes Bild in seiner
historischen Bedingtheit entgegen? DIE DAMEN
traten als Quartett auf, bis Ingeborg Strobl
ausschied und mit Lawrence Weiner als Ersatz der
Genderaspekt des ersten Projektes wieder aufge-
nommen wurde. DIE DAMEN agierten gemeinsam,
sie waren ähnlich und verrichteten ähnliche Dinge.
Sie waren eine Vierergruppe, wenngleich man sie
gelegentlich als zweimal zwei interpretieren wollte.
Denkt man allerdings an Trockels *Schizopullover*
mit seiner Zweiergruppierung, weiß man, dass
eine übertrieben psychologisierende Darstellung
die Sache der DAMEN nicht war. Sie blieben lieber
an der Oberfläche und im Alltag – vier, so sagten
sie, gehen in ein Taxi und vier braucht man zum
Kartenspielen. Das Verhalten der DAMEN war auch
nicht grüblerisch, sondern direkt und aktionistisch
in durchaus ironisierendem Kontext. DIE DAMEN
durften viel, wenn nicht alles, und hatten sich
im Gegensatz zur Dame, die vieles nicht darf, ein

in the Blaue Lagune. They were an integral part
of the projects, paid for with money from the
production budget. The clothes were casual, not
too elegant, but trendy. In the early 1990s, beauty
became of crucial importance, and it did so also
in the arts, as for example in Rosemarie Trockel's
poster series *Beauty* of 1995. Were good looks an
admission ticket to the art world?[9] A question that
has to be answered in the affirmative in the case of
DIE DAMEN: each aspect of their work was a strategically deployed means for guaranteeing attention
and success. Their outfit played with normative
beauty, which they emphasized or undermined.
Fashion always lends itself to the paradoxical and
is a triumph of imitation rather than of originality.
It is something characterized by uniformity, not
by autonomy: "Seen from the outside, almost all
young people, who, as a subgroup, are particularly
subservient to fashion, seem uniformly clothed
in their extravagances."[10] This also holds true for
fashion models who can hardly be distinguished
when backstage. Having left the traditional para-
digmatic media for exploring new fields at their
margins and beyond them, DIE DAMEN used this
for their branding. Multiples and giveaways served
to follow up the strategy of subverting the sublime
spheres of art by means of the ephemeral.

Fashion is always a picture, but also the
thing itself. Ideally, which actually should be her
normality, the lady falls into one with her image.
Wolfgang Woessner, who accompanied DIE DAMEN
to Turkey, sent them old picture postcards showing
various groups of four women, to which he added
absurd comments. Did he want to remind DIE
DAMEN of the historical character of their picture?
DIE DAMEN presented themselves as a quartet until
Ingeborg Strobl left and the gender aspect of the
first project was taken up again with Lawrence
Weiner taking her place. DIE DAMEN took joint
action, they resembled each other and did things
that resembled each other. They were a group of
four, though some tended to see them as two times
two. Considering Trockel's *Schizopullover* with its
doubled personality, one immediately becomes

weites Feld erobert. Sie verließen das übliche Terrain der Kunst mit der Wahl von ungewöhnlichen Orten wie dem Restaurant am Westbahnhof und ungewöhnlichen Szenarien, die etwa in ironischer Engführung mit dem Kunstbetrieb Preise und Auszeichnungen angreifen. Auch die Sprache war ungewöhnlich und stiftete bisweilen Verwirrung, wie 1988 in einem fiktiven Interview für das *Diners Club Magazin*, einem vierstimmigen Manifest, in dem die Fragen aneinander vorbeigingen und eine semantische Auflösung ebenso wenig im Unisono wie im Schlagabtausch zu finden war. Als Subjekte ließen sich DIE DAMEN eben nicht fassen, außer im paradoxen *Viermal erste Geige*: Vervierfacht und ähnlich begaben sie sich in Pose und reproduzierten Bilder, die ihnen selbst auf den Leib projiziert wurden, die sie nun aber als fotografisch andere – bereichert um den Akt der Performance – immer wieder neu interpretierten. So überführten sie die „Mortifikation" der Pose aus der Starre in die Bewegung.

aware that DIE DAMEN were not into exaggerated psychologizing. They rather kept to the surface and the everyday world—four people fit into a taxi, and it takes four people to play cards, they said. Their attitude was not broody at all, their behavior direct and actionist in veritably ironizing contexts. DIE DAMEN were allowed to do many things, if not everything, and conquered a wide field for themselves, whereas ladies are forbidden a lot of things. DIE DAMEN left the usual terrain of art, preferring extraordinary venues such as the restaurant at Vienna's Western Train Station and equally extraordinary scenarios, attacking prizes and awards, for example, in a close stretto with the art scene. Their language was also unusual and sometimes confusing, like in the fictitious interview for *Diners Club Magazin* in 1988, a four-part manifesto, whose questions did not relate to each other and whose unisonant passages offered as little in terms of a semantic solution as its skirmishes. DIE DAMEN avoided being grasped as subjects with the exception of their paradoxical *Viermal erste Geige (First Fiddle Four Times):* quadrupled and intent on similitude, they put on their poses, reproducing pictures that were projected onto their bodies—which they again and again reinterpreted as photographically different, enriched by the performance act. This is how they converted the "mortification" of the pose from rigidity into motion.

1

Siehe die Arbeiten von Barbara Clausen, wie Barbara Clausen (Hg.), *After the Act*, Publikation zur Vortragsreihe und Ausstellung im Museum moderner Kunst Stiftung Ludwig Wien, Nürnberg: Verlag für moderne Kunst 2006, sowie „Dokumente zwischen Aktion und Betrachter", http://www.perfomap.de/map1/ii.-archiv-praxis/dokumente-zwischen-aktion-und-betrachter/pdf-download. Eine Zusammenfassung findet sich in „Das Dokumentarische im Feld der Performancekunst", http://www.zhdk.ch/index.php?id=39347.

2

Vgl. Kaja Silverman, „Dem Blickregime begegnen", in: Christian Kravagna (Hg.), *Privileg Blick. Kritik der visuellen Kultur*, Berlin: Edition ID-Archiv 1997, S. 43.

3

Zit. nach Silverman (Anm. 2), S. 43.

4

Georges Didi Huberman, *Ninfa moderna. Über den Fall des Faltenwurfs*, Zürich/Berlin: Diaphanes 2006, S. 11.

5

Ebd., S. 48.

1

See the works by Barbara Clausen such as *After the Act*, ed. by Barbara Clausen, a publication accompanying the lecture series and exhibition at the Museum moderne Kunst Stiftung Ludwig Wien (Nürnberg: Verlag für moderne Kunst, 2006), and "Dokumente zwischen Aktion und Betrachter" (http://www.perfomap.de/map1/ii.-archiv-praxis/dokumente-zwischen-aktion-und-betrachter/pdf-download); "Das Dokumentarische im Feld der Performancekunst" (http://www.zhdk.ch/index.php?id=39347) offers a summary.

2

See Kaja Silverman, "Screen," in ead., *The Threshold of the Visible World* (Routledge: New York and London, 1996), 195–227.

3

Roland Barthes, *Camera Lucida. Reflections on Photography*, trans. by Richard Howard (Hill and Wang: New York, 1981), 12.

4

Georges Didi Huberman, *Ninfa moderna. Über den Fall des Faltenwurfs* (Diaphanes: Zurich and Berlin, 2006), 11.

5

Ibid., 48.

6

Zit. nach Silverman (Anm. 2), S. 44.

7

Zit. nach Walter Seitter, „Michel Foucault und die Malerei", in: Michel Foucault, *Dies ist keine Pfeife*, München: Hanser Verlag 1974, S. 68.

8

Vgl. Andrea von Hülsen-Esch, *Gelehrte im Bild. Repräsentation, Darstellung und Wahrnehmung einer sozialen Gruppe im Mittelalter*, Göttingen: Vandenhoeck & Ruprecht 2006, S. 354 ff. (über Alois Riegl, *Das holländische Gruppenporträt*, Wien 1902).

9

So die Frage von Isabelle Graw in: dies., „Thesen zum guten Aussehen. Fallbeispiel: Rosemarie Trockel", in: Kravagna (Anm. 2), S. 247.

10

Elena Esposito, „Die Imitation der Originalität in der Mode", in: Elke Bippus und Dorothea Mink (Hg.), *Fashion Body Cult* (Schriftenreihe der Hochschule für Künste Bremen, Bd. 3), Stuttgart: Arnoldsche Verlagsanstalt 2007, S. 205.

6

Quoted after Hanjo Berressem, "The 'Evil Eye' of Painting: Jacques Lacan and Witold Gombrowicz on the Gaze," in *Reading Seminar XI: Lacan's Four Fundamental Concepts of Psychoanalysis* (The Paris Seminars in English), ed. by Richard Feldstein, Bruce Fink, and Maire Jaanus (State University of New York Press: Albany, 1995), 177.

7

See Michel Foucault, *This Is Not a Pipe*. With illustrations and letters by René Magritte. Translated and edited by James Harkness (University of California Press: Berkeley, Los Angeles, and London, 1983).

8

See Andrea von Hülsen-Esch, *Gelehrte im Bild. Repräsentation, Darstellung und Wahrnehmung einer sozialen Gruppe im Mittelalter* (Vandenhoeck & Ruprecht: Göttingen 2006), 354 ff. (on Alois Riegl's *Das holländische Gruppenporträt*, Vienna, 1902).

9

Asks Isabelle Graw in her contribution "Thesen zum guten Aussehen. Fallbeispiel: Rosemarie Trockel" to Christian Kravagna (ed.), *Privileg Blick. Kritik der visuellen Kultur* (Edition ID-Archiv: Berlin, 1997), 247.

10

Elena Esposito, "The Imitation of Originality in Fashion," in Elke Bippus and Dorothea Mink (eds.), *Fashion Body Cult*, Schriftenreihe der Hochschule für Künste Bremen, vol. 3 (Arnoldsche Verlagsanstalt: Stuttgart, 2007), 204.

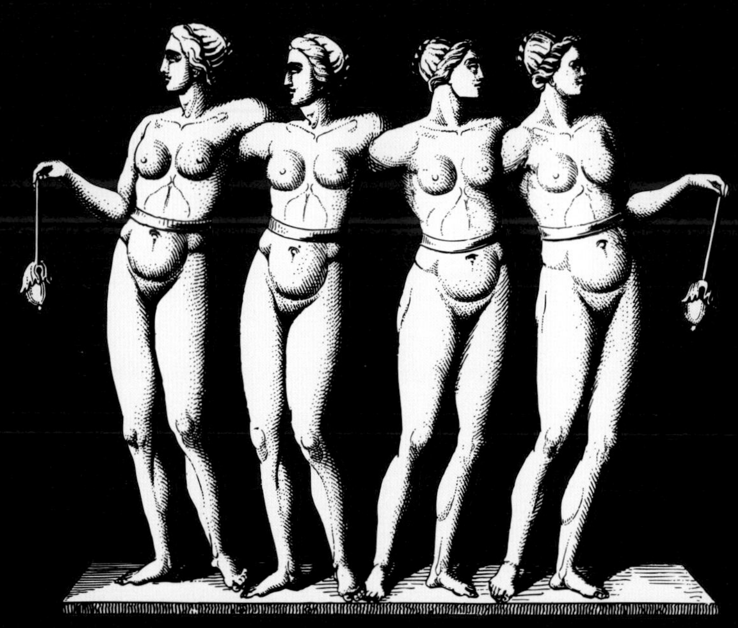

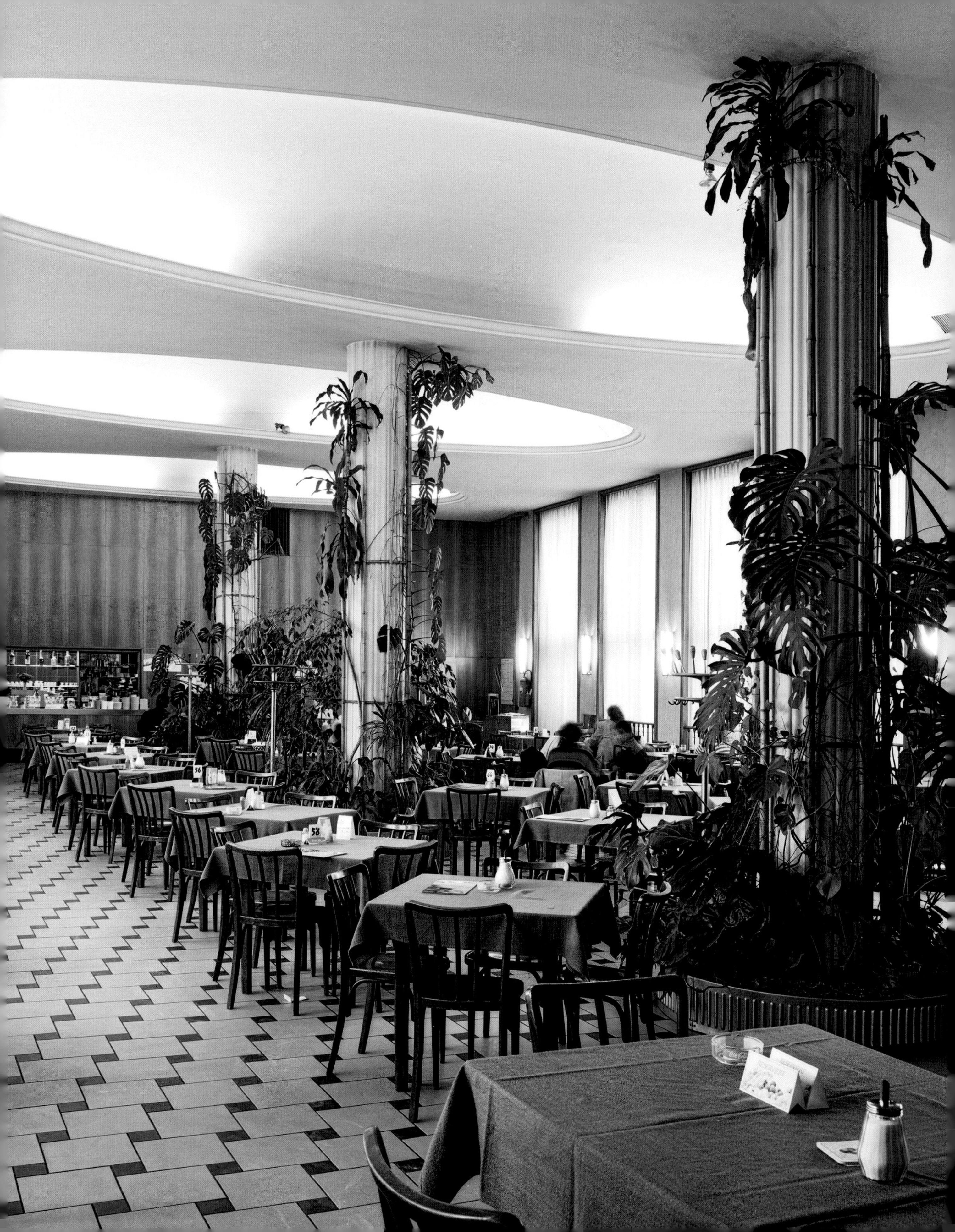

Bereits mit ihrer ersten Nummer, einer Postkarte, etablieren sich DIE DAMEN als Torpedos für Rollenklischees und Spezialistinnen fürs ironische Zitat. Der Impuls für die Postkarte kommt von einer mittlerweile legendären Aufnahme aus Wiens wilden Sechzigerjahren: Der angesagte Szenefotograf Christian Skrein bat 1968 den Kern der intellektuellen Künstlerschaft, nämlich Christian Ludwig Attersee, Ernst Graf, Kurt Kalb, Walter Pichler, Dominik Steiger und Oswald Wiener, zu einer Fotosession. Auf dem Imageposter mit dem Titel *Wir nicht* werden die Männer in Regiesesseln mit ihren klingenden Markennamen versehen, die einzige Frau in der Runde, Ingrid Schuppan-Wiener, als „Ingrid" versachlicht und in die (be)dienende Ecke verwiesen. Das bleibt nicht unbemerkt und DIE DAMEN reagieren, 20 Jahre später, auf ein klassisch stereotypes Weltbild. Vor der Kamera Leo Kandls inszenieren sie sich als die „vier neuen Mitglieder des Ersten Wiener Männergesangvereins" und liefern, das skreinsche Setting und Layout zitierend, die inspirierte Rettung vor dem Pathos der Alphamännchen. Und die wäre: weibliche Selbstermächtigung.

Die Präsentation der Postkarte findet in dem zwischen 2008 und 2010 zerstörten Bahnhofsrestaurant am Wiener Westbahnhof statt. Die Karten liegen gestapelt auf den weiß gedeckten Tischen zum Verkauf aus. Gerahmte Schwarz-Weiß-Fotos von Variationen des Sujets sind im Raum verteilt: Leo Kandl zeigt das Quartett bei guter Laune ins Gespräch vertieft. Was Mode und Look betrifft, geben Ona B. in Bustierkleid und Lackhandschuhen, Ingeborg Strobl in der Lederkluft, Evelyne Egerer im modischen Jumpsuit und Birgit Jürgenssen in Pulli und Bleistiftrock einen variantenreichen Querschnitt durch weiblichen Lifestyle.

Persiflage would be their business, persiflage as a method, a new technique for taking a stance.

DIE DAMEN already established themselves as torpedoes against role-clichés and experts for ironic quotations with their first number. The impulse for the postcard was a legendary picture from Vienna's wild 1960s: the beautiful people photographer Christian Skrein had asked the male protagonists of Vienna's intellectual art scene, Christian Ludwig Attersee, Ernst Graf, Kurt Kalb, Walter Pichler, Dominik Steiger, and Oswald Wiener, to pose for him. Titled *Wir nicht (Not Us)*, the image poster presents the men in director's chairs labeled with their illustrious trade names, the only woman depicted, Ingrid Schuppan-Wiener, reified as "Ingrid" and reduced to a serving function. This did not remain unnoticed, and DIE DAMEN responded to this traditional stereotype view of the world twenty years after. Quoting Skrein's setting and layout in presenting themselves as "The four new members of the First Vienna Men's Choir" to Leo Kandl's camera, they offered an inspiring escape from the alpha males' pathos: female self-empowerment.

The postcard was presented in the restaurant of the Vienna's Western Train Station destroyed between 2008 and 2010. Piled up on tables covered with white cloths, samples of the card were offered for sale. Framed black-and-white photographs showing variations of the subject were distributed in the room: Leo Kandl shows the cheerful quartet engrossed in conversation. In terms of fashion and look, Ona B.'s bustier dress and patent leather gloves, Ingeborg Strobl's leather outfit, Evelyne Egerer's jumpsuit, and Birgit Jürgenssen's pullover and pencil skirt provide a quite manifold cross-section of female lifestyle.

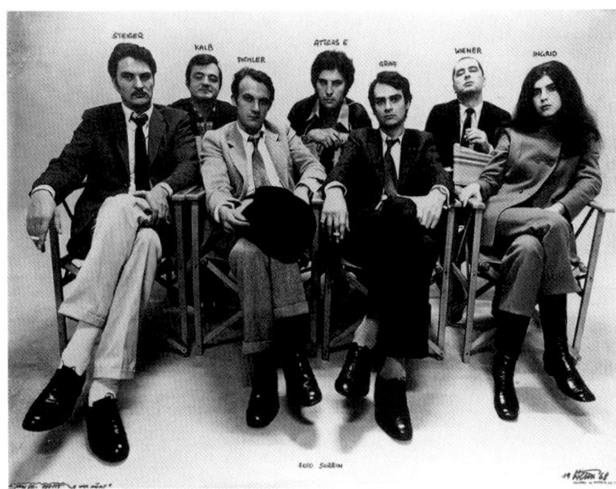



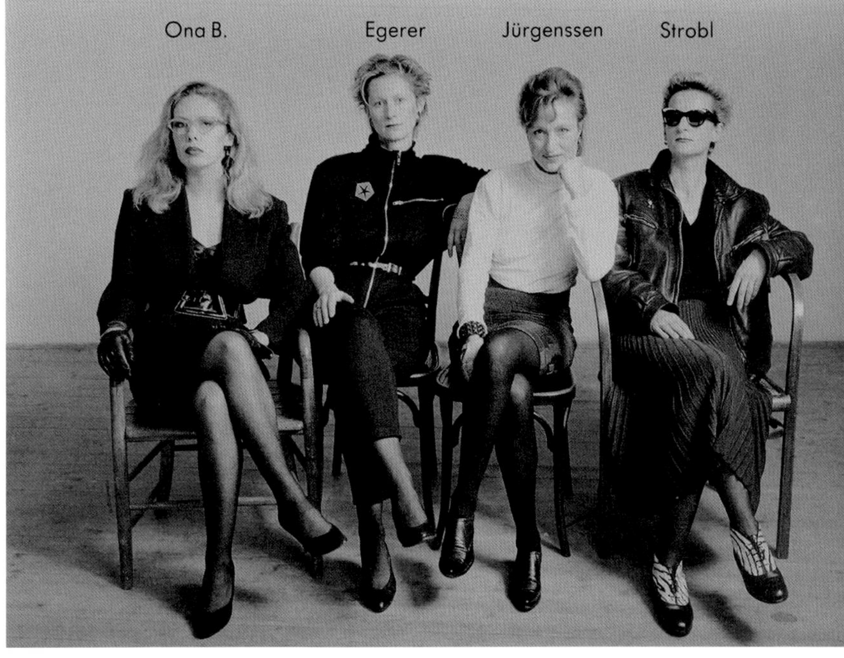

↑

Christian R. Skrein:
**Wir nicht,** 1968
Gelatinesilberabzug
Museum moderner Kunst
Stiftung Ludwig Wien

———

Christian R. Skrein:
**Not Us,** 1968
Gelatin silver print
Museum moderner Kunst
Stiftung Ludwig Wien

↗

**Die vier neuen Mitglieder
des Ersten Wiener Männer-
gesangvereins,** Wien, 1988
Postkarte, 10,5 × 14,8 cm
Vorderseite

———

**The four new members
of the First Vienna Men's
Choir,** Vienna, 1988
Postcard, 10.5 × 14.8 cm
Recto

→

Postkarte, Rückseite

———

Postcard verso

Die vier neuen Mitglieder
des Ersten Wiener Männergesangvereins
The four new members
of the First Vienna Men's Choir
I quattro nuovi membri
del Primo Coro Maschile di Vienna

Wien 1988   Copyright bei den Autoren   Remaprint

Photo Leo Kandl

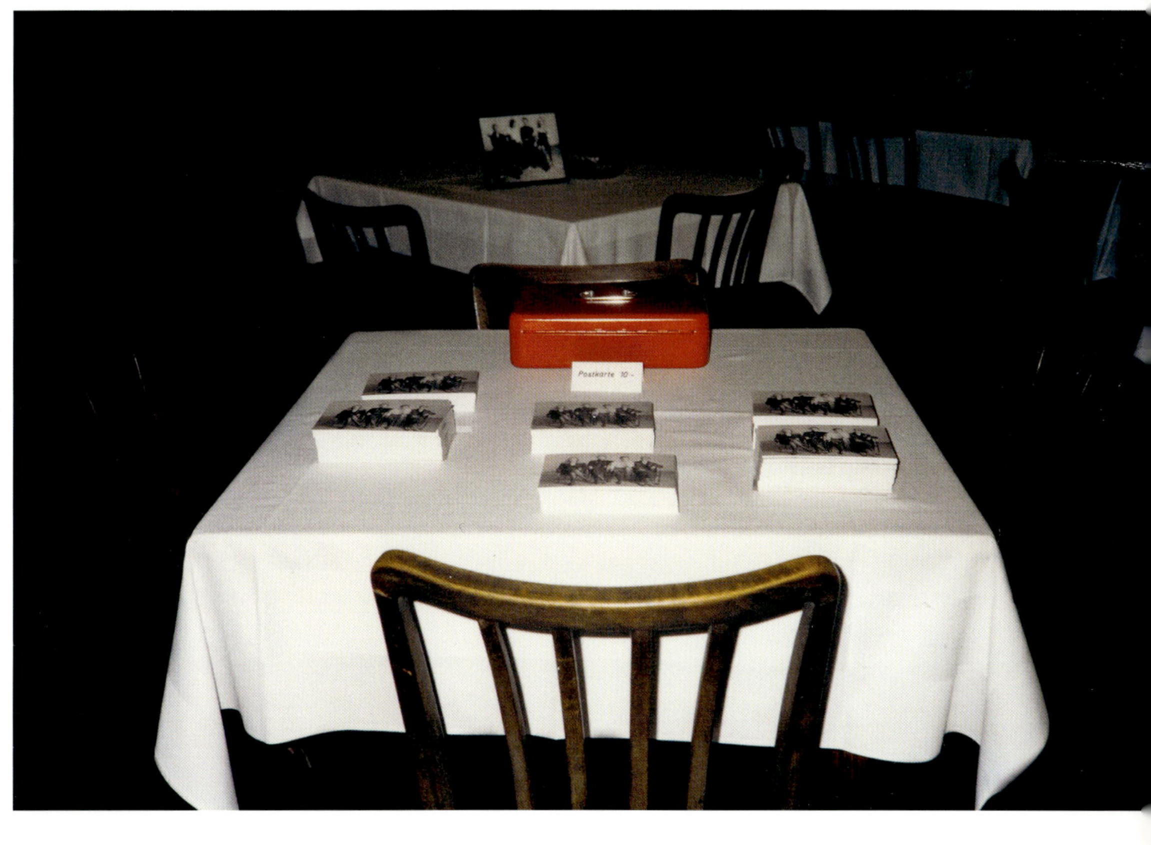

Postkarte  10.-

# Viermal erste Geige

---

# First Fiddle Four Times

Ein Gespräch von Ona B., Evelyne Egerer, Birgit Jürgenssen, Ingeborg Strobl mit Ona B., Evelyne Egerer, Birgit Jürgenssen, Ingeborg Strobl.

ONA B.
Wie lebt es sich eigentlich mit Ihrem großen Erfolg?

EGERER
Statt Baldrian chinesische Akupunktur.

STROBL
Weshalb ist Einfachheit so diffizil?

JÜRGENSSEN
Weil weniger mehr ist.

ONA B.
Wie ist es nun, Frau Jürgenssen, Sie sind ein komplizierter Mensch geworden, weil Sie sich für bildende Kunst entschieden haben? Oder sind gerade Menschen mit einem schwierigen Charakter besonders geeignet für das Geschäft mit der Illusion?

A conversation between Ona B., Evelyne Egerer, Birgit Jürgenssen, Ingeborg Strobl and Ona B., Evelyne Egerer, Birgit Jürgenssen, Ingeborg Strobl

ONA B.
How's life now that you are such a big success?

EGERER
Chinese acupuncture instead of valerian.

STROBL
Why is simplicity such a tricky thing?

JÜRGENSSEN
Because less is more.

ONA B.
Ms. Jürgenssen, let me ask you whether you have become such a complicated human being because you decided to go for the fine arts? Or are people

Erstmals erschienen im *Diners Club Magazin*, Nr. 2/1988, S. 100–103

---

First published in *Diners Club Magazin*, no. 2/1988, pp. 100–103

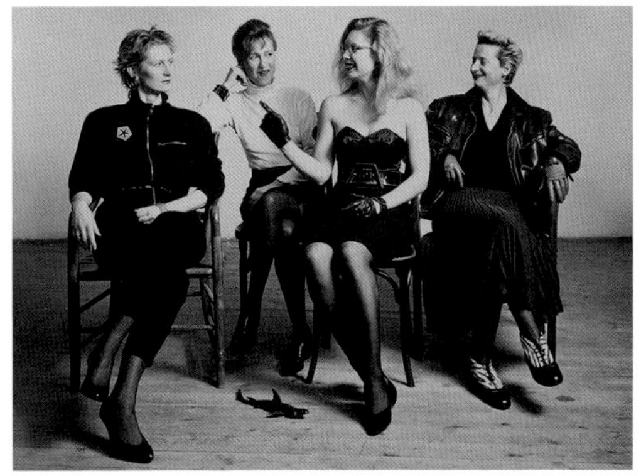



STROBL
Lassen Selbstbewußtsein und Humor den
Geschlechterkampf unnötig werden?

ONA B.
Nein.

EGERER
Sie schmücken sich mit allen Epochen?

JÜRGENSSEN
Ja – und zwar mit Ready-mades.

ONA B.
Als Künstlerin erleben Sie doch sicherlich auch
außerhalb Ihrer privaten Beziehungen erotische
Spannungen. Wie reagieren Sie darauf?

EGERER
So was ist mir fremd.

EGERER
In welcher Stadt würden Sie am liebsten die Nächte
verbringen?

ONA B.
In jeder, die mir zu Füßen liegt.

ONA B.
Werden Sie rot?

STROBL
Ja, schon ab und zu, und das ist dann so peinlich.

with a difficult character particularly suited for
doing business with illusions?

JÜRGENSSEN
It is the mystery of the nights, not because "it" is
comprised of darkness, but because "it" is light in
the night.

STROBL
Do self-confidence and humor make the battle of
the sexes unnecessary?

ONA B.
No.

EGERER
Dou you primp yourself will all epochs?

JÜRGENSSEN
Yes—with ready-mades.

ONA B.
Being an artist, you are certainly familiar with
erotic tensions experienced beyond your private
relationships? How do you react?

EGERER
Such things are unknown to me.

EGERER
In which city would you most like to spend your
nights?

ONA B.
In every city at my feet.

ONA B.
Are you somebody who blushes?

STROBL
Yes, now and then, and it's very awkward.

STROBL
Why these chairs? Why are you sitting on these
chairs?

Warum diese Stühle, warum sitzen Sie auf diesen Stühlen?

JÜRGENSSEN
Ich sitze ja nur auf einem. Und auf diesem, weil ich schlecht zwischen zwei Stühlen sitzen würde. Wäre dies aber der Fall, könnte ich mich nicht zwischen spartanisch, türkisch oder japanisch entscheiden. Es wäre zu unbequem und unkleidsam. Es war zu schwierig, sie wegzuretouchieren.

EGERER
Wie fühlen Sie sich mit der Pistole in der Hand?

ONA B.
Orchideen sind mir lieber. Kennen Sie die Geschichte, in der ein Mann sein Schlafzimmer mit Orchideen füllt, auf daß ihn der Duft der Blüte töte?

STROBL
Könnte Sie eine über hochhackige grüne Antilopenlederschuhe gleitende samtschwarze Schlange begeistern?

JÜRGENSSEN
Eine unheimlich-erotische Vorstellung. Die Farbkombination von Grün und Schwarz würde mich erheblich stören. Vermutlich würden die Antilopenlederschuhe Reißaus nehmen und sich der Tierschutz zu Wort melden.

JÜRGENSSEN
Lösen Sie Probleme, die sich aus der Verbindung von „Kunst und Leben" ergeben, als Clochard, Dandy, Tramp, Flaneur oder als Feministin?

STROBL
Gibt es diese Probleme?
    Mein Dentist sagte: „Wenn der schlafende Löwe geweckt wird …" Und mein träumend poetischer, ästhetisierender Sinn ist begeistert! Der Zahn tut trotzdem weh – aber so ist das Leben und so ist die Kunst.

STROBL
Einerseits eine barocke Welt goldener Sterne und

JÜRGENSSEN
I only sit on one chair. I sit on this chair because I wouldn't feel at ease sitting between two chairs. If I were, I could not choose between Spartan, Turkish, and Japanese. It would be too uncomfortable and unbecoming. It was too difficult to spot them out.

EGERER
How do you feel with a pistol in your hand?

ONA B.
I prefer orchids. Do you know the story about the man who fills his bedroom with orchids so that the fragrance of the blossoms will kill him?

STROBL
Would you be enthused about a jet black snake gliding across green antelope leather high heels?

JÜRGENSSEN
This is an extremely erotic idea. I would be quite irritated by the combination of green and black, though. The antelope leather shoes would probably take to their heels, and animal conservation people would take a stance.

JÜRGENSSEN
Do you solve problems arising from the combination of "art and life" as a clochard, a dandy, a tramp, a flaneur, or a feminist?

STROBL
Are there such problems?
    My dentist said, "When you wake a sleeping lion … " This really appeals to my dreamingly poetic, aestheticizing sense! But my tooth hurts all the same—but such is life, and such is art.

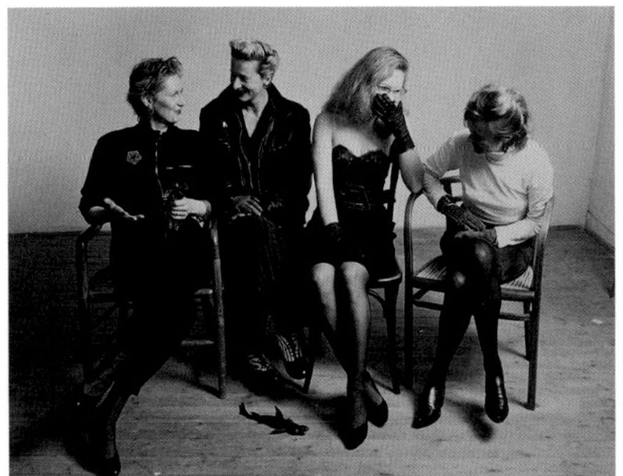

unzähliger Fernsehprogramme – andererseits
Reduktion in Ausdruck und Form?



EGERER
Je größer das Angebot, desto enger die Wahl.

JÜRGENSSEN
Könnten Sie sich eine Installation zu einer männlichen „Fata Morgana" vorstellen?

EGERER
Ich stelle lieber eine männliche nach!

ONA B.
Ist es für Sie problematisch, sich vor der Kamera zu
zeigen?

EGERER
Nicht mit Marlon Brando, 1950, in St. Petersburg.

STROBL
Und Ihre wunderbar laszive Erscheinung?

ONA B.
Das ist keine Frage.

JÜRGENSSEN
Hätten Sie sich gerne von Picasso als die „Wei-
nende Frau" portraitieren lassen und ihn dabei
zum Lachen gebracht?
    Worüber hätten Sie mit ihm gesprochen?

ONA B.
Ich ziehe eine Affaire mit Arthur Miller vor.

STROBL
Sie lieben die Farbe Rot?

STROBL
A baroque world of golden stars and countless TV
programs on the one hand—reduction in expression and form on the other?

EGERER
The bigger the offer, the more limited the choice.

JÜRGENSSEN
Can you imagine an installation on a male "fata
morgana"?

EGERER
I'd rather reconstruct one!

ONA B.
Is showing yourself in front of a camera a problem
for you?

EGERER
Not with Marlon Brando in St. Petersburg in 1950.

STROBL
And your wonderful lascivious appearance?

ONA B.
This is not a question.

JÜRGENSSEN
Would you have liked to pose for Picasso as the
"Weeping Woman" and made him laugh?
    What would you have talked about with him?

ONA B.
I'd rather have an affair with Arthur Miller.

STROBL
You love the color red?

ONA B.
Everything is red, actually. It will take your breath
away when you think about all the things that
are red.

EGERER
You love red roses?

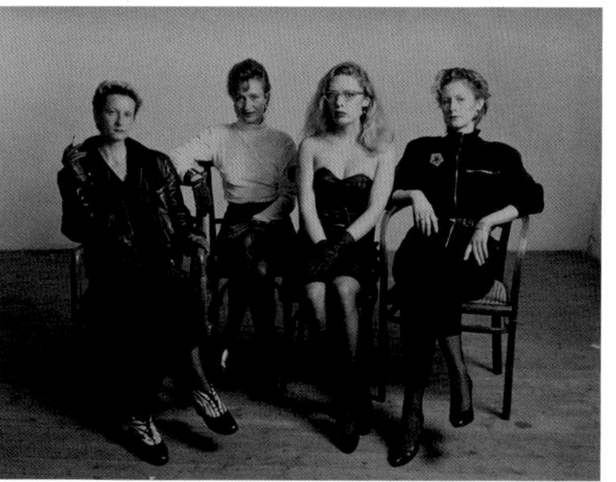

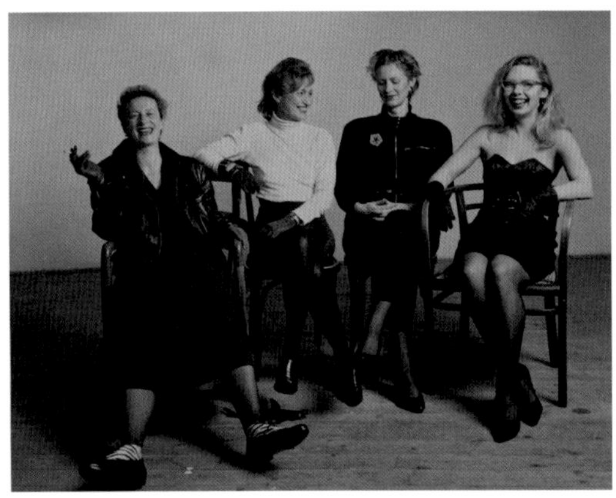



The language of hearts, the eternal beauty of transient things—grandly pathetic, that's what I must be!

EGERER

Suppose you find a plastic Tarzan in the streets. What comes to your mind?

ONA B.

Wild days in Berlin.

JÜRGENSSEN

Do you think that loneliness holds the seeds for artistic production?

STROBL

Beautifully put! Are lonely and alone the same? Because alone on a meadow in full bloom is fine.

STROBL

Do you frequent the Café Alt Wien?

EGERER

Especially when my favorite waiter serves the fresh house-special torte.

ONA B.

Do you like men?

JÜRGENSSEN

Only when they can sing.

ONA B.

Do you have relationships?

STROBL

For me, there's magic in certain sunsets, movie screenings, dens of robbers—and sometimes in that flash from those blue eyes.

JÜRGENSSEN

Suppose you get an envelope and the sender is "Paradox Poetry"—would you open it or rather use the unopened envelope to make a cut-out or fold an object?

ONA B.

Im Grunde ist alles rot. Es wird Ihnen den Atem rauben, wenn Sie darüber nachdenken, was alles rot ist.

EGERER

Sie lieben rote Rosen?

STROBL

Die Sprache der Herzen, die ewige Schönheit der Vergänglichkeit – großartig pathetisch muß ich sein!

EGERER

Sie finden auf der Straße einen Plastiktarzan. Was fällt Ihnen dazu ein?

ONA B.

Eine wilde Zeit in Berlin.

JÜRGENSSEN

Finden Sie, liegt im „Einsamen" der „Keimsamen" für eine künstlerische Arbeit?

STROBL

Eine sehr schön formulierte Frage! Einsam und allein sind dasselbe? Denn – auf der blühenden Wiese allein ist fein.

STROBL

Verkehren Sie im Café Alt Wien?

EGERER

Besonders wenn der Lieblingskellner frische Haustorte serviert.

ONA B.

Mögen Sie Männer?

JÜRGENSSEN
Nur wenn sie singen können.

ONA B.
Haben Sie Beziehungen?

STROBL
Ich finde das Magische in gewissen Sonnenun-
tergängen, Kinovorstellungen, Räuberhöhlen –
beziehungsweise manchmal in diesem Blitz aus
diesen blauen Augen.

JÜRGENSSEN
Wenn Sie ein Kuvert erhielten mit dem Absender
„Paradoxe Poesie" – würden Sie den Umschlag
öffnen oder aus dem ungeöffneten Papier einen
Scherenschnitt oder ein Faltobjekt machen?

EGERER
Ich würde das Kuvert ungeöffnet verbrennen,
nachdem ich die Inhalte kenne.

ONA B.
Könnten Sie auf den Gedanken kommen, zu malen?

STROBL
Ich male mir aus, wie schön es wäre, mit dir in einer
dieser amerikanischen, chromblitzenden Riesen-
lastautomaschinen durch Texas zu fahren, durch
menschenleere, kargweite Landschaft, auf breiten
Straßen, schweigend, ununterbrochen und tagelang.

EGERER
Ganz schnell ein Lieblingswort:

JÜRGENSSEN
Sensibilität.

LEO KANDL
Die sensiblen Menschen – die müssen gepflegt
werden wie die Rennpferde.

ONA B.
Wollen Sie Geld?

JÜRGENSSEN
Es hat einen schlechten Ruf und es hat zuviel
Gewicht. Beides kann ich mir nicht leisten.

EGERER
Knowing what it contains I would burn the envelope without opening it.

ONA B.
Would it occur to you to paint?

STROBL
I picture to myself how beautiful it would be to
drive through Texas with you in one of those
American gleaming giant truck machines, through
deserted, barren vast sceneries, on wide roads, not
saying anything, not stopping for days.

EGERER
Don't hesitate and give me a favorite word.

JÜRGENSSEN
Sensibility.

LEO KANDL
Sensitive people have to be taken care of like
racehorses.

ONA B.
Are you interested in money?

JÜRGENSSEN
Money has a bad reputation and carries too much
weight. I cannot afford either.
Only in the form of raw diamonds.

EGERER
You kiss a frog. What will it turn into?

STROBL
First into a goat, which I'll kiss again. The goat will
become a bear, which I'll kiss again. The bear will
turn into a buffalo—which I have not kissed yet . . .

JÜRGENSSEN
You paint your pictures in layers. Are these layers of
earth, of air, or of memory?

ONA B.
Let me keep my secret!

Nur in Form von rohen Diamanten.


Sie küssen einen Frosch. In welche Gestalt wird er
sich verwandeln?

STROBL
Zuerst in eine Ziege, die ich wieder küsse. Die Ziege
verwandelt sich in einen Bären, den ich wieder
küsse. Der Bär wird zu einem Büffel – den Büffel
habe ich noch nicht geküßt ...

JÜRGENSSEN
Sie malen Ihre Bilder in Schichten. Sind es
die Schichten der Erde, der Luft oder die der
Erinnerung?

ONA B.
Lassen Sie mir mein Geheimnis!

EGERER
Verlieren Sie oft Ihr Herz?

JÜRGENSSEN
Hätte ich sieben Leben wie eine Katze – siebenmal,
und das nach einem Konditionstraining.

STROBL
Sie lieben Mae West?

JÜRGENSSEN
Sie ist so kräftig und präsent. Sie besitzt Intelligenz
und Humor. Alles Dinge, die ich mir als Eigenschaf-
ten meiner Arbeit wünsche. Sie ist als Schauspiele-
rin so echt, wie die Kunst es für den Künstler sein
sollte. Sie verführt. Sie benützt das System, anstatt
vom System benützt zu werden. Ein Zitat: „It is
better to be looked over than overlooked." Besser
angesehen als übersehen. Und sie inspiriert, wenn
sie sagt: „A thrill a day keeps the chill away. – Einmal täglich wärmt dich stetig."

Wir danken für unser Gespräch.

EGERER
Do you often lose your heart?

JÜRGENSSEN
If I had nine lives like a cat: nine times, and that
after fitness training.

STROBL
You love Mae West?

JÜRGENSSEN
She is so powerful and has such presence. She
has intelligence and humor. All these are things I
would like my works to have. She is so true as an
actress, as true as art should be for the artist. She
seduces. She uses the system, does not allow the
system to use her. A quote: "It is better to be looked
over than overlooked." And she's inspiring when
she says: "A thrill a day keeps the chill away."

We thank ourselves for our conversation.

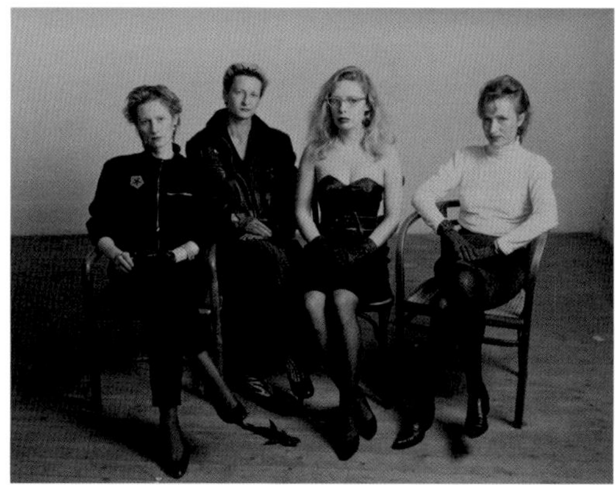

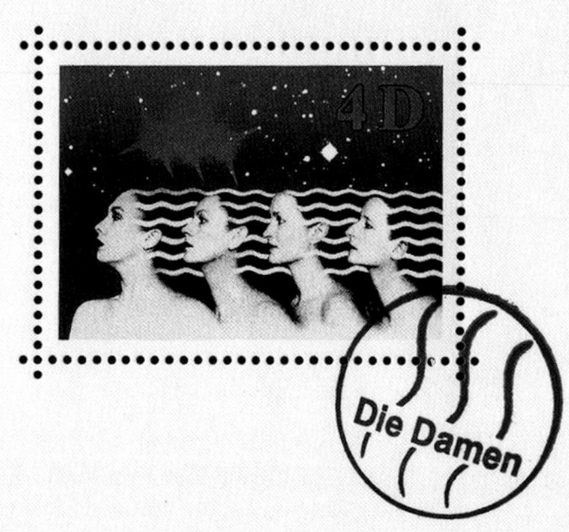

0000191

# Postmodern, 18. April 1989

Secession, Wien
Briefmarke *4 D*, gedruckt von der Österreichischen Staatsdruckerei,
nummeriert, gestempelt oder ungestempelt, Auflage: 1.000 Stück

———

# Postmodern, April 18, 1989

Secession, Vienna
*4 D* stamp, printed by the Austrian State Printing House,
numbered, with and without postmark, edition: 1,000 copies

Die Terrains weiblicher Berufstätigkeit sind ein immer wiederkehrendes Motiv. „Es war die Zeit, als die Frauen, die in der Wirtschaft arbeiteten, begonnen hatten, nicht nur wie Männer zu agieren, sondern sich auch so zu kleiden: Businesskostüme, Hosenanzüge etc." (Ingeborg Strobl). Den neuen „executive style" zelebrieren DIE DAMEN 1989 in weißen Hemdblusen, Krawatten und Brillen in der Wiener Secession.

Als sich die Türen zum verdunkelten Hauptraum öffnen, wird das Publikum von einem visuell spektakulären Tableau überrascht: Vier Schreibtische und von der Decke hängende Industrielampen genügen, um groteske Komödie und die Schrecken der Bürokratie zu einer absurd-kafkaesken Dystopie zu vereinen.

Der Abend geht als Geburtsstunde der Marke DIE DAMEN in die Performancegeschichte ein. Zu einem eigenen und sehr speziellen Kapitel werden sich Einladungen und Editionen entwickeln, die anlässlich einzelner Events produziert, verkauft oder als Give-aways verschenkt werden. Die sinnigen Verweise aufs gestellte Thema sind trockene Kommentare, klug, prägnant und voll abgründigen Humors.

The terrains of female employment are a recurrent motif in the work of DIE DAMEN. "At that time, women who worked in an office had not only begun to act like men, but also to dress like men: business costumes, trouser suits, etc." (Ingeborg Strobl). In 1989, DIE DAMEN celebrated this new "executive style" in white shirts and with ties and glasses in the Secession in Vienna.

When the doors to the darkened main space opened, a visually spectacular tableau surprised the visitors: four desks and industrial lamps hanging from the ceiling sufficed to merge grotesque comedy and the horrors of bureaucracy to an absurd Kafkaesque dystopia.

The evening has gone down in performance history as the one that saw the birth of the brand DIE DAMEN. Each of the invitations and editions developed by DIE DAMEN would focus on a very specific issue and be produced and sold or given away in the context of particular events. Dry comments—smart, concise, and full of cryptic humor—would make reference to the subject in question.

Text: Brigitte Huck

←

**Briefmarke *4 D*,** 1989
Offsetdruck auf Spezial-
papier mit Gummierung,
gestempelt
29,7 × 21 cm
Landessammlungen
Niederösterreich

———

**4 D stamp,** 1989
Offset print on special
gummed paper, postmarked
29.7 × 21 cm
Collections of the State of
Lower Austria

Auf der – kryptischen – Einladung zu *Postmodern* schlurft ein Briefträger im Vokuhila durchs Bild. In der Staatsdruckerei wird – es sind die Präinternetzeiten des Postmonopols – eine nicht amtliche Briefmarke auf handelsüblichem Spezialpapier mit tropentauglicher (!) Gummierung in einer Auflage von 1.000 Stück gedruckt und durchnummeriert: Sie zeigt ein schulterfreies Vierfachporträt der DAMEN im Profil nach links, vor Sternenhimmel. Über dem zurückgekämmten Haar liegen weiße Wellenlinien, die an einen Poststempel oder eine stilisierte Wella-Formfrisur gemahnen.

Für den Abend wird der gebenedeite Hauptraum der Wiener Secession in ein Postamt mit roten Chefsesseln, Schreibtischen und Industrielampen darüber transformiert. An ihnen sitzen DIE DAMEN mit strengen Frisuren und verströmen kühle Büroerotik. Die zahlreich erschienenen Neugierigen bezahlen an Tisch Nummer eins 100 Schilling, erhalten an Tisch Nummer zwei die Sonderbriefmarke mit dem Konterfei der DAMEN, die, bevor sie an Tisch Nummer vier verpackt wird, an Nummer drei mit einem Stempel, der zum ersten Mal das Logo DIE DAMEN trägt, abgestempelt wird. Zur Installation gehört neben dem amtsüblichen Bild einer Bundespräsidentin im Hintergrund der leeren Halle eine raffinierte Lichtregie im Reichskanzleistil.

Hintergründig nennen DIE DAMEN den Abend *Postmodern*. Das kann, schlicht und analog, als kabarettistische Revue über die Segnungen des Postbetriebs interpretiert werden, auf einer deutlich ausgespielten Metaebene meint die Inszenierung jedoch das „Entwerten" des damals viel beschworenen Phänomens der Postmoderne als kanonisiertes Denkschema.

The postman shuffling through the picture in the—puzzling—invitation to *Postmodern* sports a mullet. The Austrian State Printing House—the era was still that of the pre-Internet mail monopoly—produced the unofficial stamp on standard special gummed paper fit for the tropics (!) in an edition of 1,000 numbered copies: the stamp showed a portrait of the four DAMEN, bare-shouldered and in profile, looking to the left, against a starry sky. Six white lines running across their combed-back hair suggest a postmark or evoke a stylized Wella coiffure.

The blessed main space of the Secession was transformed into a post office with red desk chairs, desks, and industrial lamps. Their hair severely styled, DIE DAMEN sat behind their desks radiating cool office eroticism. The curious onlookers, who had turned up in large numbers, paid one hundred Austrian shillings at the first desk, before they were given the special stamp showing the artists' portrait at the second desk. The stamp was postmarked at the third desk (the postmark showing the logo DIE DAMEN for the first time) and then wrapped at the fourth desk. Besides a picture of a female federal president in the background of the otherwise empty hall, the installation also included a sophisticated lighting solution in the style of the Chancellery of the Reich.

DIE DAMEN enigmatically labeled the evening as "postmodern." The event could, simply and by analogy, be interpreted as a piece of revue slapstick on the blessings of the postal system; on an unequivocally suggested meta-level, however, the event was clearly aimed at "cancelling" the then often evoked phenomenon of postmodernism as a canonized scheme of thought.

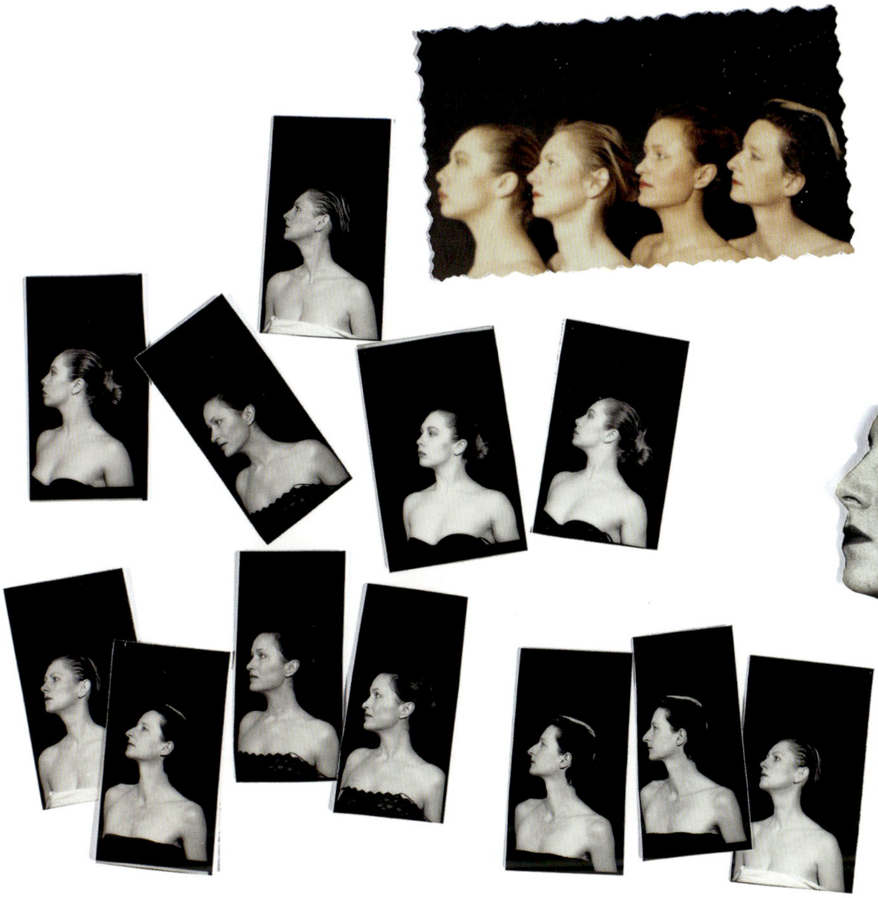

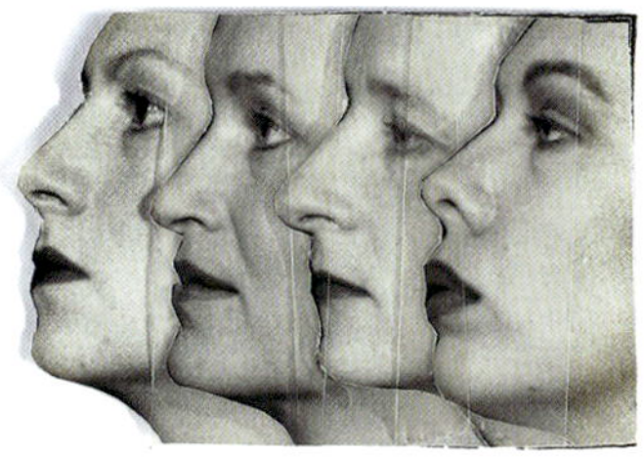

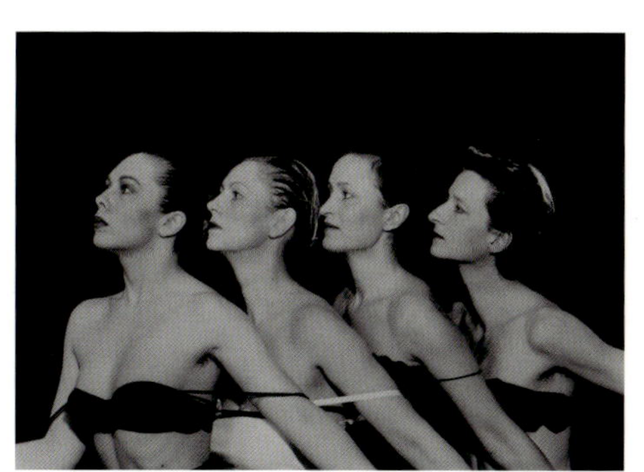

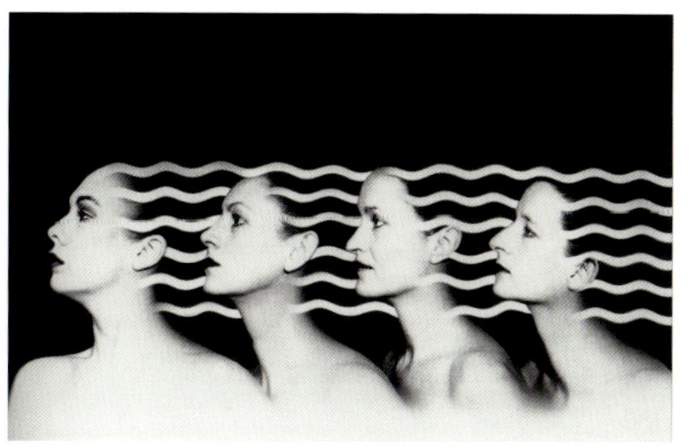

Vorstudien zur
Briefmarke 4 D

Preliminary studies
for the 4 D stamp

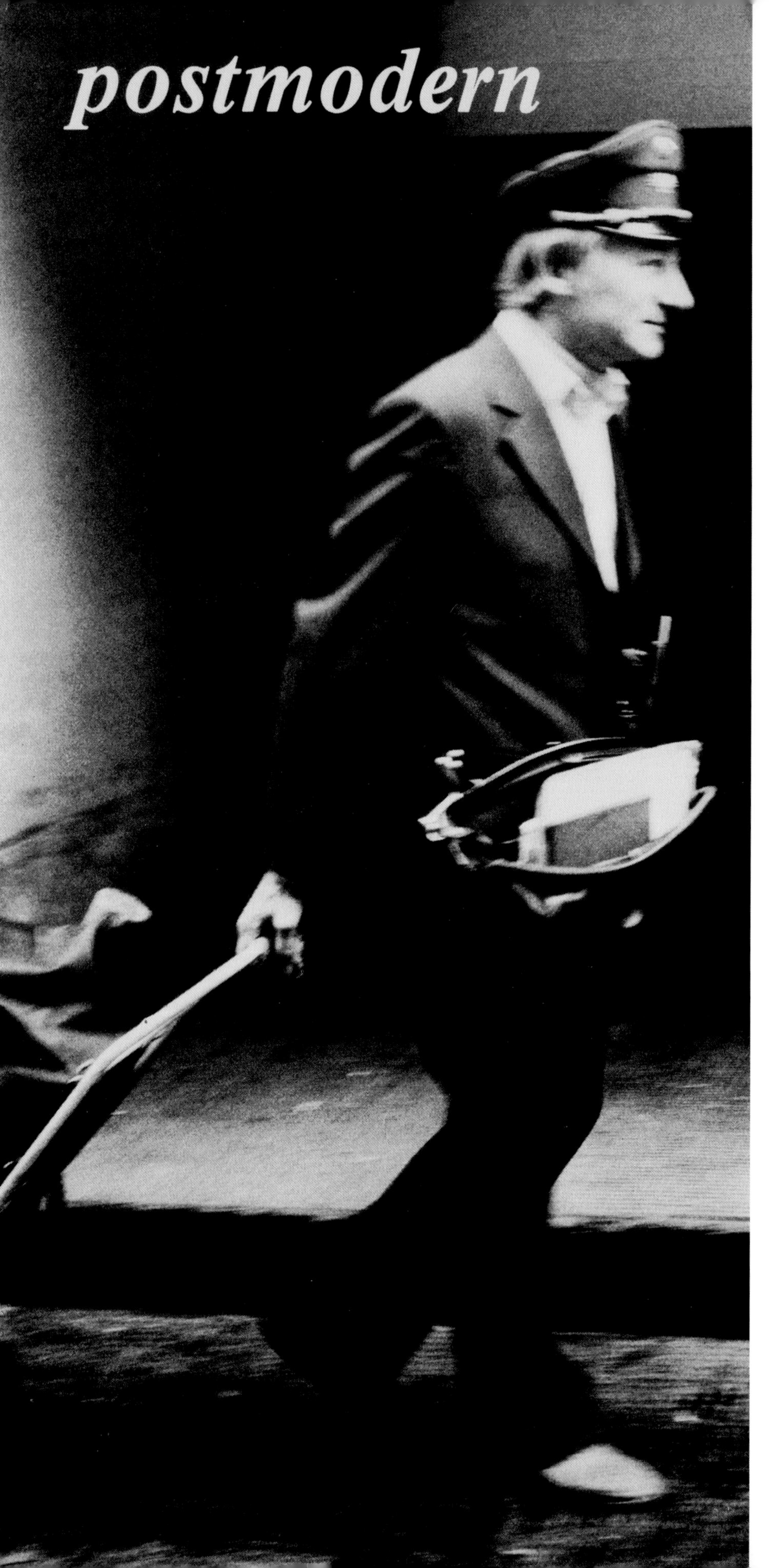

postmodern

←
Einladungskarte, 1989
31,2 × 10,4 cm

Invitation card, 1989
31.2 × 10.4 cm

→→
Ausstellungsansicht,
Secession, Wien, 1989

Exhibition view,
Secession, Vienna, 1989

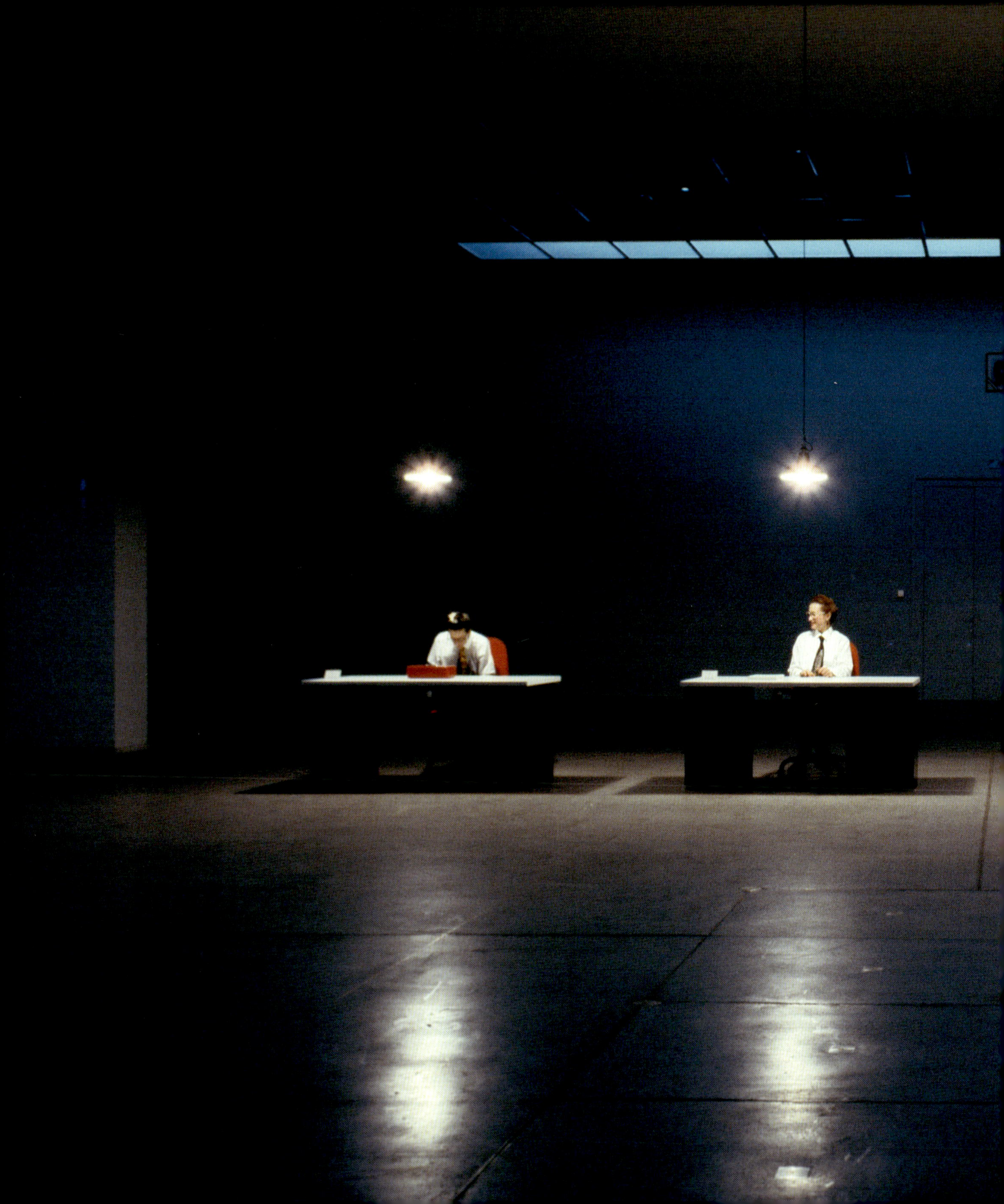

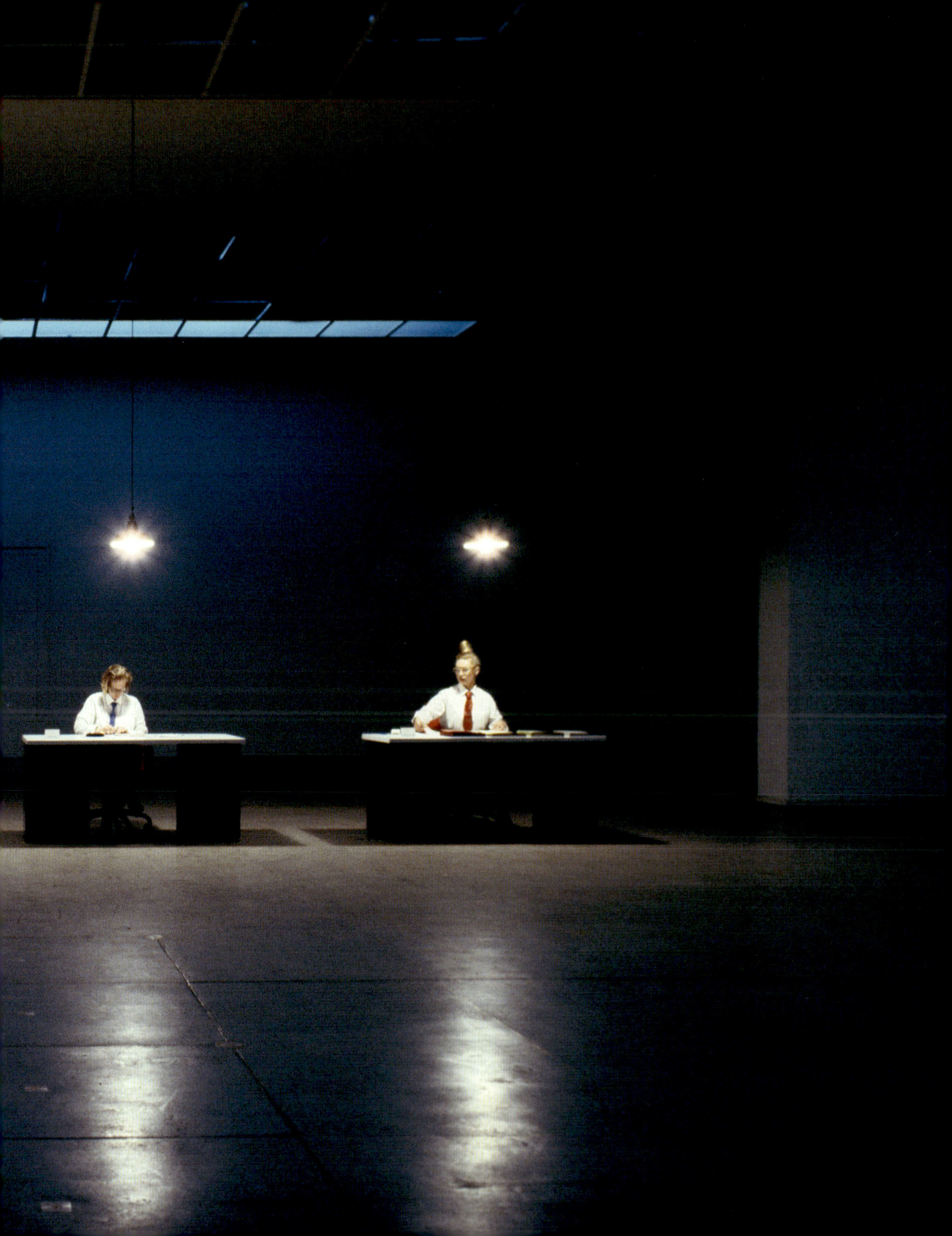

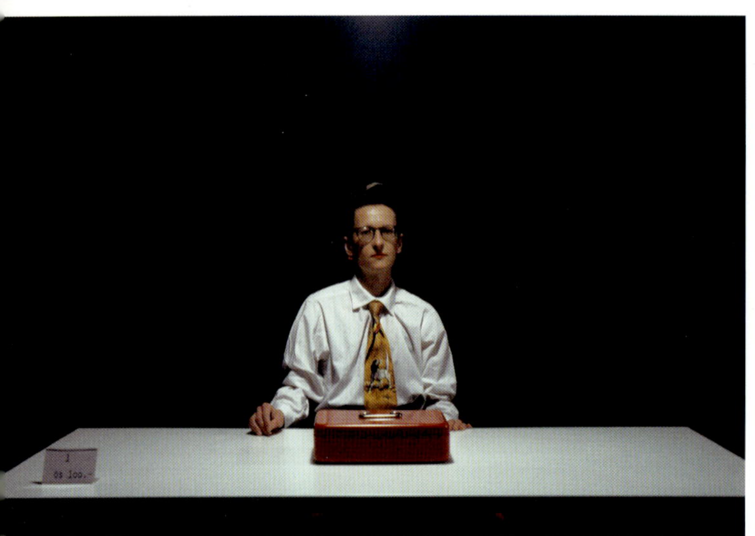


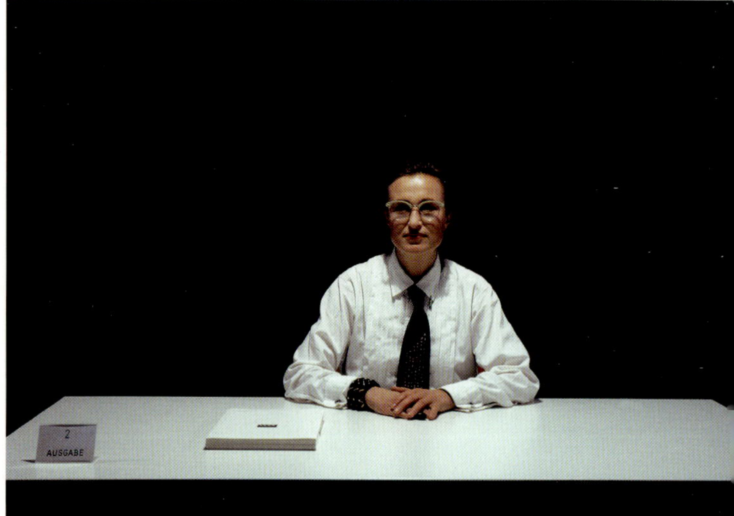


1

ös loo,-

2

AUSGABE

↑
Die vier Schritte zum
Erwerb einer Briefmarke 4 D,
Secession, Wien, 1989

The four steps for purchas-
ing a 4 D stamp, Secession,
Vienna, 1989

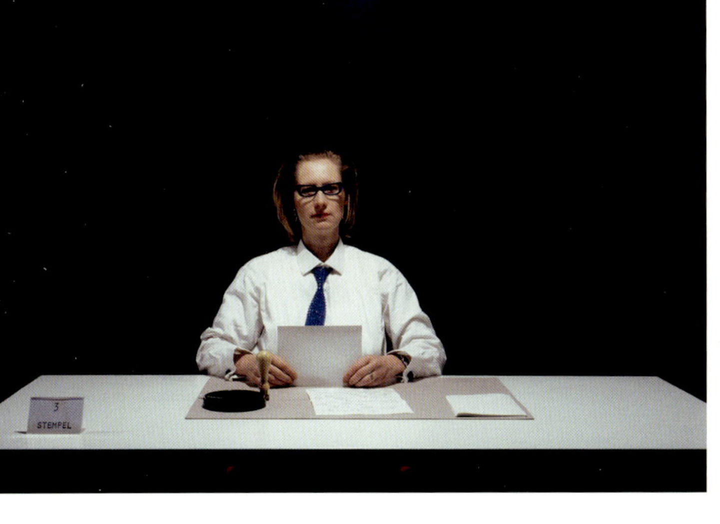
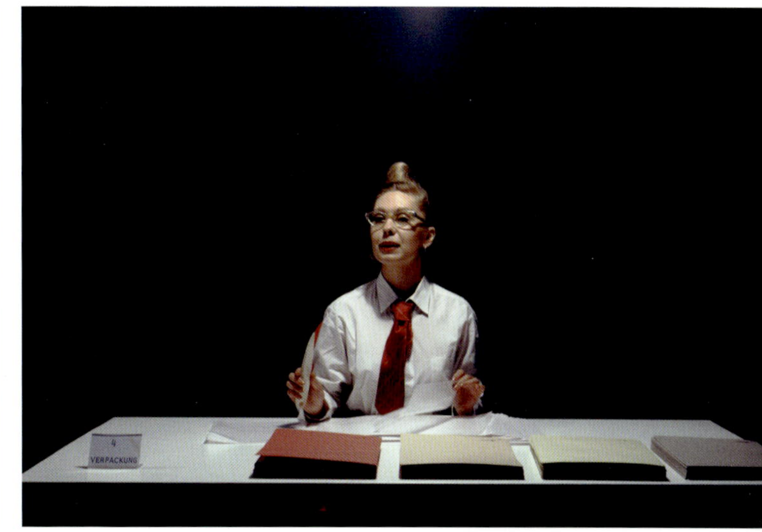

3

STEMPEL

4

VERPACKUNG

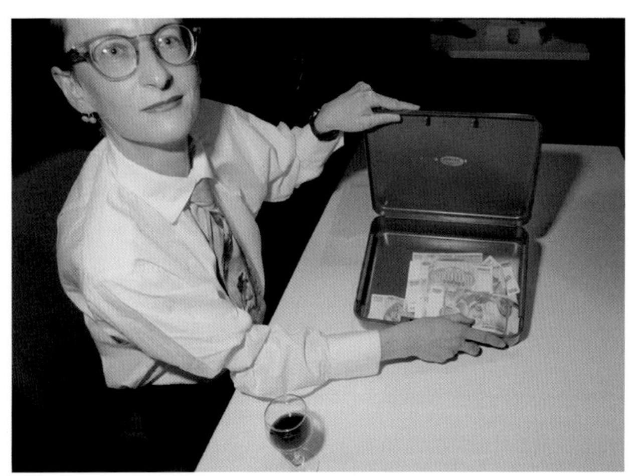

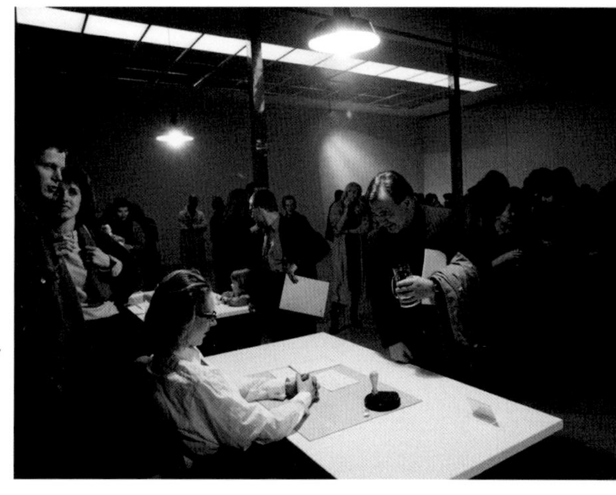

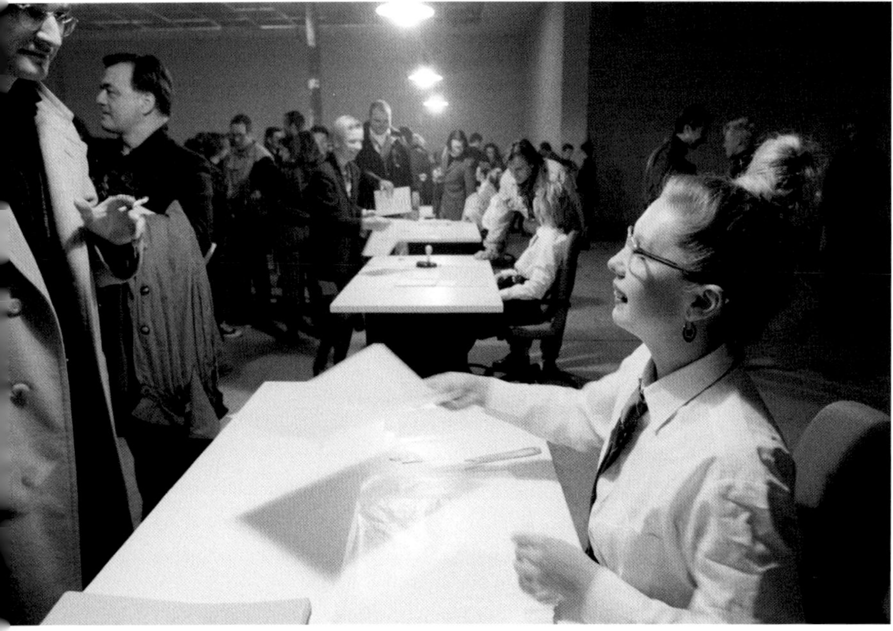

Secession, Wien,
18. April 1989

Secession, Vienna,
April 18, 1989

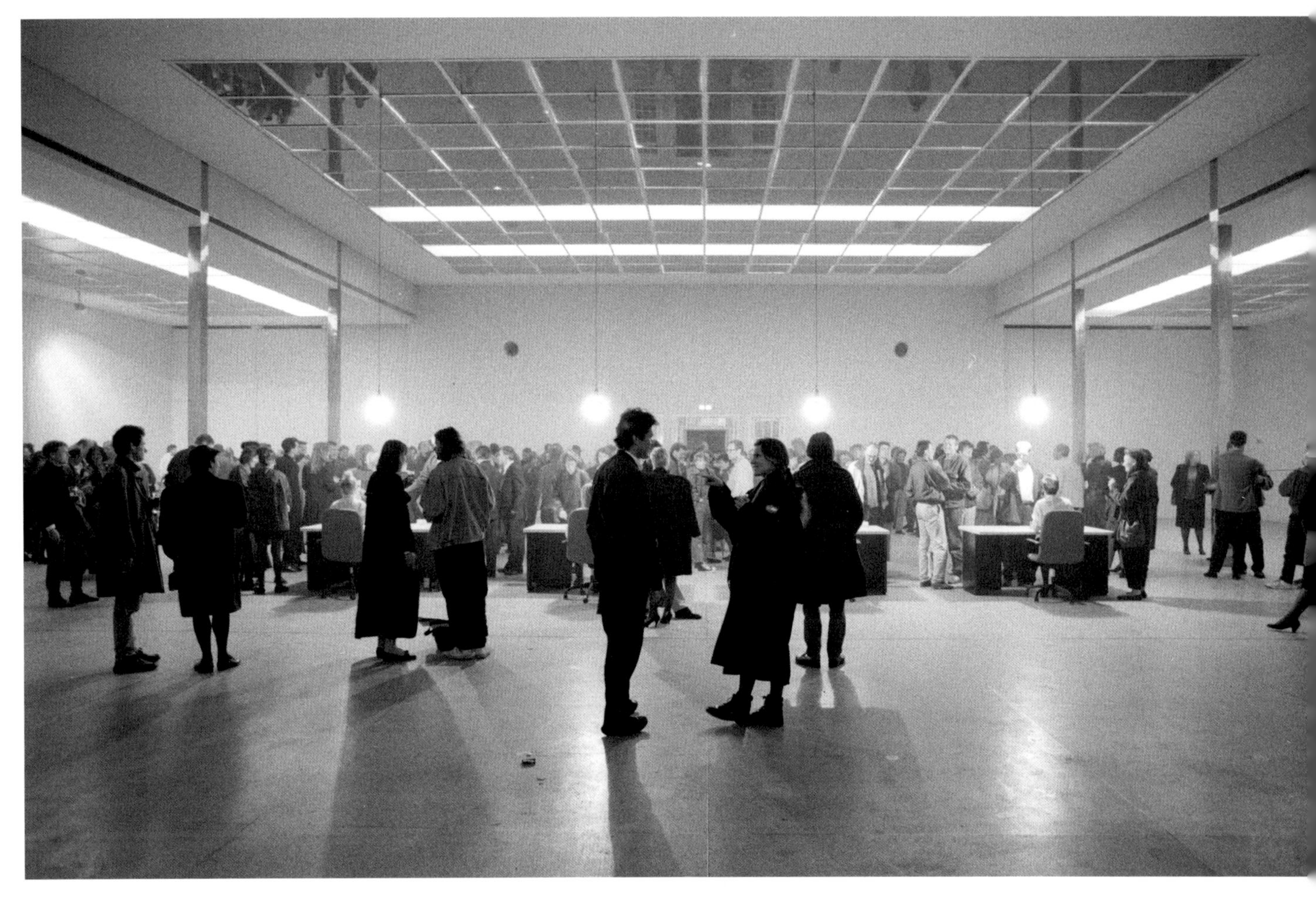

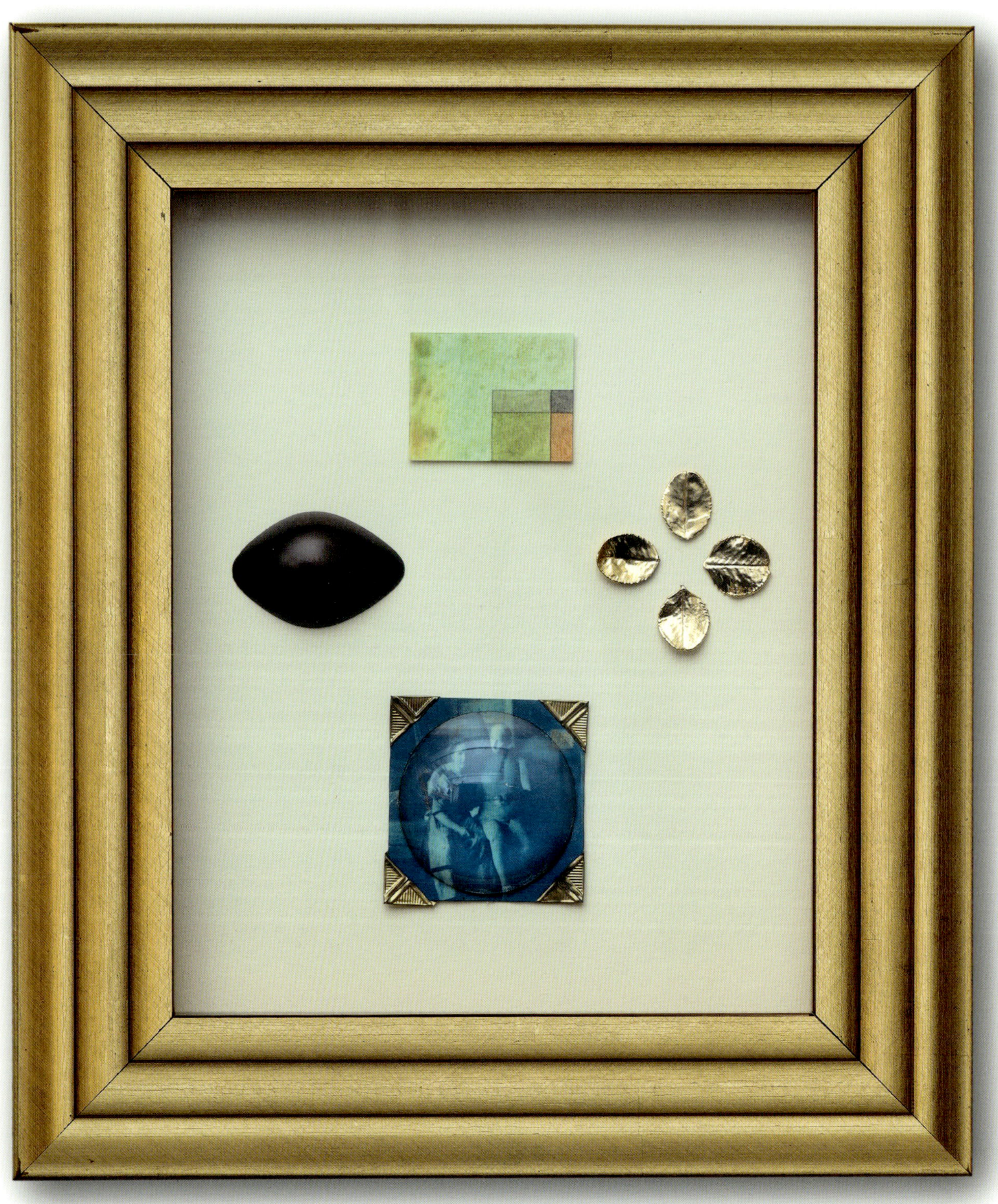

# Die goldene Kunst in der Kassette, 20. November 1989

Österreichisches Tabakmuseum, Wien
Multiple im Auftrag der Austria Tabakwerke, Auflage: 60 Stück

## Golden Art in the Cassette, November 20, 1989

Austrian Tobacco Museum, Vienna
Multiple commissioned by the Austrian Tobacco Company, edition: 60 pieces

Im Auftrag der Austria Tabakwerke entwickeln DIE DAMEN ein opulentes Multiple, das als Jahresgabe des Unternehmens an Geschäftspartner verschenkt wird. In einer mit rotem Satin ausgeschlagenen Kassette befinden sich vier kleine Originale aus der Hexenküche des Quartetts: ein Aquarell, ein Holzobjekt, ein vergoldetes Kleeblatt, eine Cyanotopie, weiters eine Zigarre in goldener Hülse. Dazu kommt ein Plakat mit dem Sujet der *Postmodern*-Briefmarke.

Für die Präsentation im Tabakmuseum entwerfen DIE DAMEN ein Podium mit vier Sockeln als Buchständern, die in üppiger roter Stoffdrapierung versinken. Dahinter eine Rückwandprojektion mit 15 Fotos von roten Rosen und in weiche Falten gelegtem Satin.

Den Vorstandsvorsitzenden Beppo Mauhart im grauen Anzug (von der Anmutung her Hugo Boss) stellen die glamourös schillernden DAMEN unschwer in den Schatten. Jede verkörpert eine Jahreszeit: Ona B. im Shiftdress aus rosa Seide den Frühling, Evelyne Egerer in blaugrünem Samt mit Blumenprint den Sommer, Birgit Jürgenssen in venezianisch-goldfarbenem Stoff von Fortuny

Commissioned by the Austrian Tobacco Company, DIE DAMEN developed an opulent multiple to be given away as an annual present to the company's business partners. Lined with red satin, the cassette contained four small originals from the quartet's witches' kitchen: a watercolor, a wooden object, a gold-plated cloverleaf, a cyanotype, and a cigar in a golden tube. A poster showing the subject of the *Postmodern* stamp was also part of the work.

For the presentation of their work in the Tobacco Museum, DIE DAMEN designed a platform with four pedestals for displaying one cassette each—which drowned in an abundance of red textile drapery. Behind it a rear wall projection showing fifteen photographs of red roses and smoothly billowing stretches of satin.

The glamorous DAMEN easily eclipsed the company's CEO, Beppo Mauhart, who wore a grey suit (which, judging from its appearance, was probably Hugo Boss). Each of the women artists embodied a season: Ona B. in a red silk shift

Text: Brigitte Huck

←

**Die goldene Kunst in der Kassette,** 1989
Holzobjekt, Aquarell, vergoldetes Kleeblatt, Cyanotypie, Goldrahmen
28 × 24 cm
Landessammlungen Niederösterreich

**Golden Art in the Cassette,** 1989
Wooden object, watercolor, gold-plated cloverleaf, cyanotype, gilt frame
28 × 24 cm
Collections of the State of Lower Austria

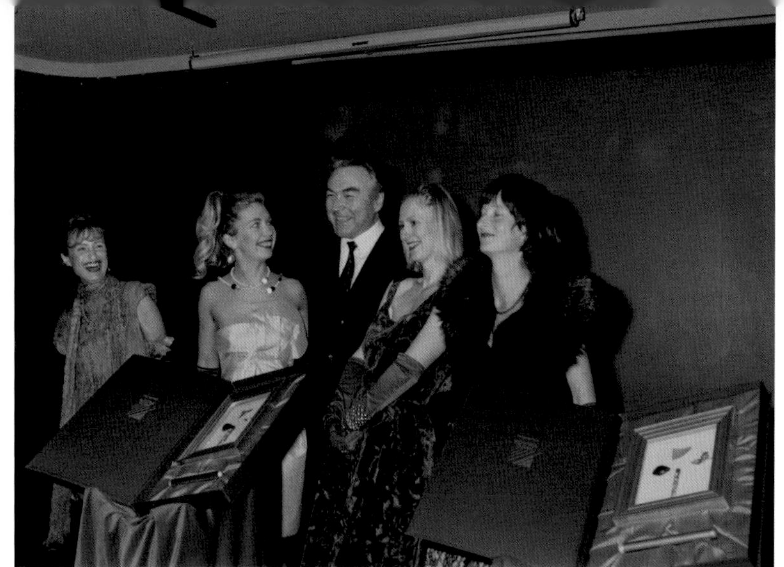

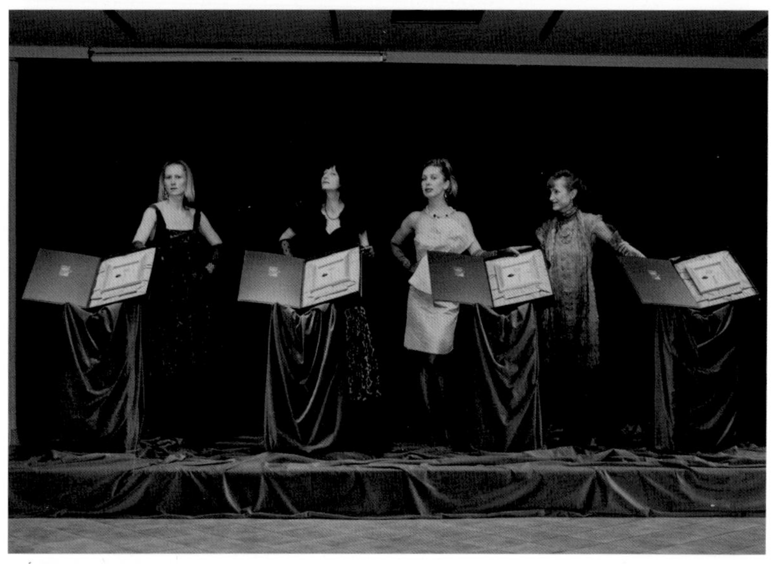

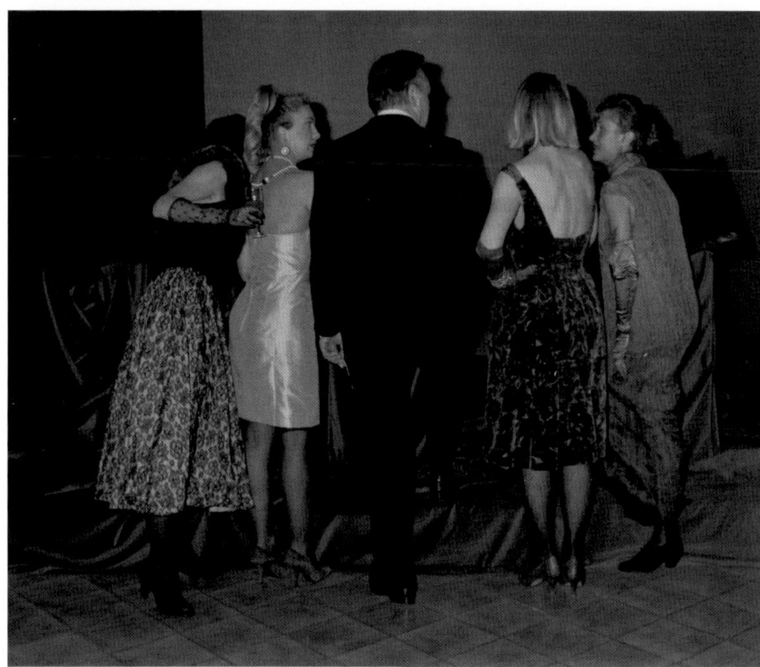



DIE DAMEN und Beppo
Mauhart, Generaldirektor
der Austria Tabakwerke,
Österreichisches Tabak-
museum, Wien, 1989

—

DIE DAMEN and Beppo
Mauhart, CEO of the
Austrian Tobacco Company,
Austrian Tobacco Museum,
Vienna, 1989

den Herbst und Ingeborg Strobl, die eine dunkle
Perücke und ein Abendkleid aus schwarzer Spitze
(von Ona geschenkt, von Birgit geborgt) trägt, den
Winter. Eröffnen soll TV-Star Carl Michael Belcredi,
der im Fernsehen das Wetter ansagt. Er enttäuscht
DIE DAMEN bitter, da er – aus Eitelkeit vermutlich –
statt der erwarteten Wetterprognose einige witzlose
einführende Worte spricht.

dress spring, Evelyne Egerer in blue-green velvet
printed with flowers summer, Birgit Jürgenssen
in a Venetian golden fabric from Fortuny autumn,
and Ingeborg Strobl, who wore a dark wig and a
black lace evening dress (Ona's present, Birgit's
loan), winter. DIE DAMEN had asked weatherman
Carl Michael Belcredi to open the event. The TV
star disappointed them bitterly; presumably out of
vanity, he preferred to say some words of introduc-
tion lacking in wit instead of offering the expected
weather forecast.

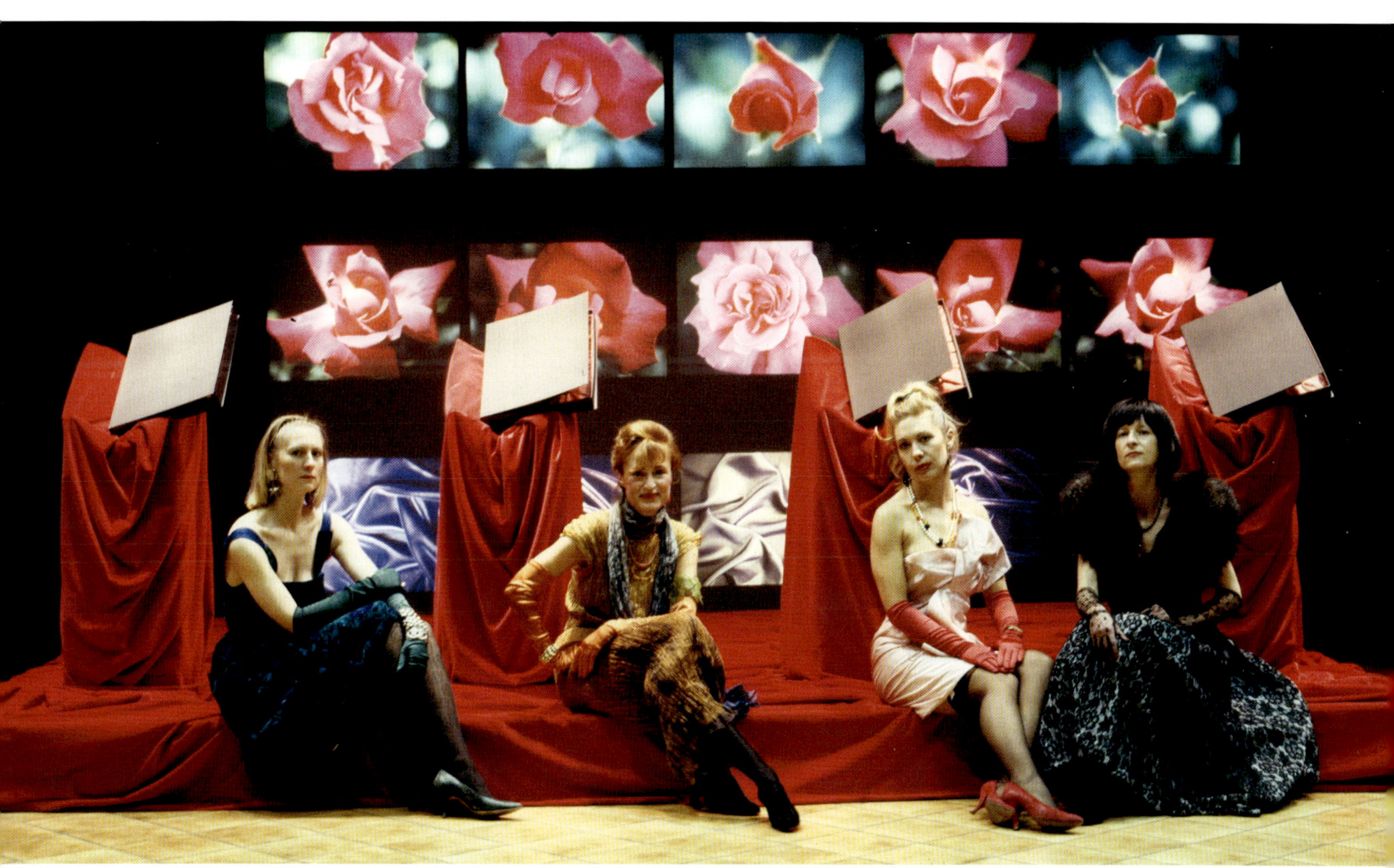

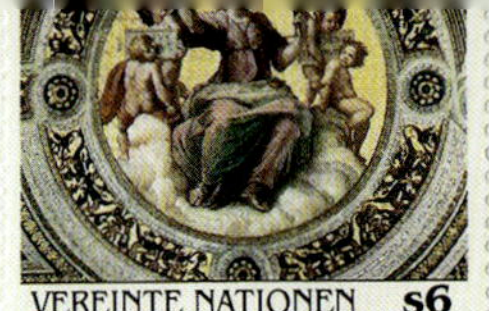
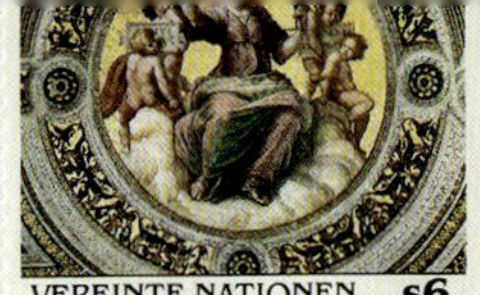
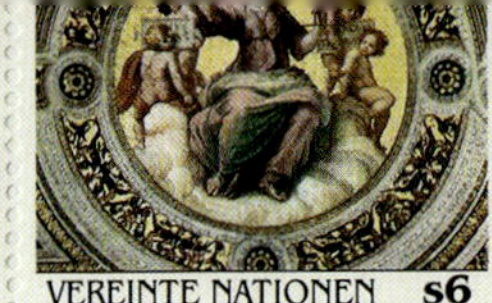


**A**rtikel 6 *Jeder Mensch hat überall Anspruch auf Anerkennung als Rechtsperson.*

**A**rticle 6 *Everyone has the right to recognition everywhere as a person before the law.*

**A**rticle 6 *Chacun a le droit à la reconnaissance en tous lieux de sa personnalité juridique.*

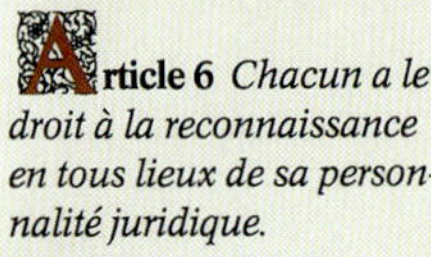

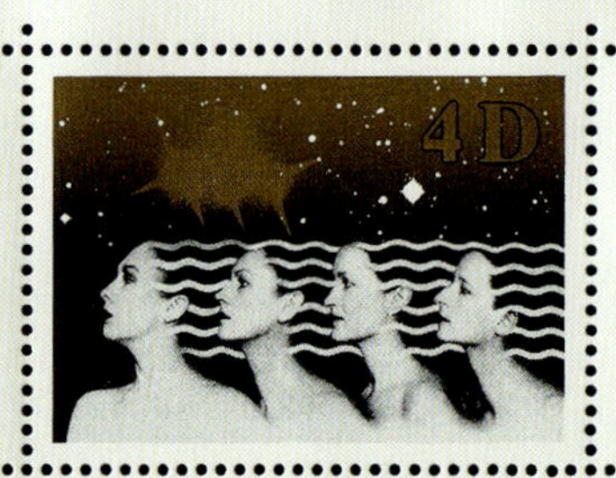


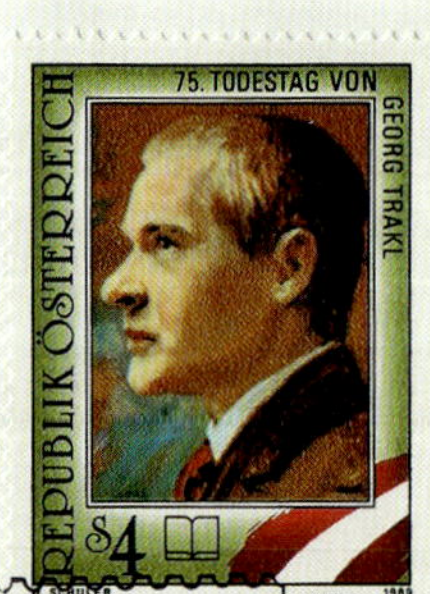


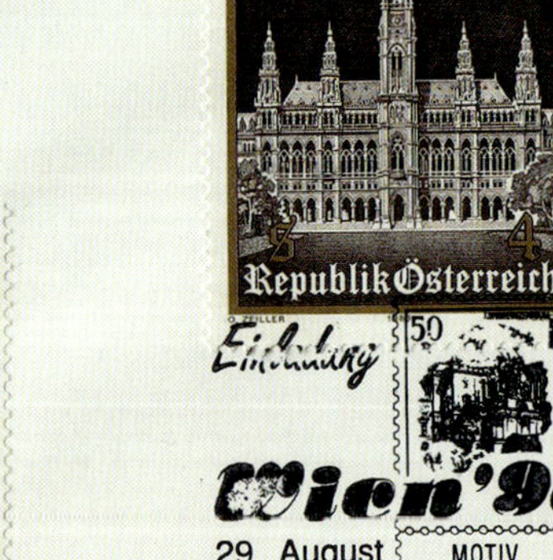

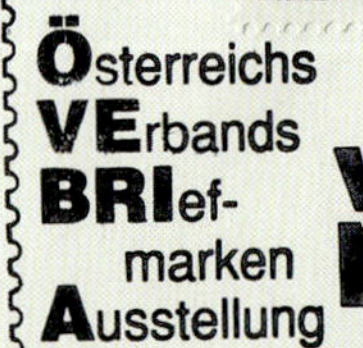

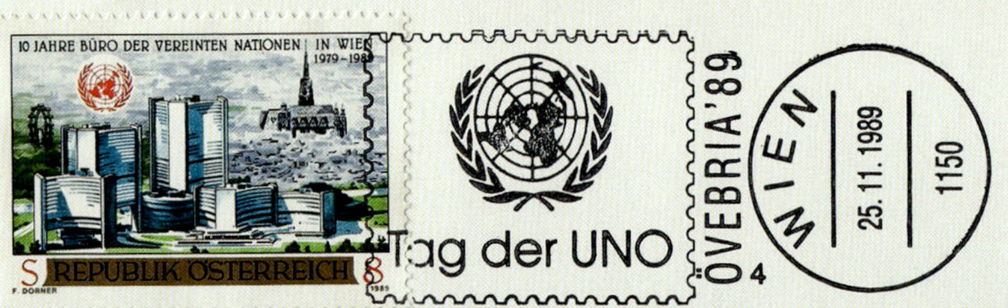

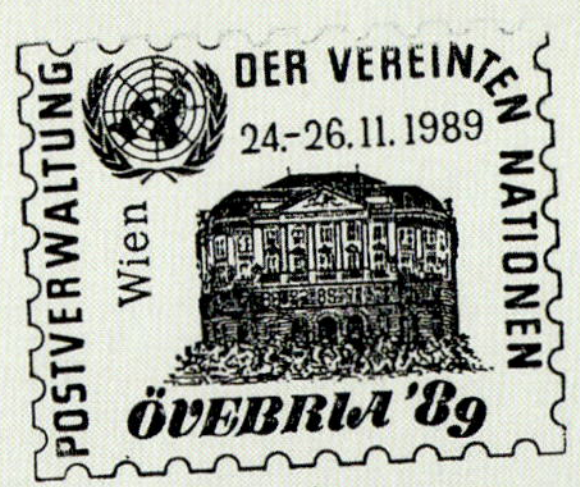


0000407

# Briefmarkenbörse, 24. bis 26. November 1989

ÖVEBRIA, Wien

---

## Stamp Fair, November 24–26, 1989

ÖVEBRIA, Vienna

Auf der Briefmarkenbörse (man sollte vielleicht eher sagen, dem philatelistischen Salon) im Haus der Begegnung Floridsdorf, heute ein Veranstaltungszentrum der Wiener Volkshochschulen, betreiben DIE DAMEN einen Verkaufsstand im Foyer. Die Briefmarke und verschiedene Drucksachen der DAMEN werden angeboten. Bis heute tauchen bisweilen einige der damals mit Ersttagsstempeln versehenen DAMEN-Wertzeichen auf.

Im großen Tanz- und Vortragssaal des Bezirkszentrums findet eine Briefmarkenausstellung statt. Ein Foto, das die schwarz gekleideten Künstlerinnen vor den bizarren, nach oben spitz zulaufenden Vitrinen zeigt, wird für das Septemberblatt des Kalenders der Austria Tabakwerke für das Jahr 1991 Verwendung finden.

DIE DAMEN ran a stand—or perhaps a philatelistic salon rather—at the stamp fair presented in the "Haus der Begegnung Floridsdorf" in Vienna's twenty-first district, today an event venue of "Wiener Volkshochschulen," the city's adult education facilities. They offered their *Postmodern* stamp and a variety of printed matter for sale. Some of the artists' stamps cancelled with a first-day of issue postmark on the occasion still turn up now and then.

A stamp exhibition was presented in the large dancing and lecture hall of the district center. A photograph depicting the artists in black in front of the bizarre vitrines tapering toward the top would be used for the September page of the 1991 calendar of the Austria Tobacco Company.

Text: Brigitte Huck

←
Blatt mit Sonderbriefmarken und Ersttagsstempeln, 1989
29,7 × 21 cm

---

Sheet with special stamps and first-day of issue postmarks, 1989
29.7 × 21 cm

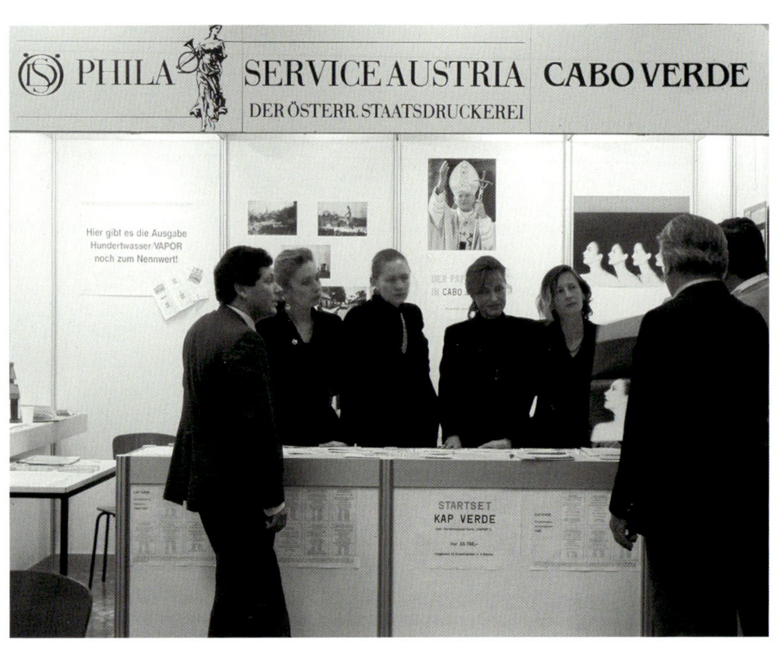


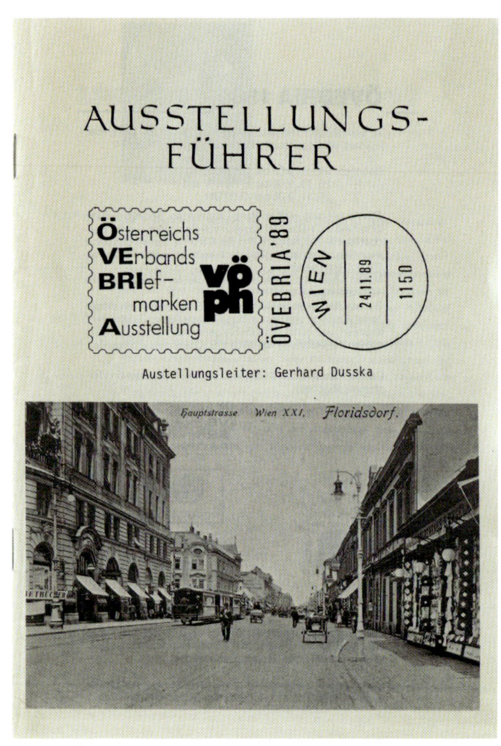


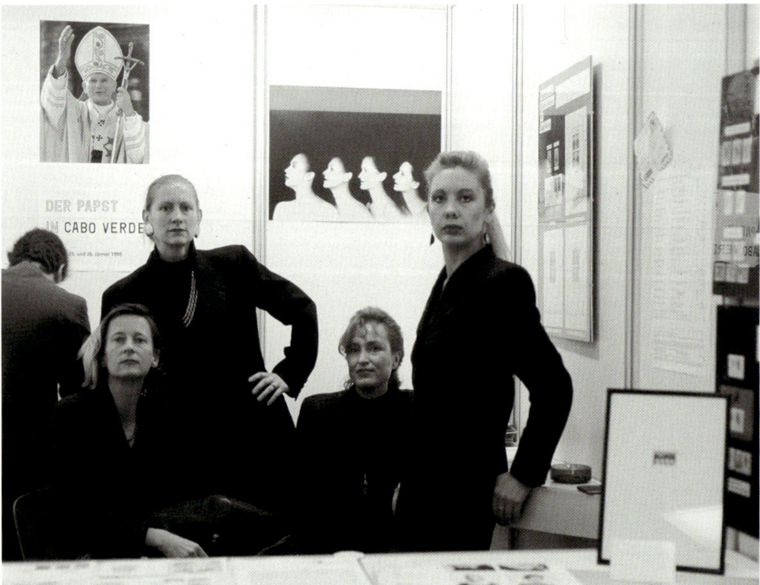


↑
Programmheft, ÖVEBRIA,
Wien, 1989

———

Booklet, ÖVEBRIA,
Vienna, 1989

←

DIE DAMEN am Stand
der Österreichischen
Staatsdruckerei, Brief-
markenausstellung
ÖVEBRIA, Wien, 1989

———

DIE DAMEN at the stand of
the Austrian State Printing
House, stamp exhibition
ÖVEBRIA, Vienna, 1989

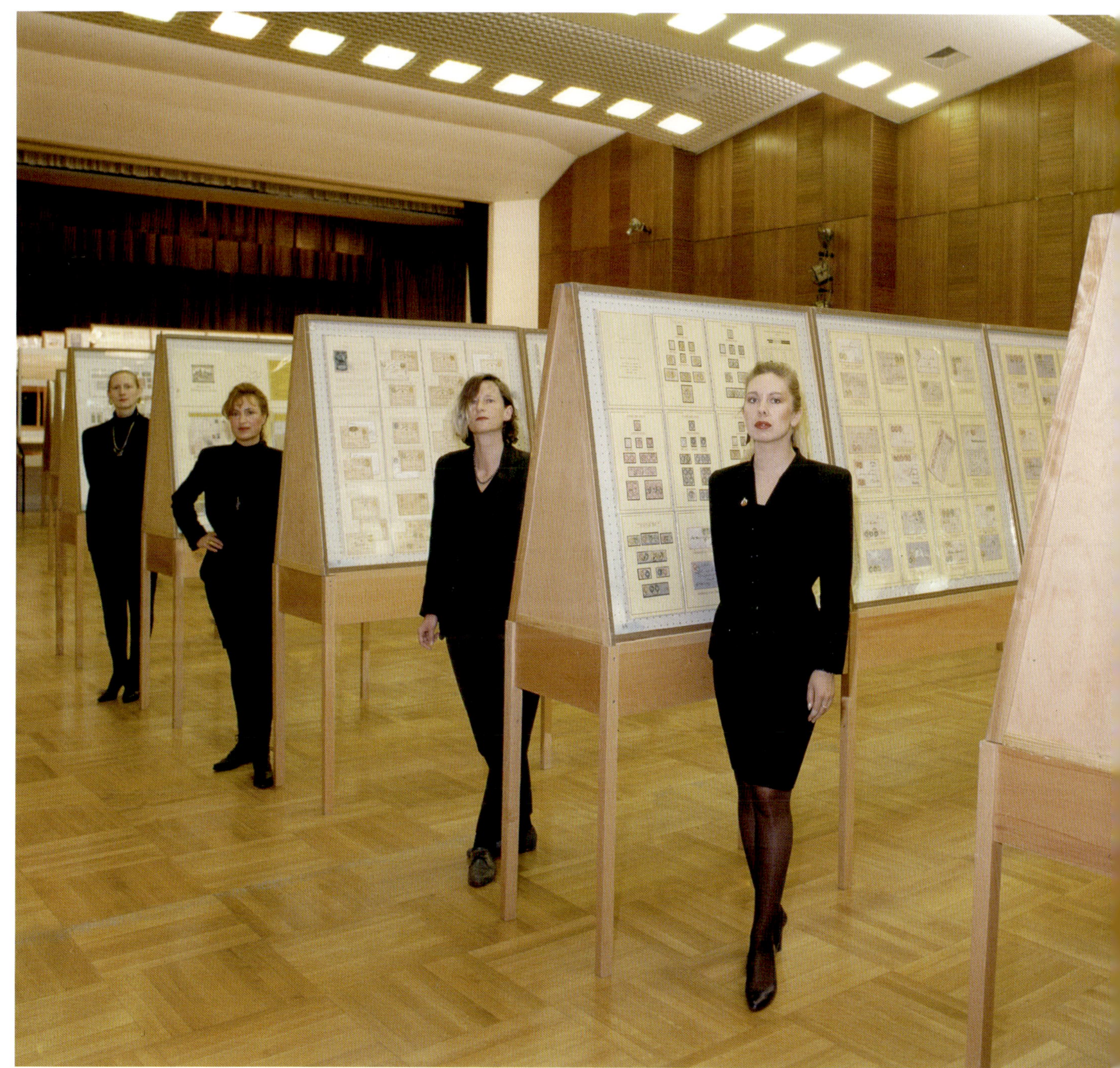

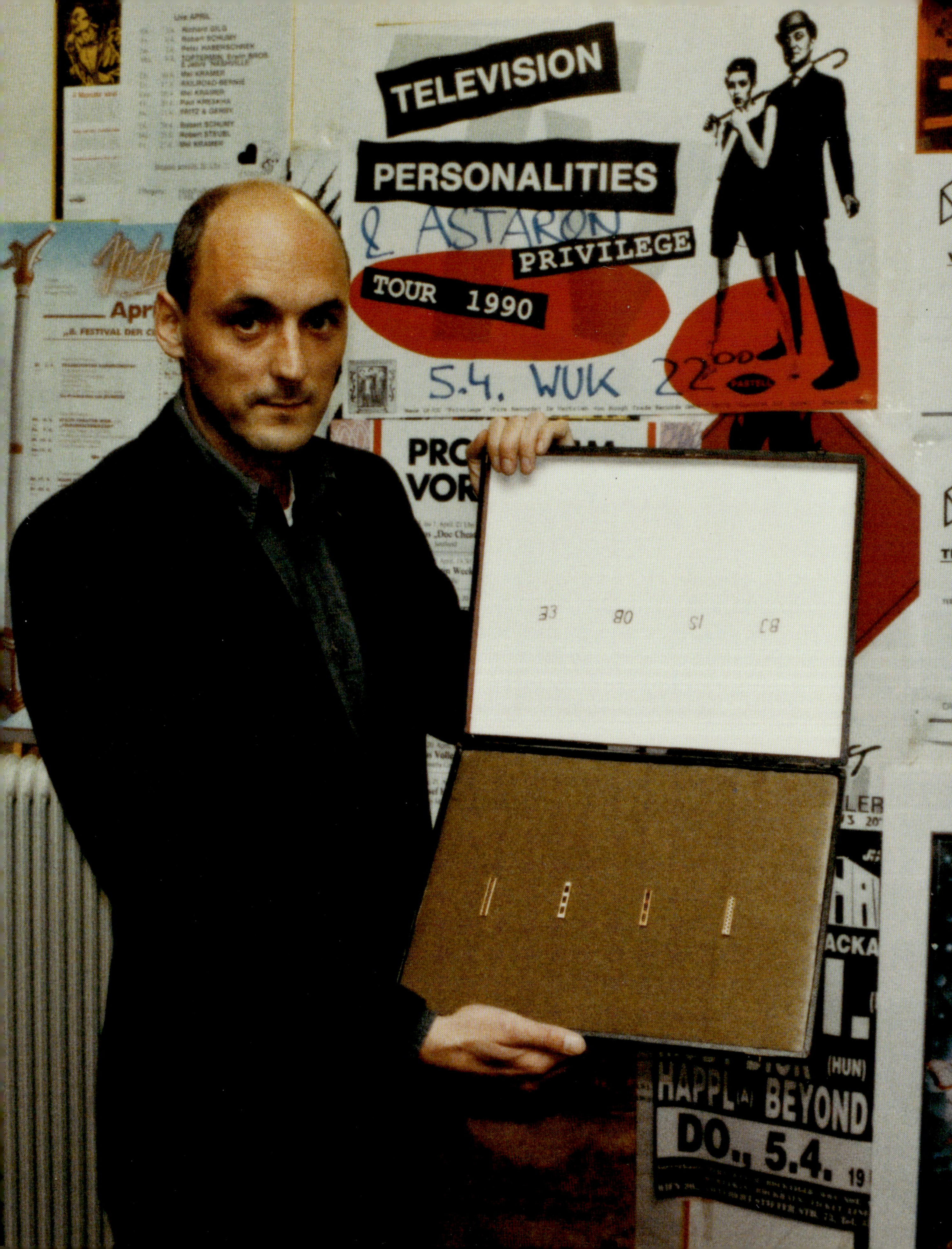
TELEVISION
PERSONALITIES
& ASTARON
PRIVILEGE
TOUR 1990
5.4. WUK 22⁰⁰
PROGRAM
VOR
Apr
8. FESTIVAL DER C
HAPPL (A) BEYOND
DO., 5.4. 19
(HUN)
ACKA

# Goldene Ehrennadel, 9. April 1990

Freihaus, Wien

---

# Golden Honorary Pin, April 9, 1990

Freihaus, Vienna

Aus heutiger Sicht ist dieses ungemein selbst-ironische Werk nicht ohne Melancholie zu beschreiben, sind doch, abgesehen von Birgit Jürgenssen, noch einige weitere wichtige Beteiligte nicht mehr am Leben.

DIE DAMEN sind der Meinung, dass eine offizielle Würdigung ihrer herausragenden Leistungen langsam hoch an der Zeit wäre, und erfinden die *Goldene Ehrennadel*, deren Verleihung (an sich selbst) sie persönlich in die Wege leiten.

Das Ehrenzeichen soll das legendäre Freihaus in der Schleifmühlgasse verleihen, ein damaliges Lieblingslokal der DAMEN und stark frequentierter Treffpunkt der Wiener Kunstszene. Die Sache läuft unter Freunden ab: Der 1998 verstorbene Designer und Universalist Ed Schulz hat im Auftrag des Künstlers und Gastronomen Michael Lohn (1954–2005) vier dezent voneinander abweichende Anstecknadeln aus Email (geometrische Formen auf monochromem Grund) entworfen. Herr Lohn überreicht sie in einer Kassette für „besondere Verdienste um die Verbindung von Kunst und Kommunikation". Die feierliche Zeremonie findet in der Essecke des Lokals statt, womöglich gibt es Reden, mit Sicherheit freie Drinks. Vom Schriftsteller Martin Kubaczek alias Der Vollmond ist folgende Gratulationsnote überliefert: „Mit Neid und Anerkennung sehe ich die Vergabe der Freihausnadel an die vier DAMEN. Ich beglückwünsche die glückliche Wahl."

From today's point of view, this extremely self-ironical work cannot be described without melancholy, since, apart from Birgit Jürgenssen, some other important participants are not alive anymore.

DIE DAMEN thought it was more than about time to officially honor their outstanding achievements and invented the *Golden Honorary Pin,* whose presentation (to themselves) they organized personally.

The decoration was to be awarded by the legendary Freihaus on Schleifmühlgasse in Vienna's forth district, a very popular meeting place of Vienna's art scene, which was a favorite hangout of DIE DAMEN at the time. It was an event arranged among friends: commissioned by artist and restaurateur Michael Lohn (1954–2005), the designer and universalist Ed Schulz, who died in 1988, conceived four decently differing enamel pins showing geometric forms against a monochrome background. Mister Lohn presented them in a cassette for "special services to the relationship between art and communication." The formal ceremony took place in the dining corner of the Freihaus; there may have been speeches, free drinks were offered for sure. A congratulatory note by the author Martin Kubaczek a.k.a. Der Vollmond (Full Moon) has survived: "Observing the presentation of the Freihaus Pin to the four DAMEN with envy and acknowledgment, I express my felicitations on the fortunate choice."

Text: Brigitte Huck

←

Michael Lohn, Gastronom im Lokal Freihaus, mit den Ehrennadeln, 1990

---

Michael Lohn, restaurateur at the Freihaus, with the honorary pins, 1990

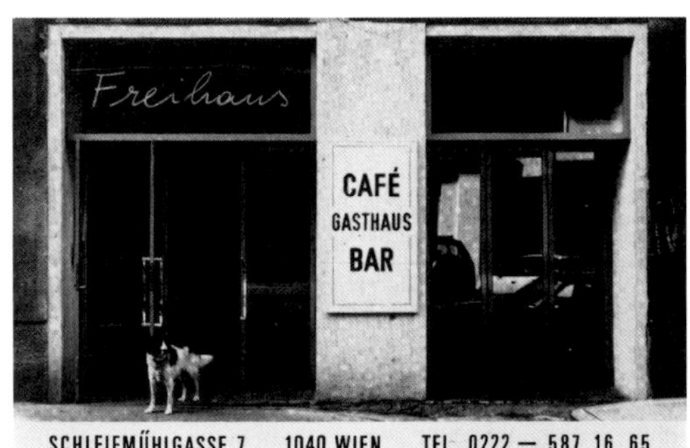


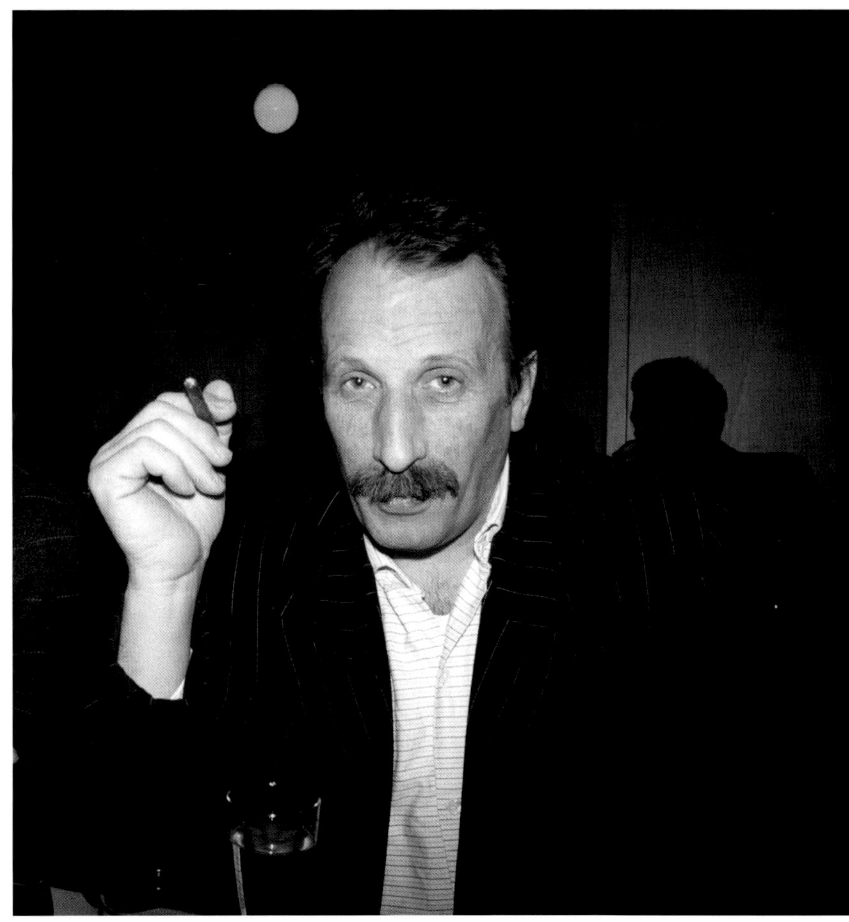

↖
Original-Visitenkarte,
Freihaus, Wien, 1990
———
Original business card,
Freihaus, Vienna, 1990

←
Ed Schulz, Gestalter der
Ehrennadeln, Freihaus,
Wien, 1990
———
Ed Schulz, designer of the
honorary pins, Freihaus,
Vienna, 1990

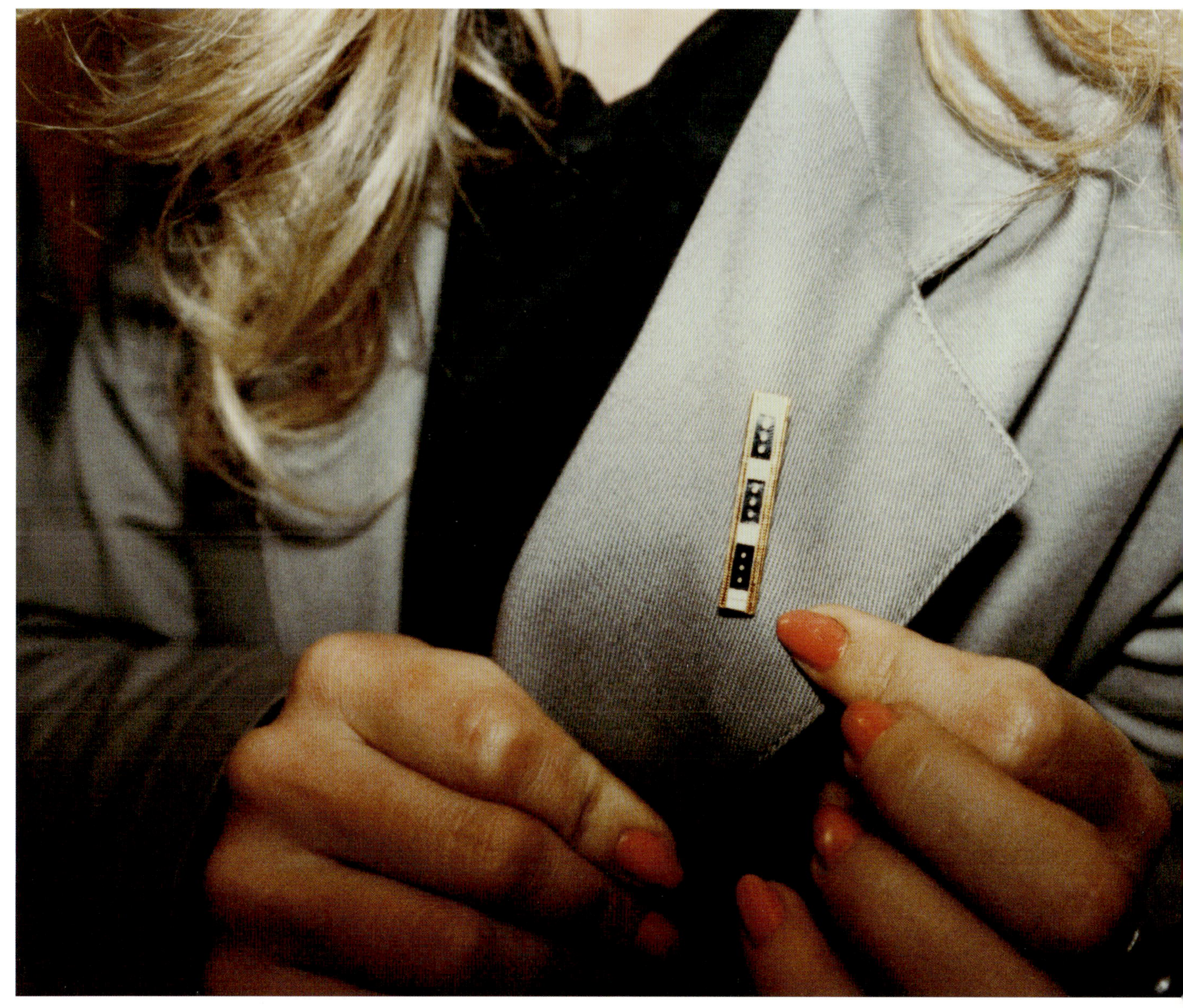

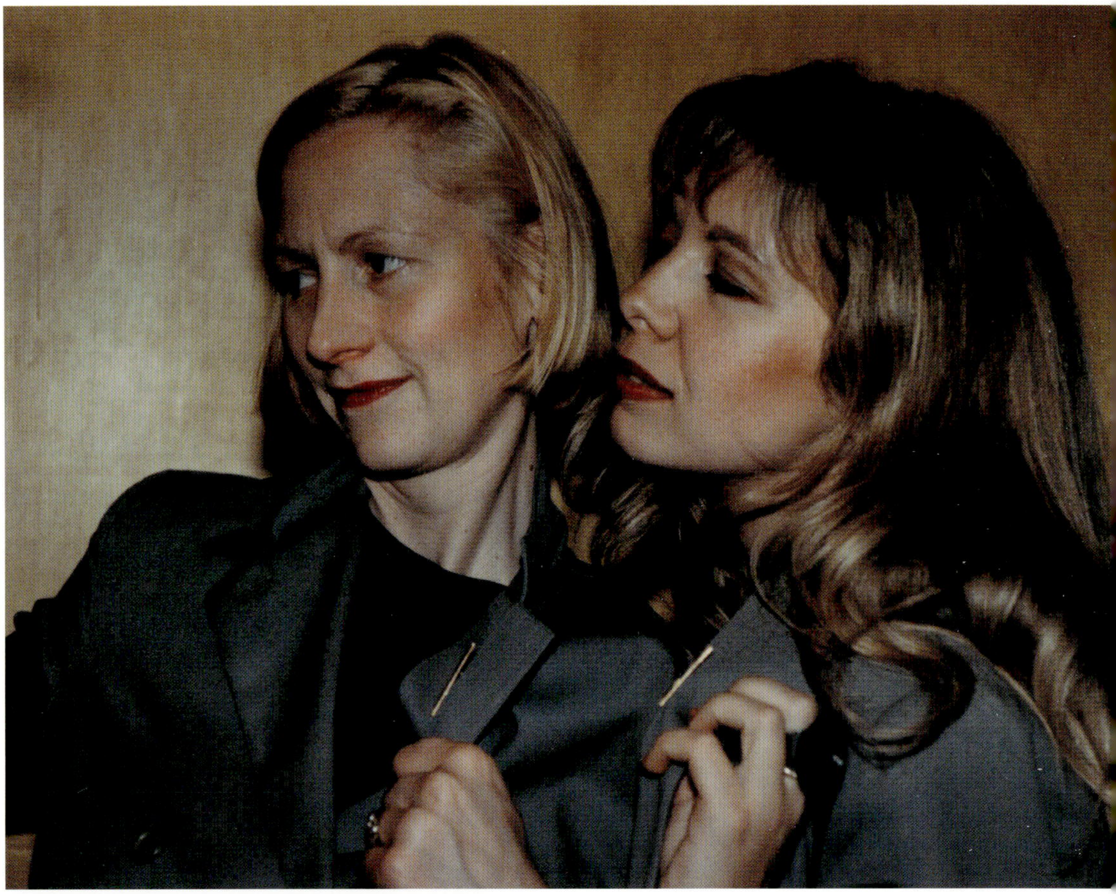

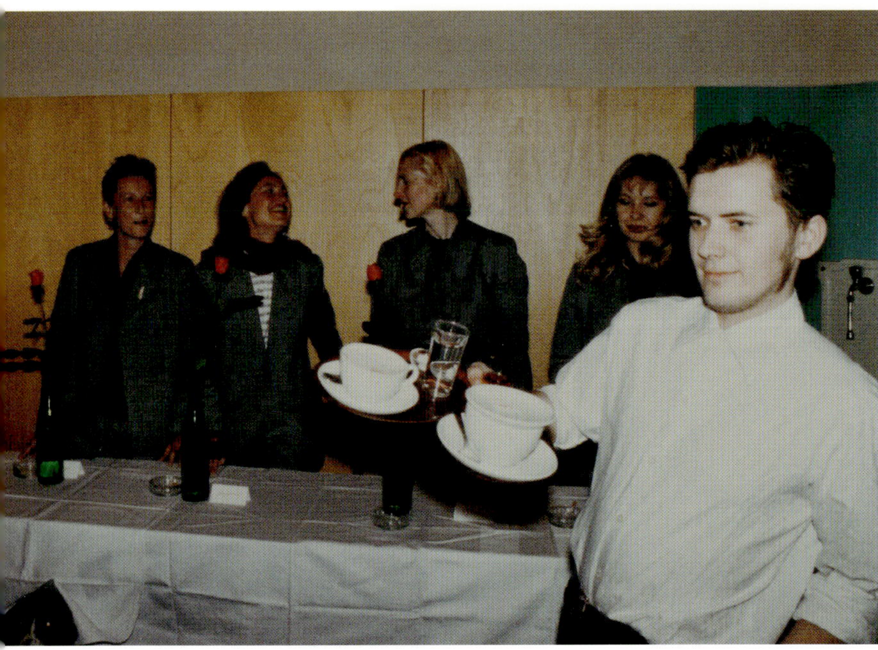

Feierliche Zeremonie zur
Verleihung der Goldenen
Ehrennadel, Freihaus, Wien,
1990

———

Ceremonial presentation
of the Golden Honorary Pin,
Freihaus, Vienna, 1990

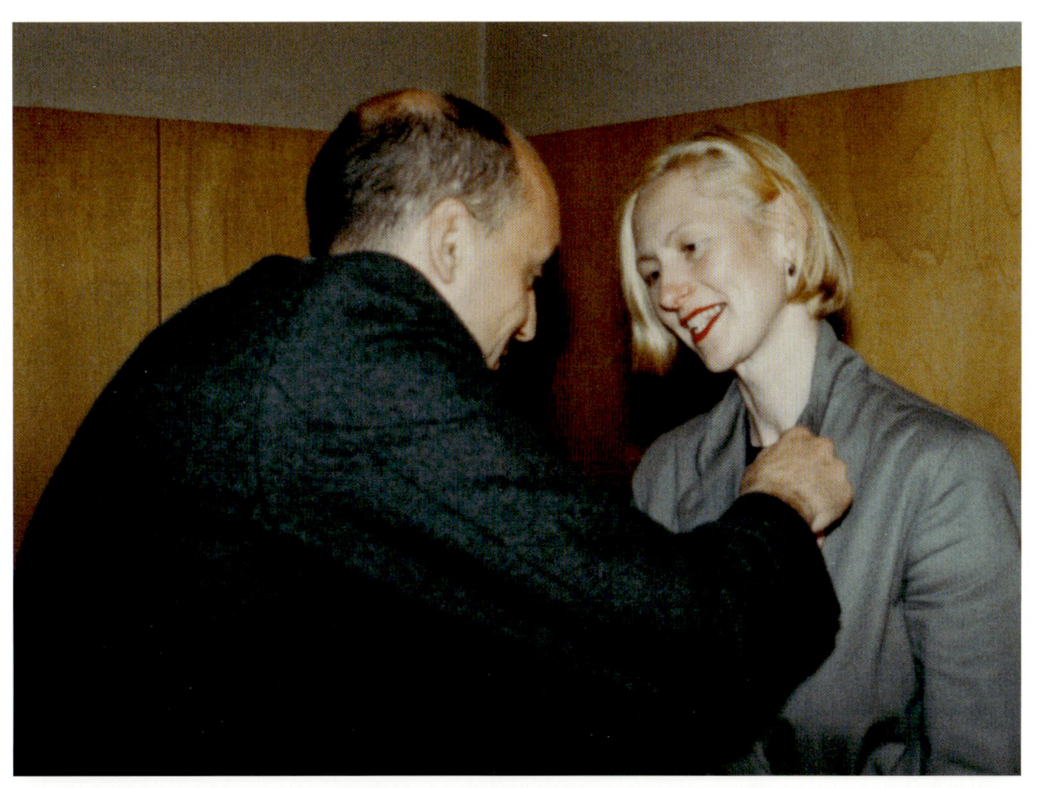

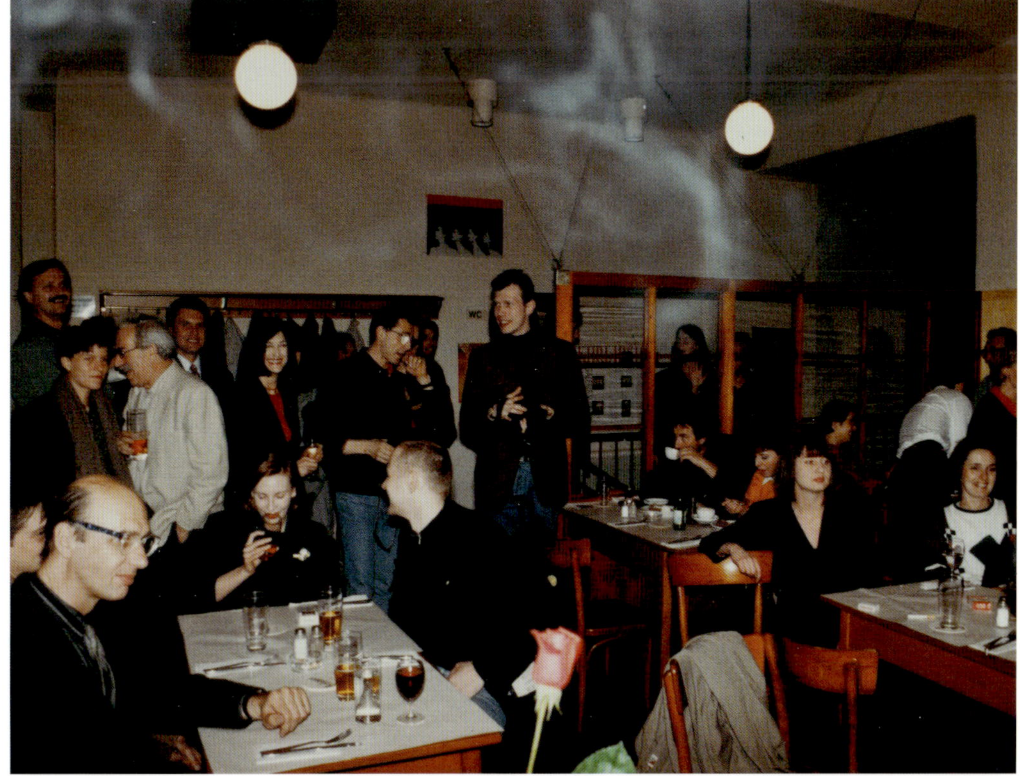

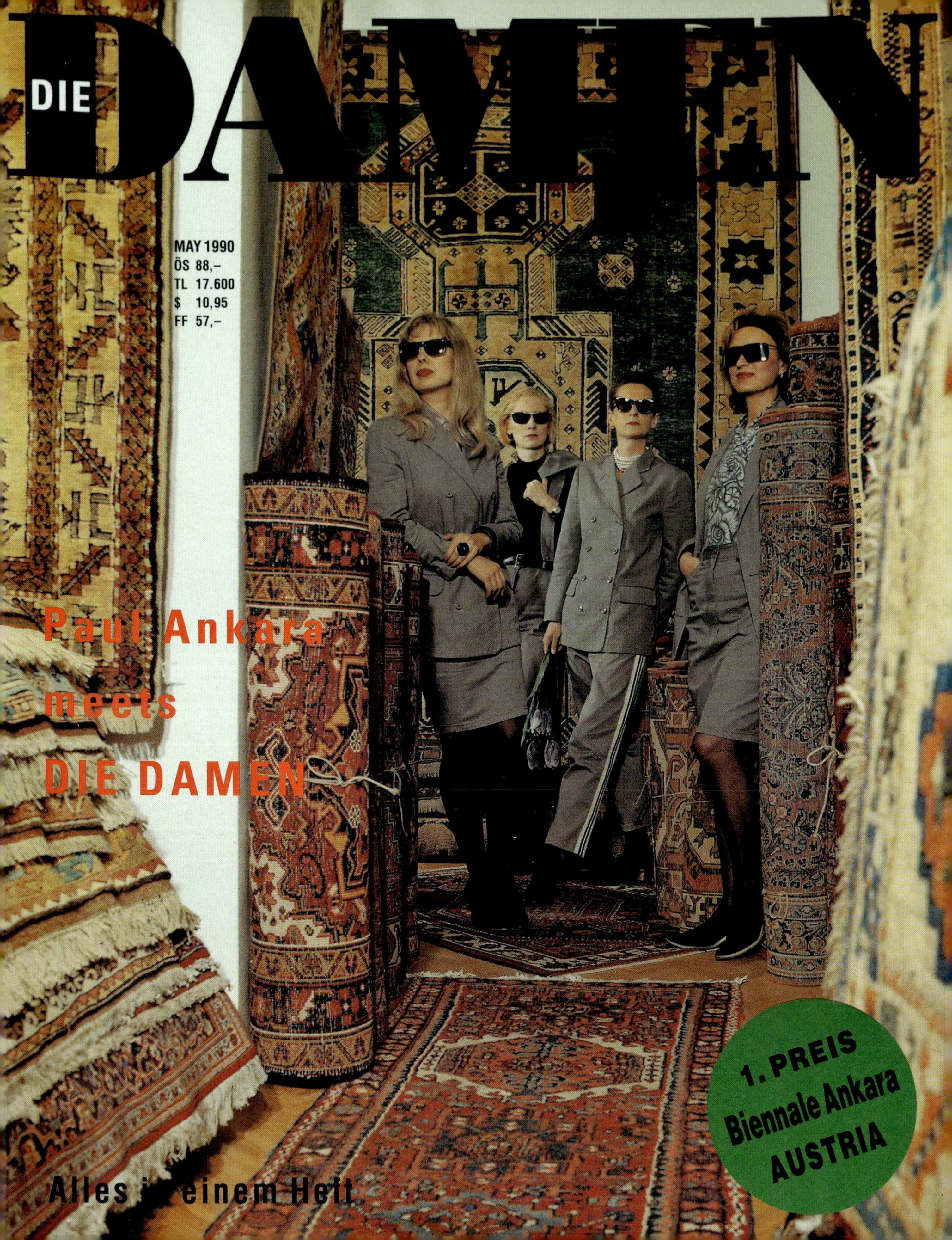

DIE DAMEN
MAY 1990
ÖS 88,–
TL 17.600
$ 10,95
FF 57,–
Paul Ankara
meets
DIE DAMEN
1. PREIS
Biennale Ankara
AUSTRIA
Alles in einem Heft

# Biennale von Ankara, 1990

Teilnahme an der Biennale von Ankara als Vertretung Österreichs, Türkei
DAMEN-Magazin *Paul Ankara meets DIE DAMEN,* produziert anlässlich der Biennale von Ankara
1. Türkischer Kunst-Sport-Preis, Ministerempfang in der VIP-Lounge des Vienna International Airport
Asian-European Art Prize, Biennale von Ankara
Pressekonferenz im Café Landtmann, Wien, 11. Juni 1990

———

# Ankara Biennale, Turkey, 1990

Participation in the Ankara Biennale as representatives of Austria
Magazine *Paul Ankara meets DIE DAMEN*, produced on the occasion of the Ankara Biennale
First Turkish Art Sports Prize, Minister's Reception at Vienna International Airport, VIP lounge
Asian-European Art Prize, Ankara Biennale
Press conference, Café Landtmann, Vienna, June 11, 1990

Wenn Menschen reisen, bringen sie Bilder mit nach Hause. Wenn DIE DAMEN reisen, wie etwa zur Vorbereitung ihrer Teilnahme an der zweiten Asian-European Biennial in Ankara, dann sind sie als fein abgestimmtes Gruppenbild unterwegs, als minutiös geplanter Regiebetrieb für interdisziplinäre, interkulturelle „theatricality" in Zeit und Raum.

Die Kulturtechnik des Reisens als Kunstform legen die Künstlerinnen einer ersten „fact-finding mission" in die türkische Hauptstadt zugrunde. Der Fotograf Wolfgang Woessner dokumentiert den Ausflug als Reporter und begleitet DIE DAMEN vom Flughafen in die Altstadt Ulus, zum Atatürk-Mausoleum, in den Basar am Fuße des Zitadellenbergs und zu dem von deutschen Architekten erbauten Zentralbahnhof (Ankara Garı), von dem seit 1927 der Anatolian Express abfährt. Es regnet (DIE DAMEN tragen Pelerinen in schrillen Farben) und es ist bitterkalt (DIE DAMEN wärmen sich in den schrägen Dönerbuden der Stadt und beim Shopping im Gewürzbasar auf).

DIE DAMEN laufen mit inszenierten Fotos und Tableaux vivants zu großer Form auf. Ein Schauplatz ist die Bar in der Hotelspelunke Yeni,

When people travel, they return home with pictures. When DIE DAMEN travelled—preparing their participation in the Second Asian-European Biennial in Ankara, for example—they set out as a subtly tuned group portrait, a minutely planned staff of directors for interdisciplinary, intercultural "theatricality" in time and space.

The quartet based its first "fact finding mission" to the capital of Turkey on the cultural technique of travelling. The photographer Wolfgang Woessner documented the excursion as a reporter and accompanied DIE DAMEN from the airport into the old city center Ulus, to the mausoleum of Atatürk, the bazaar at the foot of the citadel, and to the central railway station (Ankara Garı) built by German architects, from where the Anatolian Express leaves since 1927. It rained (DIE DAMEN got into garish pelerines), and it was bitter cold (DIE DAMEN warmed themselves up in weird kebab shops and roaming the bazaar for spices).



←

**Magazin DIE DAMEN,**
Titelblatt, 1990
29 × 23 cm
Landessammlungen
Niederösterreich

———

**Magazine DIE DAMEN,**
Cover, 1990
29 × 23 cm
Collections of the State of
Lower Austria

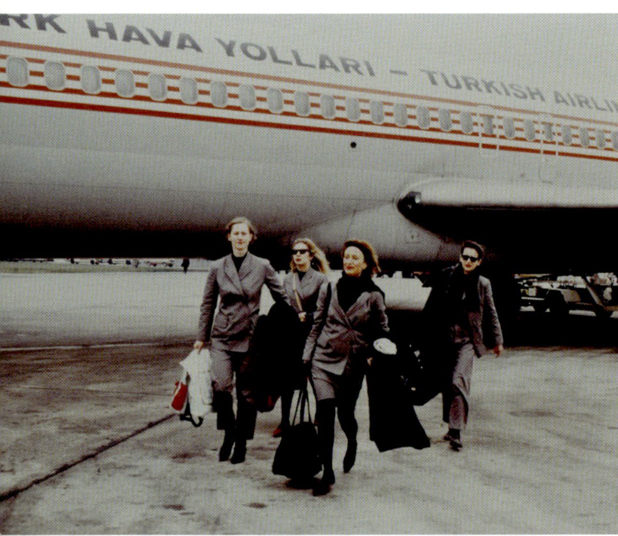
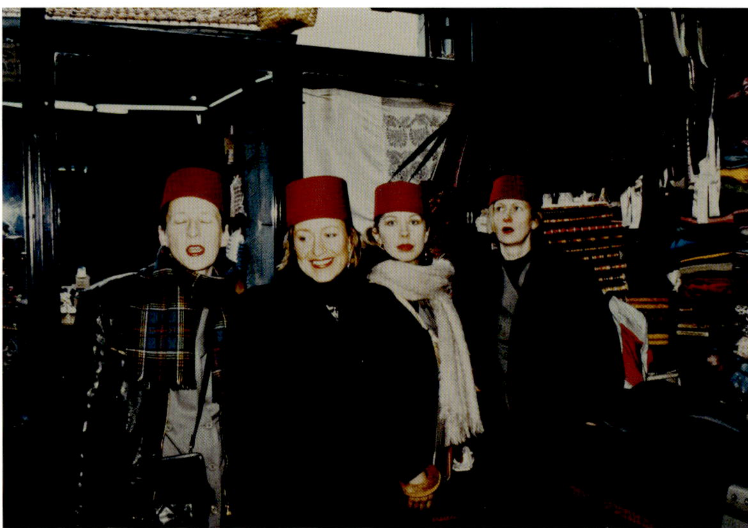





in der DIE DAMEN (Ingeborg Strobl mit Rückende-kolleté und Perlenkette) bei blauem Licht am Tresen lehnen und – man bemerke den Spiegel – eine versiffte Variante von Édouard Manets *Eine Bar in den Folies-Bergère* von 1882 geben. In hellgraue Junior-Gaultier-Outfits gekleidet – doppelreihiges Jackett und Bleistiftrock bzw. Hose mit seitlichen schwarz-weißen Uniformstreifen – durchstreift das Quartett, sonnenbebrillt, die Stadt. In der Hotel-lobby wird das *Reich und schön*-Golfstaatenimage in omanischer Männertracht zelebriert, eine Location weiter sitzen DIE DAMEN mit bestickten Tarbuschen an zeremoniell angeordneten Tischen mit grünem Wachstuch und finden sich für eine Rauchpause in glänzenden Plastikregenmänteln in der Hotelzimmer-Badewanne ein.

Aus diesen Reisefotos wird der offizielle Beitrag für die Ankara-Biennale zusammenge-stellt. Darüber hinaus produzieren DIE DAMEN ein Magazin, dessen Coverseite – ein Teppich-gewölbe – in Wien „nachgestellt" wird. Die Gazette *Paul Ankara meets DIE DAMEN* ist ein kabarettis-tischer Fotoroman, der durch gängige Formate der Boulevardpresse führt und Mode-, Reise- bzw. Kunstzeitschriften (von *Vogue* bis *Artforum*) kurzschließt. Etliche Sujets lassen sich mühelos ins (kommerzielle) Werbegenre übertragen, sei es für die Kreditkarte Diners Club, Austrian Airlines, Citroën, L'Oréal oder türkische Juweliere. Der Essayist und Schachhistoriker Ernst Strouhal berät bei der Textauswahl (Klossowski, Baudelaire) und interviewt DIE DAMEN zu Proust, Langeweile und

Staging photographs and tableaux vivants, DIE DAMEN were at their best. One location was the bar of the hotel dive Yeni where the artists (Ingeborg Strobl with a back décolleté and a pearl necklace) leaned on the bar bathed in blue light and—please note the mirror—performed a filthy variation of Édouard Manet's *A Bar at the Folies-Bergère* from 1882. Wearing light-grey Junior Gaultier outfits—double-breasted jackets and pencil skirts or trousers with black-and-white uniform stripes on the sides—the quartet, donning sun-glasses, wandered through the city. While DIE DAMEN celebrated the Gulf States' rich-and-beautiful image in Omani male costumes in the hotel lobby, the next location had the artists, fitted out with embroidered tarbooshes, sitting at ceremo-niously arranged tables covered with green oilcloth before they gathered in shining plastic raincoats for a cigarette break in the hotel room bathtub.

The official contribution to the Ankara Biennale was put together from these travel photographs. DIE DAMEN also produced a maga-zine whose cover picture—a carpet vault—was "reconstructed" in Vienna. The magazine *Paul Ankara meets DIE DAMEN* was a satirical photo novel offering a tour through contemporary formats of the popular press and bringing together fashion, travel and art magazines (from *Vogue* to *Artforum*). Several subjects would have easily lent themselves

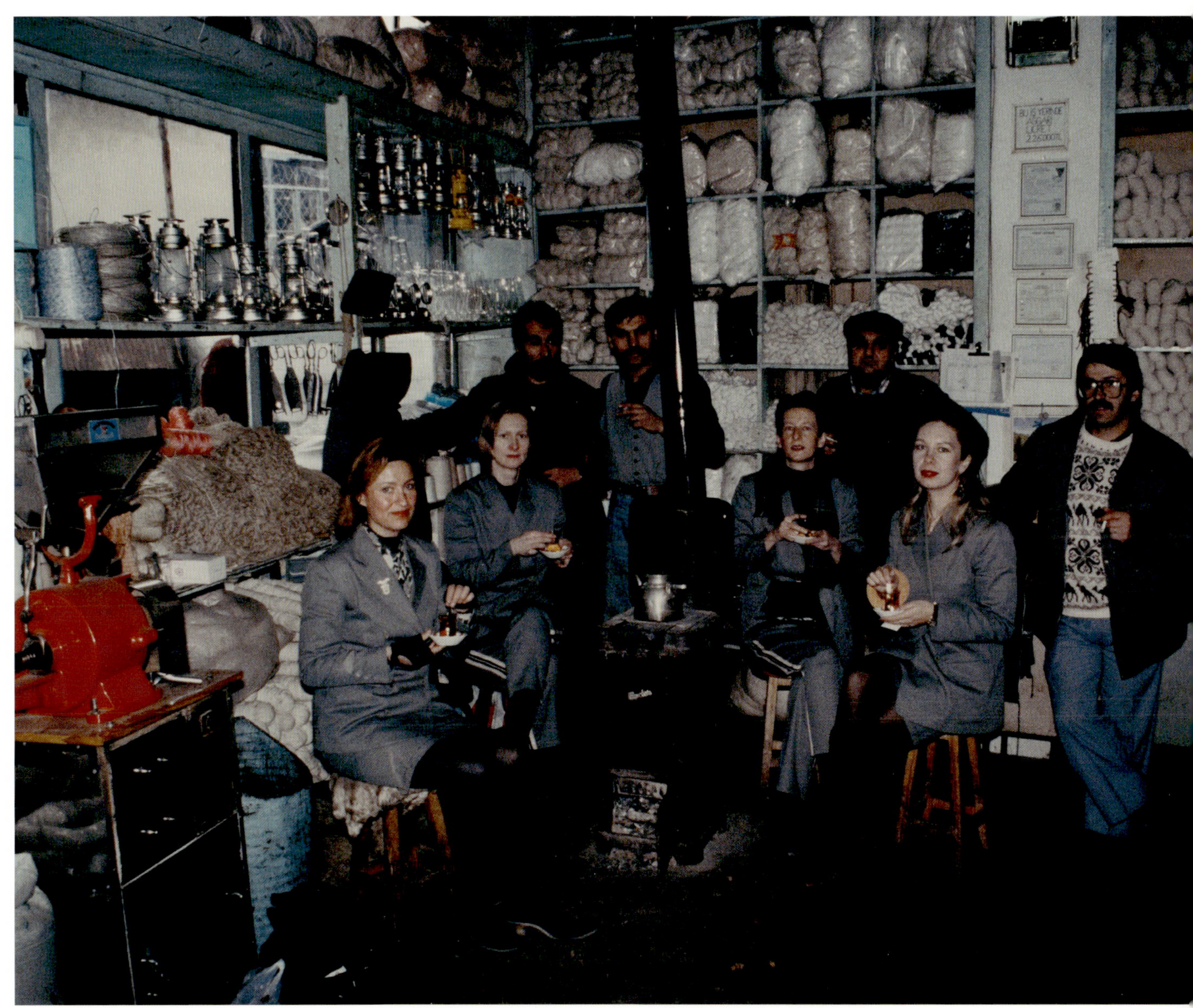

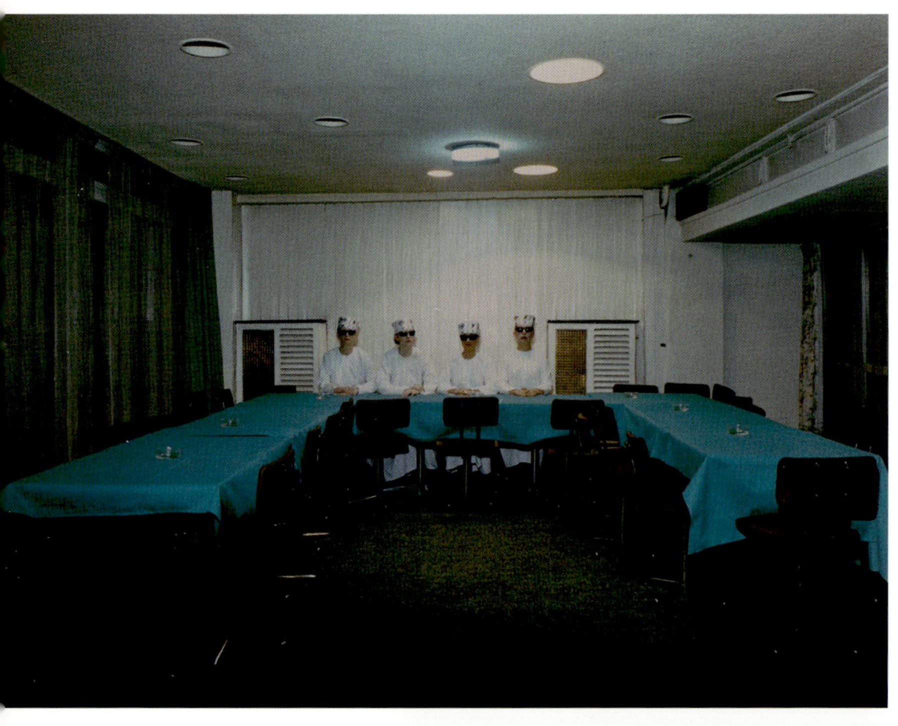

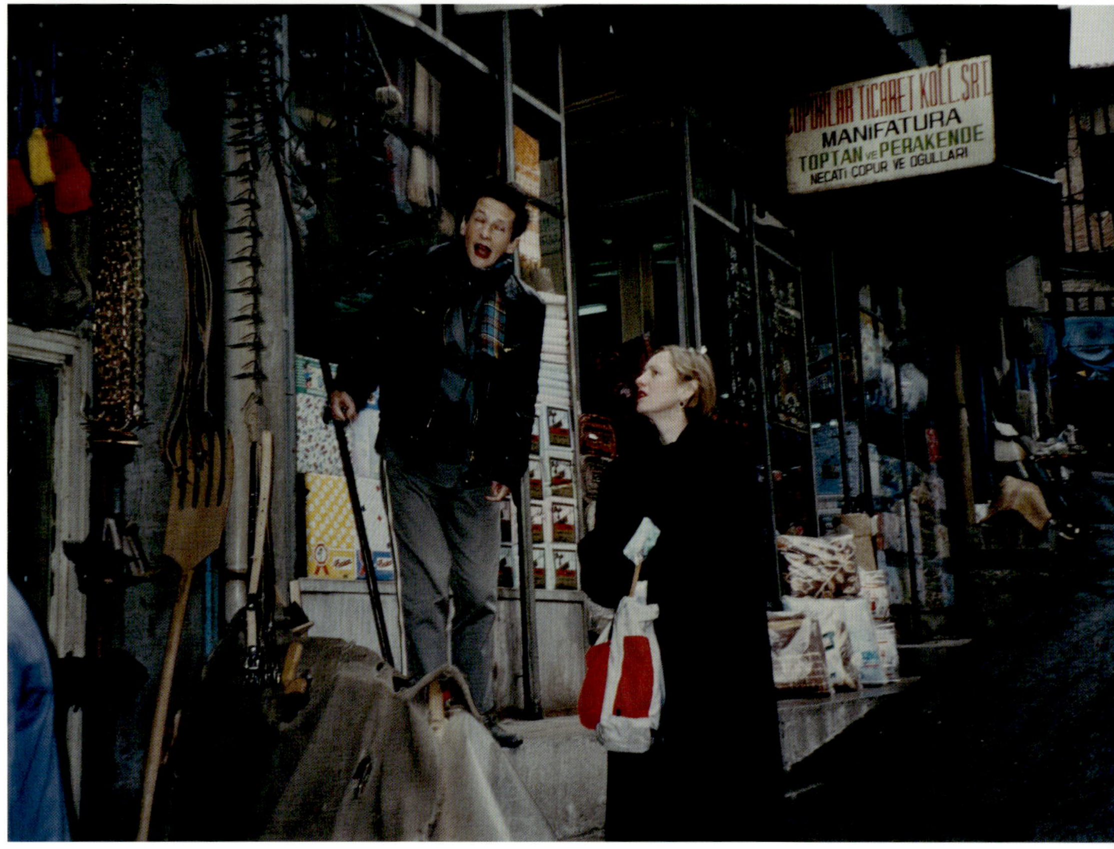


↑ →
**Paul Ankara meets**
**DIE DAMEN,** 1990
C-Prints, je 30 × 45 cm
Landessammlungen
Niederösterreich

———

Paul Ankara meets
**DIE DAMEN,** 1990
C-prints, 30 × 45 cm each
Collections of the State of
Lower Austria

dem libanesisch-kanadischen Singer-Songwriter Paul Anka, dem die Lyrics für Frank Sinatras Dauerbrenner *My Way* zu verdanken sind.

Die Eröffnung der Ankara-Biennale soll im Mai stattfinden. DIE DAMEN machen sich, den Katalog im Gepäck, auf die Reise. Der Besuch der Eröffnung scheitert allerdings an unvorhergesehenen Terminverschiebungen der Veranstalter. DIE DAMEN nehmen es sportlich und trösten sich mit dem 1. Türkischen Kunst-Sport-Preis („Birincilik Ödülü") in Form einer großen Metallvase, die vor Ort erstanden wird. Triumphierend kehrt das Quartett nach Wien zurück, um etwas später, ausgeruht und in aller Frische, die Trophäe der für ihren Humor bekannten Bundesministerin Hilde Hawlicek in der VIP-Lounge des Vienna International Airport zu präsentieren. Strouhal hält die Festrede *Salut für DIE DAMEN*.

Nach einer Woche kommt aus der Türkei die Nachricht, dass den DAMEN der (echte) Asian-European Art Prize der Ankara-Biennale verliehen wird. Die Sitzung über die Preisvergabe hatte am 5. Mai in Ankara stattgefunden, am Tag der Maskerade in Schwechat! In Wien kann das alles niemand mehr glauben. Nicht einmal die Künstlerinnen selbst erinnern sich, ob irgendwer zur Pressekonferenz ins Café Landtmann gekommen ist. Der Architekturkritiker Jan Tabor jedenfalls ist eingeladen.

Nachweislich jedoch bleiben die Reportagen aus jenen Umkleidekabinen erhalten, in denen Kunst und Realität ihre Kleider wechseln. Wer will da noch von Wahrheit reden?

to be transferred into the (commercial) advertising genre, be it for the Diners Club credit card, Austrian Airlines, Citroën, L'Oréal, or Turkish jewelers. The essayist and chess historian Ernst Strouhal advised DIE DAMEN on the selection of texts (Klossowski, Baudelaire) and conducted an interview with them, highlighting such issues as Proust, boredom, and the Libanese-Canadian singer songwriter Paul Anka, who wrote the lyrics for Frank Sinatra's long-running success *My Way*.

The opening of the Ankara Biennale had been scheduled for May. DIE DAMEN set off on their journey with the catalogue in their luggage. The visit to the exhibition was thwarted by unforeseen postponements on the part of the organizers. DIE DAMEN reacted sportingly, comforting themselves with the First Turkish Art Sports Prize („Birincilik Ödülü") in form of a large metal vase purchased on the spot. The quartet returned to Vienna in triumph and a little later, rested and with renewed vigor, presented the trophy to the federal minister Hilde Hawlicek, who was known for her sense of humor, in the Vienna International Airport's VIP lounge. Strouhal delivered the ceremonial address *Salute for DIE DAMEN*.

One week after, a note arrived from Turkey stating that DIE DAMEN would be awarded the (real) Asian-European Art Prize of the Ankara Biennale. The jury responsible for the decision had met in Ankara on May 5, the very day of the masquerade at the airport! In Vienna, nobody could believe this. Not even the artists remember whether anybody turned up at the press conference in the Café Landtmann. The architecture critic Jan Tabor was definitely among the people invited.

The reports from the changing cubicles where art and reality swapped their clothes have demonstrably survived. Who then still wants to talk about truth?

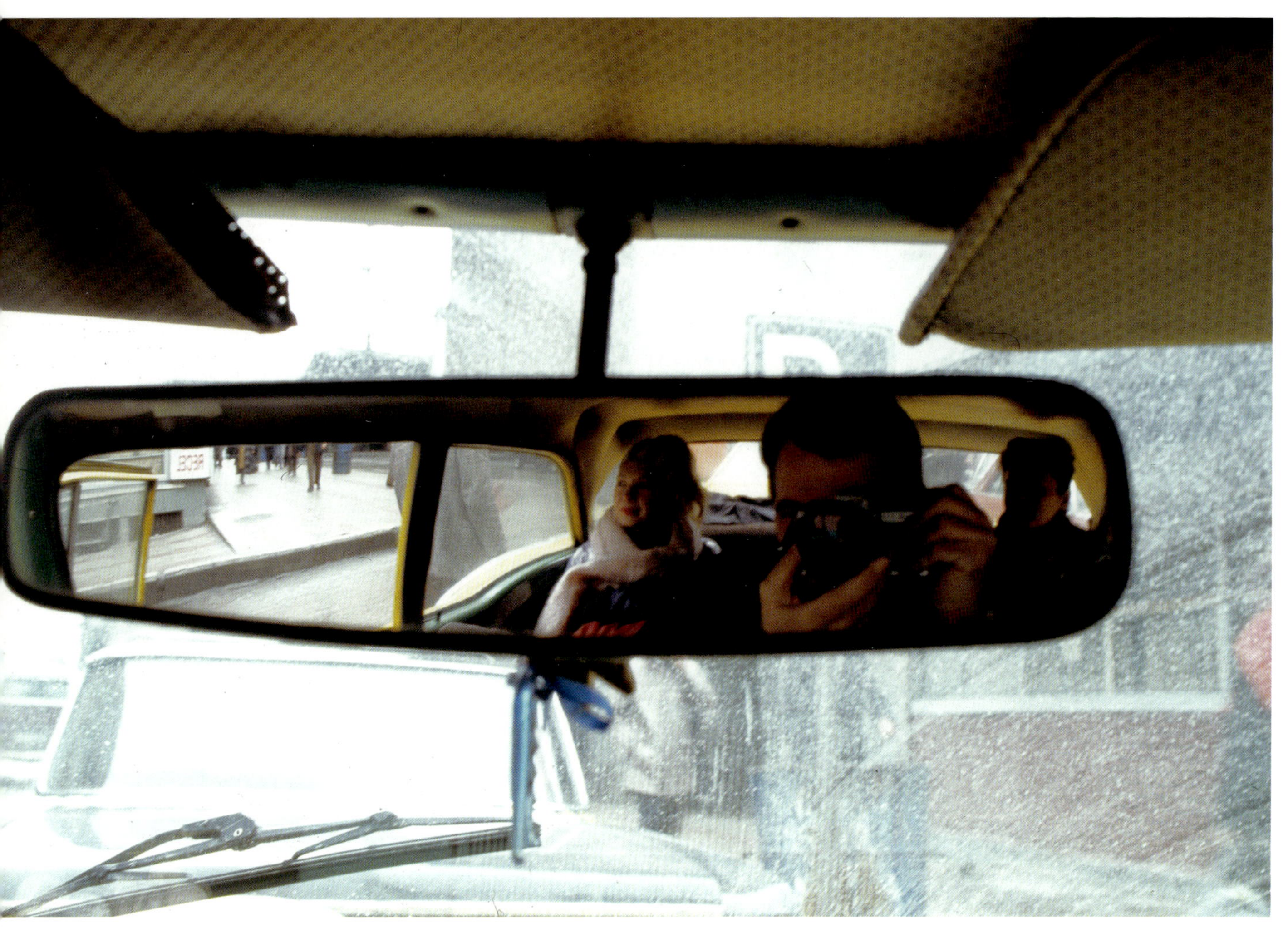



↑
Der DAMEN-Fotograf
Wolfgang Woessner,
Ankara, 1990

———

The DAMEN photographer
Wolfgang Woessner,
Ankara, 1990

→

**Paul Ankara meets**

**DIE DAMEN,** 1990

C-Print, 30 × 45 cm

Landessammlungen

Niederösterreich

---

**Paul Ankara meets**

**DIE DAMEN,** 1990

C-print, 30 × 45 cm

Collections of the State of
Lower Austria

↓

Prospekt Hotel Yeni, Ankara,
1990

---

Hotel Yeni folder, Ankara,
1990

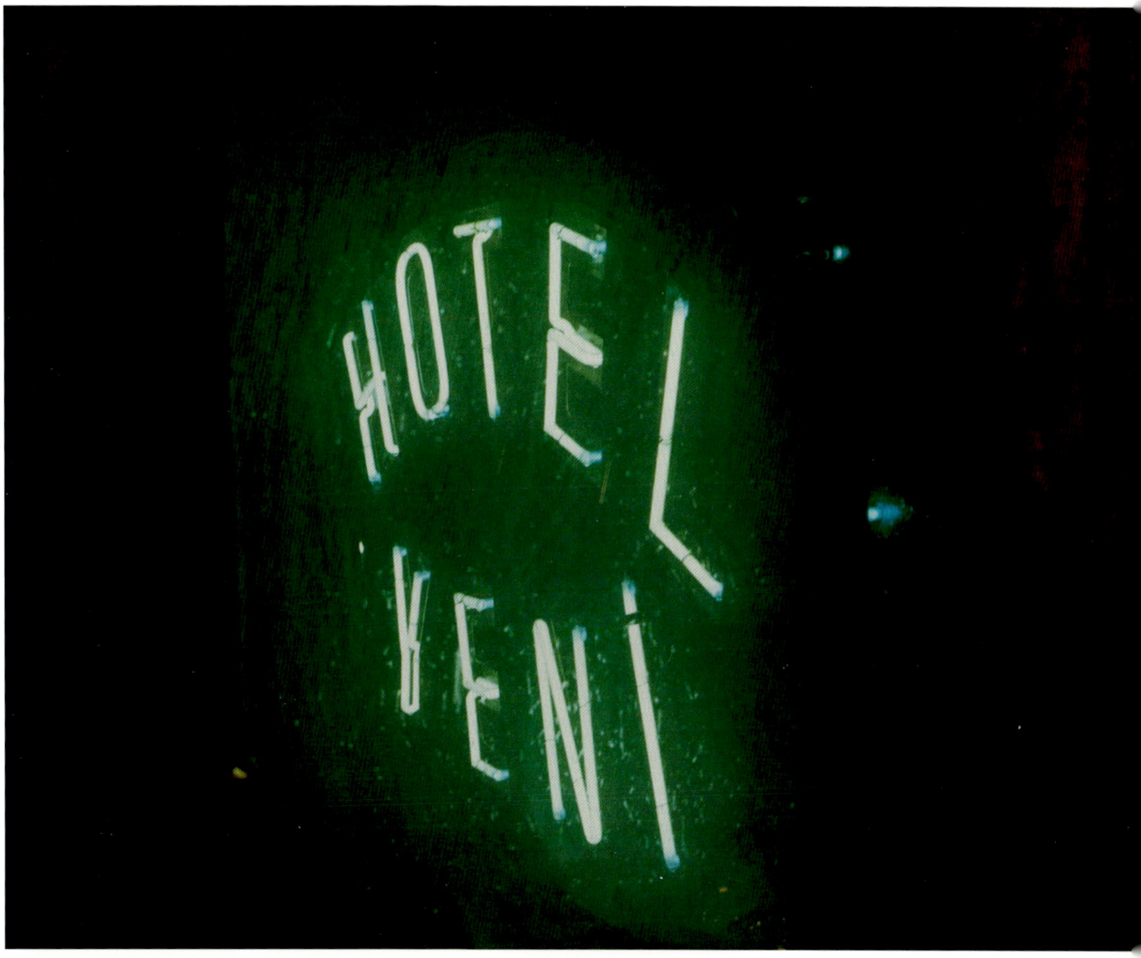

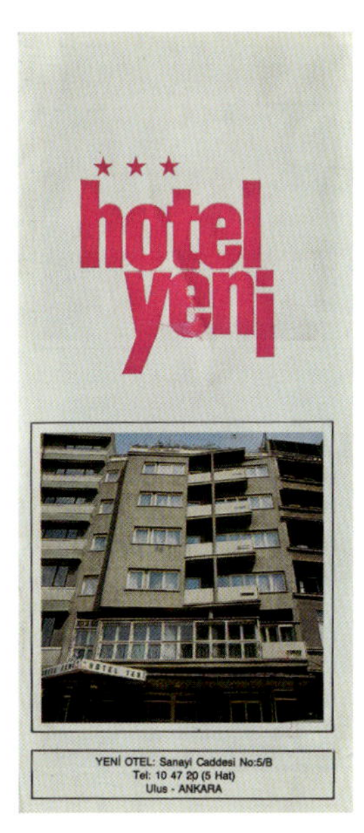


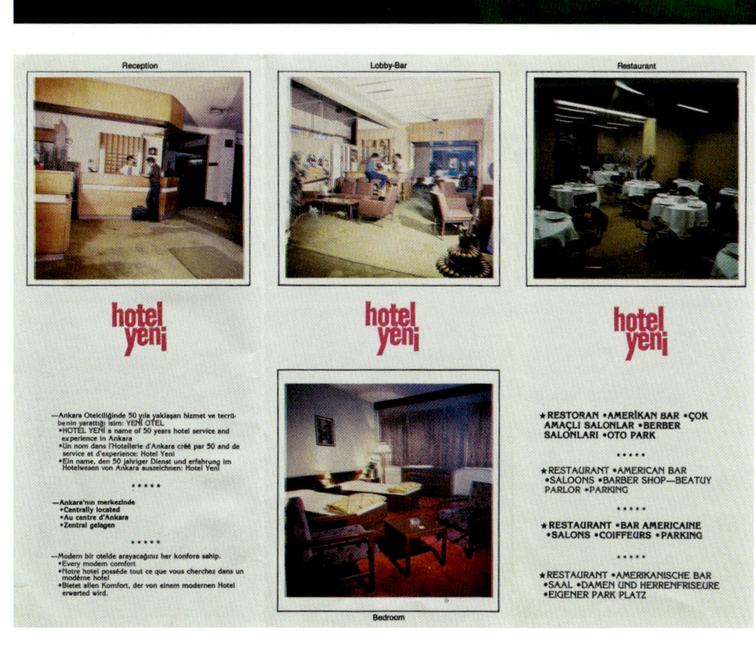

→
**Paul Ankara meets**
**DIE DAMEN,** 1990
C-Print, 45 × 30 cm
Landessammlungen
Niederösterreich

———

**Paul Ankara meets**
**DIE DAMEN,** 1990
C-print, 45 × 30 cm
Collections of the State of
Lower Austria

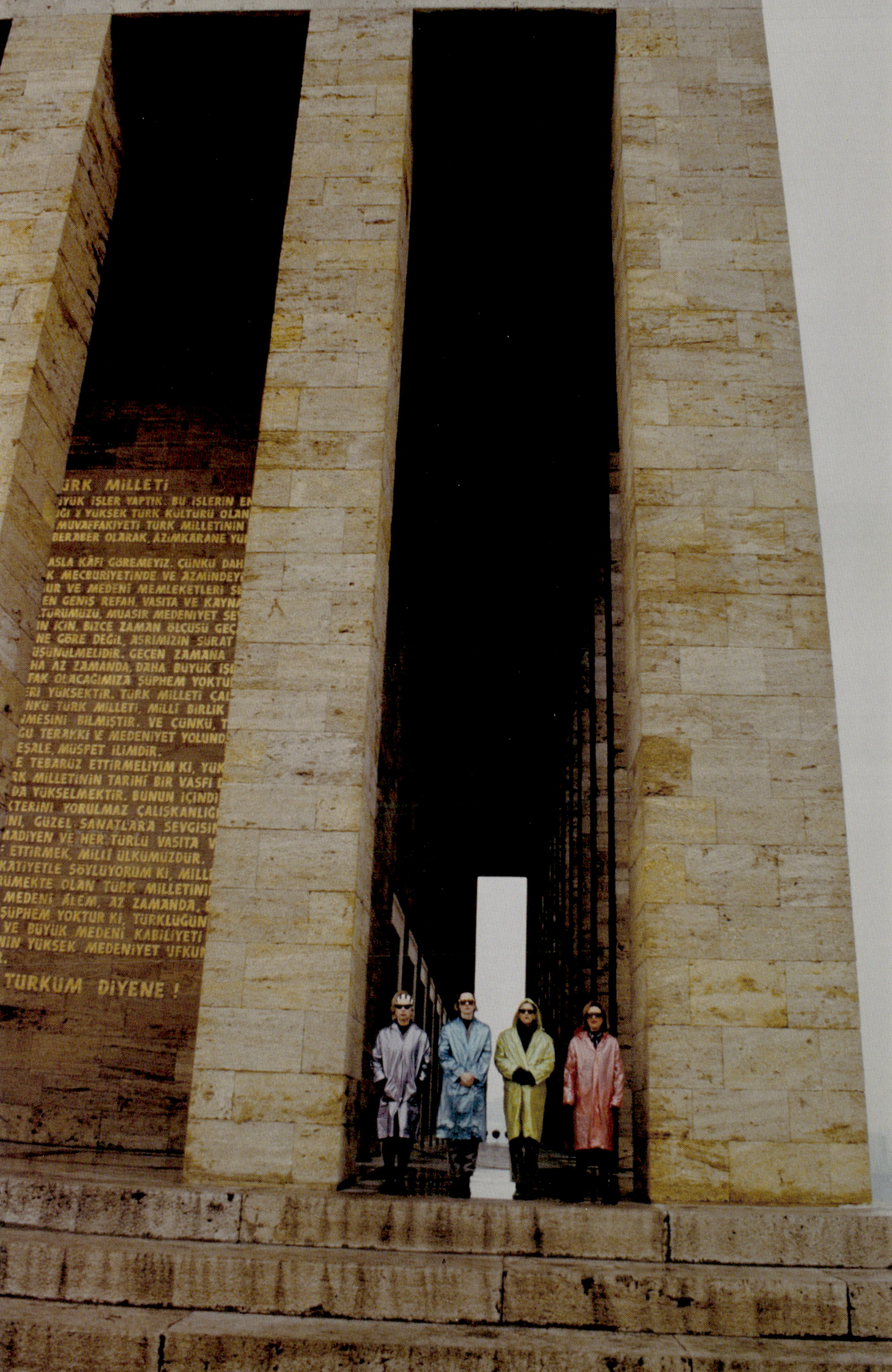

...ÜRK  MİLLETİ
...ÜYÜK İŞLER YAPTIK. BU İŞLERİN EN...
...IĞI Y YÜKSEK TÜRK KÜLTÜRÜ OLAN...
...MUVAFFAKIYETİ TÜRK MİLLETİNİN...
...BERABER OLARAK, AZİMKARANE YÜ...

...ASLA KÂFİ GÖREMEYİZ. ÇÜNKÜ DAH...
...K MECBURİYETİNDE VE AZMİNDEY...
...UR VE MEDENİ MEMLEKETLERİ SE...
...EN GENİŞ REFAH VASITA VE KAYNA...
...TÜRÜMÜZÜ. MUASIR MEDENİYET SE...
...İN İÇİN. BİZCE ZAMAN ÖLÇÜSÜ GEÇ...
...NE GÖRE DEĞİL. ASRIMIZIN SÜRAT...
...ÜŞÜNÜLMELİDİR. GEÇEN ZAMANA...
...HA AZ ZAMANDA, DAHA BÜYÜK İŞ...
...FAK OLACAĞIMIZA ŞÜPHEM YOKTU...
...ERİ YÜKSEKTİR. TÜRK MİLLETİ ÇAL...
...NKÜ TÜRK MİLLETİ. MİLLİ BİRLİK...
...MESİNİ BİLMİŞTİR. VE ÇÜNKÜ. T...
...ĞU TERAKKİ VE MEDENİYET YOLUND...
...EŞALE MÜSPET İLİMDİR.
...E TEBARÜZ ETTİRMELİYİM Kİ, YÜK...
...K MİLLETİNİN TARİHİ BİR VASFI...
...A YÜKSELMEKTİR. BUNUN İÇİND...
...TERİNİ YORULMAZ ÇALIŞKANLIĞ...
...I, GÜZEL SANATLARA SEVGİSİ...
...DİYEN VE HER TÜRLÜ VASITA V...
...ETTİRMEK. MİLLİ ÜLKÜMÜZDÜR.
...KATİYETLE SÖYLÜYORUM Kİ, MİLL...
...RÜMEKTE OLAN TÜRK MİLLETİNİ...
...MEDENİ ÂLEM, AZ ZAMANDA.
...ŞÜPHEM YOKTUR Kİ, TÜRKLÜĞÜN...
...VE BÜYÜK MEDENİ KABİLİYETİ...
...NİN YÜKSEK MEDENİYET UFKU...

...TÜRKÜM DİYENE !

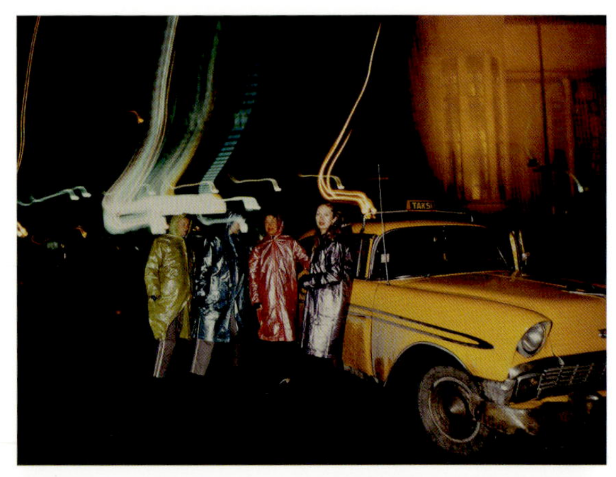

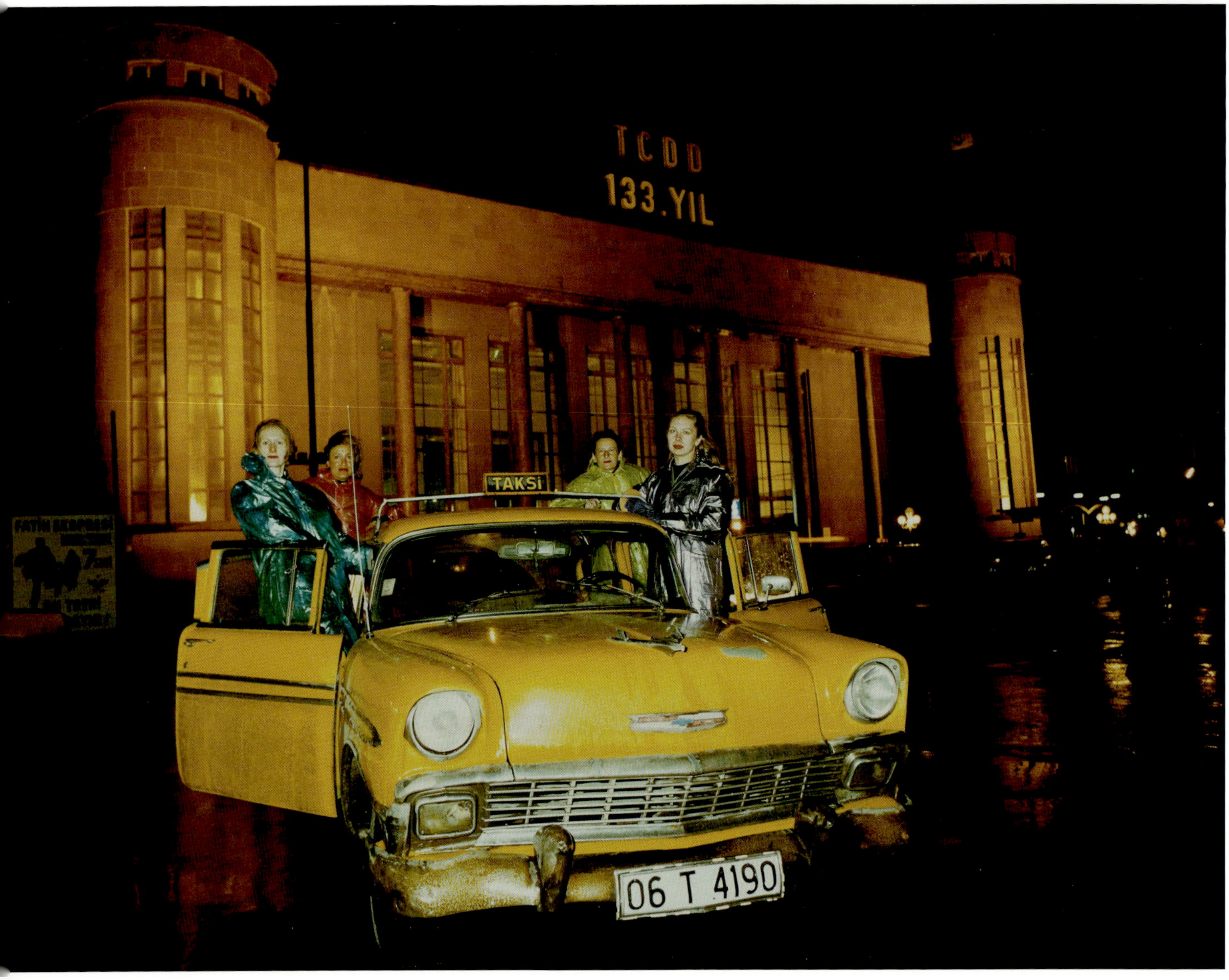

TCDD
133.YIL
TAKSİ
06 T 4190

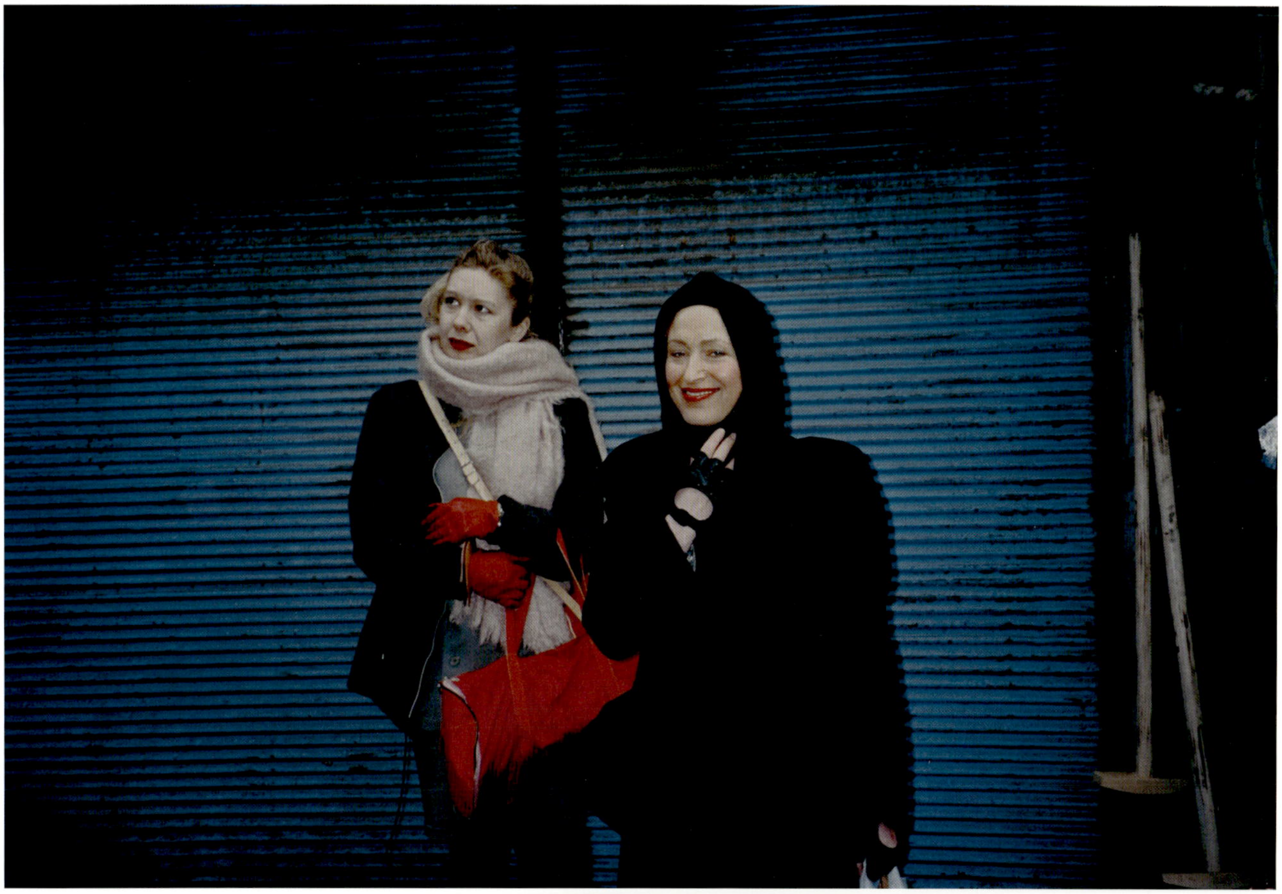

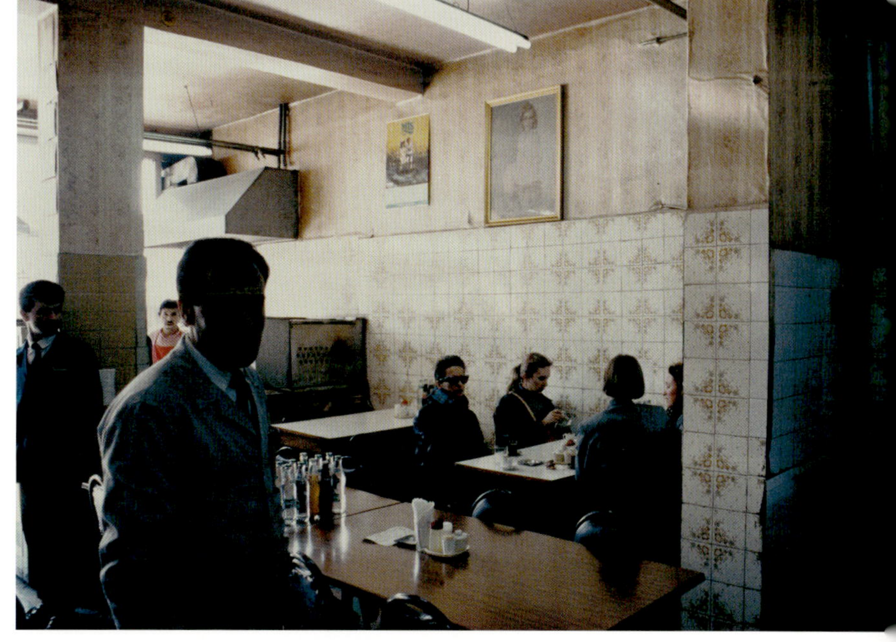

Paul Ankara meets
**DIE DAMEN,** 1990
C-Prints, je 30 × 45 cm
Landessammlungen
Niederösterreich

———

Paul Ankara meets
**DIE DAMEN,** 1990
C-prints, 30 × 45 cm each
Collections of the State of
Lower Austria

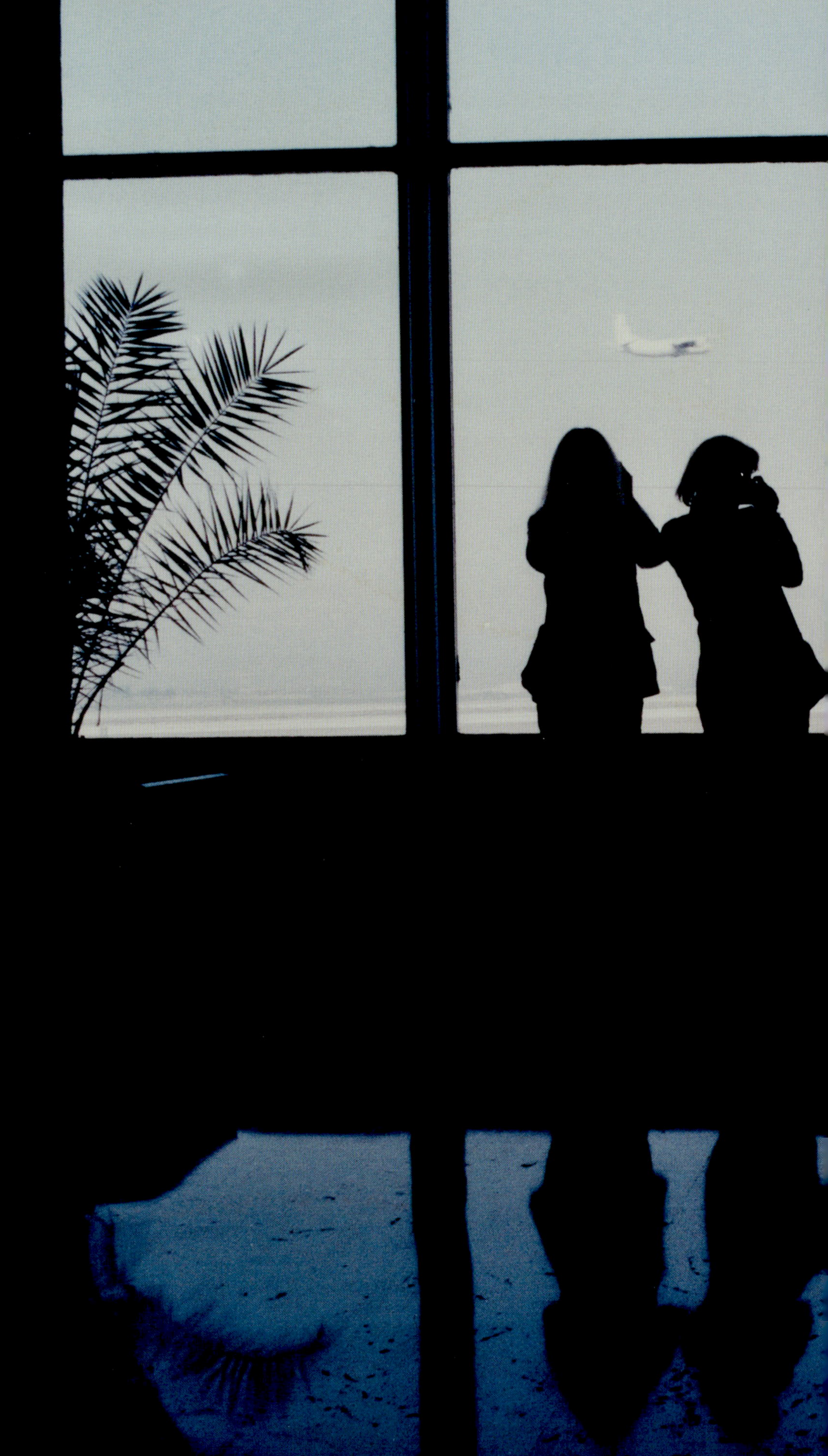

→

**Paul Ankara meets**
**DIE DAMEN,** 1990
C-Print, 30 × 45 cm
Landessammlungen
Niederösterreich

---

**Paul Ankara meets**
**DIE DAMEN,** 1990
C-print, 30 × 45 cm
Collections of the State of
Lower Austria

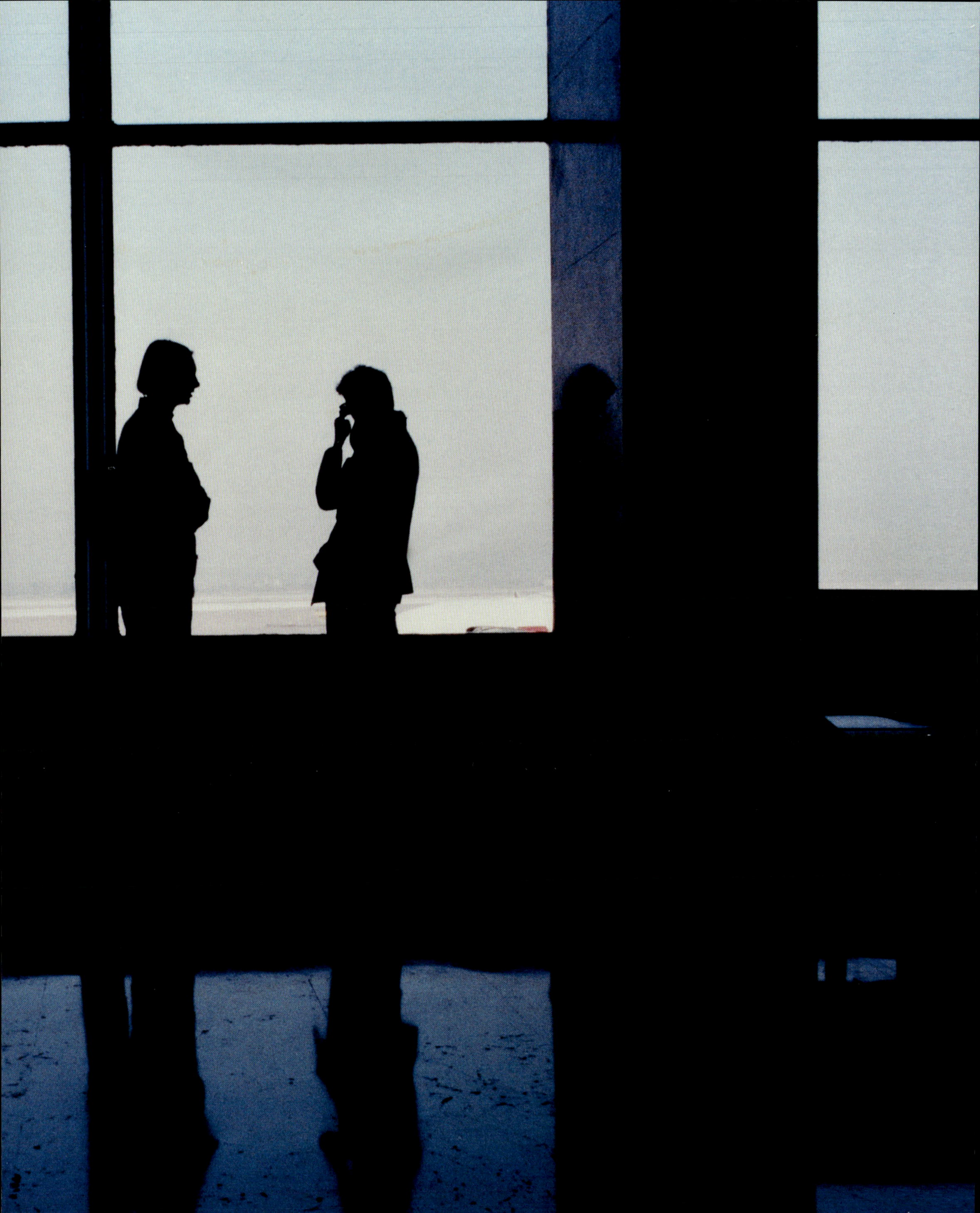

→
DIE DAMEN mit 1. Türkischem Kunst-Sport-Preis „Birincilik Ödülü", Biennale Ankara, 1990

DIE DAMEN with the First Turkish Art Sports Prize ("Birincilik Ödülü"), Ankara Biennale, 1990

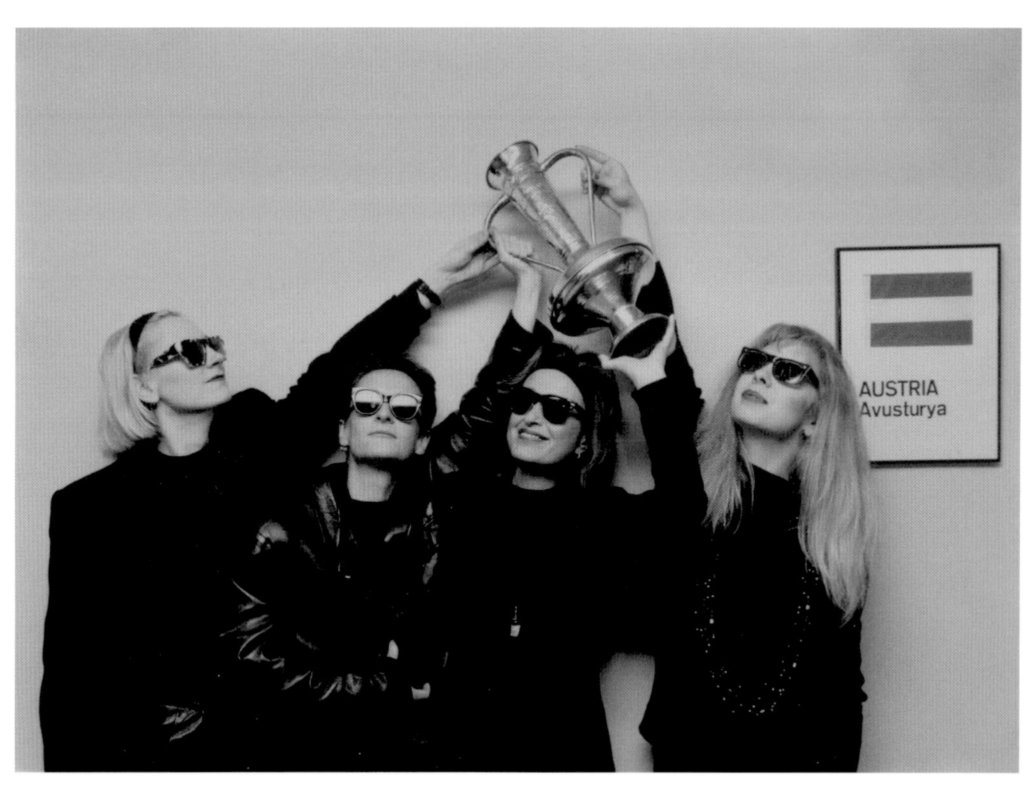


93

# Großer Bahnhof auf dem Flughafen, 5. Mai 1990
# Erinnerung an den Ministerempfang

## Rolling Out the Red Carpet at the Airport, May 5, 1990
## Remembering the Minister's Reception

ERNST STROUHAL

**I**

Die Sache, erinnert sich der Redner 23 Jahre danach, war heikel. Er war eine Nebenfigur, allerdings eine für die Inszenierung unabdingbare Nebenfigur; er hatte für die diskursive Begleitung zu sorgen. Er war also, ob es ihm gefiel oder nicht, im Doppelsinn des Wortes im Bilde. Die Sache konnte ihn, wenn sie aus dem Ruder lief, den Job kosten.

Die Ministerin war am 5. Mai 1990 pünktlich zum Empfang auf dem Flughafen erschienen, um die aus Ankara eingetroffenen Künstlerinnen zu begrüßen. Künstler mochten das, zudem hatte die Ministerin in so ziemlich allen Bereichen das Budget der Kunstförderung kräftig angehoben. Auch das mochten die Künstler.

Wenn der Empfang aus dem Ruder lief, hatte der Redner kalkuliert, dann hatte er keine Chance. Es blieb nur die schlechte Wahl zwischen dem Spott, einer Inszenierung aufgesessen zu sein, und dem Vorwurf, als Komplize an einem Empfang für die Trägerinnen eines nicht existenten Kunstpreises mitgewirkt zu haben, noch dazu eines reichlich obskuren: DIE DAMEN hatten den „Birincilic Ödülü", den 1. Türkischen Kunst-Sport-Preis, erhalten,

**I**

The matter was tricky, as the speaker recalls twenty-three years after. He played a minor role, though one indispensable for the planned mise-en-scène; he was to supply the discursive accompaniment—which means that he was, whether he liked it or not, put in the picture in the double meaning of the phrase. If the reception went off course, he might lose his job.

The minister had turned up in time for the reception at the airport on May 5, 1990 to welcome DIE DAMEN returning from Ankara. Artists liked such events, and all the more so as the minister had substantially raised the budget for art subsidies in nearly all fields, which was something artists were pleased with, too.

If the reception went off course, he would have no chance, the speaker had calculated. He found himself left with the bad choice of either being ridiculed for having been fooled or being accused of having been an accomplice in a

verliehen von der Jury der Biennale von Ankara. Zum Teufel: Gab es diese Biennale überhaupt? Ja, es gab sie, das hatte er am Vortag überprüft.

Mit den Kolumnisten der Innenpolitikseiten am nächsten Morgen über die Ästhetik der Wiener Künstlerinnengruppe zu diskutieren, die ein solches – zugegebenermaßen zweischneidiges – Mitspiel einforderte, schien ihm ausgeschlossen. Es wäre ein Skandal, und, auch das wusste er, die Solidarität der Künstler und Künstlerinnen der Stadt würde sich in Grenzen halten.

Die Sache war also, dachte er, als er darauf wartete, ans Rednerpult gerufen zu werden, heikel. DIE DAMEN hatten bei der Biennale von Ankara einen Fotoessay präsentiert, ein wildes Roadmovie aus spontanen und inszenierten Fotografien. Ingeborg Strobl, Birgit Jürgenssen, Evelyne Egerer und Ona B. waren bereits einen Tag zuvor aus der Türkei nach Wien zurückgekehrt und hatten sich heimlich wieder hinter die Passkontrolle begeben, sodass sie den Empfangsraum korrekt aus dem Ankunftsbereich betreten konnten. Applaus brandete auf, ein erstes freundliches Hallo zur Begrüßung. Es waren über 100 Gäste zum *Ministerempfang* erschienen.

Die VIP-Lounge des Flughafens Schwechat war als Bühnenbild perfekt gewählt, ein Nicht-Ort schlechthin, unpersönlich und smart, der gleichermaßen jeden und niemanden in Wien willkommen heißt. Zugleich war der Ort so weit von der Stadt entfernt, dass die Gäste eine kleine Anreise auf sich nehmen mussten, um am Empfang teilzunehmen.

Ona B., Egerer, Jürgenssen und Strobl hatten in den Jahren zuvor einige Erfahrungen mit derlei Inszenierungen gesammelt. DIE DAMEN hatten sich 1987 bei einem jener damals inflationären und heute zu Recht vergessenen Symposien über Kunst und Wirtschaft zusammengefunden. Künstler und Künstlerinnen sollten, lautete der Tenor, ihren Elfenbeinturm verlassen und mehr für Marketing, Sponsoren und Präsentation tun. Das, SO DIE DAMEN, konnte man haben, allerdings ein wenig anders als gedacht.

Im Jahr darauf präsentierten sie im Restaurant am Westbahnhof *Aus gegebenem Anlaß*, eine Postkarte, die die vier Künstlerinnen als „Die vier neuen Mitglieder des Ersten Wiener

reception for the winners of a nonexistent award, and a quite obscure award at that: DIE DAMEN had received the "Birincilic Ödülü," the First Turkish Art Sports Prize, awarded to them by the Jury of the Ankara Biennale, so the invitation said. What the dickens: did this Biennale actually exist? Yes, it did; he had checked the day before.

It seemed out of the question to him to discuss the Viennese group of women artists' aesthetics, which required such an—admittedly two-edged—involvement, with the domestic policy columnists the following morning. It would be a scandal, and the solidarity of the city's artists would, as he also knew, keep within bounds.

The matter was tricky, he thought when he waited to be called to the lectern. DIE DAMEN had presented a photo essay at the Ankara Biennale, a wild road movie comprised of spontaneous and staged photographs. Ingeborg Strobl, Birgit Jürgenssen, Evelyne Egerer, and Ona B. had already returned to Vienna the day before and sneaked back behind the passport control so that they could correctly enter the reception area from the arrival hall. Applause burst out, first friendly hellos of welcome were heard. More than one hundred guests had turned up to witness the minister's reception.

The VIP lounge of Schwechat Airport was the perfect stage set, the epitome of a non-site, impersonal and smart, a room welcoming both everybody and nobody to Vienna. But the place was also far enough from the city to make the guests take a little journey upon themselves if they wanted to participate in the reception.

Ona B., Egerer, Jürgenssen, and Strobl had gathered some experience with such staged events in previous years. DIE DAMEN had joined forces at one of those then inflationary and today rightly forgotten symposia on art and business. Artists should—as the tenor was—leave their ivory tower and do more in terms of marketing, sponsors, and presentations. DIE DAMEN were ready to follow suit, albeit in a somewhat different manner.

In the following year, they presented *Aus gegebenem Anlaß (In View of the Occasion)*,

Männergesangvereins" auswies. 1989 folgte eine Auftragsarbeit für die Austria Tabakwerke, die sich *Die goldene Kunst in der Kassette* nannte und in ihrer Hermetik jedem Mitglied des Collège de 'Pataphysique zur Ehre gereicht hätte. Die Künstlerinnen erschienen bei der Präsentation in Abendrobe, sie hatten sich als die vier Jahreszeiten verkleidet und lächelten den ganzen Abend lang. Der Vorstandsvorsitzende der Tabakwerke wirkte verwirrt, Laudator war der prominente Wettermoderator Carl Michael Belcredi. Kein gutes Vorzeichen, dachte der Redner, als ihm Belcredi und das Gesicht des kunstfreundlichen Vorstandsvorsitzenden einfielen.

In frischer Erinnerung war die Aktion *Postmodern*; das Publikum war mit einer rätselhaften Einladungskarte in die Secession gelockt worden. Sie zeigte einen Briefträger und darüber bloß das Wort „postmodern". Die Künstlerinnen hatten den Hauptraum der Secession in ein karges Postamt verwandelt und waren in die Rolle von Postangestellten geschlüpft, in weißem Hemd, mit Brille und Krawatte, ebenso kühl wie lasziv. Das ausgestellte Werk war winzig: eine Sonderbriefmarke, die das Konterfei der Künstlerinnen zeigte. Die Briefmarke wurde an vier Schreibtischen verkauft, mit „DIE DAMEN" gestempelt und verpackt. Der Zeit wurde also ganz wörtlich der eigene Stempel aufgedrückt, durch das Abstempeln wurde die Marke freilich entwertet. „Verschleiß" nennt man das, verschlissen und entwertet wurde an diesem Abend vor allem der titelgebende Begriff der Aktion. Einfacher lässt sich eine Epoche nicht beenden.

Für seine Laudatio auf dem Flughafen wählte der Redner, so erinnert er sich, einen erbaulichen Sound, der kaum Spuren im Gedächtnis des Publikums hinterlassen würde. Die Rede plätscherte dahin, der Applaus war enden wollend, kalkulierte rhetorische Obsoleszenz. Ein Kind in türkischer Tracht tanzte während seiner Rede vor dem Pult und zog die Blicke auf sich.

Beim *Ministerempfang* lief nichts aus dem Ruder. Die Preisträgerinnen schienen etwas aufgeregt und erschöpft von der Reise, hielten aber tapfer Hof, umschwirrt von Freundinnen, Adabeis und Neidern mit nervösem Kontrollblick. Der Empfang verlief angenehm. Die Gäste – die Hauptdarsteller

a postcard, in the restaurant at Vienna's Western Train Station: the postcard identified the four artists as "The four new members of the First Vienna Men's Choir." *Die goldene Kunst in der Kassette (Golden Art in the Cassette)* followed in 1989. Commissioned by the Austria Tobacco Company, the work would have done honor to any member of the Collège de 'Pataphysique. The women artists attended the presentation in evening gowns, disguised as the four seasons, and kept smiling throughout the entire event. Tobacco Company's CEO seemed to be confused; the eulogy was held by the prominent weatherman Carl Michael Belcredi. The speaker did not consider it a good omen when he remembered Belcredi and the face of the art-loving CEO.

The *Postmodern* act was still fresh in his mind; a mysterious postcard had lured the public into coming to Vienna's Secession. It showed a postman and nothing but the word "postmodern" above the figure. The artists had transformed the main space of the Secession into a bare post-office and slipped into the role of postal clerks, donning white shirts and ties and wearing glasses—cool and lascivious all in one. The exhibit was a tiny work: a special stamp showing a likeness of the four artists. The stamp was sold at four desks, stamped with the postmark "DIE DAMEN," and wrapped up. The artists literally put their own mark on the time, cancelling the stamp, of course. This is what you call wear: it was above all the concept proclaimed in the title of the act that was worn and cancelled that evening. There is no simpler way to put an end to an era.

The speaker remembers that he chose an elevating sound for his eulogy at the airport, which would hardly leave any traces in the public's memory. The speech meandered along, the applause was anything but never-ending—calculated rhetoric obsolescence. A child wearing a Turkish costume danced in front of the lectern during his speech and attracted the visitors' attention.

Nothing went off course at the minister's reception. The prize winners seemed to be excited

der Inszenierung – tranken ein paar Gläser, man plauderte über dies und das, einige gratulierten, andere versuchten, mit der anwesenden Ministerin über ihre eigenen Vorhaben ins Gespräch zu kommen. Kurz gesagt: Der *Ministerempfang* verlief ebenso schicklich wie belanglos und war in seiner Belanglosigkeit – darin bestand das Unheimliche – jedem anderen Kunsttumult zum Verwechseln ähnlich. Nur dass der Preis in Wahrheit erfunden war und es in Wahrheit nichts zu feiern gab. Aber was heißt schon „in Wahrheit" in der Kunst bzw. im Kunstbetrieb?

Der *Ministerempfang* und der obskure Preis waren natürlich ein Fake; die Aktion ist lesbar als purer Jux, als „reizende Verwirrung" (Novalis), in der Ernst und Scherz unentwirrbar verbunden sind, aber ebenso als ein ziemlich gewagter, spöttischer Anschlag auf die Kultur der staatlichen Kunstförderung und auf ein Milieu von Kulturschaffenden, das sich ganz gerne im Licht der Politik sonnt. Schon der Titel *Ministerempfang* ist mehrdeutig: Wer wird hier empfangen, der Minister oder die Künstler? Oder werden die Künstlerinnen als Dienerinnen (lat. ministrae) begrüßt? Oder „empfängt" der Minister etwas, geht er schwanger mit etwas, vielleicht Kunst?

Wie immer man die Aktion verstehen will: Das Drehbuch und die Vorbereitungen waren penibel und das Risiko für die Gauklerinnen nicht unerheblich. Im Gegensatz zu den Guerrilla Girls traten DIE DAMEN ohne Masken auf. Ona B., Egerer, Jürgenssen und Strobl agierten innerhalb des Kunstbetriebs, alle vier waren Ende der 1980er-Jahre bereits etablierte oder aufstrebende Künstlerinnen. Eine zu frühe Dekuvrierung hätte nicht Lachen, sondern Lächerlichkeit zur Folge gehabt, zudem war der *Ministerempfang* wie jede ironische Appropriation in hohem Maße ambivalent: Die Fälschung, Dopplung der Kunstbetriebswirklichkeit kann subversive Kenntlichmachung und Distanzierung bedeuten, aber auch augenzwinkerndes Einverständnis. Gerade in ihrer Milde lag die Aggression der Satire, alles andere – Entkleidung, Selbst- oder Fremdverletzung – wäre zuordenbar und damit leicht verträglich gewesen.

Aber da war noch etwas anderes. Die Rekrutierung des Redners war doppelbödig wie

and tired from their journey, but held court valiantly, surrounded by a buzzing drove of friends, members of the in-crowd, and people envying them their success with nervous controlling gazes. It was a pleasant reception: the guests, as the chief protagonists of the act, had a few drinks, chatted about this and that, some congratulated the winners, while others tried to get talking with the minister about their own projects. In short: the minister's reception took a course that was both seemly and irrelevant, and in its irrelevance—which lent the event its weirdness—resembled any other art tumult like one pea another in a pod. The only difference being that the prize was a pure fabrication and there was nothing to celebrate in fact. But what does "in fact" mean in art and the art world after all?

The minister's reception and the obscure award were a fake, of course; the act may be read as a mere joke, a "charming confusion" (Novalis), in which seriousness and jest are inextricably linked, but also as a quite daring, derisive assault on the culture of the state's funding of the arts and the milieu of creative artists who enjoy basking in the light of politics. The title *Ministerempfang* already holds some ambiguities: Who is welcomed, the minister or the artists? Or are the artists welcomed as attendants (Latin "ministrae")? Or has the minister "conceived" something and is hatching it out, art perhaps?

In whichever way you look at the act: the script and the preparations were meticulous, the risk for the charlatans was considerable. Unlike the Guerilla Girls, DIE DAMEN presented themselves without masks. Ona B., Egerer, Jürgenssen, and Strobl were part of the art scene; they were either already established or regarded as emerging artists in the late 1980s. They would not have drawn laughs, but made themselves ridiculous if their act had been exposed too early; furthermore, their minister's reception was highly ambivalent like any other ironic appropriation: faking or doubling the reality of the art world might suggest subversive revelation and detachment, but also implies a certain agreement with a twinkle in the eye. The

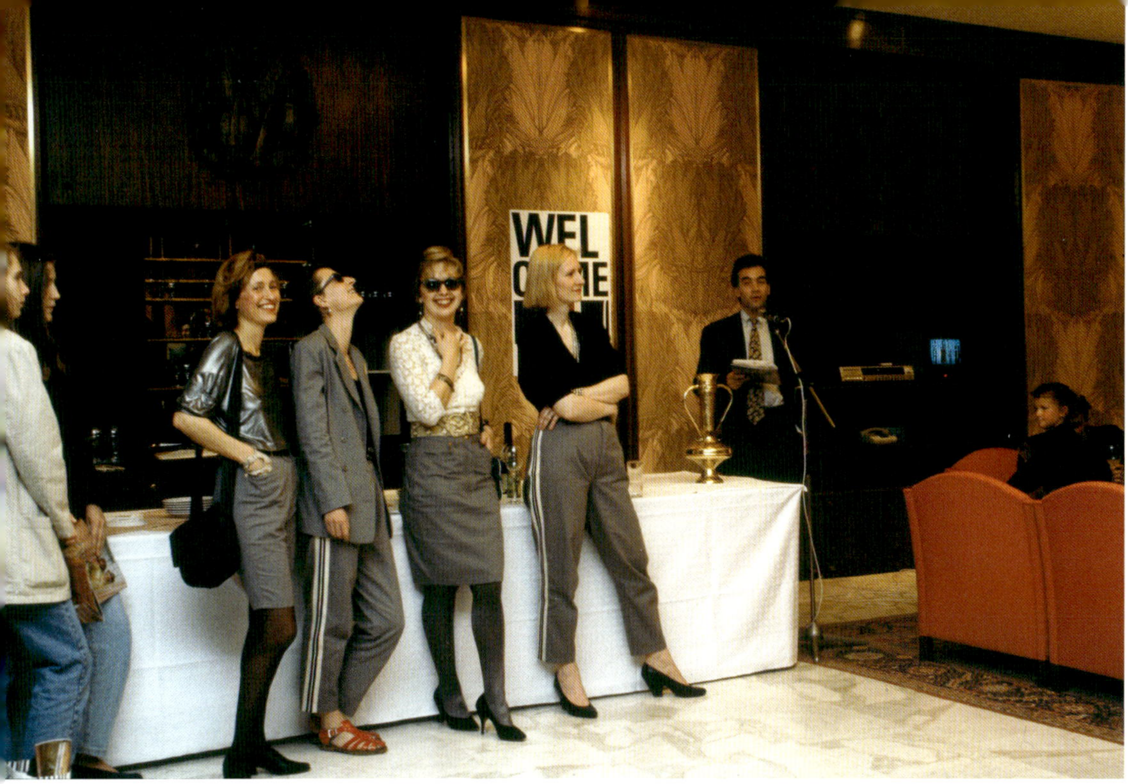

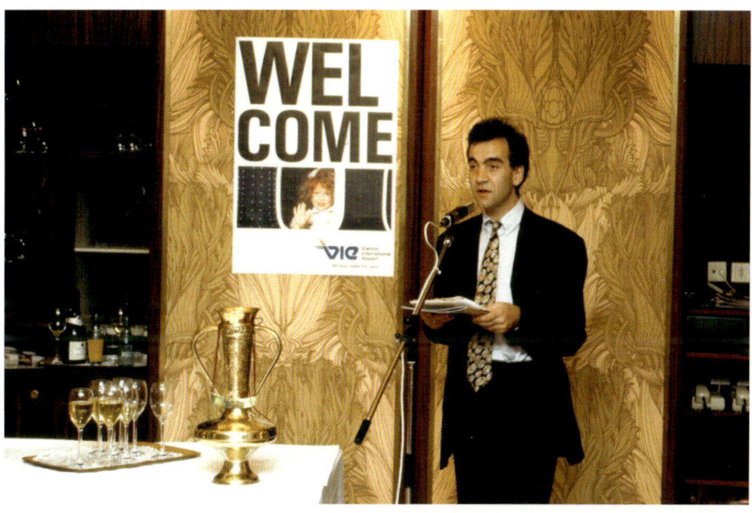


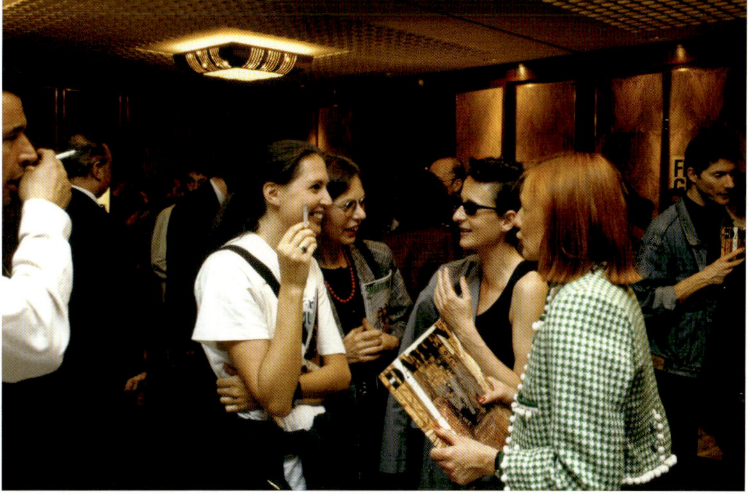

↑ →

*Salut für DIE DAMEN*,
Festrede von Ernst Strouhal,
VIP-Lounge, Flughafen
Wien, 5. Mai 1990

———

*Salute for DIE DAMEN*,
ceremonial address held by
Ernst Strouhal, VIP lounge,
Vienna Airport, May 5, 1990

die Aktion selbst gewesen, allerdings *erkennbar* doppelbödig. Die Künstlerinnen hatten in den vorangegangenen Wochen ein trügerisches Netz der Schmeichelei gesponnen, mit einem Quäntchen Sinnlichkeit an den Spinnfäden, mit leidenschaftlichem Engagement für die Sache und zugleich mit einem wölfischen Lächeln. So bittet ein Zauberkünstler einen Zuseher auf die Bühne. Das Netz wurde aber so direkt, so transparent vor den Augen des Redners geknüpft, dass es für ihn zu jedem Zeitpunkt als Spiel mit Schmeichelei, mit Sinnlichkeit, also als Täuschung erkennbar war: aggressiv und lustvoll, leidenschaftlich und rätselhaft und nachgerade transparent narzisstisch. Und deshalb auch die Parodie auf und das Gegenteil von alledem.

Und das war, dachte er, unwiderstehlich.

## II

DIE DAMEN haben diese sirenenhafte, ironische Haltung des *Ministerempfangs* in den folgenden Jahren vielfach variiert und perfektioniert. Mitte der 1990er-Jahre, Lawrence Weiner hatte die karenzierte Ingeborg Strobl ersetzt, war auch schon wieder Schluss. Die Künstlerinnen beachteten das einzige Gesetz, an das sich alle Ironiker halten müssen. Ein Ironiker darf sich nicht zu oft zu Wort melden, ansonsten wird er penetrant.

Als Kunstereignis kann man den *Ministerempfang* in Zusammenhang mit Fluxus, Happening und den Burlesken des Aktionismus betrachten. Aber die Inszenierung verweist meines Erachtens auch auf eine weniger beachtete Form der Medienkunst, die ihren Ausgangspunkt im Wien des Fin de Siècle hat. Unter dem Pseudonym „Ing. J. Berdach" verfasste Karl Kraus einen legendären Leserbrief, der am 22. Februar 1908 in der *Neuen Freien Presse* erschien. Berdachs „Mitteilung an die Redaktion" handelte von einer Erdbebenbeobachtung. Das Erdbeben, belehrte Berdach die *Presse*-Leser, war „ein sogenanntes tellurisches Erdbeben (im engeren Sinne), das von den kosmischen Beben (im weiteren Sinne) wesentlich verschieden ist". Durch die „Variabilität der Eindrucksdichtigkeit" hätten seine Kinder nichts vom Erdbeben bemerkt, seine Frau im Nebenzimmer habe hingegen deutlich drei Erschütterungen verspürt. Die *Presse* druckte den Unsinn und war blamiert.

aggression of the satire lay right in the middle; everything else—removing one's clothes, hurting oneself, or being hurt by somebody—would have been easy to categorize and to digest.

But there was something else. The recruitment of the speaker had been as ambiguous as the act itself, though *evidently* so. The women artists had woven a delusive spider's web of flattery in the weeks before, with a little bit of sensuality along the threads, with passionate commitment to the cause, and with wolfish smiles. This is how a magician asks somebody from the audience to come on the stage. Yet the web was woven directly in front of the speaker's eyes in such a transparent way that he could recognize it as a game with flattery, with sensuality, i.e. as a delusion, at any point in time: aggressive and joyful, passionate and mysterious and almost overtly narcissistic. Which explains the parody and the opposite of all that.

This was something he found irresistible.

## II

DIE DAMEN varied and perfected this siren-like ironical attitude manifest in the *Ministerempfang* act in several ways in the years to come. In the mid-1990s, with Lawrence Weiner having replaced Ingeborg Strobl who had gone on leave, it was all over. The artists heeded the only law all ironists have to comply with. Ironists must not take the floor too often if they do not want to strike people as pushy.

As an art event, the *Ministerempfang* may be associated with Fluxus art, happenings, and the burlesques of Actionism. Yet in my opinion, the event also relates to a form of media art that is less taken notice of and has its origin in fin de siècle Vienna. Using the pseudonym "Ing. J. Berdach," Karl Kraus wrote a legendary letter to the editor of the *Neue Freie Presse*, published in the paper on February 22, 1908. Berdach's "report to the editors" concerned the observation of an earthquake, which, as Berdach informed the readers of the paper, was "by all appearances . . . a so-called telluric earthquake (in the narrower sense), which is essentially different from the cosmic earthquake

In der nächsten Ausgabe der *Fackel* enthüllte Kraus triumphierend seine Urheberschaft und deklarierte seine Motive. Das fingierte Schreiben war nicht nur eine Kritik an der Oberflächlichkeit des Journalismus, es gab nach Kraus eine „Ahnung von dem, was noch kommen" werde: „Der Schwachsinn, der früher nie daran gedacht hätte, aus seinem Privatleben hervorzutreten, hat eine Gelegenheit für die Unsterblichkeit entdeckt, die Banalität wird aus ihrem Versteck gelockt, das Durchschnittsmenschentum im Triumph eingeholt. Eine verzehrende Gier hat sich des Herrn Niemand bemächtigt, genannt zu werden. Tausende umlagern die Redaktion, heben die Hände empor zum Mirakel des lokalen Teils und rufen: Ich auch! Ich auch!"

Damit hat Kraus die unmittelbare Gegenwart, in der das Ringen um Aufmerksamkeit zur Kardinaltugend geworden ist, präzise antizipiert. Auch der *Ministerempfang* spielt mit diesem „Ich auch! Ich auch!" der Selbstdarstellung um jeden Preis – mit dem Unterschied, dass bei den DAMEN die Künstler als „role model" der Selbstdarsteller und der Ich-AGs fungieren, bei Kraus bildete die Kunst noch ein stilles Reservat der Freiheit, das es zu verteidigen galt.

Das Erdbeben wurde von einer ganzen Reihe von Nachbeben gefolgt, unter anderem dem sprichwörtlich gewordenen „Grubenhund", den Arthur Schütz 1911 in die *Neue Freie Presse* einschleuste. Ein Großmeister des medienkritischen Spiels war auch Helmut Qualtinger. Mit seinen „practical jokes" hielt er die Stadt über Jahre in Atem. Im Juli 1951 versandte Qualtinger Einladungen zum Empfang des berühmten grönländischen Schriftstellers Kobuk am Wiener Westbahnhof. Der Eskimodichter – unter anderem Verfasser des Romans *Brennende Arktis* und der Trilogie *Nordlicht über Iviktut* – sei in Wien, um über die Aufführung eines Dramas zu verhandeln, eine Dichterlesung werde vorbereitet. Tatsächlich erschienen zahlreiche Reporter und Fotografen, Kobuk entstieg, trotz hochsommerlicher Temperaturen stilgemäß in einen Pelzmantel gekleidet, einem ankommenden Zug und gab einige Interviews (in passablem, wenn auch nicht akzentfreiem Deutsch). Noch zwei Wochen nach dem Empfang informierte die

(in the wider sense)." The difference, according to the author, expressed itself even in the "density of impressions": while his children had not noticed the earthquake, his wife in the adjoining room had clearly felt three vibrations. The people at the *Presse* printed the nonsense and made fools of themselves.

In the next issue of *Die Fackel*, Kraus triumphantly revealed his authorship and declared his motives: the fictitious report was not only directed against the superficial character of journalism, but also conveyed an "idea of what is yet to come." "The idiocy that would never have thought of emerging from its life in private has discovered an opportunity for immortality; banality has been lured out of its hiding place; average humanity has been hauled out in triumph. A consuming greed to be named has taken hold of the Mr. Nobodies. Thousands besiege the press office, raise their hands to the miracle of the local department and call "Me too! Me too!"

With his intervention Kraus precisely anticipated the immediate present, in which the struggle for attention has become a cardinal virtue. The minister's reception also plays with this "Me too! Me too!" of self-representation at all costs, the difference being that DIE DAMEN served as role models for the self-promoters and Me Incorporateds, while art still constituted a quiet reservation of freedom to be defended for Kraus.

The earthquake was followed by a whole series of aftershocks like the soon proverbial "Grubenhund" infiltrated into the *Neue Freie Presse* by Arthur Schütz in 1911. Helmut Qualtinger was another grandmaster of media-critical ruses. He kept the Viennese on their toes with his "practical jokes" for years. In July 1951, Qualtinger dispatched invitations to the reception of the famous Greenlandic writer Kobuk at Vienna's Western Train Station. The Inuit poet, author of the novel *The Burning Arctic* and the trilogy *Northern Lights above Iviktut* among other works, was supposed to have come to Vienna to negotiate the production of a drama; the invitation also mentioned a reading that was being prepared. Numerous reporters and photographers turned up, Kobuk, wearing a

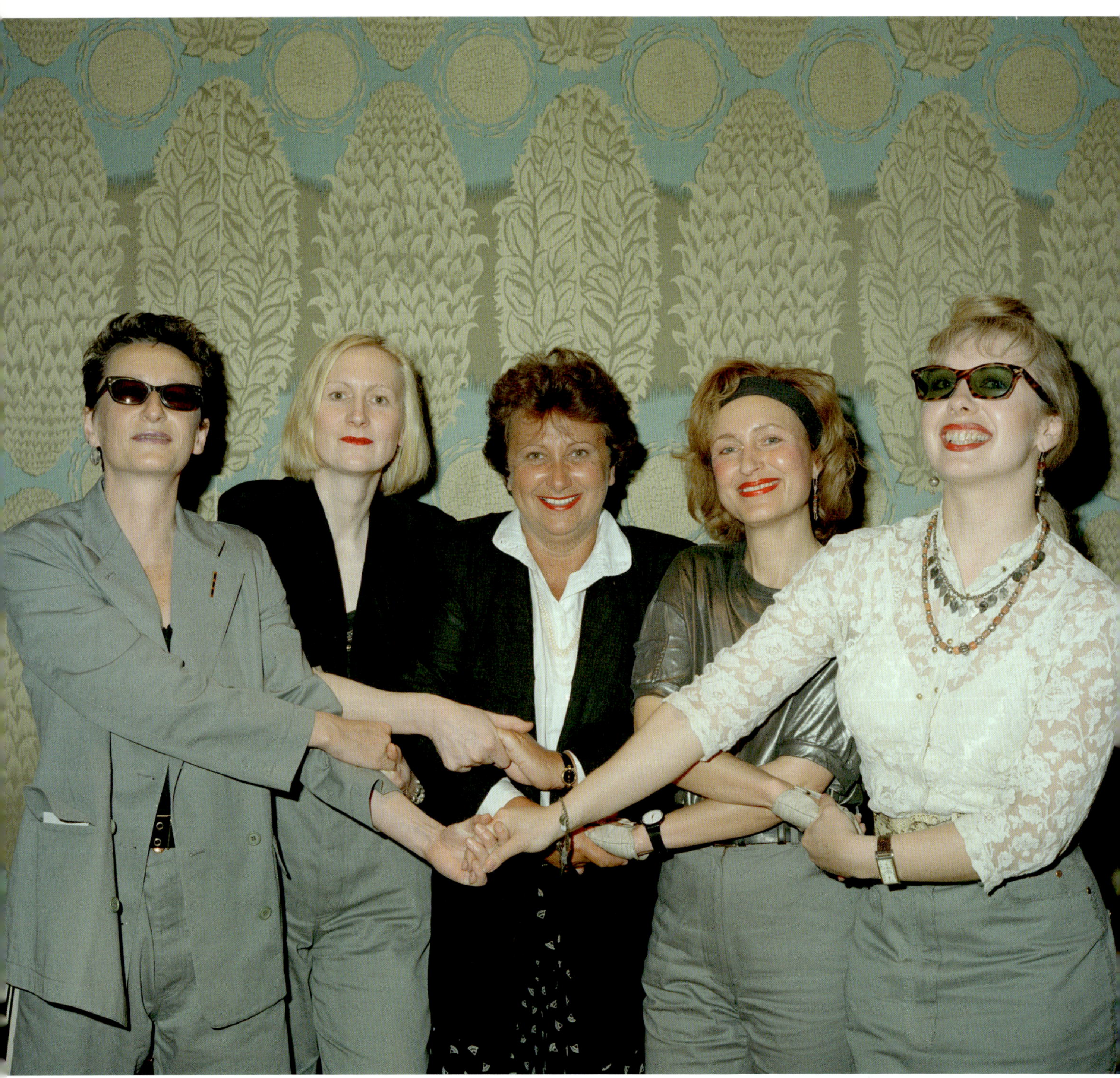

← 

DIE DAMEN mit Hilde Hawlicek, Bundesministerin für Unterricht, Kunst und Sport, VIP-Lounge, Flughafen Wien, 1990

———

DIE DAMEN with Hilde Hawlicek, Minister for Education, Arts and Sports, VIP lounge, Vienna Airport, 1990

*Arbeiter-Zeitung* ihre Leserschaft über den Gast und machte damit deutlich, was ihre Informationen wert waren.

Die provokative Unterwanderung der Medien war natürlich kein auf Wien beschränktes Spiel. Ab den 1960er-Jahren mischte der „master hoaxer" Alan Abel Fernsehstationen und die puritanische Öffentlichkeit in den USA in den unterschiedlichsten Rollen auf. Abels S. I. N. A. (Society for Indecency to Naked Animals) forderte die Bekleidung aller Haustiere und ein rigoroses Stillverbot für Frauen. Ein gewisser Prozentsatz der Mütter habe, so Dr. Abel, nachweislich erotische Gefühle beim Stillen. 1979 beunruhigte Abel die New Yorker Medien und die US-Geheimdienste mit einer fingierten Pressekonferenz von Idi Amin Dada. Der ugandische Diktator wolle durch Heirat US-Bürger werden.

Bereits 1938 hatte Orson Welles mit dem Hörspiel *The War of the Worlds* die Radiohörer von CBS verängstigt und das heute beliebte Genre der „Mockumentary" vorweggenommen. Einen vielleicht ultimativen Punkt erreichte Welles in seinem Filmessay *F for Fake* (1973). Mit der Figur des Elmyr de Hory fälschte Welles einen Fälscher und fügte, wie um die Lust am Vexierspiel auf die Spitze zu treiben, dem imaginären Fälscher gleich einen ebenso gefälschten Entlarver der Fälschung hinzu. Man hätte gewarnt sein können: Zu Beginn der Pseudodokumentation trat Orson Welles dem Publikum in der Rolle eines Zauberkünstlers entgegen. Dass derlei Magie, die immer mit Macht verbunden und daher im Habitus männlich ist, nicht Männern vorbehalten sein muss, demonstrierten DIE DAMEN.

Ironie lässt sich als rhetorisches Instrument des radikalen Zweifelns verstehen. Radikale Skepsis ist, wie Hegel gezeigt hat, als systematische philosophische Position nicht zu argumentieren. Sie hebt sich selbst auf, der radikale Skeptiker müsste ja an der eigenen Position radikalen Zweifelns zweifeln. Skepsis hat daher ihre Existenz ausschließlich im Negativen – ein Funke, der manchmal zündet, wohl Wirkung, aber selbst kaum Gegenwart und Substanz hat.

In der Kunst und Literatur hat die Ironie als skeptisches Verfahren eine lange Geschichte; von Aristophanes bis Brecht, von Swift bis Duchamp hat sie viele Spielarten ausgebildet. Sie unterscheiden

fur coat in proper style despite temperatures in the high eighties, climbed down from an arriving train and gave some interviews (speaking a passable German, though not without accent). Two weeks after the reception, the *Arbeiter-Zeitung* still informed its readers about the guest and thus left no doubt about what its information was worth.

The provocative infiltration of the media was a game not restricted to Vienna, of course. From the 1960s on, Alan Abel, the "master hoaxer," stirred up US TV stations and the Puritan public in various roles. Abel's S. I. N. A. (Society for Indecency to Naked Animals) demanded to clothe all domestic animals and rigorously ban human breastfeeding. Dr. Abel maintained that a certain percentage of mothers demonstrably had erotic feelings when nursing their babies. In 1979, Abel alarmed the media of New York and the secret services of the United States with a faked press conference held by Idi Amin Dada: the Ugandan dictator was allegedly interested in becoming a US citizen by marriage.

Orson Welles had already frightened the radio audience with the play *The War of the Worlds* in 1938, anticipating today's popular mockumentary genre. Welles's filmic essay *F for Fake* (1973) probably marks an extreme in this field: Welles faked a faker by the name of Elmyr de Hory and, carrying the pleasure in the game of deception to extremes, invented an equally faked person to expose the imaginary faker's fake. One might have felt warned: the pseudo-documentary begins with Orson Welles addressing the public in the role of a magician. DIE DAMEN demonstrated that such magic, which is always associated with power and, therefore, essentially male, is not necessarily reserved to men.

Irony may be understood as a rhetoric instrument of radical doubt. As Hegel has shown, radical doubt cannot be argued as a systematic philosophical position. It suspends itself: a radical skeptic would have to doubt his position of radical doubt. This is why skepsis only exists in the negative—a spark that ignites something at times, produces effects, but has almost no present and substance itself.

sich durch ihre Intensität, den Grad ihrer Bösartigkeit, gemeinsam ist ihnen allerdings ihr dezidiert unsentimentaler Charakter. Das ironische Spiel kann ohne ein Moment der Grausamkeit nicht gedacht werden. Ironie ist ein vampirisches Verfahren, sie existiert nur in Symbiose mit einem Wirt, auf den sie sich setzt und den sie durch Mimesis zur Kenntlichkeit bringt. Ein „Beitrag zu etwas" ist die Ironie allerdings nicht, eher ein Abbruchunternehmen von Pathos und vorgeblichem Sinn. Was danach kommt, ist eine andere Frage.

Für Hegelianer und Marxisten ist die Ironie in der Kunst ein Krisenphänomen. Es erscheint mir allerdings als Irrtum, ironische Verfahren der Postmoderne zuzuschreiben. Im Gegenteil: In ihrem destruktiven Charakter sind Spott und Satire rhetorische Instrumente einer (Hoch-)Moderne, die jedes utopische Denken desillusioniert und ihr messianisches Pathos durch Lachen auf Briefmarkengröße reduziert. Ein Krisenphänomen der Moderne ist Ironie deshalb, weil der Normalzustand der Moderne die Krise ist.

### III

Wenige Monate bevor DIE DAMEN zum *Ministerempfang* baten, war die Sowjetunion fast geräuschlos implodiert, die Berliner Mauer wurde demontiert, einzelne Brocken wurden als Souvenir einer bereits vergangenen Epoche veräußert. Ausgefallen waren damit die politischen Antagonismen, die auch in der Kunst durch Zustimmung oder Ablehnung Orientierung gewährten. Hatte man ein „Ende der großen Erzählungen" (Jean-François Lyotard) bereits ein Jahrzehnt zuvor konstatiert (wer erinnert sich noch?), schien nun sogar ein „Ende der Geschichte" (Francis Fukuyama) in Sicht. Zusammengebrochen waren jedenfalls die Heilsversprechen von der Existenz einer sinnerfüllten, zielgerichteten Historie. Und niemand trauerte ihnen nach.

Die bedeutendste Begleitmusik zur Kritik metaphysischen Denkens verfasste Richard Rorty. 1989 erschien *Kontingenz, Ironie und Solidarität*. In einer, so die zentrale These Rortys, als kontingent erkannten Welt muss die Gültigkeit jeder allgemeinen Wahrheit relativiert werden, das Beharren auf ihrer Existenz ist ein irrlichterndes, zugleich gefährliches Unterfangen.

Irony as a skeptical method has a long history in art and in literature; it has brought forth numerous variants from Aristophanes to Brecht, from Swift to Duchamp. These variants differ in their intensity, in their degree of viciousness, but they all share a decidedly unsentimental character. An ironic game implies a certain amount of cruelty. Irony is a vampiric method and only exists in symbiosis with a host, which it occupies and exposes by mimesis. Yet irony is no "contribution to something," it is a demolition process aimed at pathos and pretended meaning rather. What comes after is a different matter.

Hegelians and Marxists regard irony as a crisis phenomenon. Yet I think it would be wrong to categorize ironical methods as postmodern. On the contrary: in their destructive character, ridicule and satire present themselves as (ultra-)modernist rhetorical instruments disillusioning all utopian thinking and reducing its Messianic pathos to the size of a stamp by means of laughter. Irony is a crisis phenomenon of Modernism, because crisis is its normal condition.

### III

A few months before DIE DAMEN sent out their invitations to *Ministerempfang*, the Soviet Union had imploded almost noiselessly; the Berlin Wall had been dismantled, some of its pieces sold as souvenirs of an already bygone era. The political antagonisms, the agreement with or rejection of which had also offered some orientation in the arts, had disappeared. After "the end of great narratives" (Jean-François Lyotard) had been proclaimed ten years before (who still remembers?), it was "the end of history" (Francis Fukuyama) even that seemed to be impending now. In any case, the promises of salvation holding out the prospect of a meaningful, goal-directed history had evaporated. And nobody mourned after them.

The most significant accompaniment to the criticism of metaphysical thinking came from Richard Rorty: his book *Contingency, Irony, and Solidarity* came out in 1989. According to its central

Die Figur, die Rorty in seinem Buch auf die Bühne der politischen Philosophie entsendet, ist die „liberale Ironikerin". Absolute Wahrheiten sind ihr suspekt. Die liberale Ironikerin ist aber keine träge Oblomowa, der alles irgendwie gleichgültig ist, sondern eine streitbare Polemikerin, der nichts gleichgültig ist. Die Ironikerin hält die Bälle ihrer Argumente immer in der Luft. Ein sinnerfülltes Ende, eine transzendentale Perspektive, Eindeutigkeit oder einen metaphysischen Halt gibt es in ihrem Spiel nicht, nur permanente Bewegung. Die ironische Haltung verschafft ihr Distanz, zu sich selbst und zu anderen. Die Distanz ist die Grundlage von Respekt, das Lachen Schutz vor Fundamentalismen aller Art. In diesem rortyschen Verständnis ist die Kunst der DAMEN liberal-ironisch: polemisch, distanziert, widersprüchlich, mehrdeutig, aber ein präzises Werkzeug gegen jedwede Propaganda, auch in der Kunst.

Und heute? Die Zeit scheint für die liberale Ironikerin nicht günstig, das Spiel der Kunst ist neuerdings ernst. 2002 forderte der künstlerische Leiter der Documenta11, Okwui Enwezor, von den Künstlern politisches Engagement ein. Künstler und Künstlerinnen stünden verstärkt „vor der Aufgabe, Verpflichtungen einzugehen". Sie seien aufgerufen, ihre künstlerische Praxis im Kontext der „Machtverhältnisse" und der Fragen der „politischen Partizipation" zu reflektieren. In einem Ausstellungskatalog von 2010 liest man über die Kunst der „postironischen Generation": „Hingabe statt Distanz, Berührung statt Bruch, Erschütterung statt Ironie bilden das Credo der Stunde."

Die Sehnsucht gilt also dem Engagement für eine Sache (nicht für die Form), dem Wunsch nach Intimität und Nähe zu den Menschen und Dingen. Man/frau will berührt und erschüttert sein. Das Verlangen setzt authentisches Erleben voraus, die Arena der Kunst wird damit zur ironiefreien Zone, denn was immer Ironie ist, authentisch ist nichts in ihr. Die Distanzlosigkeit und der Wunsch nach Nähe sind aber auch ein Ende der Kunst: Man sieht nichts mehr (außer sich selbst) und taucht ein in die Wirklichkeit, ohne mehr so recht aus ihr aufzutauchen. Was bleibt, ist die Wahrheit der eigenen Empfindung. Toleriert wird dementsprechend alles, nur der Heuchler nicht.

hypothesis, the validity of all general truths had to be relativized in a world identified as contingent; Rorty described the insistence on the existence of general truths as a dangerous will-o'-the-wisp-like undertaking.

The figure that makes her appearance on the stage of political philosophy in Rorty's book is a female "liberal ironist." Absolute truths are suspicious to her. Yet the liberal ironist is no Oblomowa who does not care about anything, but a disputatious polemicist who cares about everything. The ironist always balances her argumentative balls in the air. Her game implies neither a meaningful end nor a transcendental perspective, neither unambiguity nor metaphysical support, but only permanent movement. Her ironical attitude ensures a certain distance from herself and from the others. This distance is the basis for respect, laughing her shield against fundamentalisms of all kind. Seen from Rorty's point of view, the art produced by DIE DAMEN falls into the category of liberally ironical: polemic, detached, contradictory, ambiguous, yet a precise instrument for propaganda purposes of all kind, including the arts.

And what about today? The time does not seem to be favorable for the liberal ironist, the game of art has recently turned serious. In 2002, Okwui Enwezor, the artistic director of Documenta11, insisted on the artist's political engagement. According to him, artists saw themselves increasingly confronted with "the task of taking on responsibility": they were called upon to reflect their practice in the context of contemporary "power relations" and issues of "political participation." A text in an exhibition catalogue from 2010 says about the art of the "post-ironic generation": "the credo of the hour is commitment instead of detachment, touch instead of break, shock instead of irony."

The desire felt is one for an involvement in the matter (not in its form), for intimacy, and for a closeness to people and things. One wants to be moved and shocked. The desire requires an authentic experience, which turns the arena of art into an irony-free zone; for whatever irony is, it has nothing

DIE DAMEN mit Hilde
Hawlicek, Bundesministerin
für Unterricht, Kunst und
Sport, VIP-Lounge,
Flughafen Wien, 1990

—————

DIE DAMEN with Hilde
Hawlicek, Minister for
Education, Arts and
Sports, VIP lounge, Vienna
Airport, 1990

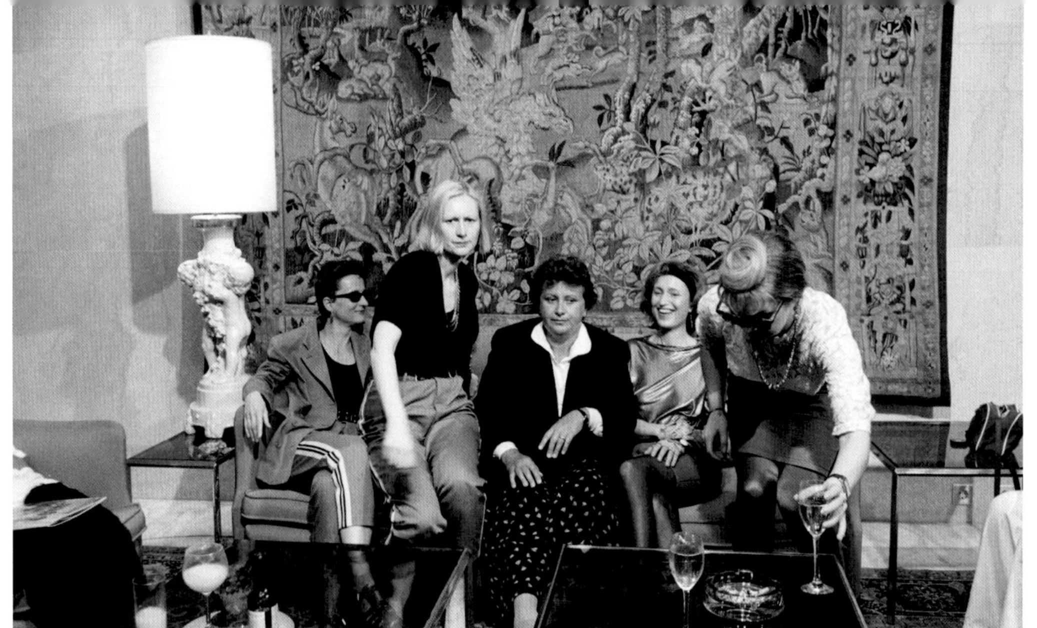

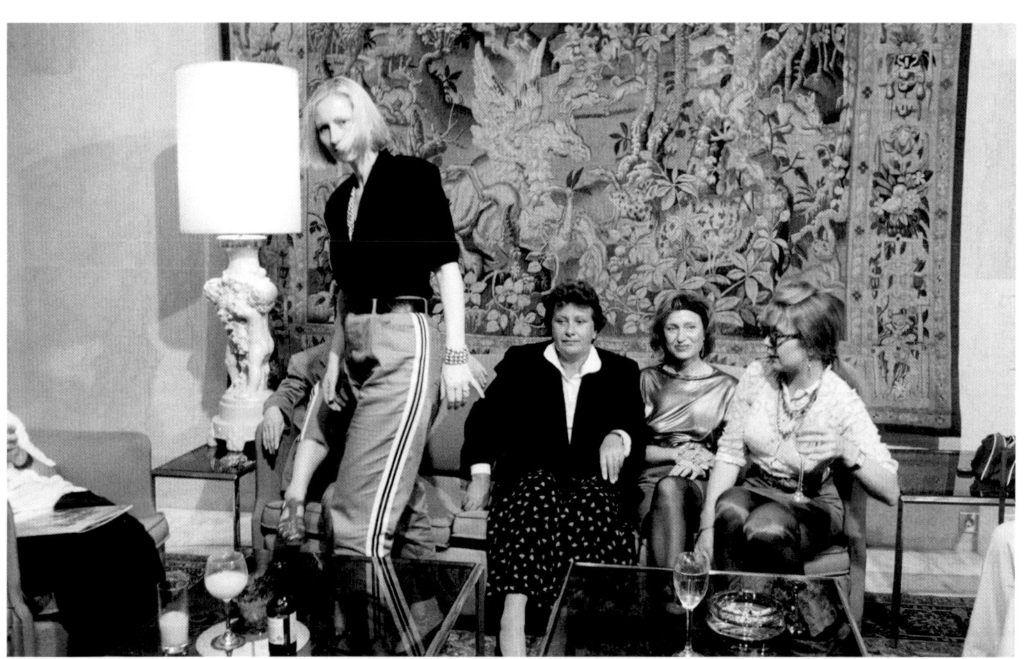

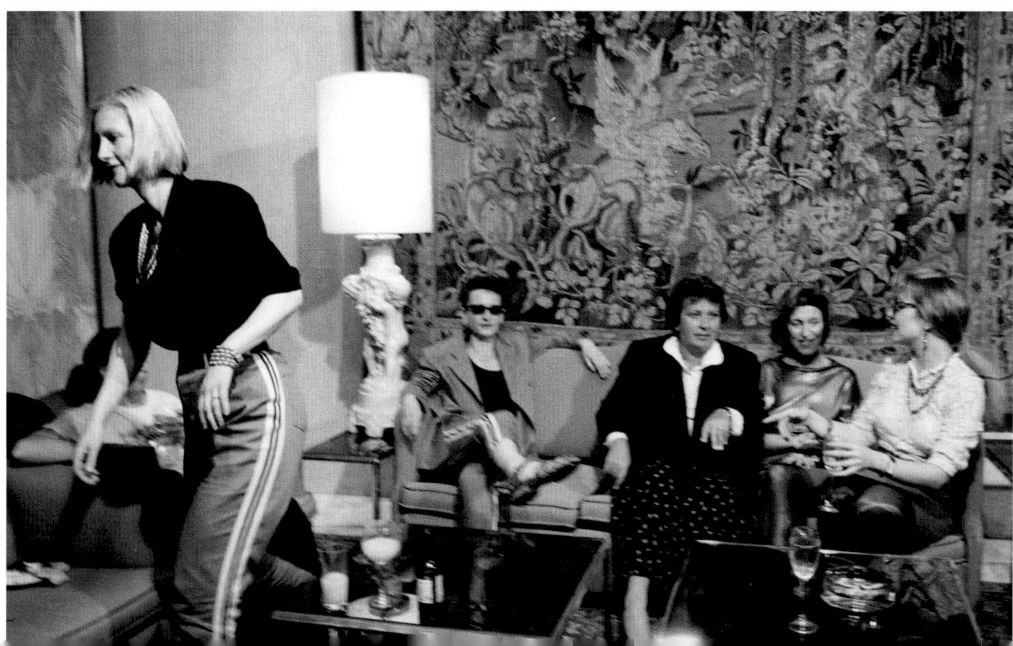

Jeder Witz muss heute daher von einem Smiley begleitet werden. Und man tut gut daran, es nicht zu vergessen, denn die Strafsanktionen der Moralisten und Moralistinnen sind fürchterlich wie eh und je. Sogar die Guerrilla Girls, wahrlich hartgesotten im Mediengeschäft, mussten sich entschuldigen. Ihr Newsletter *Hot Flashes* (Wallungen) wurde von Frauen in der Menopause als diskriminierend empfunden. Es genügte allerdings als politisch korrekte Entschuldigung, dass eine der Autorinnen gerade selbst in der Menopause sei. Authentizität schlägt offenbar Diskriminierung.

Zugleich sind in der kontemporären Massenschlägerei um Aufmerksamkeit Fake, Hoax und Bluff endemisch geworden, allerdings nicht als ästhetische, sondern als ökonomische Überlebensstrategie. Antonino Cardillo galt bis Mitte 2012 als einer der erfolgreichsten jungen Architekten der Welt. Bedeutende Architekturzeitschriften publizierten Interviews mit ihm, in langen Bildstrecken wurden seine erstaunlichen Bauten präsentiert: luxuriöse Privathäuser in Spanien, Italien oder Australien. Die Namen der Bauherren wurden nicht genannt. In Wahrheit handelte es sich, wie Peter Reischer im Mai 2012 zeigte, um inszenierte Bilder, die mit 3-D-Technologie auf Cardillos Computer entstanden waren. Die Ideen, verteidigte sich Cardillo nach Aufdeckung seiner Hochstapelei, sollten nicht verloren gehen, man solle die Inszenierung als „literarische Erzählung", als „Märchen" begreifen. Cardillo ist allgegenwärtig; was soll da noch die Kunst der Fälschung?

**IV**

Einige Tage nach dem Empfang auf dem Flughafen erreichte DIE DAMEN im Übrigen eine Nachricht aus Ankara. Sie hatten tatsächlich den Preis der Biennale erhalten! Die Wirklichkeit kopierte die Kunstaktion – als schwaches Echo: Gemessen an der Resonanz auf den *Ministerempfang* war die Bedeutung des realen Preises unerheblich. Was 1990 aber noch zu beweisen war.

authentic. The lack of distance and the desire for closeness also put an end to art, though: you see nothing (but yourself) and plunge into reality without really emerging from it again. What remains is the truth of one's feeling. Correspondingly, anything is tolerated, excepting hypocrisy.

Today, each joke has to go with a happy face emoticon. And you better do not forget to add one, for the moralists' sanctions are as terrible as ever. Even the Guerilla Girls, who are really hard-boiled media business experts, had to apologize, when their newsletter *Hot Flashes* was felt to discriminate women going through the menopause. That one of the authors was going through the menopause herself at the moment sufficed as a politically correct apology, though. Authenticity obviously beats discrimination.

Fakes, hoaxes, and bluffs have become endemic in today's mass brawls for attention, albeit not as an aesthetic, but as an economic strategy of survival. Until mid-2012, Antonino Cardillo was considered to be one of the most successful young architects in the world. Important architectural magazines published interviews with him, his astounding buildings—luxurious private residences in Spain, Italy, and Australia—were presented in long photo galleries. The articles did not mention the clients' names, though. As Peter Reischer showed in May 2012, the readers had actually been confronted with staged pictures created on Cardillo's computer with a 3-D graphics software. After his fraud had been exposed, Cardillo defended himself by emphasizing that he had been concerned that his ideas might get lost and asked people to understand his presentation as a "literary narration," as a fairy-tale. Cardillo is everywhere; there is no place for the art of forging.

**IV**

Some days after the reception at the airport, DIE DAMEN received a message from Ankara, by the way. They had actually been awarded the Biennale Prize! Reality had imitated the art event—as a faint echo: compared with the response to *Ministerempfang*, the real process was irrelevant. What had still to be proved in 1990.

## Literatur und Quellen

Jenny Abel und Jeff Hockett, *Abel Raises Cain* (2005, DVD, IndieFlix)

Susanne Beyer, „Römische Ruinen", in: *Der Spiegel*, Nr. 27/2012

Gabriele Detterer, „Phantasie und Wirklichkeit", in: *Neue Zürcher Zeitung*, 18. Juli 2012

*DIE DAMEN. Paul Ankara meets DIE DAMEN*, Wien 1990

Okwui Enwezor, „Die Black Box", in: *Documenta11_ Plattform 5: Ausstellung*, Ausst.-Kat. Documenta11, Kassel, Ostfildern-Ruit: Hatje Cantz Verlag 2002, S. 42–55

Francis Fukuyama, *The End of History and the Last Man*, London: Hamilton 1992

Hans E. Goldschmidt, *Von Grubenhunden und aufgebundenen Bären im Blätterwald*, Wien/München: Jugend & Volk 1981

Guerrilla Girls, „An Interview", http://www.guerrillagirls.com/interview/index.shtml (Zugriff: Februar 2013)

Georg Wilhelm Friedrich Hegel, *Vorlesungen über die Geschichte der Philosophie* (*Werke*, Bd. 19), Frankfurt a. M.: Suhrkamp Verlag 1979

Karl Kraus, „Das Erdbeben", in: *Die Fackel*, Nr. 245/1908, S. 16–24

Karl Kraus (Pseudonym „Berdach"), „Weitere Mitteilungen über Erdbebenbeobachtungen", in: *Neue Freie Presse*, 22. Februar 1908

Stefanie Kreuzer, „Gegenrede – Ironie", in: Markus Heinzelmann und Stefanie Kreuzer (Hg.), *Neues Rheinland. Die postironische Generation*, Ausst.-Kat. Museum Morsbroich, Leverkusen, Berlin: Distanz Verlag 2010, zit. nach Oliver Zybok, „Kein Ende der Ironie", in: *Kunstforum international*, Nr. 213/2012

„Ministerempfang", in: *DIE DAMEN*, Wien/Bozen: Folio Verlag 1995

Peter Reischer, „Schöner Klonen", in: *Falter*, Nr. 19/2012

Richard Rorty, *Kontingenz, Ironie und Solidarität*, Frankfurt a. M.: Suhrkamp Verlag 1989

Orson Welles, *F for Fake* (1973, Astrophore Films/Janus)

## Literature and Sources

Jenny Abel and Jeff Hockett, *Abel Raises Cain* (2005, DVD, IndieFlix)

Susanne Beyer, "Römische Ruinen," in *Der Spiegel*, no. 27/2012

Gabriele Detterer, "Phantasie und Wirklichkeit," in *Neue Zürcher Zeitung*, July 18, 2012

*DIE DAMEN. Paul Ankara meets DIE DAMEN* (Vienna, 1990)

Okwui Enwezor, "Die Black Box," in: *Documenta11_ Plattform 5: Ausstellung*, exh. cat. Documenta11, Kassel (Ostfildern-Ruit: Hatje Cantz Verlag, 2002), 42–55

Francis Fukuyama, *The End of History and the Last Man* (London: Hamish Hamilton, 1992)

Hans E. Goldschmidt, *Von Grubenhunden und aufgebundenen Bären im Blätterwald* (Vienna/Munich: Jugend & Volk, 1981)

Guerrilla Girls, "An Interview," http://www.guerrillagirls.com/interview/index.shtml (acc. February 2013)

Georg Wilhelm Friedrich Hegel, *Vorlesungen über die Geschichte der Philosophie* (Werke, vol. 19) (Frankfurt a. M.: Suhrkamp Verlag, 1979)

Karl Kraus, "Das Erdbeben," in *Die Fackel*, no. 245/1908, 16–24

Karl Kraus (pseudonym "Berdach"), "Weitere Mitteilungen über Erdbebenbeobachtungen," in *Neue Freie Presse*, February 22, 1908

Stefanie Kreuzer, "Gegenrede – Ironie," in Markus Heinzelmann und Stefanie Kreuzer (eds.), *Neues Rheinland. Die postironische Generation*, exh. cat. Museum Morsbroich, Leverkusen (Berlin: Distanz Verlag, 2010), quoted after Oliver Zybok, "Kein Ende der Ironie," in *Kunstforum international*, no. 213/2012

"Ministerempfang," in *DIE DAMEN* (Vienna/Bolzano: Folio Verlag, 1995)

Peter Reischer, "Schöner Klonen," in *Falter*, no. 19/2012

Richard Rorty, *Contingency, Irony, and Solidarity* (Cambridge a.o.: Cambridge University Press, 1989)

Orson Welles, *F for Fake* (1973, Astrophore Films/Janus)

**ÖSTERREICHISCHE BOTSCHAFT**

Zl. 8.8.0/18/90            Ankara, am 17. Mai 1990

3. Kunstbiennale Ankara;
Preisgewinn durch "Die Damen"

Zu Erl. Zl. 212.03.03/8-V.4/90
vom 30.3.1990

Beilage

An das

    Bundesministerium für auswärtige Angelegenheiten

                        **W i e n**

        Die Botschaft legt anbei die Kopie einer Note des türkischen Aussenministeriums samt Beilagen vor. Wie daraus hervorgeht, haben "Die Damen" den ersten Platz in der Kategorie Asien-Europa-Kunstpreise der 3. Kunstbiennale Ankara zuerkannt bekommen. Die Gruppe ist eingeladen, gemäss dem vorgelegten Programm vom 3. - 11.6. an der Preisverleihung und weiteren Festlichkeiten in der Türkei teilzunehmen.

        Eine Anfrage der Botschaft beim Kulturministerium hat ergeben, dass die Einladung für alle vier Künstlerinnen sowie für allfällige Ehepartner (nicht jedoch sonstige Begleitpersonen) gilt. Die Einladungen seien vom Kulturministerium den Künstlerinnen auch direkt zugeschickt worden, jedoch als unzustellbar zurückgekommen.

        Eine Kopie des Berichts samt Beilagen ergeht aufgrund der Dringlichkeit direkt über Telefax an das Bundesministerium für Unterricht, Kunst und Sport. Das hiesige Kulturministerium bittet um möglichst umgehende Mitteilung über eine Teilnahme der Künstlerinnen an der Preisverleihung.

        Der Botschafter i.A.:

        (Wunderbaldinger)

← →

Korrespondenz österreichische Botschaft in Ankara und türkisches Kulturministerium, 1990

―――――

Correspondence between the Austrian Embassy in Ankara and the Turkish Ministry of Culture, 1990

**T.C. Kültür Bakanlığı**
Güzel Sanatlar Genel Müdürlüğü

**The Republic of Turkey, Ministry of Culture**
General Directorate of Fine Arts

Sayı : 200.10.01.10/635.1 . /240

Konu: 3rd International Asian European Art Biennial

Die DAMEN
Brauergasse 1/26
A-1060 Vienna AVUSTURYA

The International Jury of the "3rd Asian European Art Biennial", organised by our Ministry, had a meeting on May 5th 1990 and have selected and announced you as the prize winner for Asian European Art Prize.

The prize awards will be announced and issued at a ceremony, at Ankara State Museum of Fine Arts on June 4th 1990, at 5.00 pm.

The prize winners will be our guests accompanied by their wifes/ husbands and accomodated in Ankara and İstanbul with in the scope of the enclosed programme provided the travelling expenses to and from Turkey paid by themselves.

Please advise if you will be willing to participate subject programme for reservations in Ankara Sürmeli Hotel and İstanbul Tarabya Hotel to be done on time.

We congratulate you and may your success be continuing in the future.

Best regars.

Mehmet ÖZEL

General Director of

Fine Arts

Enc: 1 Programme

Adres/Address:
Uluslararası Asya-Avrupa Sanat Bienali Düzenleme Komitesi
Ataç Sokak 32 Yenişehir 06420 Ankara-TURKEY Tel: (4) 133 68 91 • (4) 131 64 80/49

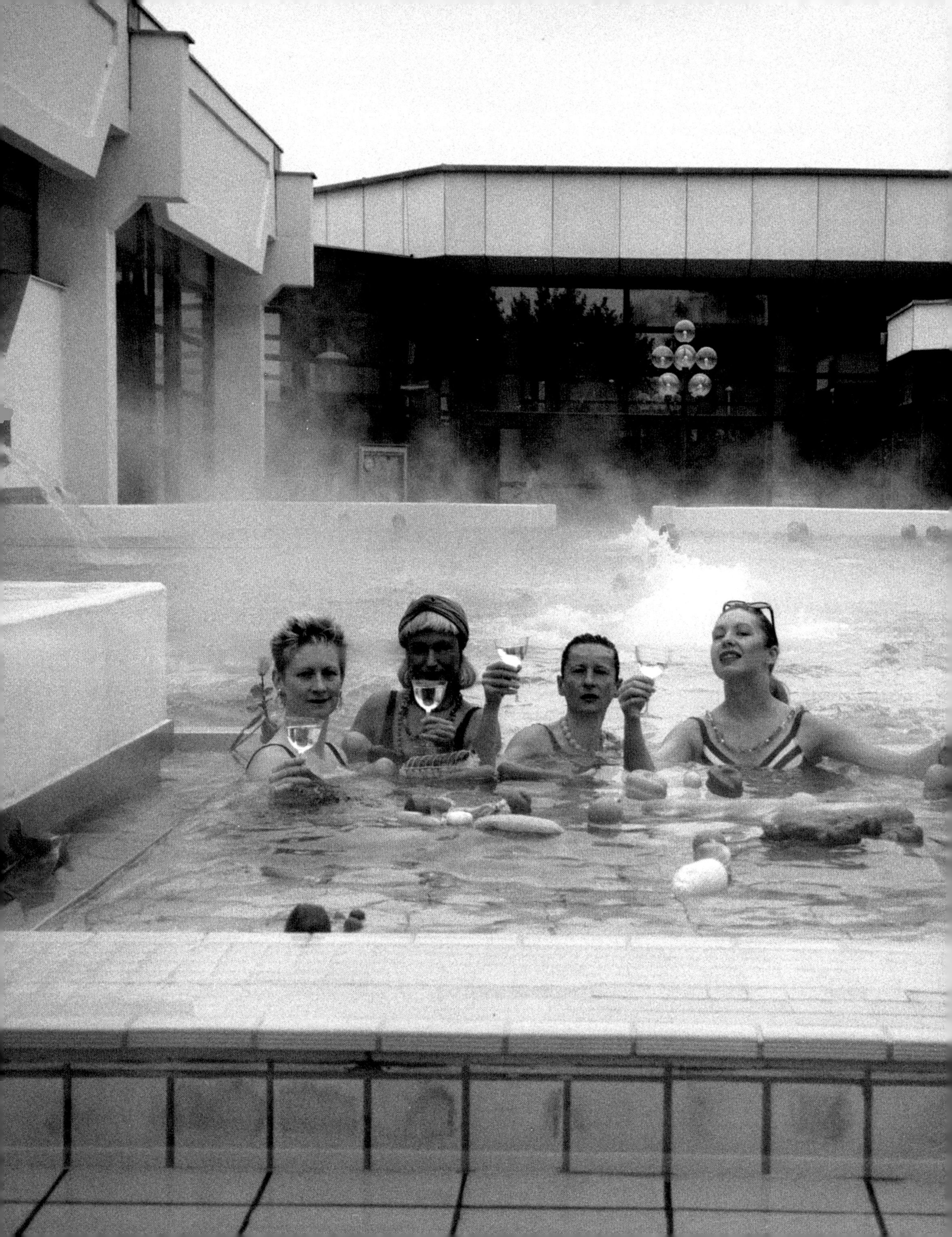

# DIE DAMEN beleben die Sinne, Herbst 1990

Vorarbeit im Thermalbad Oberlaa, Wien

## DIE DAMEN animate the senses, fall 1990

Preparatory work in the Oberlaa Thermal Baths, Vienna

1990 gewinnen DIE DAMEN den Römerquelle-Kunstwettbewerb. Der äußerst renommierte Preis wird von 1979 bis 2001 von der Mineralwasserfirma Römerquelle für Fotografie und Arbeiten auf Papier vergeben. Den berühmten Werbeslogan „Römerquelle belebt die Sinne" verwenden DIE DAMEN in adaptierter Form im Titel einer neuen performativen Arbeit. Das Preisgeld von 50.000 Schilling finanziert die Produktion.

Die Aktion *DIE DAMEN beleben die Sinne* soll im Grafischen Kabinett der Secession stattfinden. Für ein Fotoshooting – ein großer „establishing shot" wird an der Wand hängen – finden sich DIE DAMEN im Thermalbad Oberlaa ein. Dieser auf eine 1934 entdeckte heiße Schwefelquelle am Ufer des Liesingbachs zurückgehende Kurbetrieb war 1974 Teil der Wiener Internationalen Gartenschau (WIG 74) und ist seither ein beliebtes Terrain für familiäre Rekreation. Ein zweifelhafter olfaktorischer Ruf sowie die überwiegend rostrote Farbgebung machen die Therme zum Prototyp eines Wiener Hallenbads.

DIE DAMEN aber nehmen im Oktober 1990 spätere städtische Wellnesszonen kühn vorweg

In 1990, DIE DAMEN won the Römerquelle Art Competition organized by the mineral water company from 1979 to 2001. The prize for photography and works on paper was extremely renowned. DIE DAMEN used the company's famous slogan "Römerquelle animates the senses," adapting it for a new performance work. The prize money amounting to 50,000 schillings financed the production.

The act *DIE DAMEN animate the senses* was to take place in the Graphic Cabinet of Vienna's Secession. DIE DAMEN gathered in the Oberlaa Thermal Baths for a photo shooting; a large "establishing shot" on a wall of the cabinet was to set the tone. Profiting from a hot sulfur spring discovered in 1934 on the banks of the Liesingbach, the spa facilities built in the run-up to the Vienna International Horticultural Exposition in 1974 (WIG 74) have been a popular terrain for family recreation since then. Their dubious olfactory reputation and the prominently russet color of the

Text: Brigitte Huck

←

Fotoshooting in der Therme Oberlaa, Wien, 1990

Photo shooting in the Oberlaa Thermal Baths, Vienna, 1990

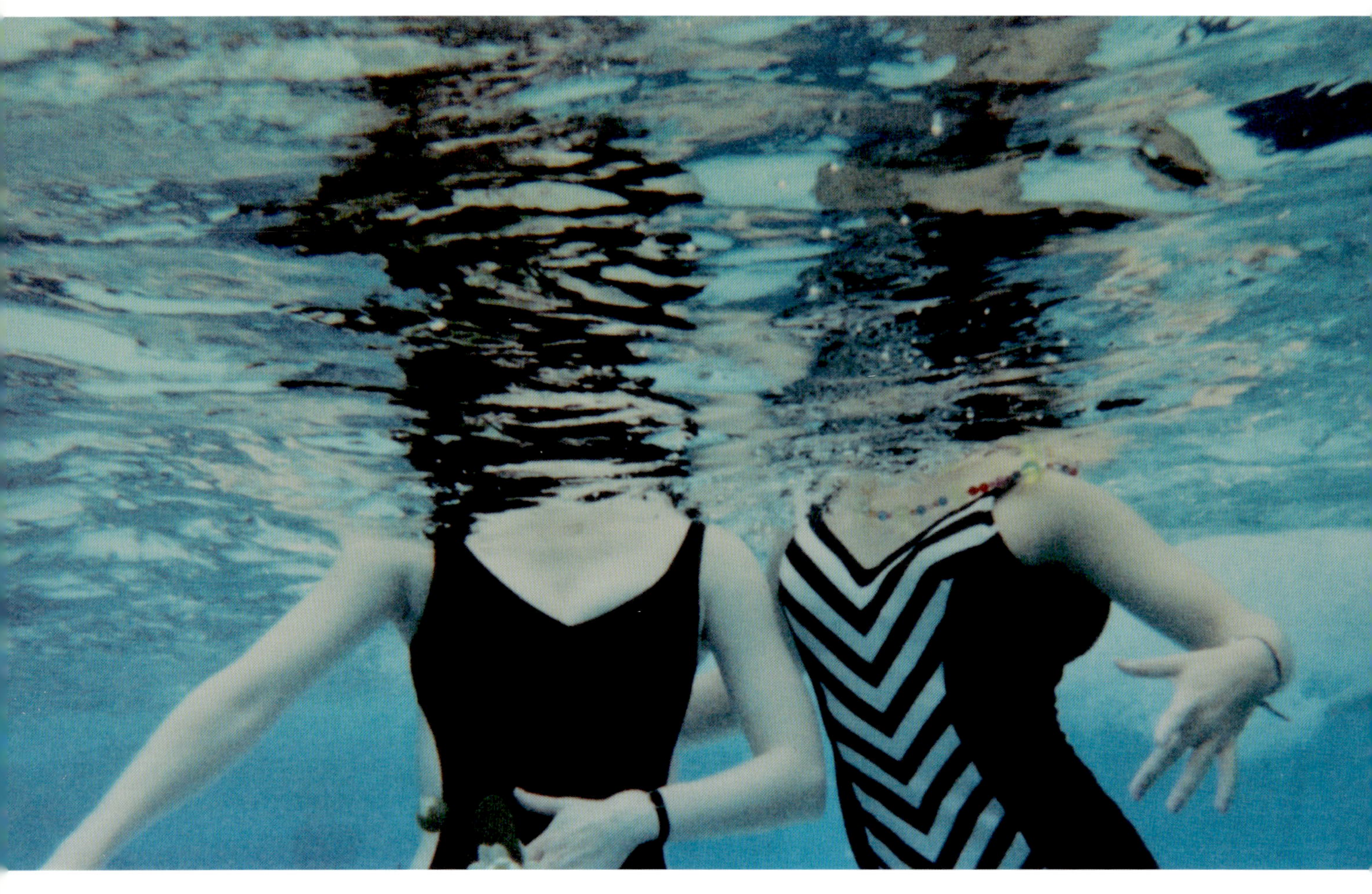



Fotoshooting in der Therme
Oberlaa, Wien, 1990

———

Photo shooting in the
Oberlaa Thermal Baths,
Vienna, 1990

und setzen verkalkten Kacheln und eingetrock-
neten Shampooresten schwimmendes Obst, einen
Rollschinken und Champagnerkelche entgegen.
Setting (Pool), Outfits (schwarze Badeanzüge) und
Styling (Sonnenbrillen, Modeschmuck und nasses
Haar) sind als amüsiert-kritische Gemengelage
irgendwo zwischen Commander Bond (*Licence to
Kill* mit Timothy Dalton ist gerade in den Kinos) und
der geschmackvollen Erotik von Bob Gucciones
*Penthouse*-Girls angesiedelt.

spa make the Oberlaa Thermal Baths an archetypal
Viennese indoor swimming pool.

DIE DAMEN daringly anticipated later
urban wellness zones in October 1990, countering
calcified tiles and dried-up shampoo rests with
floating fruit, rolled ham, and champagne goblets.
Setting (pool), outfit (black swimsuits), and styling
(sunglasses, costume jewelry, and wet hair) made
for an amused critical hodge-podge somewhere
between Commander Bond *(Licence to Kill* with
Timothy Dalton had just gone on release in the
local cinemas) and the elegant eroticism of Bob
Guccione's *Penthouse* girls.

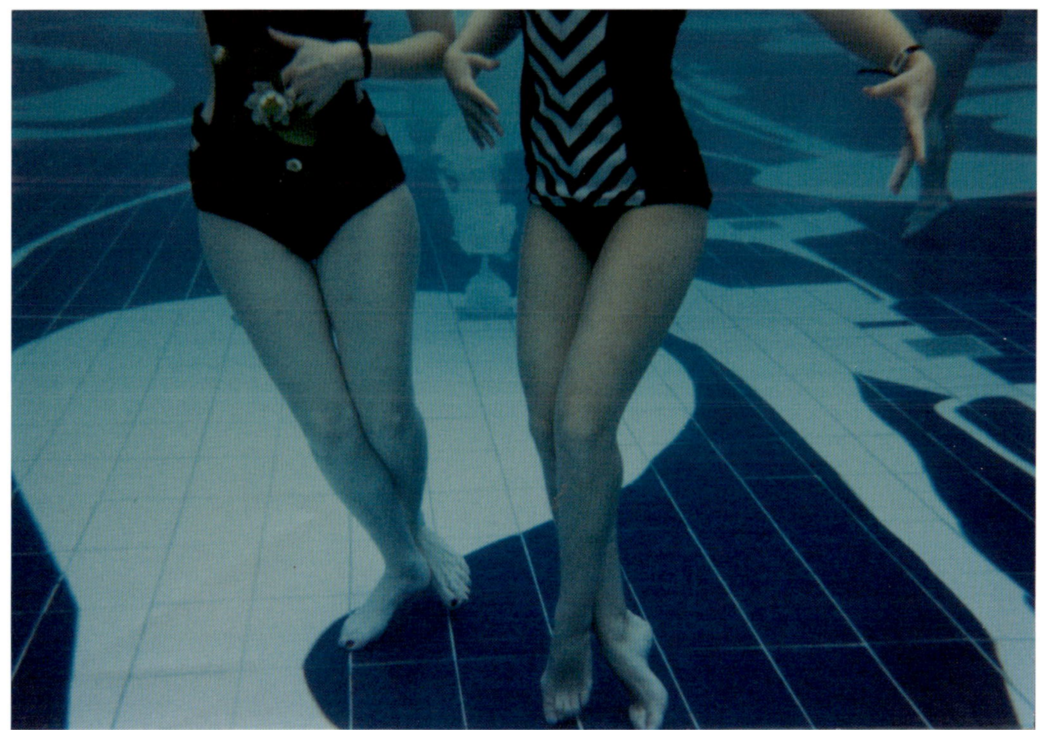

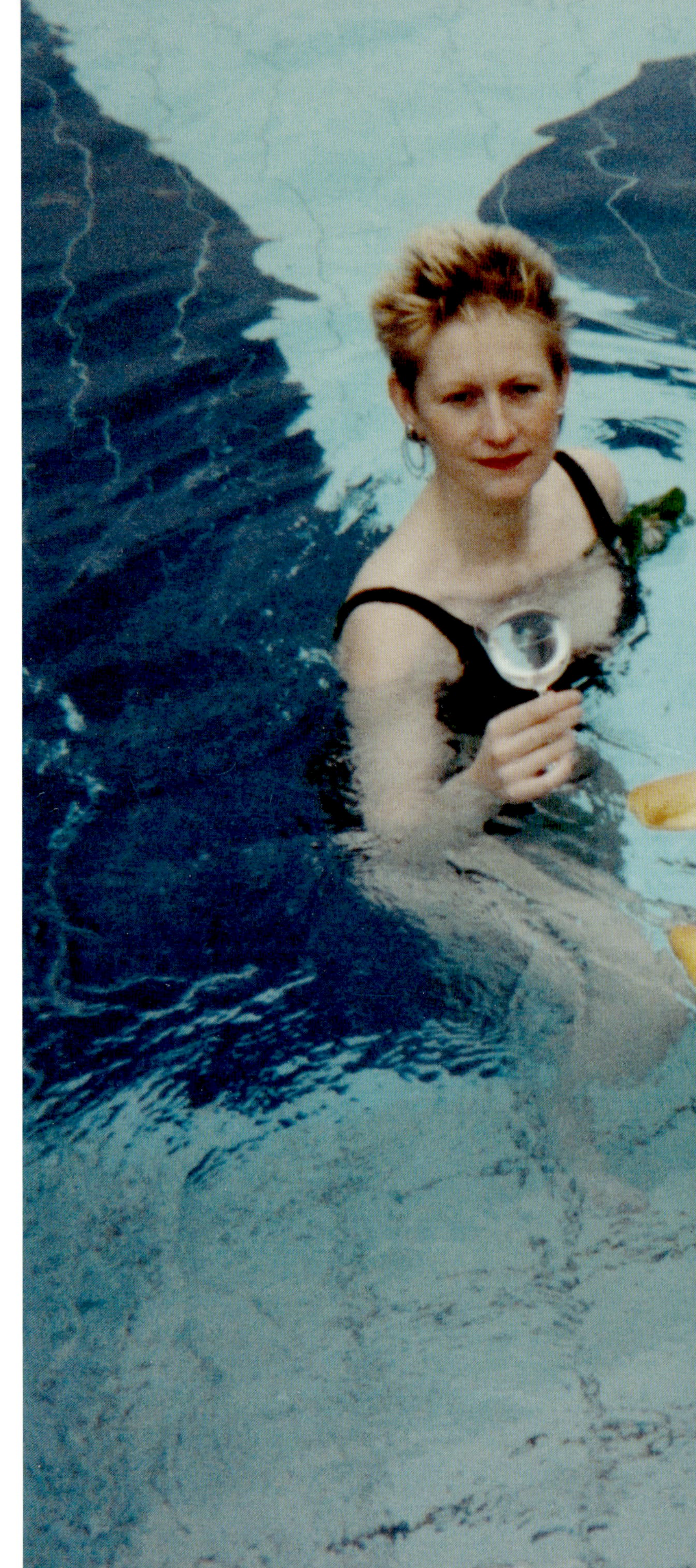



Fotoshooting in der Therme
Oberlaa, Wien, 1990

Photo shooting in the
Oberlaa Thermal Baths,
Vienna, 1990

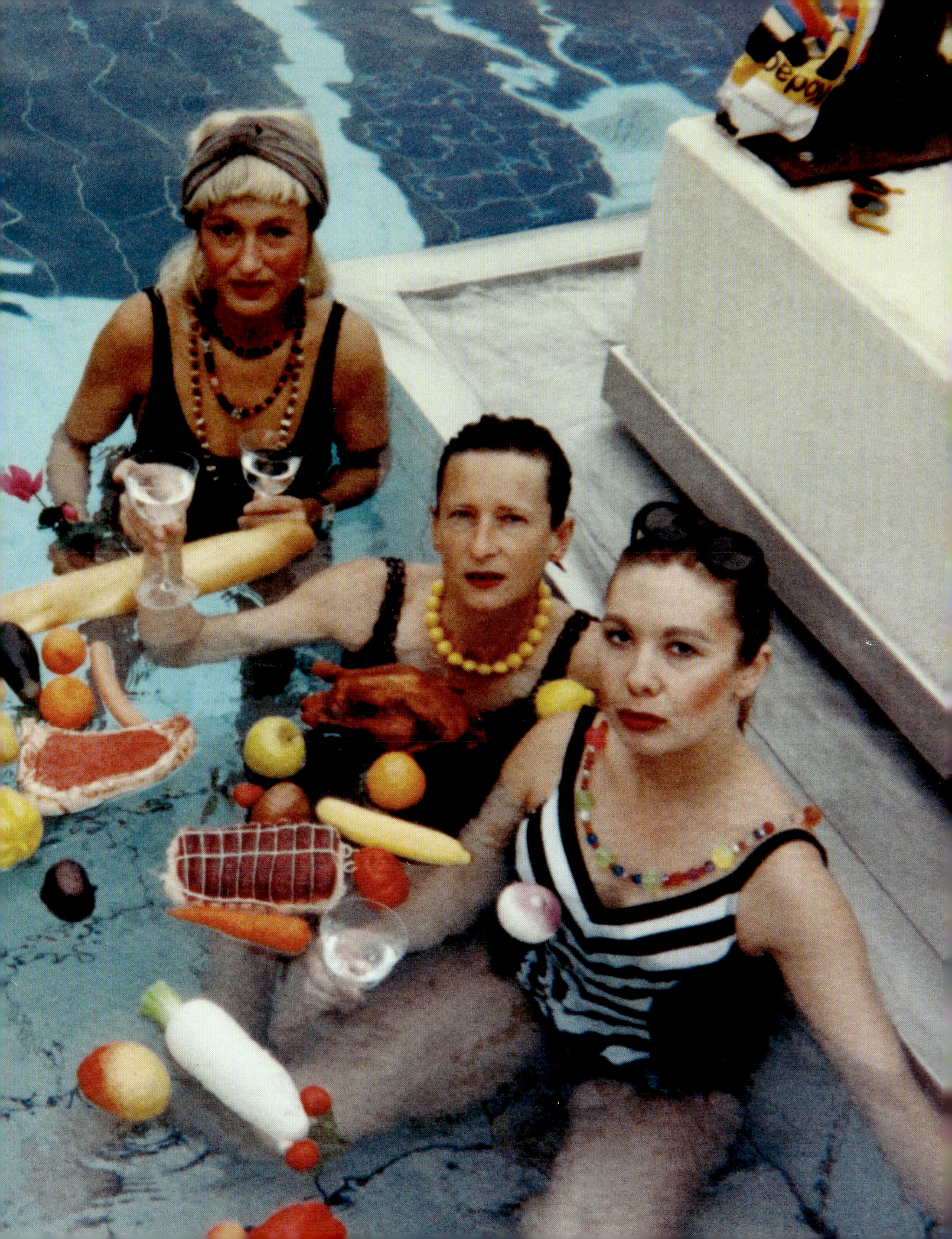

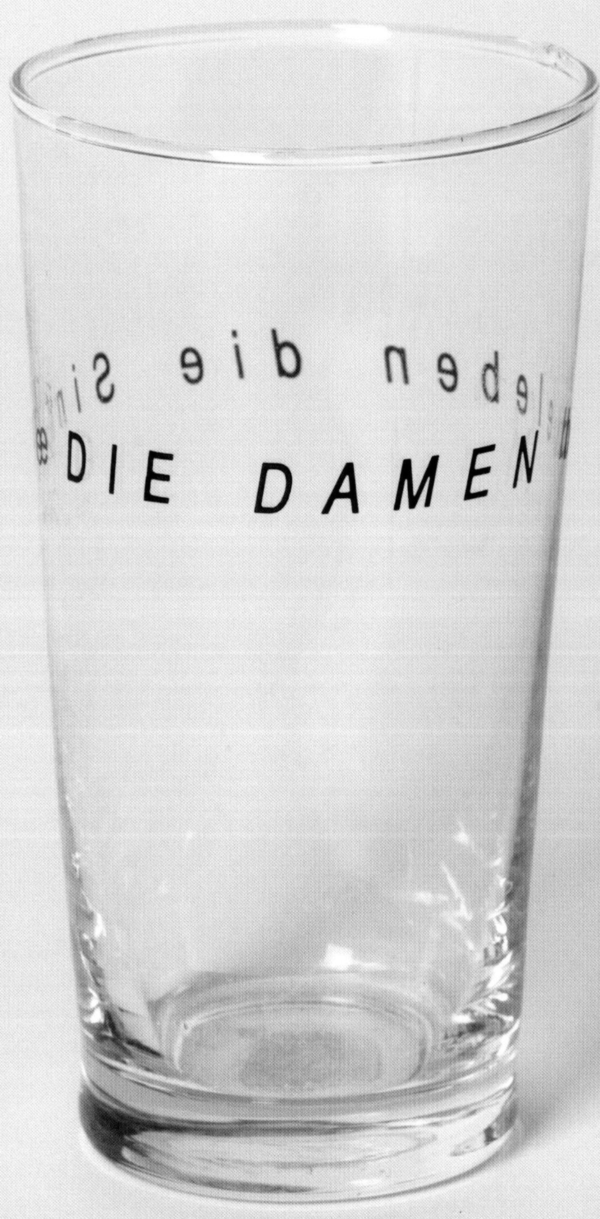
DIE DAMEN

# Eröffnung und Aktion zum Gewinn des Römerquelle-Fotopreises, 18. Oktober 1990

Secession, Wien
Trinkglas, bedruckt, Auflage: 1.000 Stück

## Exhibition Opening and Performance on the Occasion of Winning the Römerquelle Photography Award, October 18, 1990

Secession, Vienna
Drinking glass, printed, edition: 1,000 pieces

Ihre Präsentation anlässlich der Verleihung des Römerquelle-Fotopreises legen die Siegerinnen als Performance an. Für den 18. Oktober 1990 laden sie „scene and herd" in ihren Ausstellungsraum in der Wiener Secession ein: Das Grafische Kabinett wird zur Cocktailbar. Für das Ereignis produzieren DIE DAMEN ein elegantes kleines Degustationsglas (wohlgemerkt kein „Achterl") mit dem Aufdruck „DIE DAMEN beleben die Sinne" in einer Auflage von 1.000 Stück. In bewährten Junior-Gaultier-Designerklamotten und weißen Spitzenschürzchen servieren DIE DAMEN exzellente Weine und das Sprudelwasser des Auslobers. Besucher bzw. Partygäste dürfen ihr Trinkglas als Souvenir mitnehmen. Auch der amerikanische Botschafter greift erfreut zu.

Für die Laufzeit der Ausstellung bleiben leere Flaschen, der große Serviertisch mit fleckigem Tischtuch und das gerahmte Foto aus der Therme Oberlaa zurück, auf dem die Künstlerinnen vom Beckenrand aus ihrem Publikum zuprosten.

DIE DAMEN conceived their presentation as winners of the Römerquelle Photography Award as a performance. They invited Vienna's "scene and herd" to their exhibition space in the Secession for October 18, 1990 where the Graphic Cabinet was turned into a cocktail bar. DIE DAMEN had an elegant small degustation glass (not a 125 ml thing, mind you) produced for the event; each glass of the edition of 1,000 pieces was printed with the slogan "DIE DAMEN animate the senses." Donning tried and tested Junior Gaultier designer gear and white lace pinnies, the quartet served excellent wines and the organizer's fizzy water. Visitors and guests of the party could take their glasses home as a souvenir—an offer which the attending American Ambassador also gladly took up.

Empty bottles, the large serving table with its stained dishcloth, and a framed photograph depicting the women artists raising their glasses to the public from the edge of a pool, which had been made in the Oberlaa Thermal Baths, were left in the Secession for the duration of the exhibition.

Text: Brigitte Huck

←

DIE DAMEN beleben die Sinne, 1990
Trinkglas, bedruckt, 10 × 5,5 × 5,5 cm
Landessammlungen Niederösterreich

DIE DAMEN animate the senses, 1990
drinking glass, printed, 10 × 5.5 × 5.5 cm
Collections of the State of Lower Austria

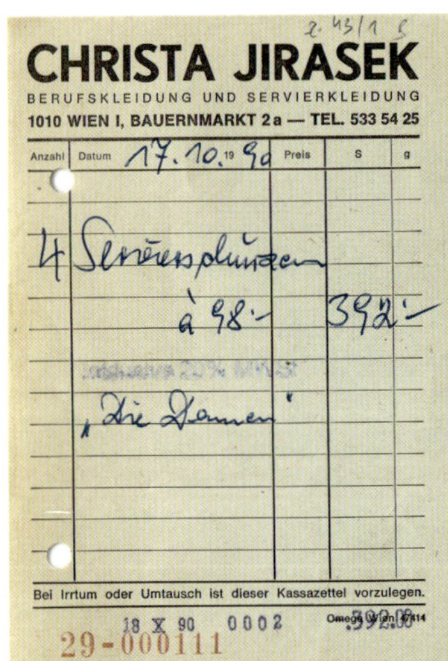

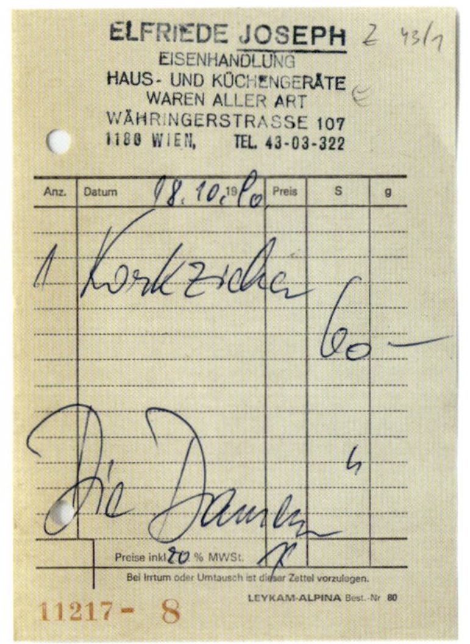

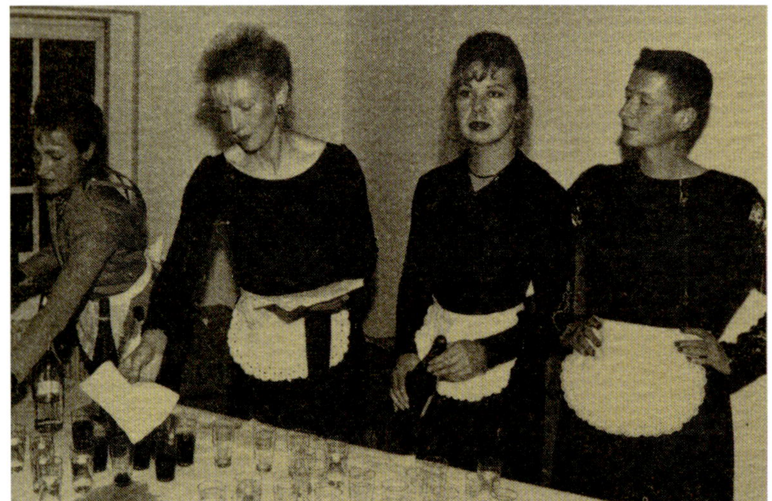

DIE DAMEN beim Servieren
von Wasser und Wein,
Grafisches Kabinett,
Secession, Wien, 1990

DIE DAMEN while serving
water and wine, Graphic
Cabinet, Vienna, 1990

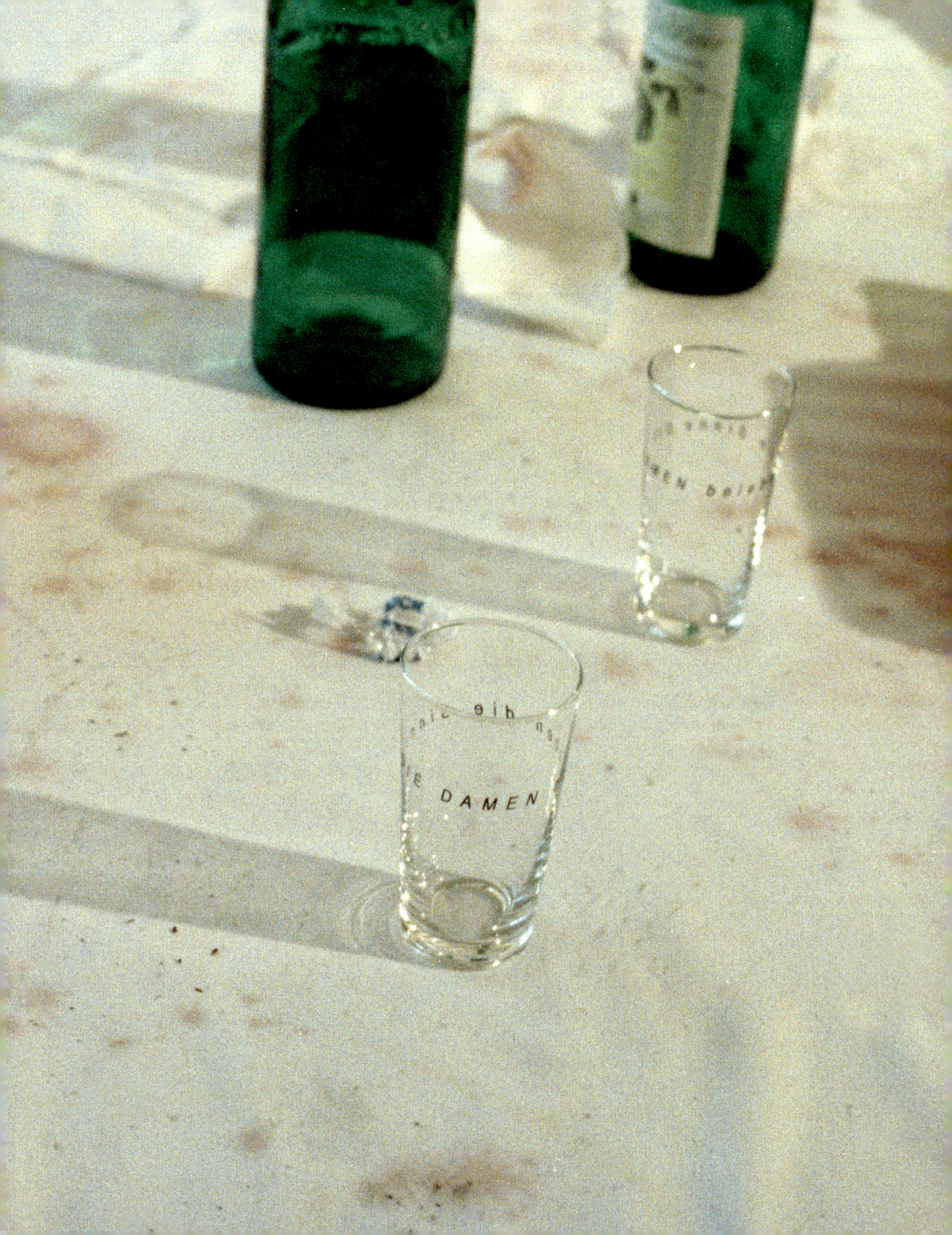
DAMEN

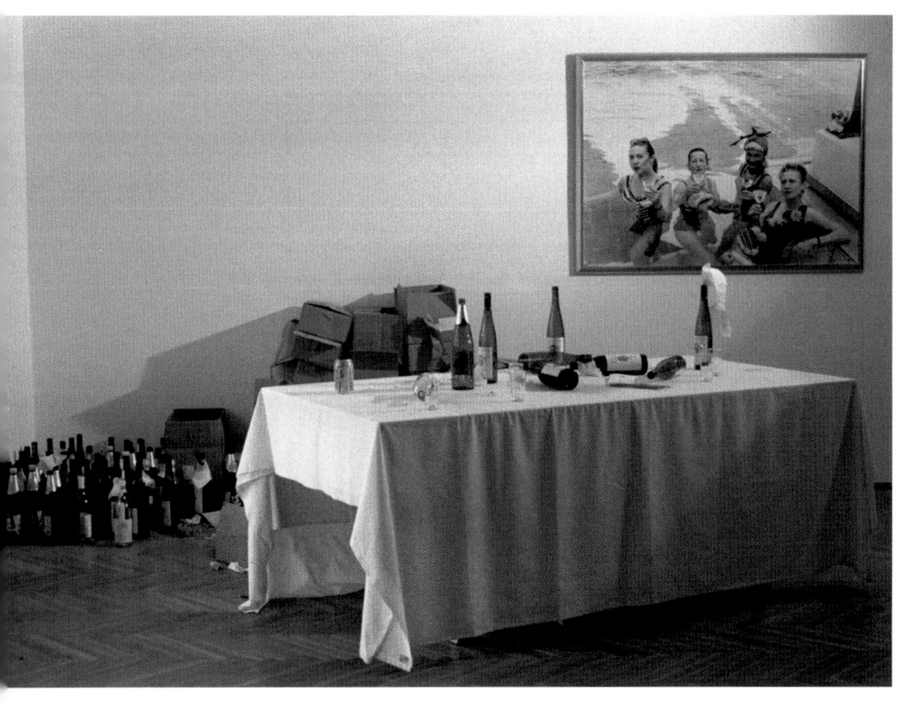

→

**DIE DAMEN** beleben
**die Sinne,** 1990
Gelatinesilberabzug,
Goldrahmen
106 × 147 cm
Landessammlungen
Niederösterreich

———

**DIE DAMEN** animate the
**senses,** 1990
Gelatin silver print,
gilt frame
106 × 147 cm
Collections of the State of
Lower Austria

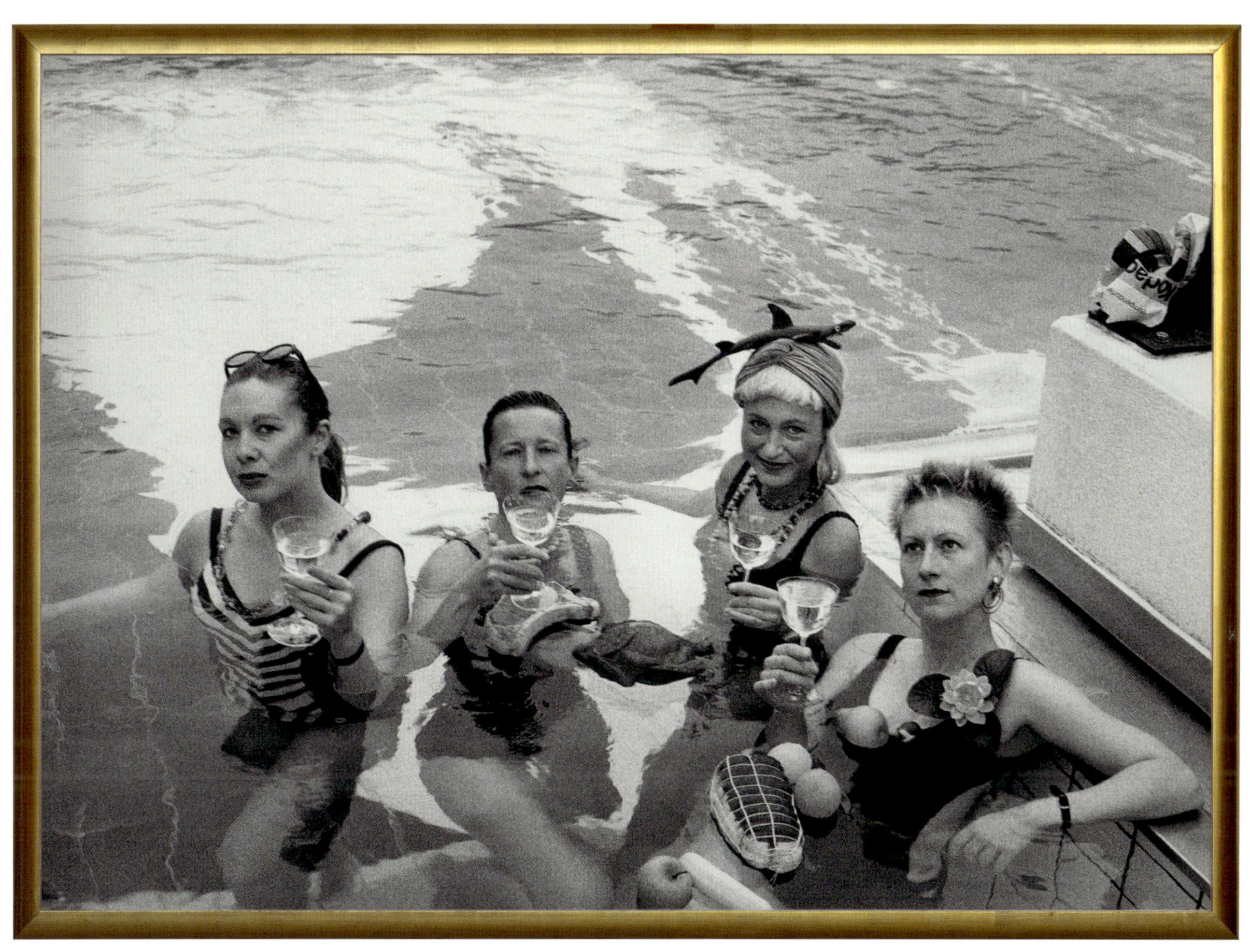

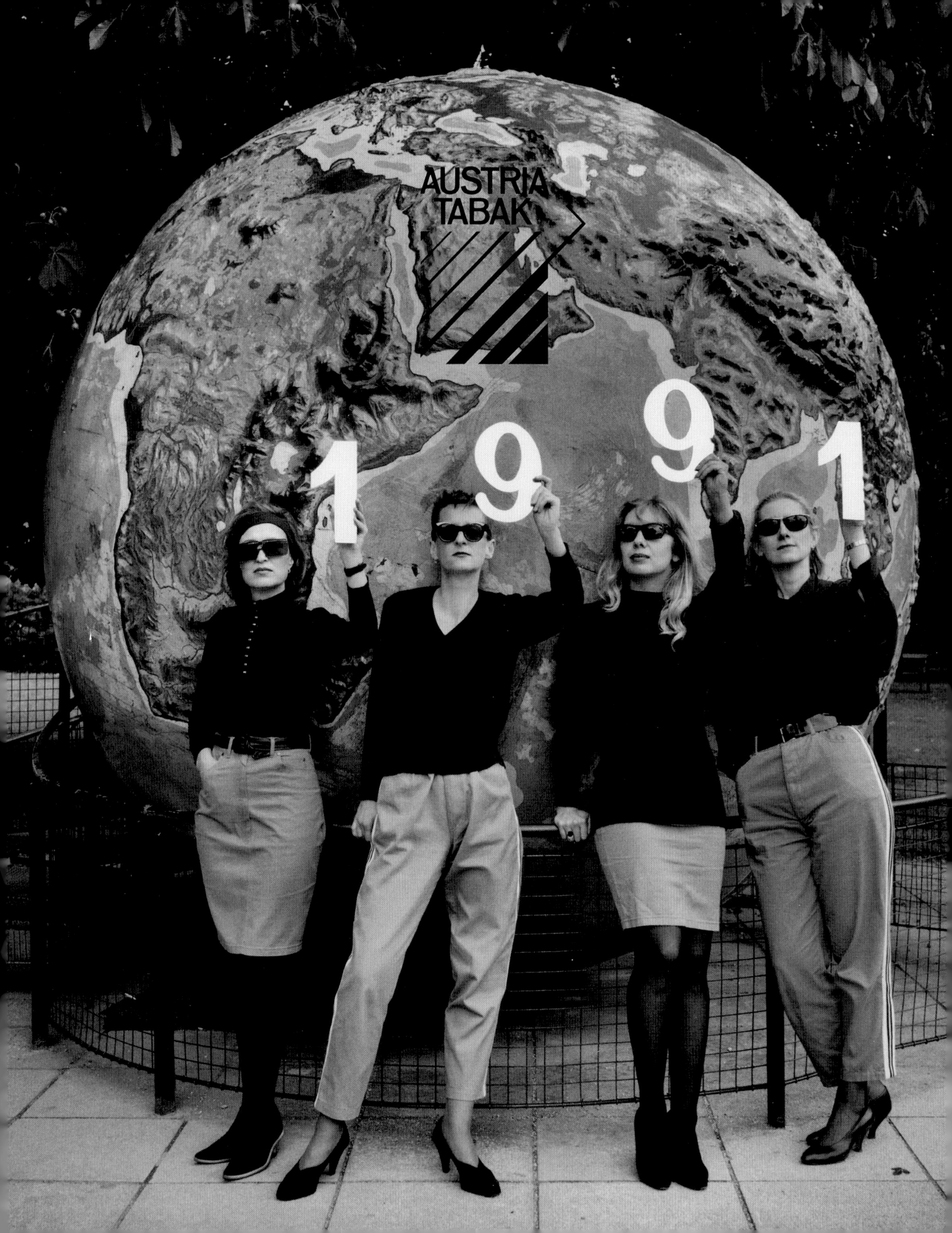

AUSTRIA
TABAK
1991

# DIE DAMEN präsentieren ihre Zukunft, 8. November 1990

Österreichisches Tabakmuseum, Wien
Kunstkalender der Austria Tabakwerke für das Jahr 1991

---

## DIE DAMEN Present Their Future, November 8, 1990

Austrian Tobacco Museum, Vienna
Art calendar of the Austrian Tobacco Company for the year 1991

Die Verknüpfung von Kunst und Wirtschaft ist den DAMEN – augenzwinkernd, aber doch – ein Anliegen. So nehmen sie den Auftrag an, den Jahreskalender 1991 für die Austria Tabakwerke zu gestalten: ein bis zu diesem Zeitpunkt denkbar affirmatives Druckwerk. Der legendäre Kalender für den staatlichen Tabakmonopolisten hingegen kommt ganz ohne plakativen Zigarettengenuss aus. Und kann als gutes Dokument jener seligen Zeiten gelten, als die Hände, die fütterten, noch einen kleinen Biss vertrugen. Nur indirekt rücken DIE DAMEN das Produkt ihres Auftraggebers ins Bild, etwa wenn die rauchende Mae West im Fernsehen auftaucht, wie auf dem Dezemberblatt. Vom maskierten Überfall auf eine Tabaktrafik bis zum Zigarettensortenkalauer („der *Flirt* war *Smart,* der Trend war *Milde Sorte*") reicht das Feuerwerk brillanter Einfälle.

Die wunderbar krasse Überzeichnung des Hausfrauendaseins zwischen Bügelbrett und Bodenschrubben hat, über den unmittelbaren Gag und die Kapriole hinaus, mittlerweile den Status einer Ikone feministischer Kunst in Österreich. Jedes Detail, vom Lockenwickler bis

Forging a bridge between art and industry was something DIE DAMEN made their concern, even if with a wink. This is why they accepted the commission to design the 1991 calendar for the Austrian Tobacco Company; such calendars had been a definitely affirmative matter until then. The legendary calendar for the tobacco state monopolist made do without any striking cigarette consumption at all. It may be read as an apt document of those happy days when the hands that fed you went along with being snapped at. It was only indirectly that DIE DAMEN put their client's product in the picture, like in the December page where a TV screen shows a smoking Mae West. The sparkling display of brilliant ideas ranges from a masked stick-up of a tobacconist's to a pun on cigarette brands ("the *Flirt* was *Smart,* the *Trend* was *Milde Sorte").*

Beyond its gag and prank, the wonderfully gross exaggeration of a housewife's existence between ironing board and scrubbing the floor has become an icon of feminist art in Austria. Whether

Text: Brigitte Huck

←

**Austria-Tabak-Kalender**
**DIE DAMEN,** Titelblatt
(Ausschnitt), 1990
Offsetdruck, 49 × 52 cm
Landessammlungen
Niederösterreich

---

**Austrian Tobacco calendar**
**DIE DAMEN,** cover (detail),
1990
Offset print, 49 × 52 cm
Collections of the State of
Lower Austria

zum Glitzerpantöffelchen, vom rosa Gummihand-
schuh bis zum herzförmigen Wasserkübel, vom
Arbeitskittel bis zum verrutschten Unterkleid, alles
ist penibel überlegt und bestätigt das Quartett in
der Königsdisziplin der inszenierten Fotografie:
DIE DAMEN vor, Hofknipser Wolfgang Woessner
hinter der Kamera.

Für die Präsentation im Österreichischen
Tabakmuseum, das über eine Sammlung von
über 7.000 tabakhistorischen Objekten verfügt,
von Meerschaumprunkpfeifen bis zu Gemälden
Ferdinand Georg Waldmüllers, treten DIE DAMEN
als „ombres chinoises" im Schattentheater auf.
Hinter einer Projektionsleinwand sitzen sie bei
Tratsch und Klatsch an Kaffeehaustischchen. Von
hinten beleuchtet, erscheinen sie dem Publikum
vor der Leinwand als Silhouetten. Georg Schöllhammer, damals Redakteur für bildende Kunst
beim *Standard*, kommentiert das Ereignis simultan
und sorgt für Querverweise, etwa zum Cabaret
Voltaire; der für seine Eröffnungsfanfaren berüch-
tigte Kornettist Max Bichler spielt Zukunftsmusik,
und der Kulturhistoriker Ernst Strouhal prognosti-
ziert das „beste Buffet von ganz Wien".

Und DIE DAMEN? DIE DAMEN treiben mit
der für sie charakteristischen Nonchalance den
Diskurs der Moderne voran, das Nachdenken über
Grenzen, ihre Überschreitung und Auflösung.

curlers or glitter slippers, pink rubber gloves or
heart-shaped bucket, apron dress or full-length
slip with one shoulder strap sliding down the upper
arm—every detail has been carefully considered
and testifies to the quartet's virtuosity in the
supreme discipline of photographic mise-en-scène:
DIE DAMEN in front of the camera and court photographer Wolfgang Woessner behind it.

DIE DAMEN presented themselves as "ombres
chinoises" in the shadow theater at the event in
the Austrian Tobacco Museum whose collections
comprise more than seven thousand objects on the
history of tobacco from magnificent meerschaum
pipes to paintings by Ferdinand Georg Waldmüller.
The artists sat chatting at a small coffeehouse table
behind a projection screen. Lighted from behind,
they turned into silhouettes for the visitors in front
of the screen. Georg Schöllhammer, who was the
editor responsible for the fine arts section of the
daily *Der Standard* at the time, commented the
event simultaneously and provided some refer-
ences like that to the Cabaret Voltaire; Max Bichler,
a cornet player notorious for his opening flourishes,
performed music of the future; and the cultural
historian Ernst Strouhal predicted "Vienna's
best buffet ever."

And DIE DAMEN? DIE DAMEN, with the
nonchalance characteristic of them, advanced the
discourse of Modernism, the reflection on bounda-
ries, on their transgression and abandonment.

→

**Austria-Tabak-Kalender**
**DIE DAMEN,** 1990
Offsetdrucke, je 49 × 52 cm
Landessammlungen
Niederösterreich

———

**Austrian Tobacco calendar**
**DIE DAMEN,** 1990
Offset prints, 49 × 52 cm each
Collections of the State of
Lower Austria

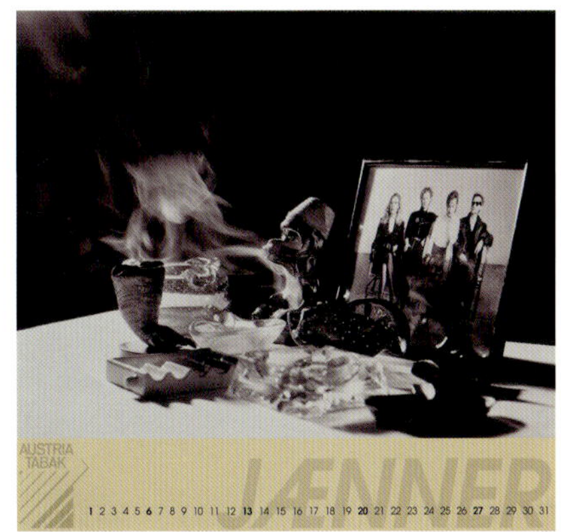

AUSTRIA TABAK
JÄNNER
1 2 3 4 5 6 7 8 9 10 11 12 13 14 15 16 17 18 19 20 21 22 23 24 25 26 27 28 29 30 31


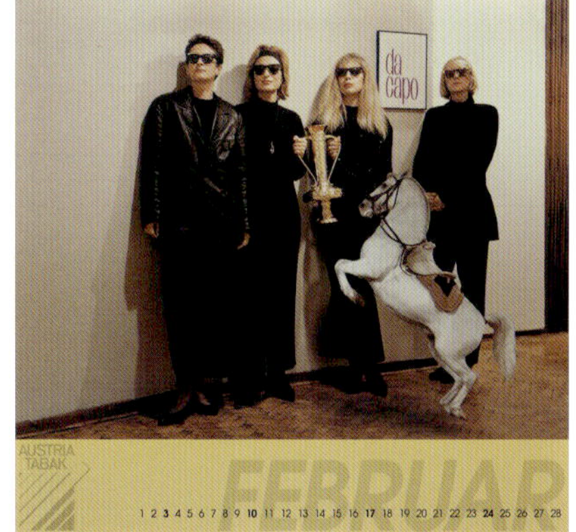

da capo
AUSTRIA TABAK
FEBRUAR
1 2 3 4 5 6 7 8 9 10 11 12 13 14 15 16 17 18 19 20 21 22 23 24 25 26 27 28


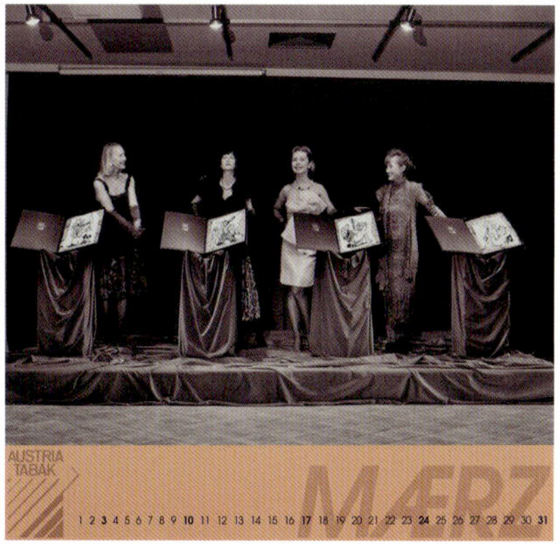

AUSTRIA TABAK
MÄRZ
1 2 3 4 5 6 7 8 9 10 11 12 13 14 15 16 17 18 19 20 21 22 23 24 25 26 27 28 29 30 31


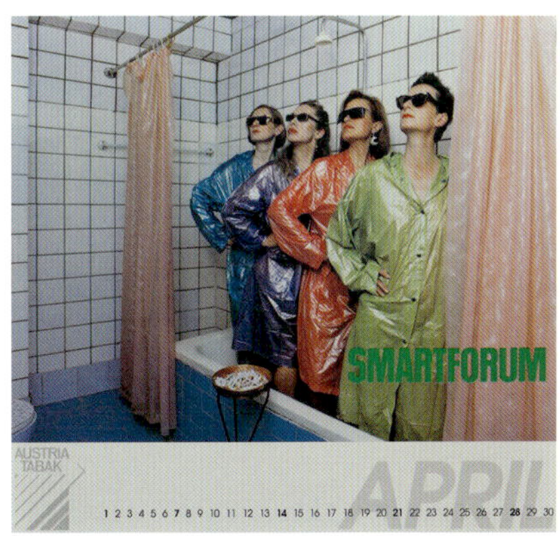

SMARTFORUM
AUSTRIA TABAK
APRIL
1 2 3 4 5 6 7 8 9 10 11 12 13 14 15 16 17 18 19 20 21 22 23 24 25 26 27 28 29 30


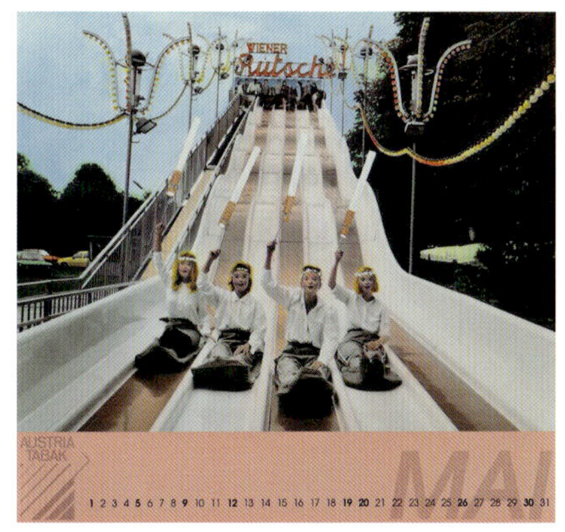

WIENER Rutsche
AUSTRIA TABAK
MAI
1 2 3 4 5 6 7 8 9 10 11 12 13 14 15 16 17 18 19 20 21 22 23 24 25 26 27 28 29 30 31


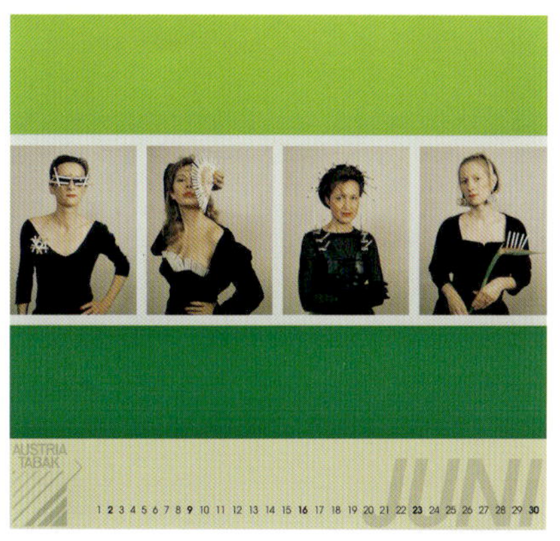

AUSTRIA TABAK
JUNI
1 2 3 4 5 6 7 8 9 10 11 12 13 14 15 16 17 18 19 20 21 22 23 24 25 26 27 28 29 30


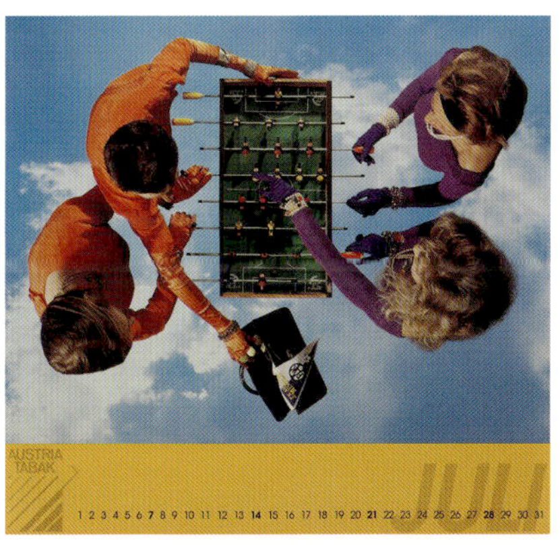

AUSTRIA TABAK
JULI
1 2 3 4 5 6 7 8 9 10 11 12 13 14 15 16 17 18 19 20 21 22 23 24 25 26 27 28 29 30 31


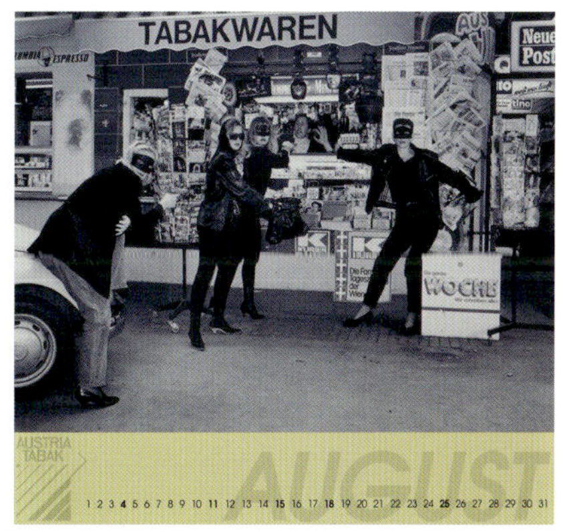

TABAKWAREN
Neue Post
WOCHE
AUSTRIA TABAK
AUGUST
1 2 3 4 5 6 7 8 9 10 11 12 13 14 15 16 17 18 19 20 21 22 23 24 25 26 27 28 29 30 31


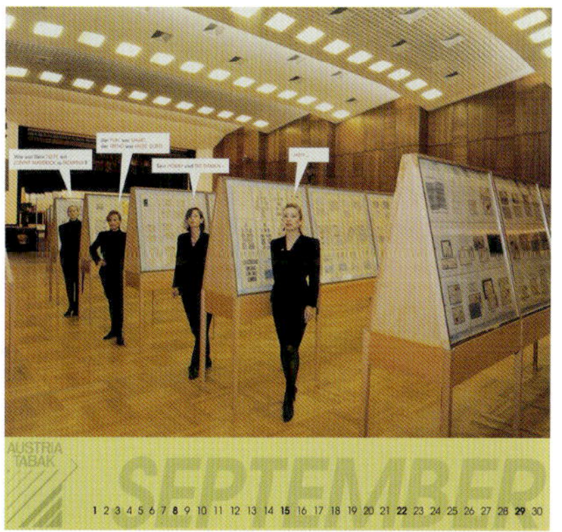

AUSTRIA TABAK
SEPTEMBER
1 2 3 4 5 6 7 8 9 10 11 12 13 14 15 16 17 18 19 20 21 22 23 24 25 26 27 28 29 30


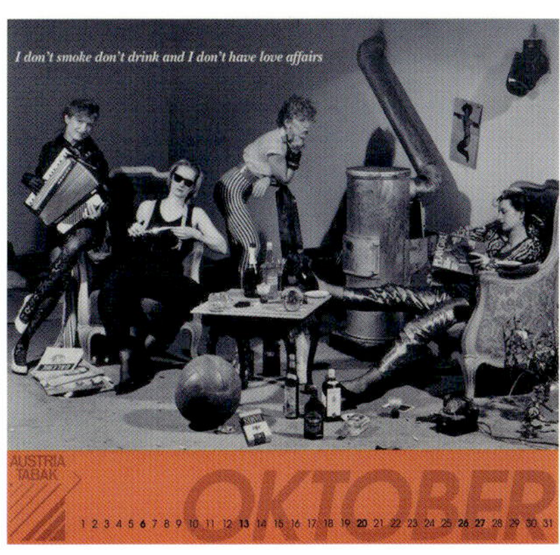

I don't smoke don't drink and I don't have love affairs
AUSTRIA TABAK
OKTOBER
1 2 3 4 5 6 7 8 9 10 11 12 13 14 15 16 17 18 19 20 21 22 23 24 25 26 27 28 29 30 31


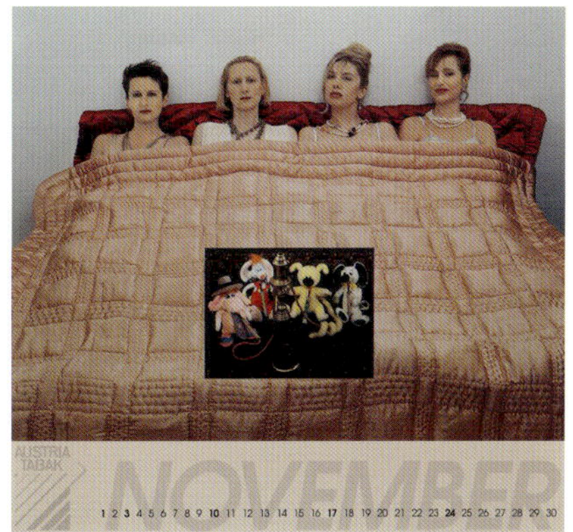

AUSTRIA TABAK
NOVEMBER
1 2 3 4 5 6 7 8 9 10 11 12 13 14 15 16 17 18 19 20 21 22 23 24 25 26 27 28 29 30


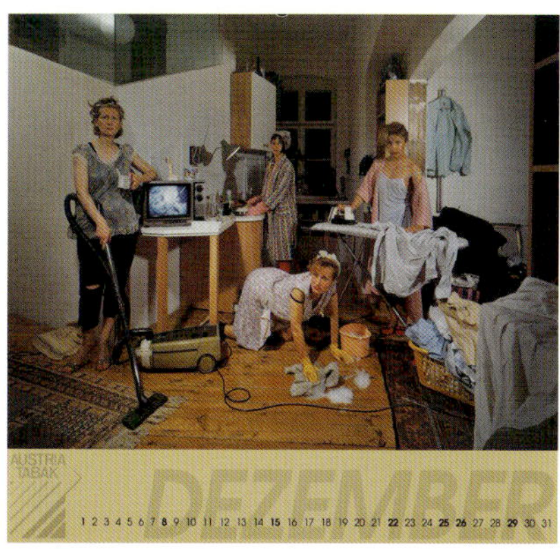

AUSTRIA TABAK
DEZEMBER
1 2 3 4 5 6 7 8 9 10 11 12 13 14 15 16 17 18 19 20 21 22 23 24 25 26 27 28 29 30 31

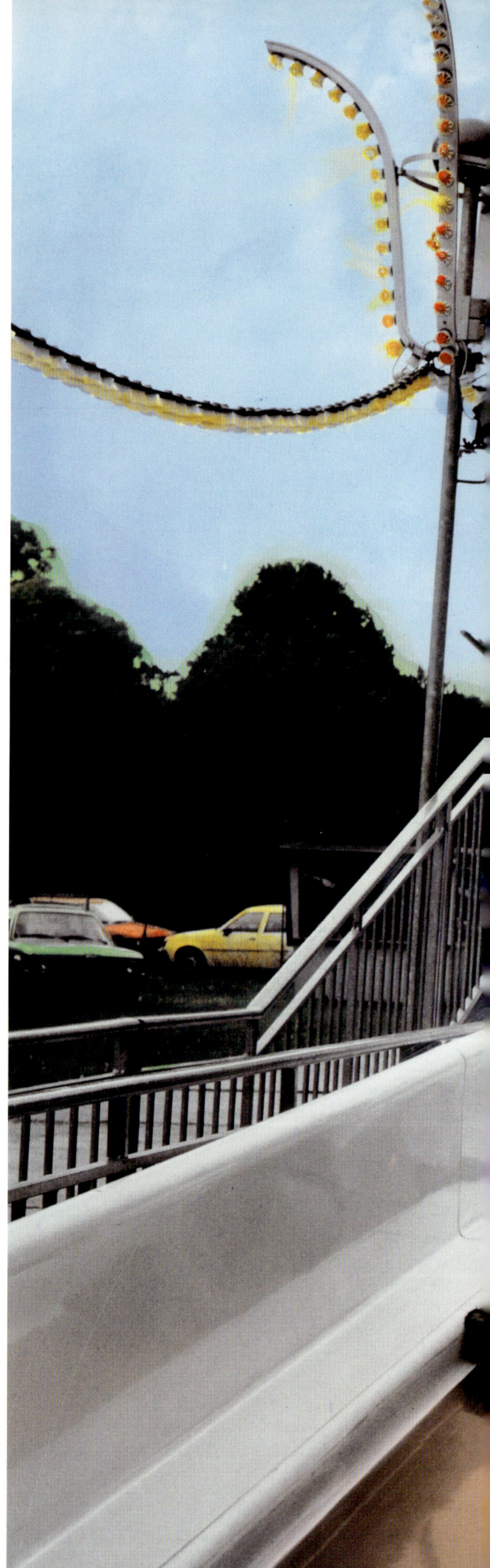

→
**Austria-Tabak-Kalender**
**DIE DAMEN**, Kalenderblatt
Mai (Ausschnitt), 1990
Offsetdruck, 49 × 52 cm
Landessammlungen
Niederösterreich

———

**Austrian Tobacco calendar**
**DIE DAMEN**, calendar sheet
for May (detail), 1990
Offset print, 49 × 52 cm
Collections of the State of
Lower Austria

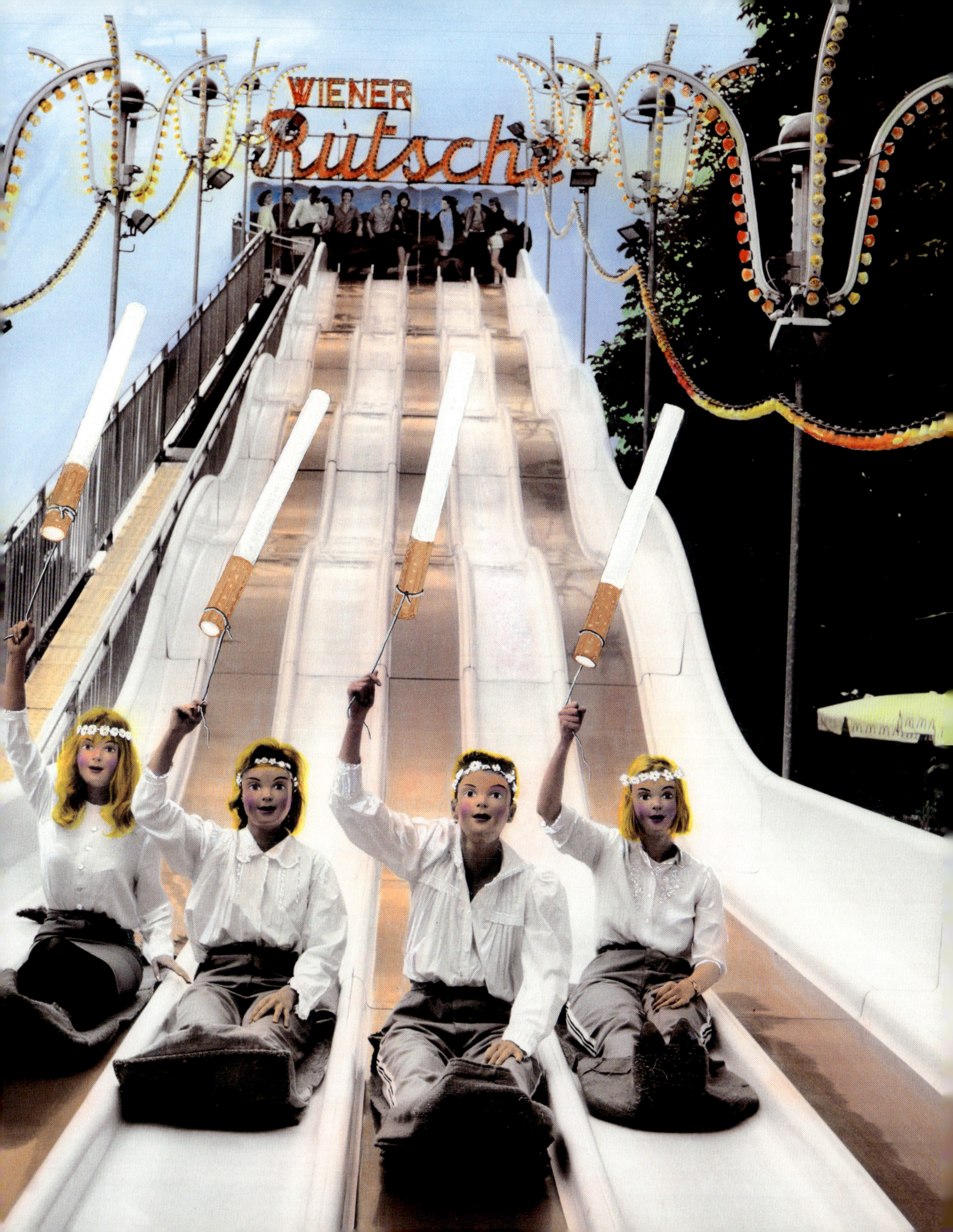

WIENER
Rutsche!

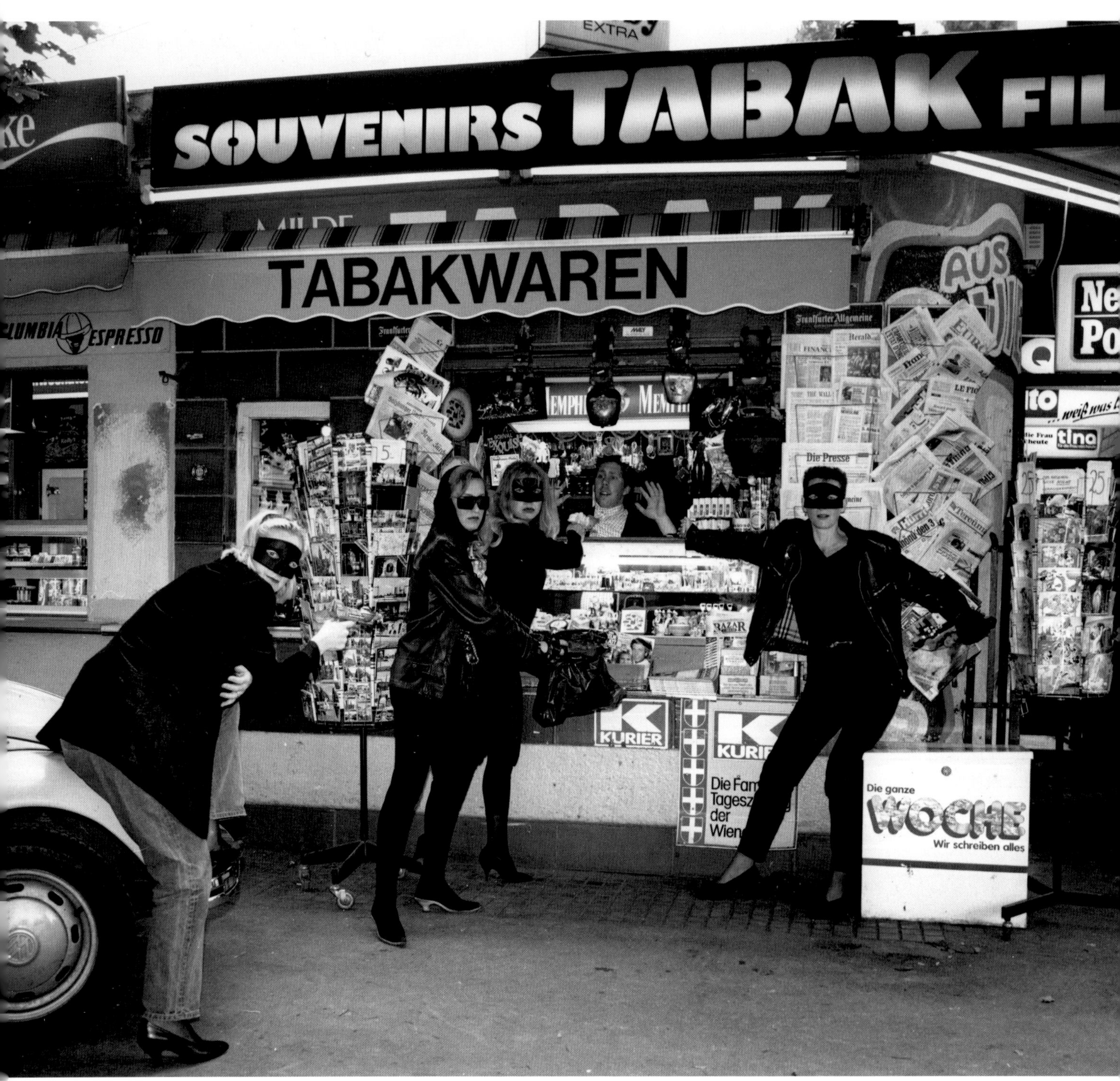
SOUVENIRS TABAK FIL
EXTRA
TABAKWAREN
COLUMBIA ESPRESSO
Frankfurter Allgemeine
Die Presse
THE WALL
FINANC
Herald
LE FIG
Ne
Po
tina
KURIER
KURIER
Die Fam
Tagesz
der Wiene
Die ganze
WOCHE
Wir schreiben alles

(Foto: Austria-Tabak-Kalender 1991, „Die Damen")



## Trafiküberfall als Hetz

Von den ATW sind wir Trafikanten schon einiges gewöhnt. In Rundschreiben werden wir zwar mit „Sehr geehrter Geschäftspartner!" angeredet, aber sonst können wir nicht merken, daß wir als Geschäftspartner ernstgenommen werden. Aber was sich die ATW jetzt geleistet haben, schlägt dem Faß den Boden aus. Täglich werden Trafiken überfallen. Wir haben Angst. Trafikanten und deren Mitarbeiter werden ermordet oder schwer verletzt. Verkäuferinnen sind schon so traumatisiert, daß sie bei jedem eintretenden Kunden auf das ärgste gefaßt sind.

Zum Schaden haben wir Trafikanten nun auch den Spott. *(Albert Kurz)*

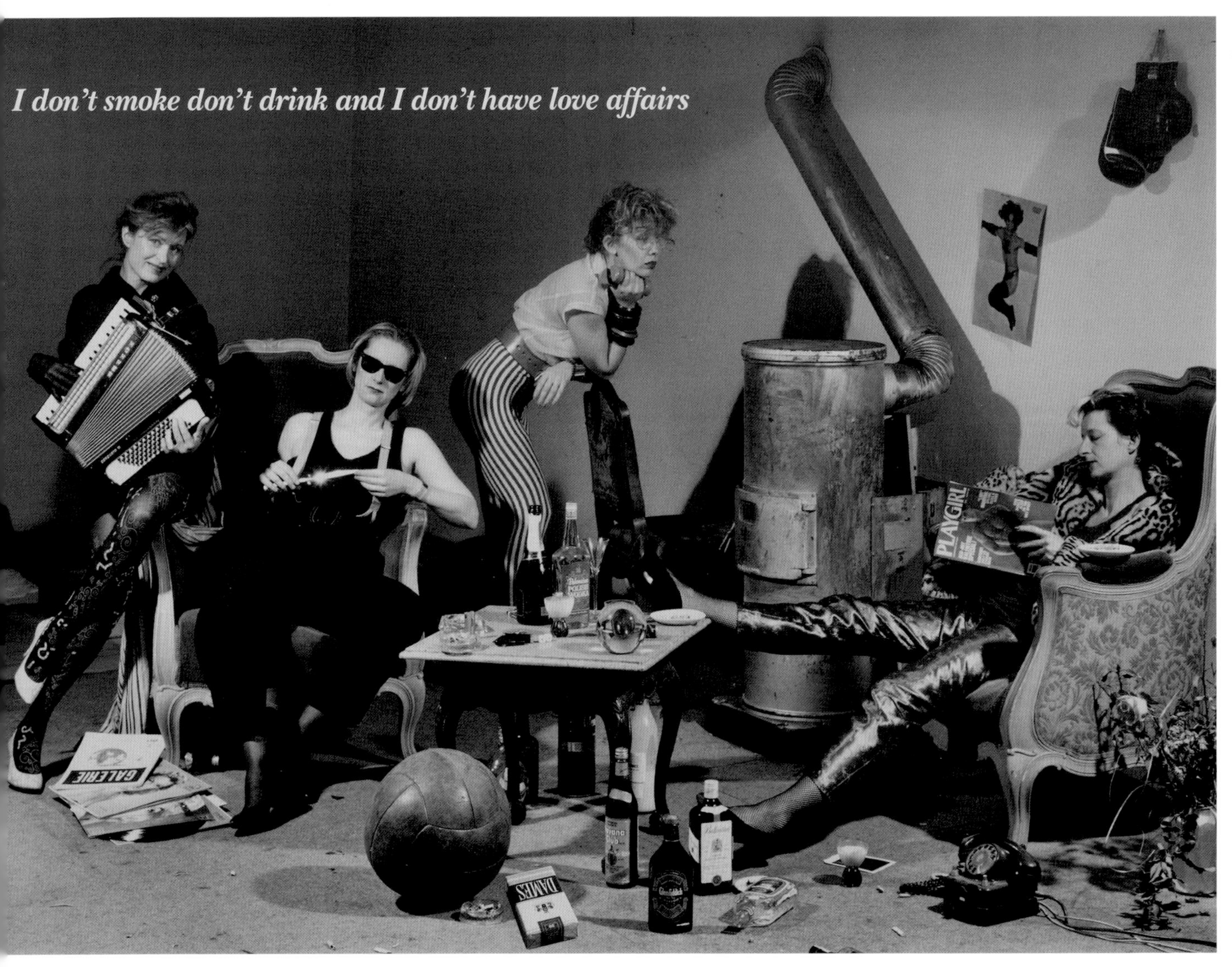

I don't smoke don't drink and I don't have love affairs

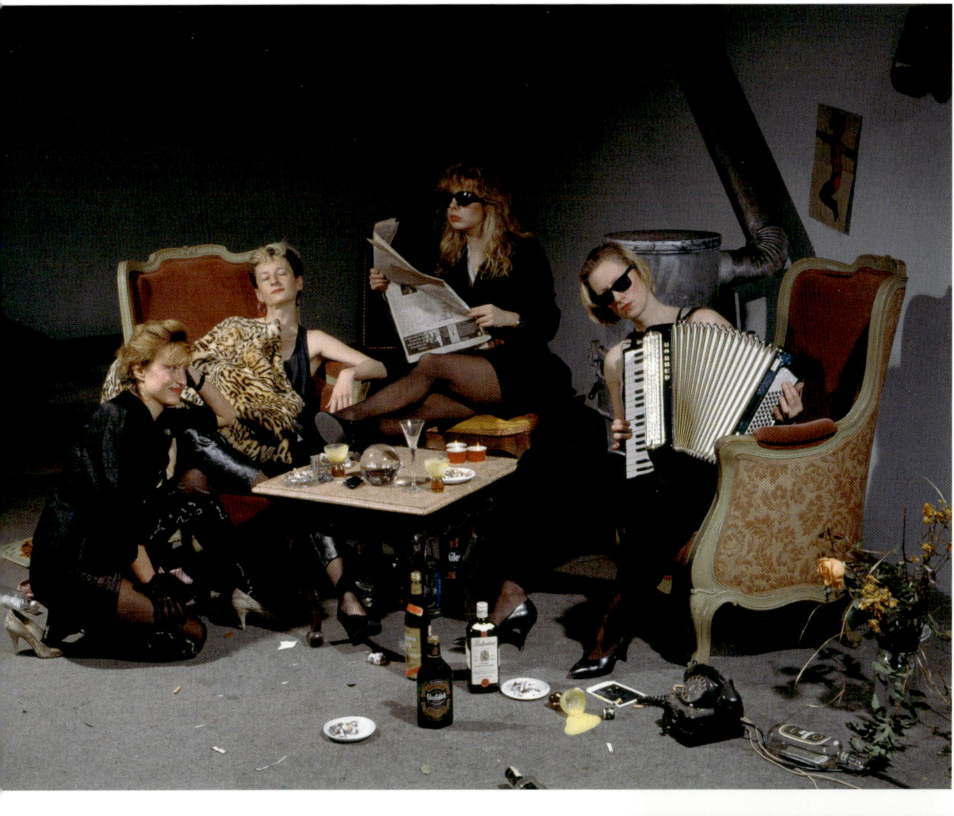

→→
Austria-Tabak-Kalender
DIE DAMEN, Kalenderblatt
Dezember (Ausschnitt), 1990
Offsetdruck, 49 × 52 cm
Landessammlungen
Niederösterreich
—
Austrian Tobacco calendar
DIE DAMEN, calendar sheet
for December (detail), 1990
Offset print, 49 × 52 cm
Collections of the State of
Lower Austria

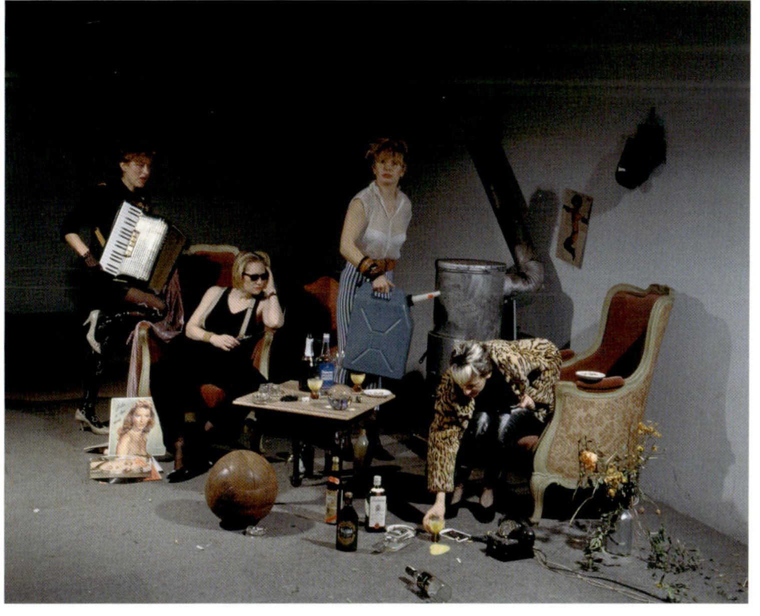

←
Austria-Tabak-Kalender
DIE DAMEN, Kalenderblatt
Oktober (Ausschnitt), 1990
Offsetdruck, 49 × 52 cm
Landessammlungen
Niederösterreich
—
Austrian Tobacco calendar
DIE DAMEN, calendar sheet
for October (detail), 1990
Offset print, 49 × 52 cm
Collections of the State of
Lower Austria

↑ →
Varianten für das Kalenderblatt Oktober, 1990
—
Variants for the October
calendar sheet, 1990

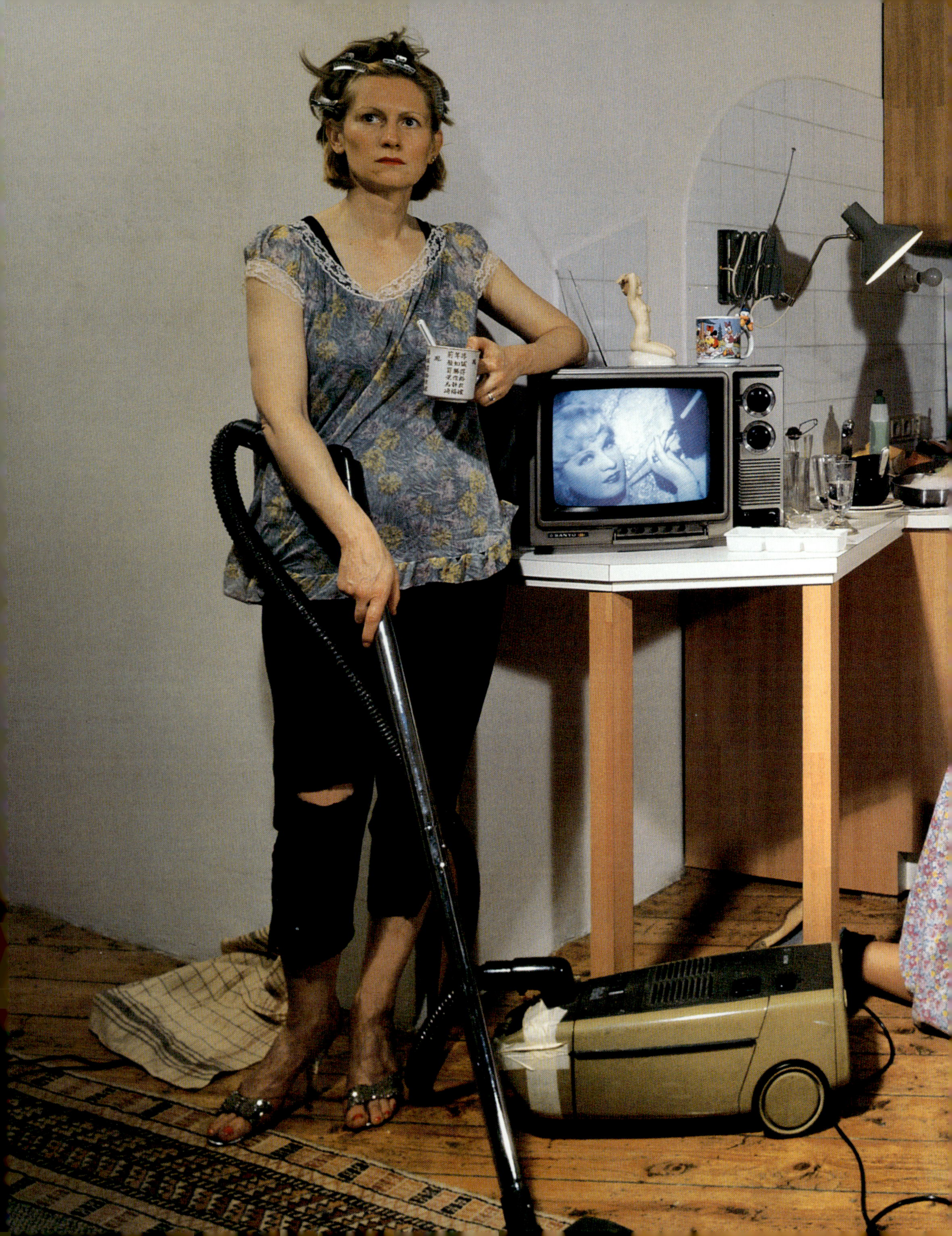

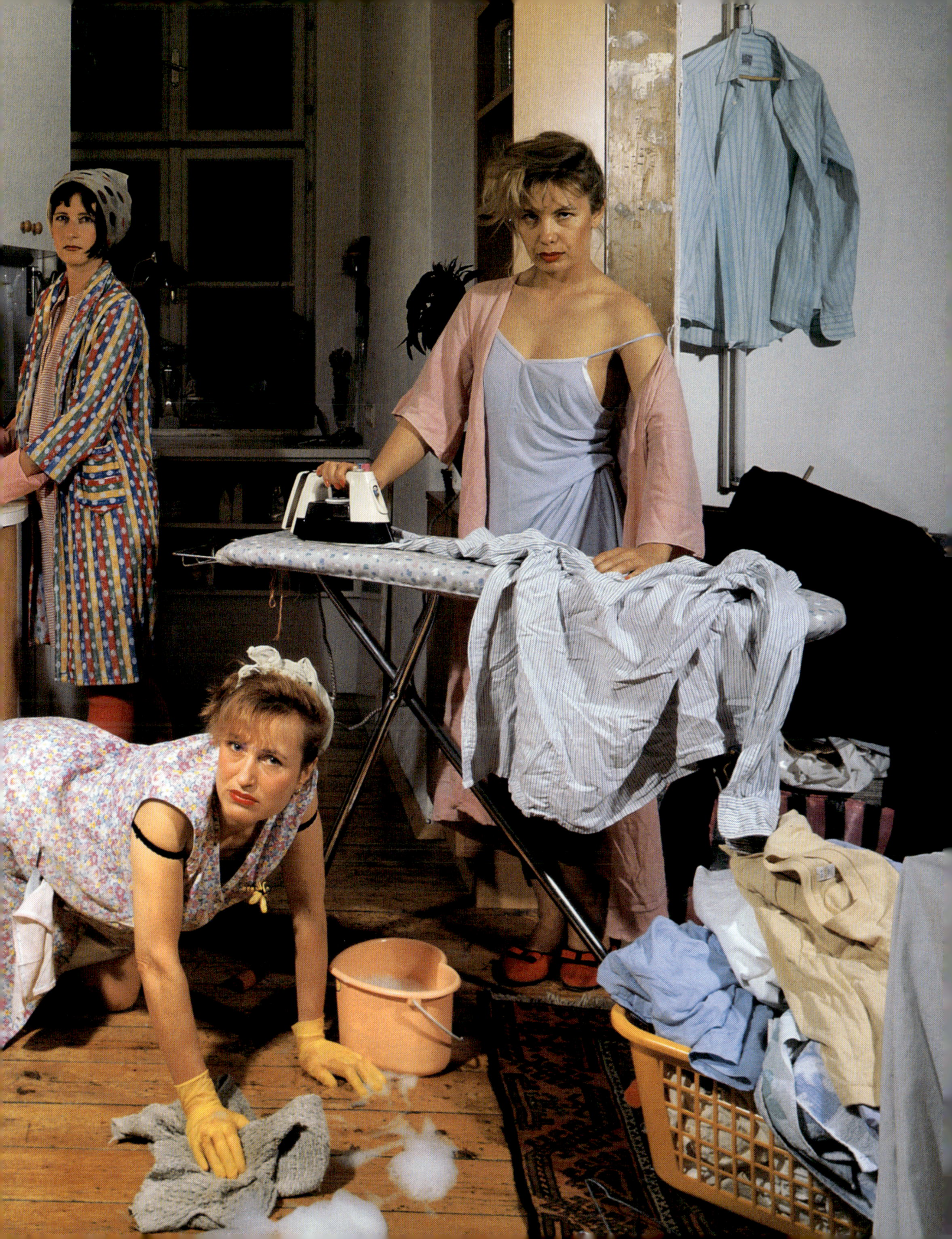

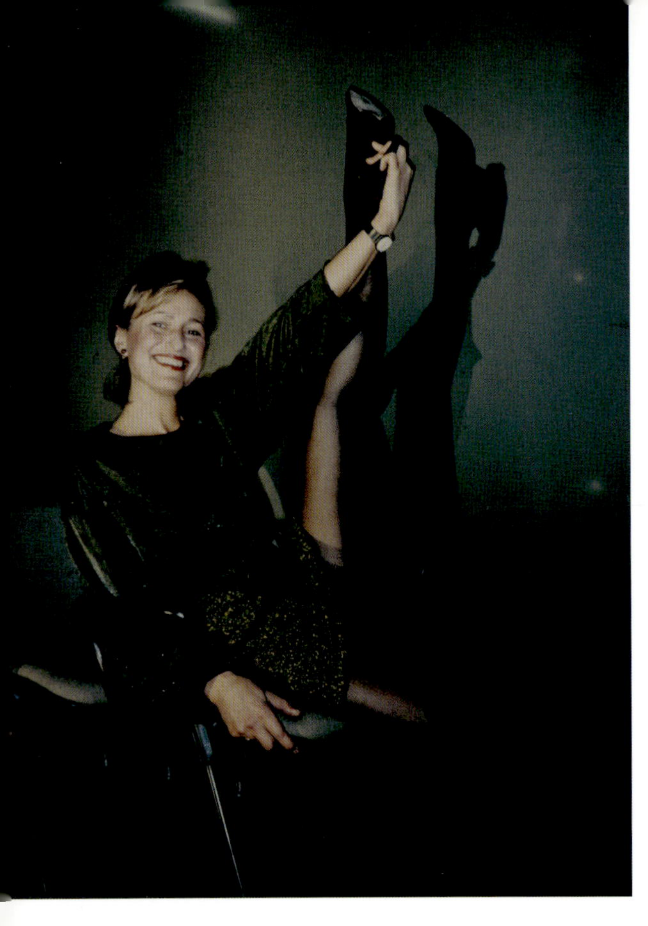
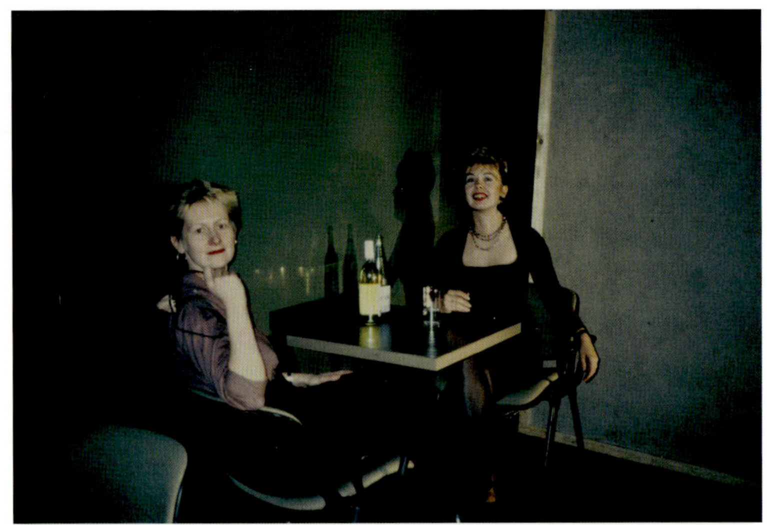
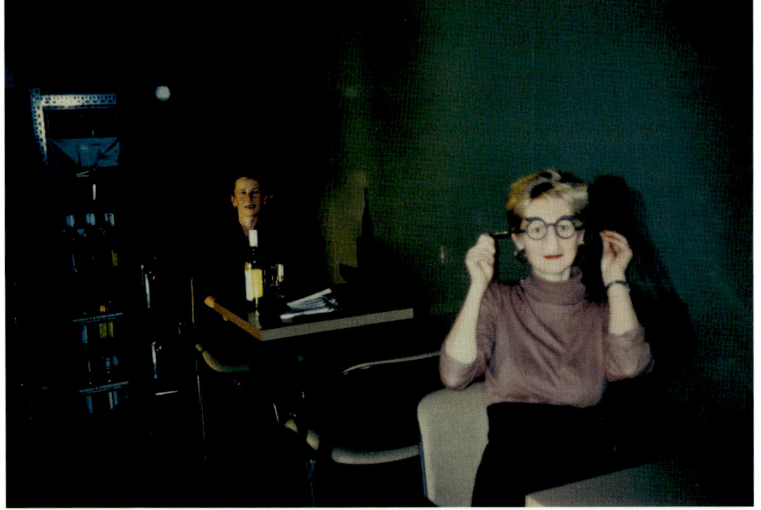
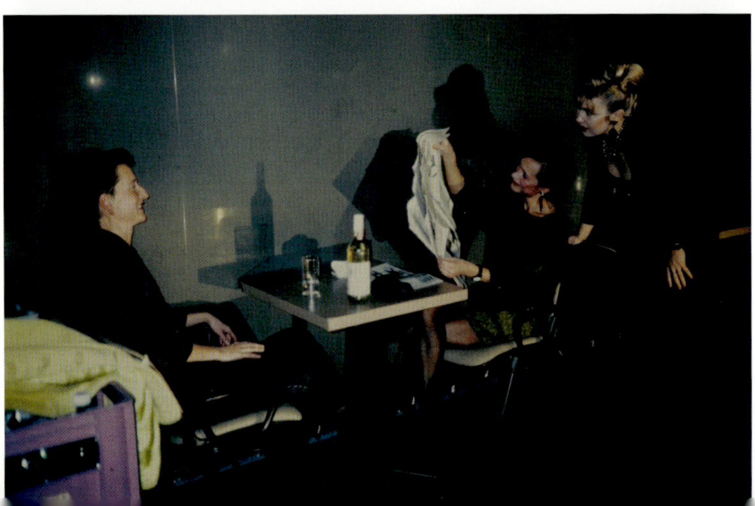

←
Hinter den Kulissen der
Kalenderpräsentation,
Österreichisches
Tabakmuseum, Wien,
8. November 1990

———

Behind the scenes of the
calendar presentation,
Austrian Tobacco Museum,
Vienna, November 8, 1990

→→
**DIE DAMEN präsentieren
ihre Zukunft,** Kalender-
präsentation, Österreichisches Tabakmuseum, Wien,
8. November 1990

———

**DIE DAMEN Present
Their Future,** calendar
presentation, Austrian
Tobacco Museum, Vienna,
November 8, 1990

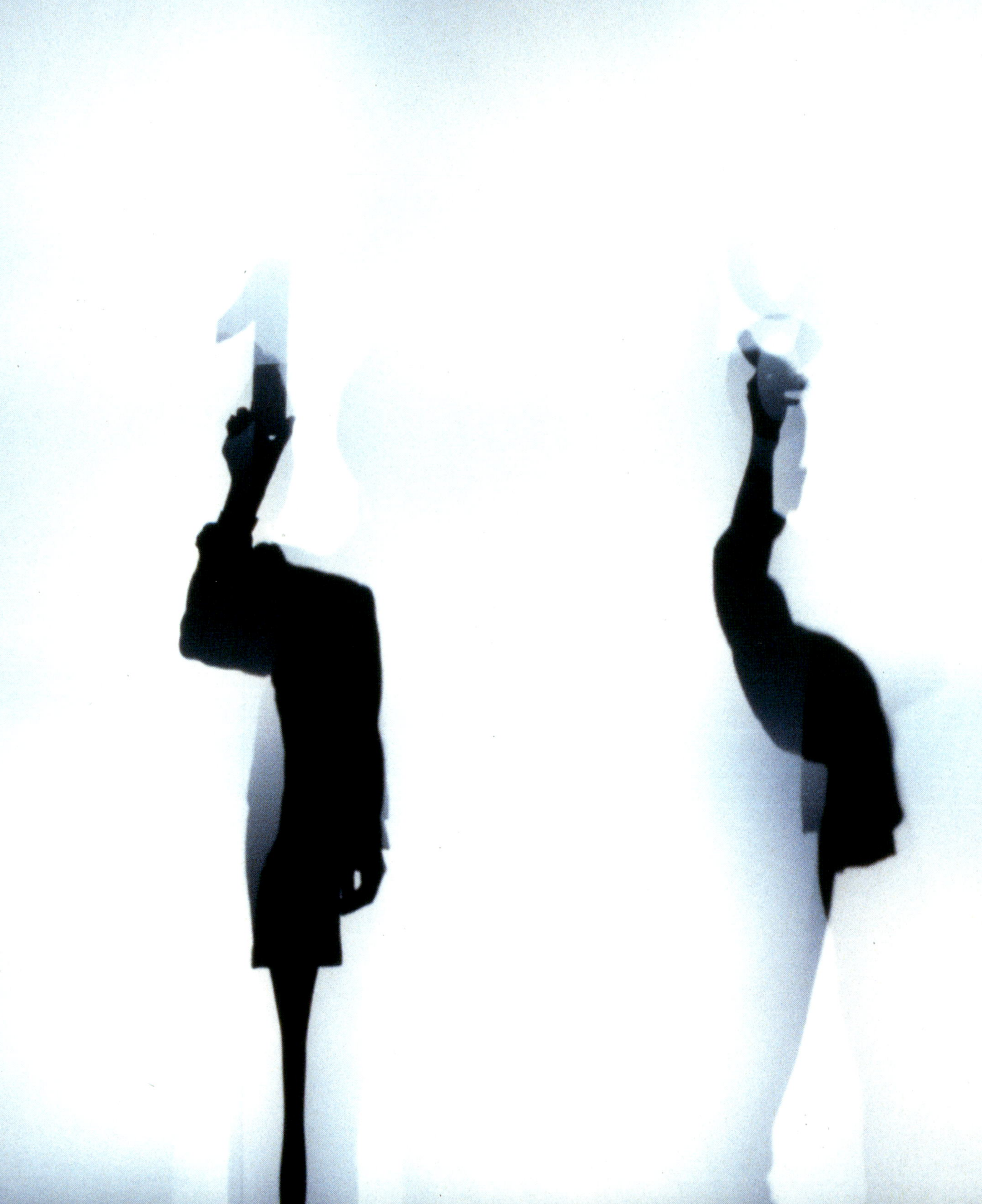

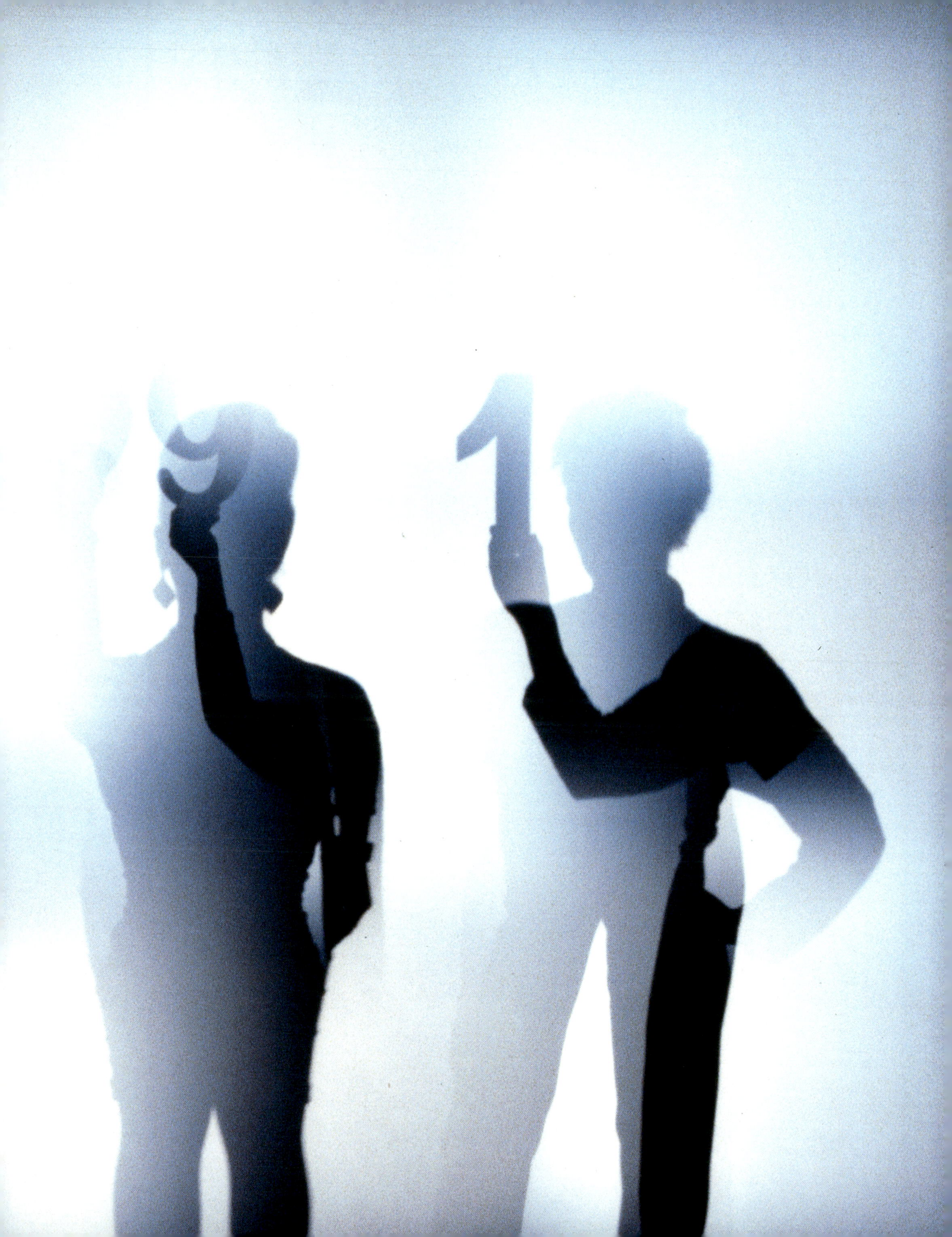

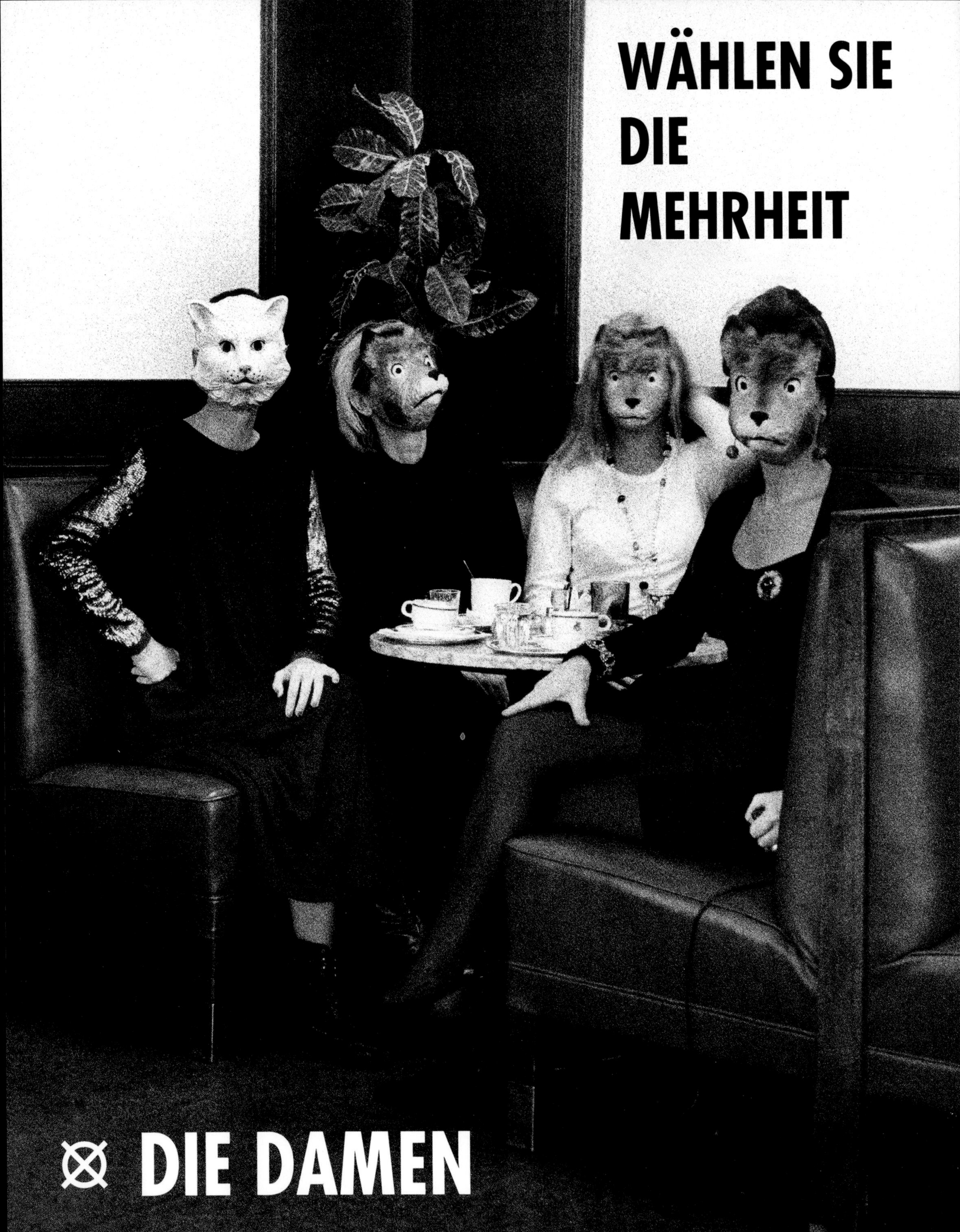

WÄHLEN SIE
DIE
MEHRHEIT
DIE DAMEN

# Wählen Sie die Mehrheit, 1991

Anzeige in der Wiener Stadtzeitung *Falter*, Nr. 45/1991

———

# Vote for the Majority, 1991

Advertisement in the Vienna city magazine *Falter*, no. 45/1991

Am 10. November 1991 sind in Wien Landtags- und Gemeinderatswahlen. DIE DAMEN, an Feminismus und Geschlechterkonstruktionen interessiert, nutzen die Gelegenheit, langweilige Parteipropaganda aufzumischen, und inserieren in der linksliberalen Stadtzeitung *Falter*. Für die (selbst bezahlte) Anzeige – „Wählen Sie die Mehrheit, DIE DAMEN" – wird mithilfe eines Selbstauslösers ein Wahlplakatfoto im Café Ritter auf der Mariahilfer Straße geknipst: In einer der legendären roten Fifties-Ledernischen sitzen DIE DAMEN vor einer Topfpflanze am Kaffeehaustisch und tragen Tiermasken – eine Katze (mit den sieben Leben) und drei Hunde (die Hunde erinnern an Teddybären).

Im Unterschied zu den Guerrilla Girls, einer seit 1985 anonym operierenden Künstlerinnengruppe aus New York, sind DIE DAMEN mit ihren signifikanten Performances das Gegenteil von Inkognito und Untergrund. Was die beiden Gruppierungen jedoch verbindet, sind die Unverkennbarkeit ihres Auftretens in der Öffentlichkeit und der Modus eines humorvoll-geistreichen Feminismus – der sich für die Guerrilla Girls im Tragen von Gorillamasken als Teil ihrer „Maskulinität" manifestiert, bei den DAMEN jedoch in Ausübung eines höchst facettenreichen Repertoires festzustellen ist. Und übrigens: Zum „creative complaint" lassen sich die Amerikanerinnen für Gigs und Workshops engagieren. Eine echte Dame allerdings, die kann man nicht buchen.

On November 10, 1991, elections for the provincial parliament and the local council were going to be held in Vienna. DIE DAMEN, interested in feminist issues and gender constructions, used the opportunity to attack the established parties' boring propaganda and placed an advertisement in the left-wing liberal city magazine *Falter*. An election poster photograph was shot with a self-timer in the Café Ritter on Mariahilfer Strasse for the (self-paid) ad: "Vote for the Majority—DIE DAMEN." Wearing animal masks, DIE DAMEN sit at a coffeehouse table in one of the legendary 1950s red leather niches in front of a potted plant: one cat (with nine lives) and three dogs (resembling teddy bears).

Contrary to the Guerrilla Girls, a group of New York female artists operating anonymously since 1985, the performances staged by DIE DAMEN were anything but incognito and underground. Yet the two groups definitely share certain things: the unmistakable character of their public appearances and their humorous, witty feminism. While this feminism becomes manifest in the Guerrilla Girls' gorilla masks emphasizing their "masculine" part on the one hand, it finds its quite different expression in the DAMEN quartet's extremely many-faceted repertoire on the other. The American artists accept invitations for gigs and workshops for "creative complaint." A real lady, however, cannot be booked.



←

**Wählen Sie die Mehrheit**, 1991, bezahlte Anzeige in der Wiener Stadtzeitung *Falter*, Nr. 45/1991
Foto: DIE DAMEN
30 × 22,5 cm

———

**Vote for the Majority**, 1991, advertisement in the Vienna city magazine *Falter*, no. 45/1991
Photo by DIE DAMEN
30 × 22.5 cm

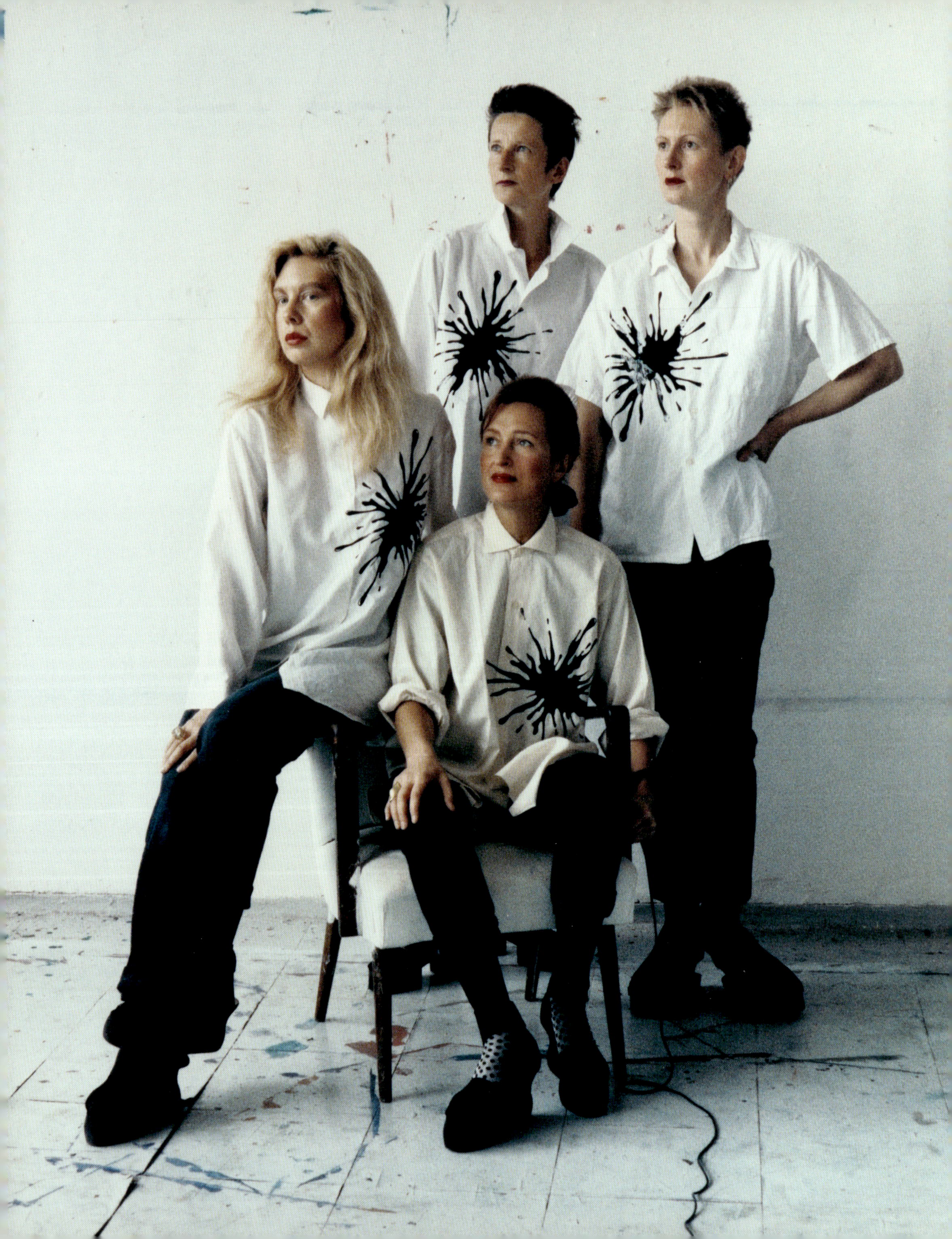

# Fleck, 1992

Postkarte

---

## Fleck (Stain), 1992

Postcard

Mit großem Getöse kündigt Robert Fleck ein Projekt an, das zeitgenössische Kunst aus Wien und 18 Berliner Galerien zusammenführen soll. Endlich, freuen sich Künstler und Künstlerinnen, gibt es Hoffnung auf internationale Wahrnehmung. Fleck jedoch, mit Cathrin Pichler die erste Ausgabe des Genres „Bundeskunstkurator", das der kunstsinnige Minister Rudolf Scholten 1991 installiert hat, landet umgehend einen veritablen Bauchfleck. Szeneguru Kasper König lässt ausrichten, die Wiener Künstler wären „zu lau", und Fleck sagt das Projekt mit dem Argument ab, dass „die Substanz für eine solche gemeinsame Ausstellung der Wiener Szene aus verschiedenen Gründen noch nicht gegeben" sei.

DIE DAMEN, wie immer reaktionsschnell, produzieren und versenden „aus gegebenem Anlass" eine Postkarte, die sie in schmalen schwarzen Hosen und weißen Hemden zeigt. Auf den Hemden sind große, glänzende schwarze Flecken im dekorativen Paintballstil aufgeklebt, wie sie gerade als Autoschmuck modern sind. Alle haben außerdem den Slogan „Der Fleck muss weg" aus der K2R-Werbung im Kopf.

Mit einer „Auszeichnung für besondere Verdienste um die Bemühungen zur Vertiefung und Verknüpfung von Auslandskontakten" kontern DIE DAMEN Flecks Zynismus auf Augenhöhe.

With much ado, Robert Fleck announced a project aimed at bringing together contemporary art from Vienna and eighteen Berlin galleries. The artists were happy about the prospect of finally receiving international attention. Yet Fleck, next to Cathrin Pichler one of the two first specimens of the "federal curator" genre installed by the art-loving minister Rudolf Scholten in 1991, fell flat on his face in no time. The art scene guru Kasper König had sent word of his impression that Viennese artists were "too luke-warm," and Fleck abandoned the project with the argument that "the substance for such a joint exhibition of the Viennese scene was still not given for a variety of reasons."

DIE DAMEN, quick to react as always, produced and sent out a postcard in view of the occasion. The picture shows them in narrow black trousers and white shirts. Large, shining black stains, which were popular for embellishing cars at that time, were decoratively pasted on their shirts in paintball style. The K2R stain remover advertising slogan "The stain must go" was on everybody's mind then.

With their "award for special services to endeavors aimed at deepening and interlinking foreign contacts," DIE DAMEN countered Fleck's cynicism at eye level.

Text: Brigitte Huck

←
Variante für das Postkartensujet, 1992
Foto: DIE DAMEN

---

Variant of the postcard motif, 1992
photo: DIE DAMEN

Korrespondenz Dr. Robert Fleck (Auszug), erstmals erschienen in *DIE DAMEN*, Wien/Bozen: Folio Verlag 1995

———

Dr. Robert Fleck's correspondence (excerpt), first published in *DIE DAMEN* (Vienna/Bolzano: Folio Verlag, 1995)

**Dr. Robert Fleck**
Kurator im Auftrag des Bundesministers
für Unterricht und Kunst

4.5.1992

„Wien in Berlin"
Zeitgenössische Kunst aus Wien in achtzehn
Berliner Galerien
Idee: Robert Fleck
Endredaktion: Prof. René Block, Berlin, Kopenhagen, und Prof. Kasper König, Frankfurt a. Main

5.6.1992

Entgegen einigen durchaus mißverständlichen
Pressemeldungen der vergangenen Tage wurde das
Projekt „Wien in Berlin", das seit Dezember letzten
Jahres zunächst über mein privates Geld gestartet
wurde, keineswegs abgesagt, sondern ... nur in
der Form der Abwicklung individualisiert. Richtig
ist gleichwohl, daß die Absage der gemeinsamen
Ausstellung Wiener Künstler in zweiundzwanzig
Berliner Galerien ... aus inhaltlichen Gründen
erfolgte, da das Endredaktionsteam, René Block
und Kasper König, die anläßlich dieses Projekts
für eine Arbeit zugunsten österreichischer Künstler
gewonnen werden konnten, sowie ich selbst nach
eingehender Beschäftigung feststellen mußte[n],
daß die Substanz für eine solche gemeinsame
Ausstellung der Wiener Szene aus verschiedenen
Gründen noch nicht gegeben sei. Hauptzweck
der Absage der gemeinsamen Ausstellung der
Wiener Szene war die nun durch die Presseberichte losgetretene inhaltliche Debatte über die
Realität der österreichischen Kunstszene. Diese
in einer lebendigen Kunstszene ständig geübte
und selbstverständliche Debatte ging der Wiener
und der österreichischen Kunstszene bislang
kontinuierlich ab.

**Dr. Robert Fleck**
Curator on behalf of the Federal Minister
of Education and Art

May 4, 1992

"Vienna in Berlin"
Contemporary Art from Vienna in Eighteen Berlin
Galleries
Idea: Robert Fleck
Final concept: Prof. René Block, Berlin, Copenhagen, and Prof. Kasper König, Frankfurt a. Main

June 5, 1992

Contrary to several quite misleading press reports
published in the last days, the project "Vienna in
Berlin," originally started with my private money
last December, was not cancelled at all, but ...
merely individualized in its form of execution. It
is correct, though, that the cancellation of the
joint exhibition of Viennese artists in twenty-two
galleries ... was a matter of content: the team
responsible for the final concept, René Block and
Kasper König, who could be won for a project in
favor of Austrian artists on this occasion, and I
realized after careful consideration that the substance for such a joint exhibition of the Viennese
scene was still not given for a variety of reasons.
The cancellation of the joint exhibition of the
Viennese scene was mainly aimed at triggering a
discussion on the reality of the Austrian art scene
as it has now been kicked off by the press reports.
Such a debate, continuously taking place and being
a matter of course in a vibrant art scene, has always
been lacking in the Viennese and the Austrian art
scenes to this day.

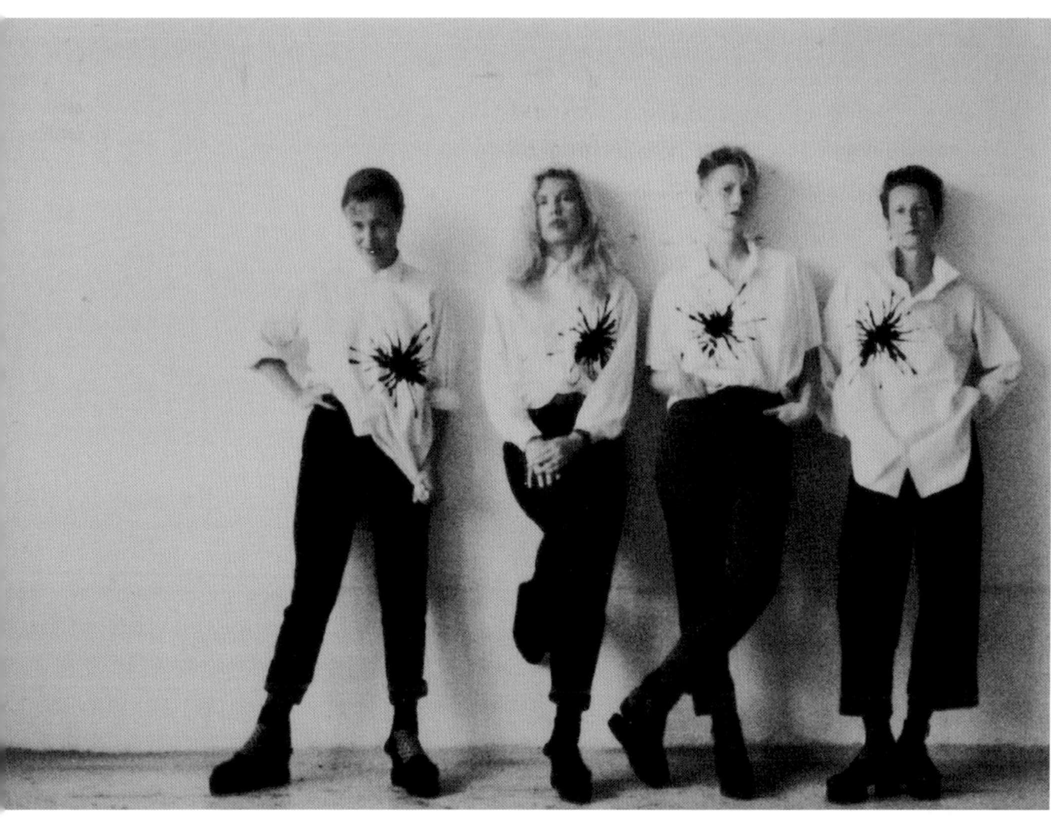



↑
**Fleck,** 1992
Postkarte, 10,5 × 14,8 cm
Foto: DIE DAMEN
Landessammlungen
Niederösterreich

———

**Fleck (Stain),** 1992
Postcard, 10.5 × 14.8 cm
photo by DIE DAMEN
Collections of the State of
Lower Austria

→
Postkarte, Rückseite

———

Postcard verso

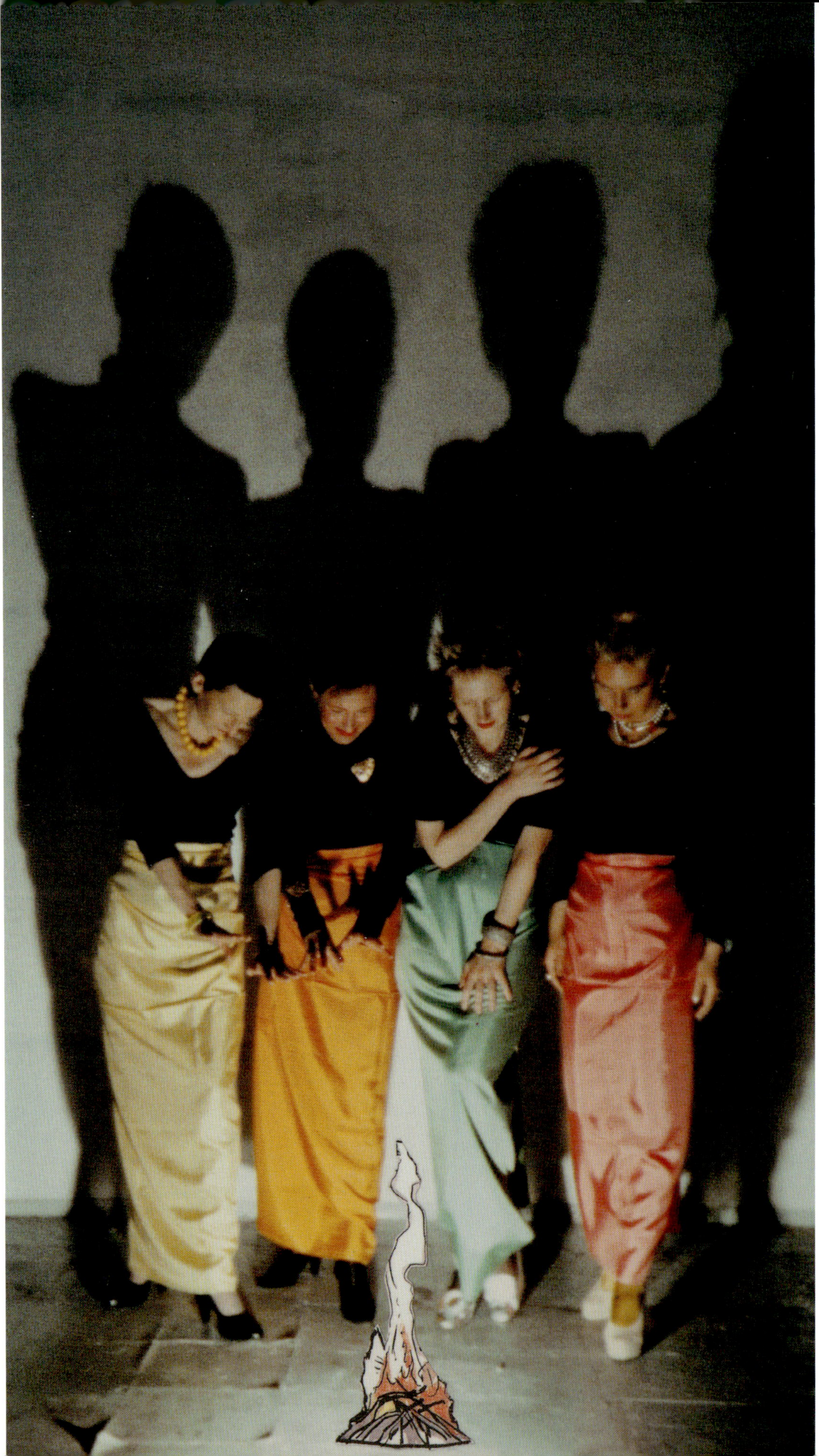

# House Warming Party, 1. Juni 1992

Blaue Lagune, Vösendorf
Im Rahmen der Wiener Festwochen, *Expanded Art*, Kuratorin: Cathrin Pichler
CD *Hausmusik*

---

# House Warming Party, June 1, 1992

Blue Lagoon, Vösendorf
As part of the Wiener Festwochen program *Expanded Art,* curator: Cathrin Pichler
CD *Hausmusik*

In jenen feenhaften Zeiten, als die Wiener Festwochen neben Theater und Musik auch die bildende Kunst ins Festivalgeschehen einbeziehen, kommt es nicht nur zu großartigen Ausstellungen, sondern darüber hinaus auch zu Extravaganzen wie Happenings und Performances, die sich außerhalb der etablierten Kunsträume zutragen.

*Expanded Art* ist so ein Event, und es versieht die etablierten Darstellungsformen der schönen Künste mit Leichtigkeit, aber auch mit scharfen Cuts: 5.000 pillenförmige Heliumballons von General Idea schweben unter dem Glasdach der U6, mit Schlagzeugbatterien und einer Gibson Firebird verursacht Mike Kelley mit Stephen Prina und der Tänzerin Anita Pace Chaos in der Remise.

DIE DAMEN veranstalten eine *House Warming Party* vor den Toren der Stadt und treten als Gastgeberinnen in der „Blauen Lagune" auf, einem kurz vor der Eröffnung stehenden Disneyland neben der Shopping City Süd. Die Musterhauskollektion, ein Cocktail aus Fertigteilhäusern, erwartet die Gäste, die mit einem Bus mit unbekanntem Ziel von der Secession aufgebrochen sind und in der Pampa ankommen. Sie werden von den DAMEN in

In those magical days when the Wiener Festwochen included the fine arts in its festival program besides theater and music, one could not only see outstanding exhibitions, but also came upon more extravagant events such as happenings and performances staged beyond traditional art spaces.

*Expanded Art* was such an event, and it lent the fine arts' established forms of presentation a certain lightness, but also provided sharp cuts: 5,000 pill-shaped helium balloons by General Idea floated below the glass roof of the U6 subway line, and, relying on percussion batteries and a Gibson Firebird, Mike Kelley, together with Stephen Prina and the dancer Anita Pace, caused serious chaos in the Remise in Vienna's second district.

DIE DAMEN organized a *House Warming Party* outside the city gates, presenting themselves as hostesses of the Blue Lagoon, a Disneyland model house park on the outskirts about to be opened near the Shopping City Süd. A cocktail of prefabricated homes was awaiting the guests who had

Text: Brigitte Huck

←
Einladungskarte, Fotocollage: DIE DAMEN
23,4 × 13,4 cm

---

Invitation card, photocollage: DIE DAMEN
23.4 × 13.4 cm

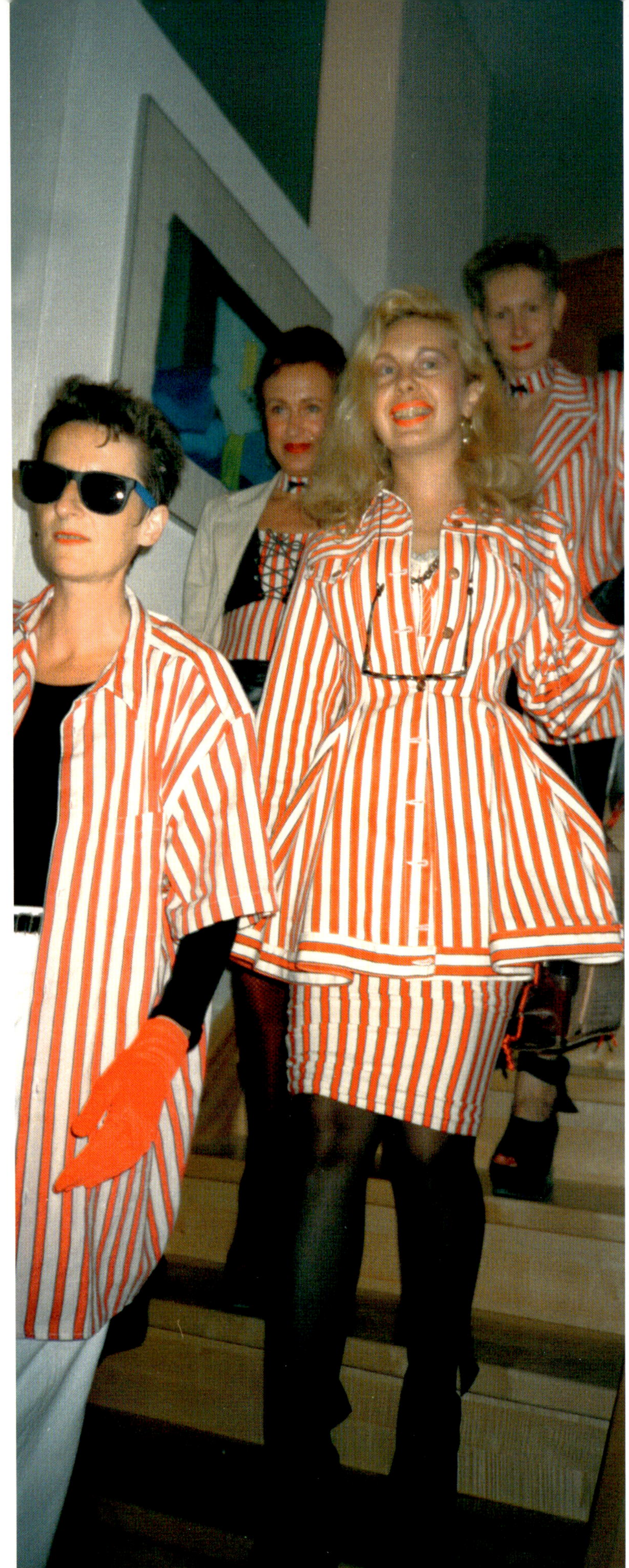

← →

Die Gastgeberinnen der
*House Warming Party*,
Blaue Lagune, Vösendorf,
1992

———

patriotischem rot-weiß-rotem Streif (wieder einmal Gaultier) begrüßt (auf der Einladung wärmen sie sich in langen Seidenröcken am Lagerfeuer) und zu den verschiedenen Häusern begleitet: Vom alpinen Blockhaus geht's über den kalifornischen Bungalow und einen Biotraum in eine elegante Villa im Landhausstil. Beim Betreten der Häuser wird um Spenden für Obdachlose gebeten (Caritas, Männerasyl Meldemannstraße, Frauenhaus Wien, Heilsarmee). Die Spender bekommen mit bunten Häuschen bedruckte Pickerln ausgehändigt, die sie sich ans Revers kleben können. Als Dankeschön gibt es dem Typus des Hauses entsprechendes Essen – Sushi, Schmalzbrot, Salzstangerl oder tausendjährige Eier – und eigens komponierte *Hausmusik* von Curd Duca, Pichler Poor, Franz Dorfner und Rudolf Aigelsreiter. Die CD *Hausmusik* erscheint bei Extraplatte, jedem Exemplar ist ein rotes (!) Kondom beigegeben. Keine der DAMEN kann sich so recht an die Verkaufsmodalitäten erinnern, den „schrecklichen" ORF-Beitrag hingegen hat man gerne vergessen. In der gefürchteten „Gut – Böse – Jenseits"-Spalte im *Falter* rangiert das Ereignis unter „Gut", das gerade angesagte Fanzine *Artfan* stellt gar Vergleiche mit Jeff Koons an.

left the city by bus from the Secession, destination unknown. The guests were welcomed by DIE DAMEN, wearing patriotic red-white-red-striped clothes (again by Gaultier)—the invitation shows DIE DAMEN in long silk dresses warming up in front of a camp fire—and accompanied to the various houses: from an Alpine log cabin to a Californian bungalow, from a bio dream to an elegant country-house-style villa. On entering a house, the guests were asked to make a donation to a shelter for the homeless (Caritas, Meldemannstrasse Men's Home, Vienna Women's Shelter, Salvation Army). The donors received stickers (each printed with a differently colored house), which they could attach to their lapels. The food served as a gesture of gratitude corresponded to the type of the house: sushi, bread and drippings, pretzel sticks, or millennium eggs. DIE DAMEN also thanked the donors with a program of especially composed "hausmusik" by Curd Duca, Pichler Poor, Franz Dorfner, and Rudolf Aigelsreiter. The CD *Hausmusik* was published by Extraplatte, a red (!) condom accompanying each copy. None of DIE DAMEN really remembers any details of the disk's sale, and all of them are glad to have forgotten the "horrible" ORF coverage of the event. The dreaded "Good—Evil—Beyond" column in the *Falter* city magazine listed the event as "good," and the fanzine *Artfan*, which was quite in at the time, even compared it to Jeff Koons's work.

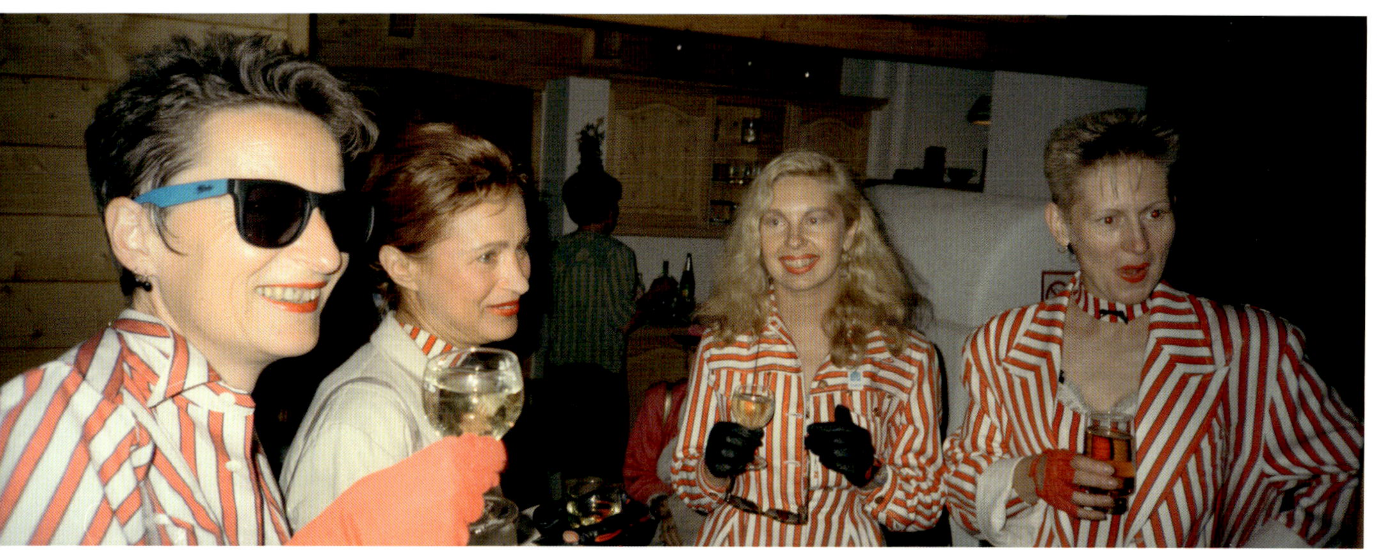

GRIFFNER  17⁰⁰ bereit
Bierlieferung Mo↑
Büffet + Putzfrau
Bekanntgabe d. Koste  (Freihaus ohne Fleisch?)
Versicherung?

02236 / 64270  →

BIER?  2 MANN   +.800.-
18· 200.×20 gefüllte  4.000,-
120 × Eier

Mineralwasser
BIER (Tisch?)
Stromanschluß (Kabel)

PLAN für Freihaus / Häuserverzeichnis

Radieschen → } Obritz
Freihaus

SA (bis 12⁴⁵ Buffet von Bäuerin)
→ dann Freihaus?

OBRITZ

Äthiopia Spende   sendudler
Wein ✓   Räuchverbot  (Schild)
+2000.- ÖS
Brote ( Semel, Brahtfett, Liptauer ) → Birgit

1 Mann SPENDE   1800.- W.
                3900.- Pizza
                1033.- Cola
                6.733

Tischtuch f. runder Tisch
Obstschüssel ( Tischtuch (groß)   ⟨II⟩ +⊙ 4,5 m gespannt
BRAUCHT CARLI HARTL          1 MANN?
BIER auf Strassen ( Fa. Tisch?
Versicherung?
Celipl? Buffet

Freihaus
Transport (Römerquelle)
Personal
Buffet 2×?
1× Koster ayeln

3 MANN    Wein (Freihaus)
PIZZA POPCORN CHIPS  Cola (Freihaus)
TARA BRAUCHL  MANN?
REISS BAR +1Mann ✓
3000.-  auf Rechnung Buffet
Römerquelle → GLÄSER (Freihaus)
SUSHI

Sozialamt

Franz:
Ghettoblaster + repeat-
funktion

ONA → ZAWREL  MO → Leute mitnehmen

Cleopapier (Freihaus)
4 Bodenheizer
5 putzmittel 4×
200 Strohhalme
Schwammerl
Popcorn + Chips 300.-
400 Becher / Pappteller
Servietten (Freihaus)
Abfall kübel
Abdecker (Freihaus) ✓
Müllsäcke
Welex
Serbiortüche
→ Wille schied 2×  (Birgit)
Tequila
2 Kassen

HONORARE:
MAIMANN
PIT
CURD
Wechselgeld

2× Real Boys
Kassette

2× T-Shirts
oben + hinten beschriftet

Blinkleuchte ✓
1× Kassen

Secessions bus
einweiser ✓

DIE DAMEN erlauben sich, die werten Gäste um adäquate Spenden für die Obdachlosen zu bitten.

Für die Herberge der Caritas im Brauchl-Haus.

Für das Männerasyl Meldemannstraße im Griffner-Haus.

Für das Frauenhaus Wien im Hartl-Haus.

Für das Heim der Heilsarmee im Obritzberger-Haus.

Wir danken.

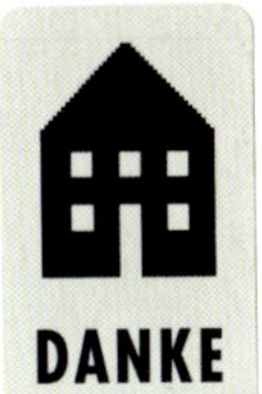

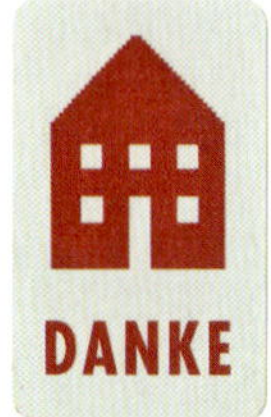

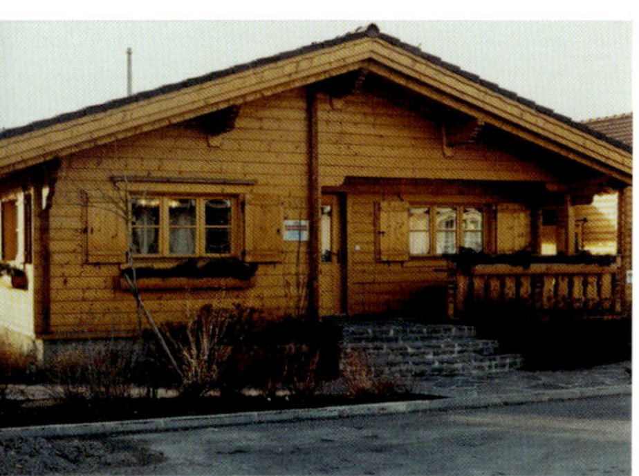
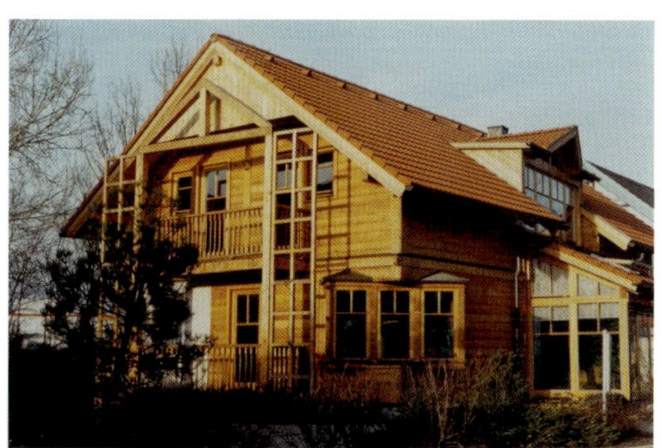
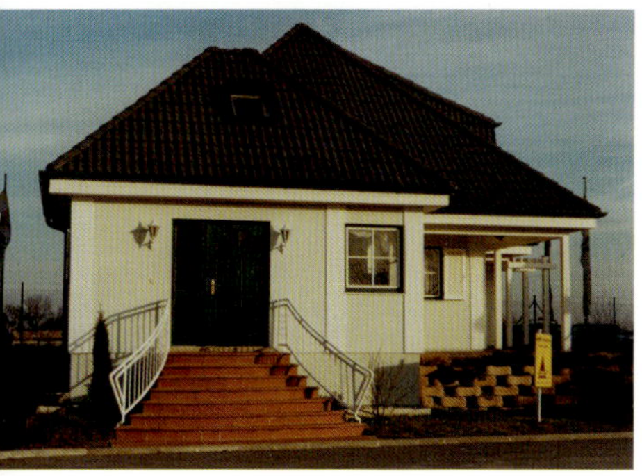
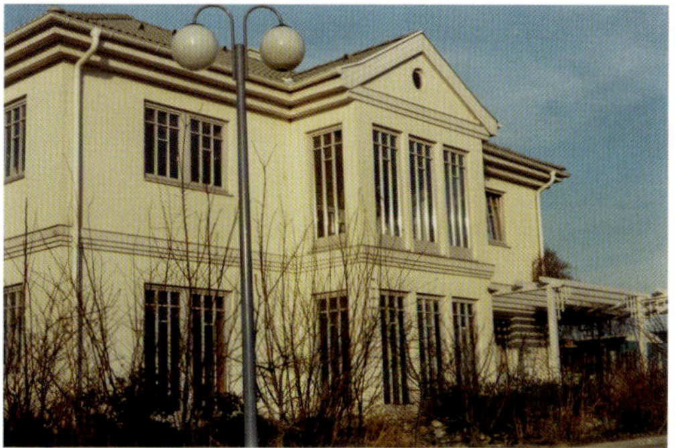

← Fertigteilhäuser, Blaue
Lagune, Vösendorf, 1992

Prefab houses, Blue
Lagoon, Vösendorf, 1992

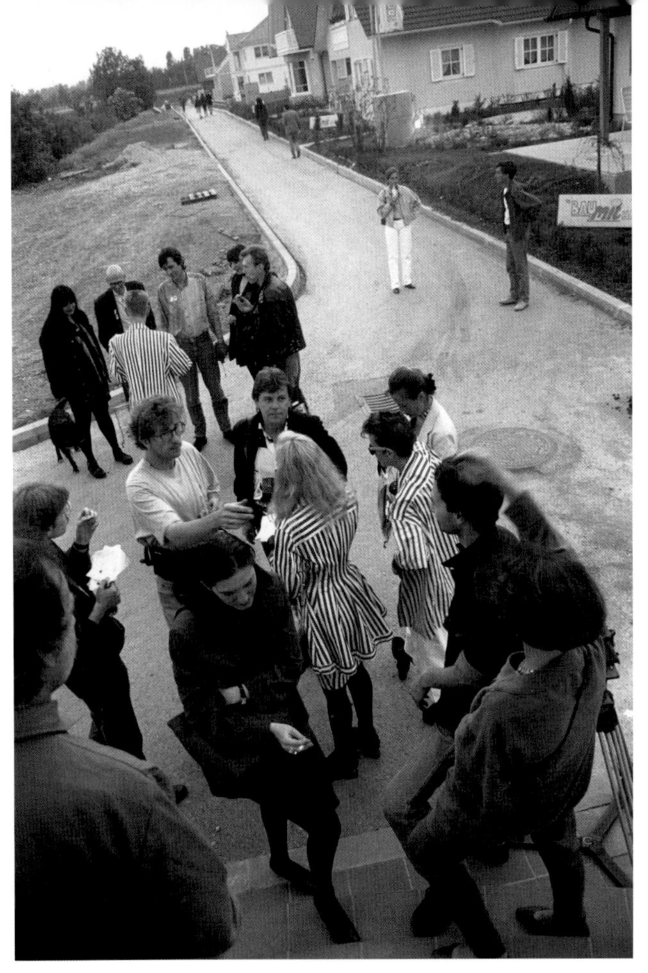

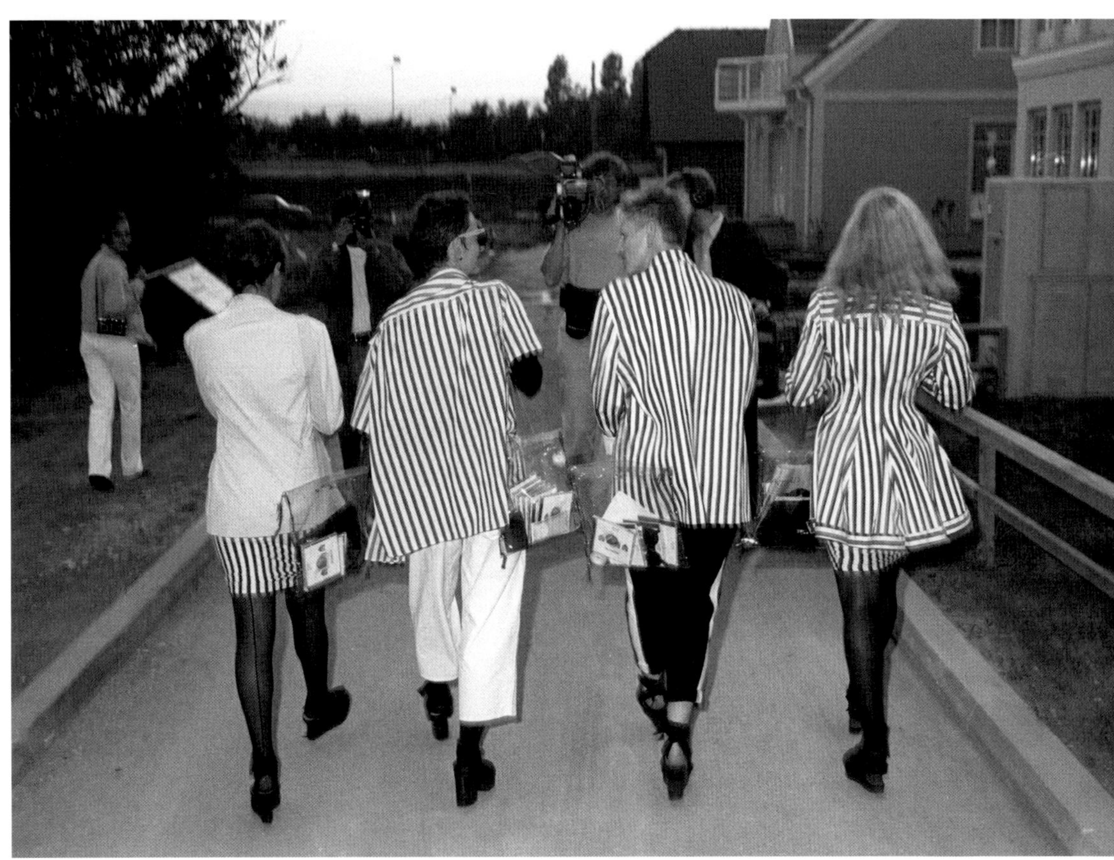

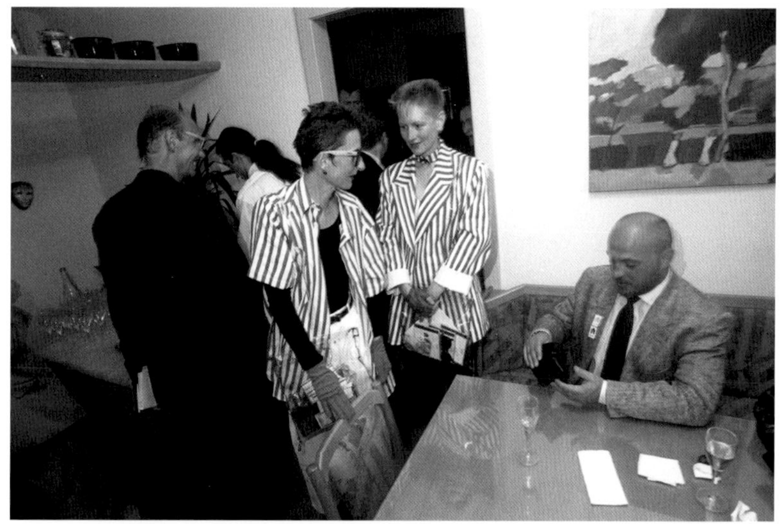
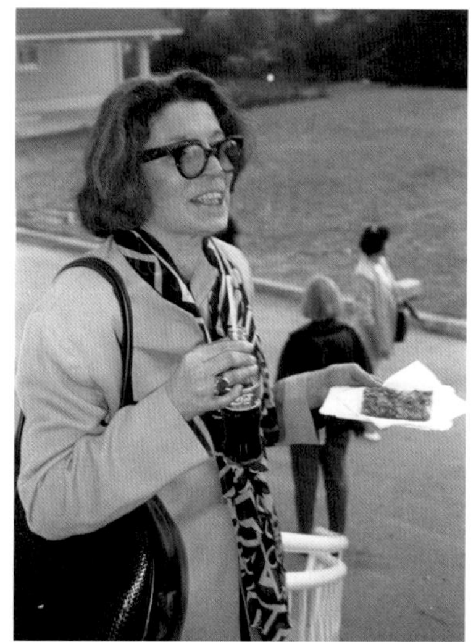
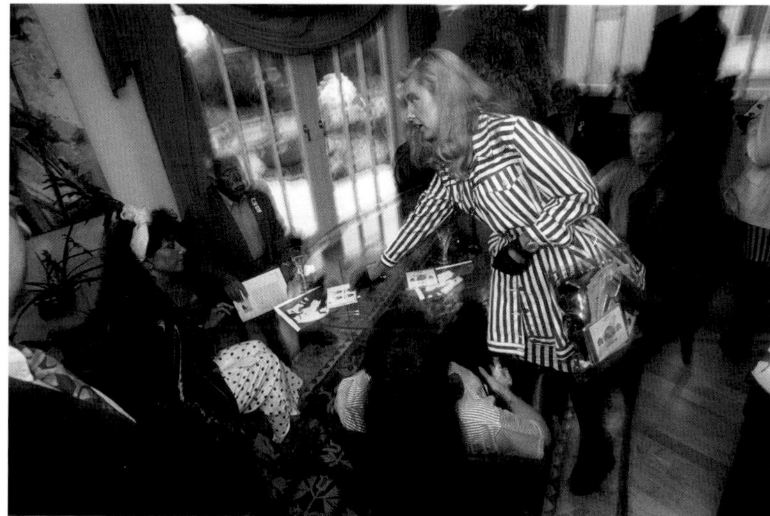

Blaue Lagune, Vösendorf,
im Rahmen der Wiener
Festwochen, *Expanded Art,*
Kuratorin: Cathrin Pichler
(im Bild rechts oben)
Fotos: Didi Sattmann
Landessammlungen
Niederösterreich

Blue Lagoon, Vösendorf,
House Warming Party real-
ized as part of the Wiener
Festwochen program
Expanded Art, curator:
Cathrin Pichler (top right)
Photos: Didi Sattmann
Collections of the State of
Lower Austria

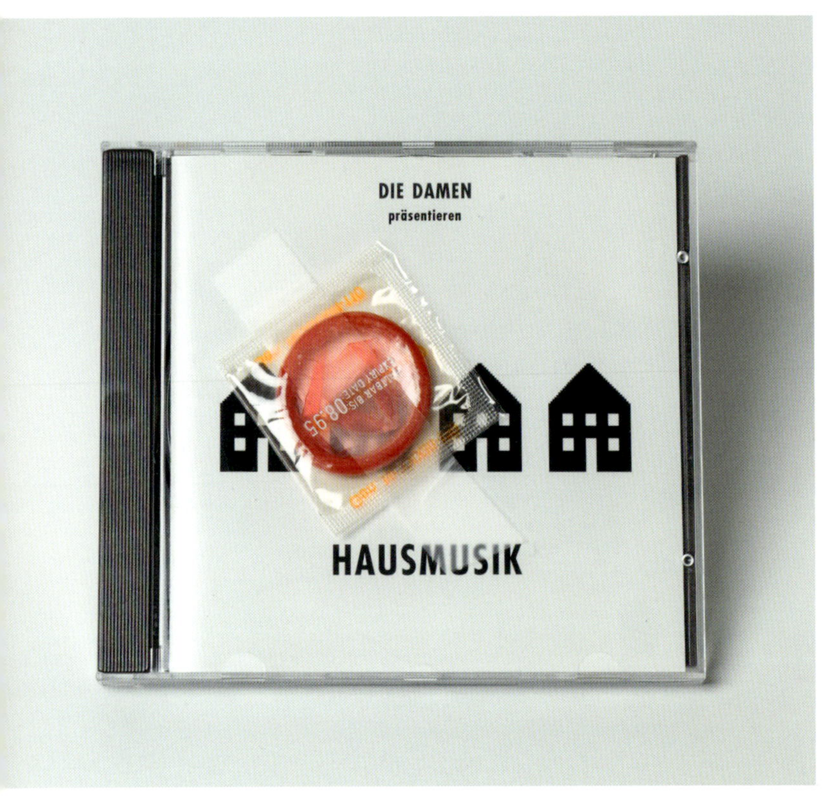


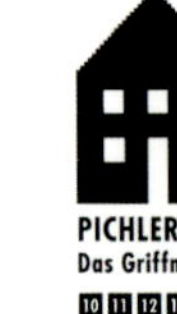


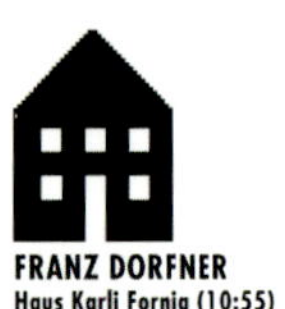


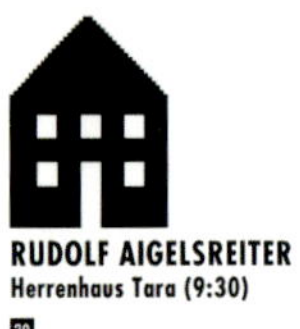


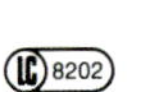


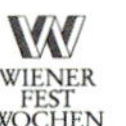


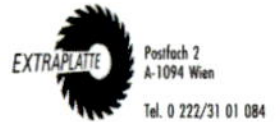


↑

**Hausmusik,** 1992
Musik-CD, rotes Kondom
Landessammlungen
Niederösterreich

**Hausmusik,** 1992
music CD, red condom
Collections of the State of
Lower Austria

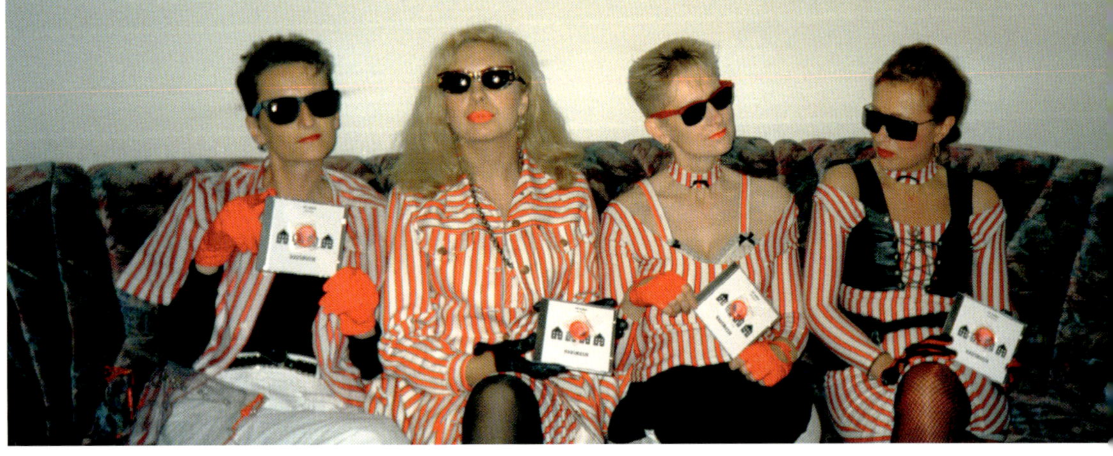

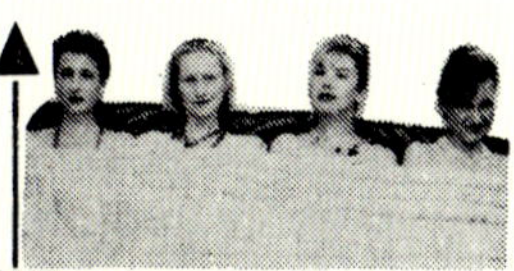



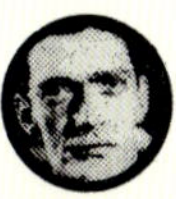



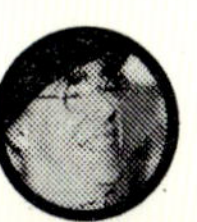



Caritas ✳

Frau
Ingeborg Strobl
"Die Damen"
▅▅▅▅▅▅▅
▅▅▅ Wien

Wien, 02.07.92

Sehr geehrte Frau Strobl!

In einer Zeit der vielen Worte haben konkrete Taten besonderes Gewicht. Ihre Spende von öS 4.037,37, eingelangt am 22.06.1992, ermöglicht es uns, zugunsten in Not geratener Menschen tätig zu werden. Dafür danke ich Ihnen herzlich.

Ihnen persönlich möge Ihre Großzügigkeit anderen Menschen gegenüber zum Segen werden.

Mit dankbaren Grüßen

Mag. Helmut Schüller
Direktor der Caritas
der Erzdiözese Wien

Caritas der Erzdiözese Wien
Trauttmansdorffgasse 15
A-1130 Wien
Tel: 0222/87 812-120
Fax: 0222/87 812-122

↑

DIE DAMEN in der „Gut –
Böse – Jenseits"-Spalte,
*Falter,* Nr. 24/1992

DIE DAMEN in the
"Good—Evil—Beyond"
column, *Falter,* no. 24/1992

←

Dankschreiben der Caritas,
1992

Letter of thanks from
Caritas, 1992

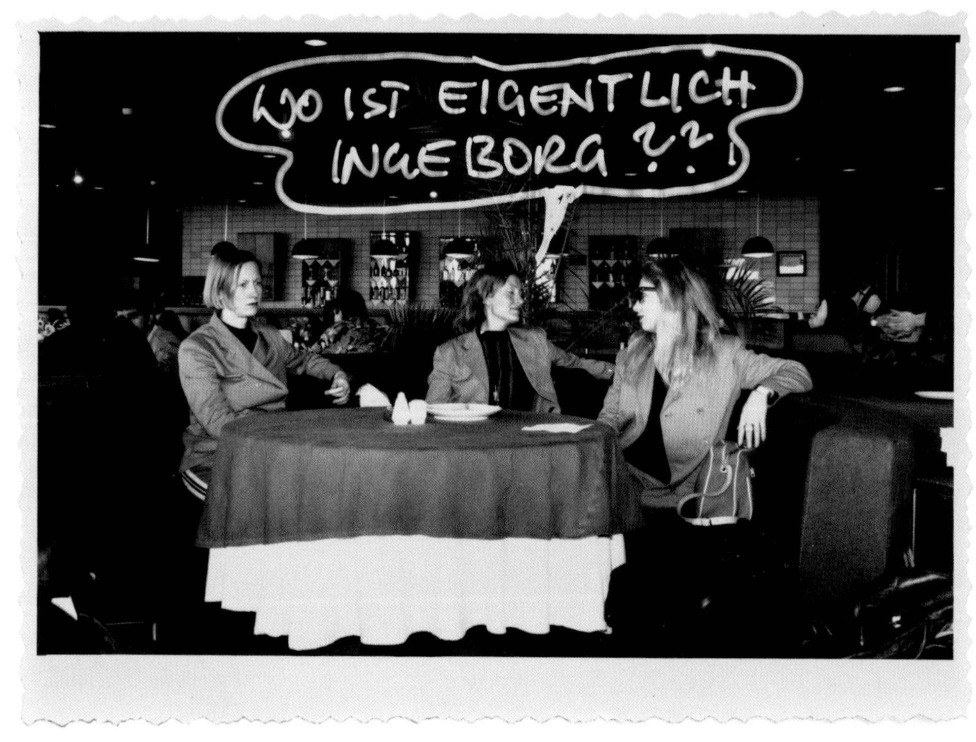

WO IST EIGENTLICH
INGEBORG ??

# Ingeborg Strobl verlässt die Künstlerinnengruppe
# Lawrence Weiner wird DAME, 1992

## Ingeborg Strobl leaves the group of women artists
## Lawrence Weiner becomes a DAME, 1992

Ingeborg Strobl kündigt den DAMEN und verlässt das Quartett. Ein geradezu visionäres Bild aus Ankara dokumentiert den neuen Relationship-Status: Evelyne, Ona und Birgit sitzen in einer Restaurantnische. „Wo ist eigentlich Ingeborg?", kritzelt Fotograf Woessner später in eine Sprechblase.

Nach Strobls Abschied melden sich Interessenten für den Job. Der Neodadaist und Subversionskünstler Julius Deutschbauer etwa legt einen Schnörkelbrief vor und bewirbt sich um die Nachfolge als DAME. Mit seinen – entlarvenden – Maßen von 88 – 78 – 86 hat er allerdings keine Chance. Das Rennen macht ein Künstlerkollege, der mit den DAMEN sowohl durch Freundschaft als auch durch seine prozessorientierte Praxis am Schnittpunkt von Kunst, Alltag und Politik verbunden ist: Lawrence Weiner. Der textorientierte amerikanische Konzeptkünstler widmet den DAMEN eine persönliche (dafür ist er berühmt) *Declaration of Intent*: „To Bitch Is To Be", erklärt Weiner und akzeptiert „Böse ist besser" als kongeniale Übersetzung ins Deutsche – das Motto für die folgenden glorreichen Projekte.

Ingeborg Strobl terminated her membership and left the quartet. An almost visionary picture taken in Ankara documents the new state of relationships: the photograph shows Evelyne, Ona, and Birgit sitting in the niche of a restaurant. Photographer Woessner later added a balloon in which he scribbled the words "Where on earth is Ingeborg?"

After Strobl's leave, applicants for the job emerged. The neo-Dadaist and subversion artist Julius Deutschbauer, for example, submitted a frilly latter and applied for her succession as a DAME. His telling measurements, 88 – 78 – 86, ruined any chance, though. A colleague, not only bound with DIE DAMEN by friendship, but also by his process-oriented practice at the intersection of art, everyday life, and politics, came out on top: Lawrence Weiner. The text-prone American Conceptual artist dedicated a personal *Declaration of Intent* to DIE DAMEN (a genre he is famous for): "To Bitch Is To Be." He accepted its translation into German "Böse ist besser" as a congenial solution, which was to become the motto for the new quartet's subsequent glorious projects.

Text: Brigitte Huck

←

Korrespondenz Wolfgang Woessner, Gelatinesilberabzug, Lackstift
9,7 × 13,5 cm

Correspondence Wolfgang Woessner, gelatin silver print, touch-up pen
9.7 × 13.5 cm

Julius Deutschbauer
Obere Augartenstr. 52/20
1020 Wien


An die Damen

c/o Birgit Jürgensen
Brauergasse 1/26
1060 Wien                                      Wien, 26.3.1993


Sehr geehrte Damen!

Vor einigen Tagen trug man (!) mir die Nachricht zu, daß Sie 'nur' noch
drei sind. Ich bedauere für Sie diesen Abgang, obwohl ich Sie nicht persönlich kenne, jedoch für Sie die größte Wertschätzung hege. Das ist ein
weiterer Grund, um Ihnen rasch zu schreiben. Ich will versuchen in Sätzen
und ohne Bilder den Sinn dessen, was ich Ihnen schreiben will, darzule-
gen. Vor allem anderen muß ich erklären, daß ich einige Tage gezögert
habe, Ihnen zu schreiben, schreibe jetzt aber eilig, damit die Verzöger-
ung nicht noch größer würde.

Schon seit längeren trage ich mich mit dem Gedanken*, eine Dame zu werden; es fehlt mir zwar noch einiges dazu, eine richtige Dame zu sein,
aber die Gelegenheit ist günstig, eine wie Sie zu werden, sofern Sie
sich nicht schon anderwertig umgesehen haben und fündig geworden sein
sollten: ich wäre der letzte, der sich nicht für Sie freute; oder sollten
Sie in triplo Ihr Auslangen finden, fände ich mich auch darein.

In Aussehen, Namen, Ausdruck etc. wollte ich ganz Ihnen und dem Zufall
zu Gefallen sein. Z.B.: Welche Bücher# wollten Sie mir empfehlen, damit
ich mich in jene andersartige Person verwandelte, die Sie von mir wün-
schten?

Meine Maße sind: 88 78 86
Augenfarbe: graugrün
Es freut sich auf seine Verwandlung
Ihr Bewunderer

Julius Deutschbauer


*dem Wunsch, dem Verlangen

**WEINER**

### 297 WEST FOURTH STREET

### NEWYORKCITY 10014

**TEL. (212) 929 2355**     **FAX. (212) 929 0628**

to: à: aan: an:

DIE DAMEN.    &    TO THE POINT &

LIEBE BIRGIT.

RATHER LIKE THE MATERIAL — IT IS IN THE HANDS OF A CHINESE TAILOR (RUSH-RUSH→) NOW IT IS JUST HOPE FOR THE BEST

AM IN THE PROCESS OF TRYING TO BOOK A TICKET & LEAVE FOR MAASTRICHT — LYON (VILLEURBANNE) N.Y.C. MONTREAL — NYC. ⟶ TO ARRIVE IN VENUS 9 JUNE + CAN STAY UNTIL THE MORNING OF 12 JUNE (I HAVE THE OPENING + DINNER ON TOP OF THE EUROMAST ROTTERDAM!

OTHER THAN LIFE AM MOST READY FOR US.

PLEASE CONTACT HERE (NYC) AS SOON AS YOU KNOW WHERE WE ARE SLEEPING IN VENUS

WHAT SHOES WE SHALL WEAR —

LOVE & 3 KISSES     LAWRENCE.    WIEN Die Damen NYC

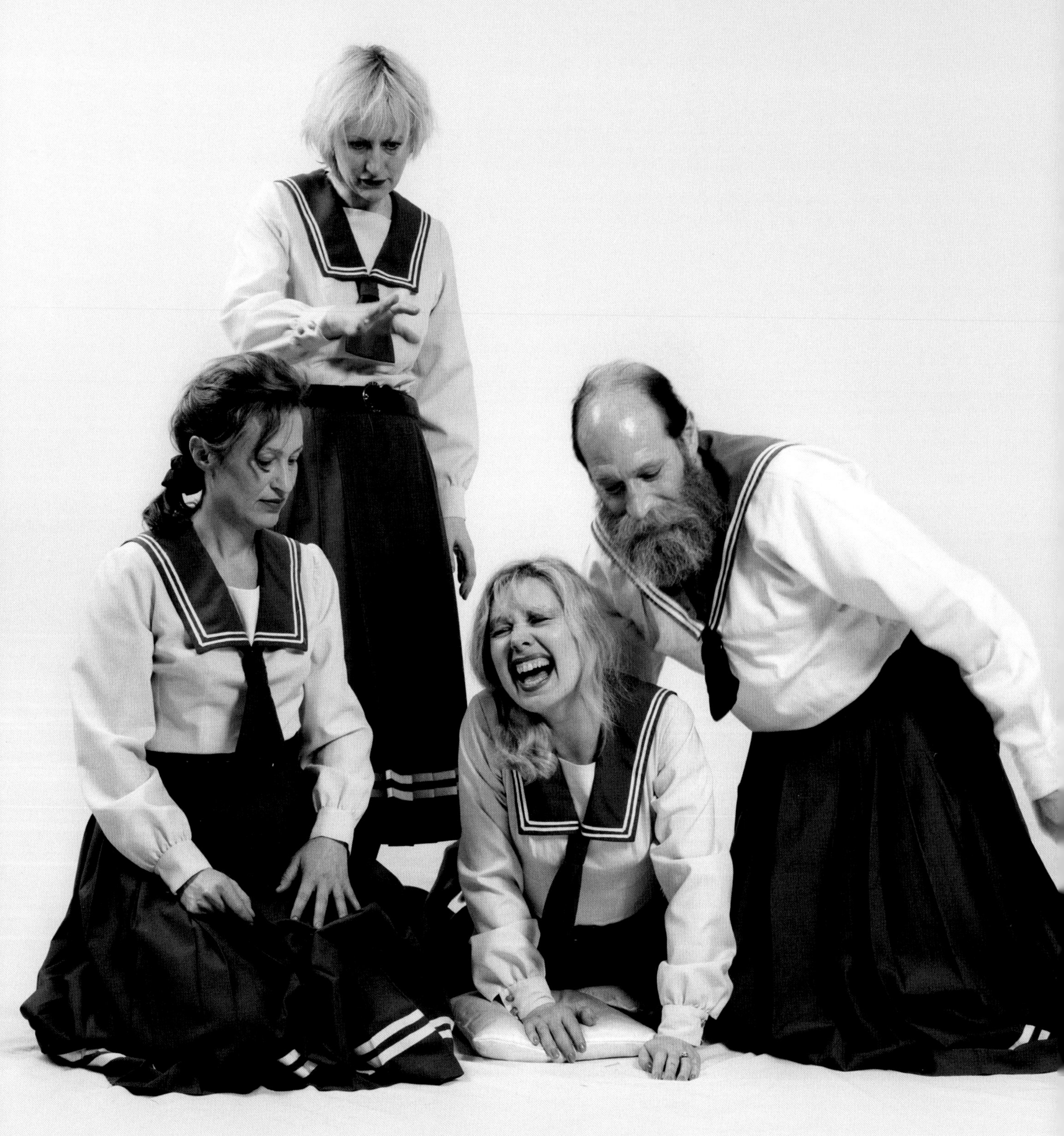

# Böse ist besser/To Bitch Is To Be/Cattivo è meglio, 1993

45. Biennale von Venedig, Alte Prokuratien, Markusplatz
Plakat, beidseitig bedruckt
Taubenfuttersäckchen, beidseitig gestempelt, Auflage: 300 Stück
Postkarte

---

## Böse ist besser/To Bitch Is To Be/Cattivo è meglio, 1993

45th Venice Biennale, Procuratie Vecchie, St. Mark's Square
Poster, printed on both sides
Pigeon feed sachets, stamped on both sides, edition: 300 pieces
Postcard

Anlässlich der 45. Biennale von Venedig organisiert Lóránd Hegyi, Direktor des Wiener Museums moderner Kunst, die Ausstellung *La coesistenza dell'arte* in den alten Prokuratien an der Nordseite des Markusplatzes. Die Beteiligung der DAMEN umfasst ein Plakat und eine Postkarte: In sittsame Matrosenanzüge gekleidet führen sie das philosophische und gleichwohl subversive Potenzial der Geste vor. Ladylike der weibliche Teil mit dem ursprünglich taoistischen „Nichts (Böses) sehen, hören oder sagen", Lawrence „bad boy" Weiner mit ausgestrecktem Mittelfinger. Mit der Ozeane überspannenden Botschaft tapezieren fleißige Schwarzplakatierer die ganze Stadt.

In Hosenanzügen aus kariertem, mit Rosen besticktem Möbelstoff, angefertigt von einem chinesischen Schneider in New York und der Künstlerin Gabi Trinkaus in Wien, spaziert das Grüppchen durch die Giardini, als Verkörperung eines neuen State of the Arts: „living sculptures", frei in der Wahl ihrer Geschlechteridentität. Lawrence Weiners vorsorgliche Nachfrage „What shoes will we wear?" mag als Bestätigung für die anderen Maßstäbe gelten, die herrschen, wenn man eine Dame ist.

For the 45th Venice Biennale Lóránd Hegyi, then director of the Vienna Museum of Modern Art, organized an exhibition entitled *La coesistenza dell'arte,* which was shown at the Procuratie Vecchie on the north side of St. Mark's Square. The contribution made by DIE DAMEN consisted of a poster and a picture postcard: dressed up in prim sailor suits, they acted out the philosophical, yet subversive potential of gesticulation, with the female part, very ladylike, doing the originally Taoist "see, hear, speak no evil" and "bad boy" Lawrence Weiner showing the finger. Busy helpers flyposted the ocean-spanning message all over town.

Decked out in checkered upholstery-fabric and rose-embroidered pantsuits made by a Chinese tailor in New York and fellow artist Gabi Trinkaus in Vienna, the small group sauntered around the Giardini as an embodiment of a new state of the art: "living sculptures," free to choose their gender identity as they pleased. Lawrence Weiner's solicitous inquiry "What shoes we shall wear—"?

Text: Brigitte Huck

←
Variante für das Plakatmotiv, 1993

---

Poster motif variant, 1993

Höhepunkt der Venedig-Show ist die Taubenaktion auf dem Markusplatz: Vor dem Eingang zur österreichischen Ausstellung zeichnet Lawrence Weiner den Schriftzug DIE DAMEN mit Kreide auf den Stein. Darüber wird Vogelfutter gestreut, das die Tauben eilig aufpicken. Futtersäckchen aus Pergaminpapier mit dem Aufdruck DIE DAMEN, Friedenstaube und Totenkopf auf Vorder- und Rückseite, werden verteilt. Die beste Aussicht auf das Tableau vivant mit Tauben, Touristen und der Terrasse des Caffè Lavena (auf den Tischen legen DIE DAMEN Plakate aus) hat man von den Fenstern der Ausstellungsräume im zweiten Stock. Klara Borbas, die Frau des Kurators, macht den einzigen und gänzlich unbrauchbaren Film von der Performance.

may be taken as a confirmation of the somewhat different standards that apply if you're once, twice, three times a lady.

The culmination of the Venice show was the pigeon act on St. Mark's Square. In front of the entrance to the Austrian exhibition, Lawrence Weiner wrote DIE DAMEN on the pavement in chalk. Birdseed was scattered over the writing and eagerly pecked up by the pigeons. Glassine paper sachets with birdseed, which had DIE DAMEN printed on them, showing a peace dove on the front and a skull on the back side, were distributed among bystanders. The windows of the exhibition rooms on the second floor afforded the best view of the tableau vivant with pigeons, tourists, and the terrace of the Caffè Lavena, where DIE DAMEN had laid out posters on the tables. Klara Borbas, the curator's wife, shot the only, utterly unusable film of the performance.

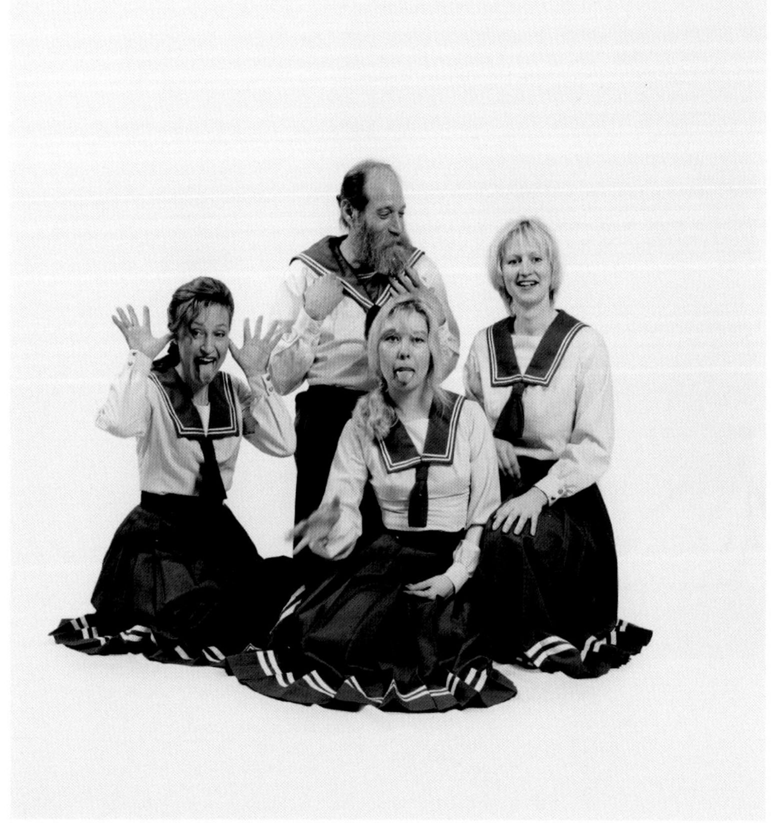

←
Variante für das Plakatmotiv, 1993

———

Poster motif variant, 1993

→
Venedig, 1993

———

Venice, 1993

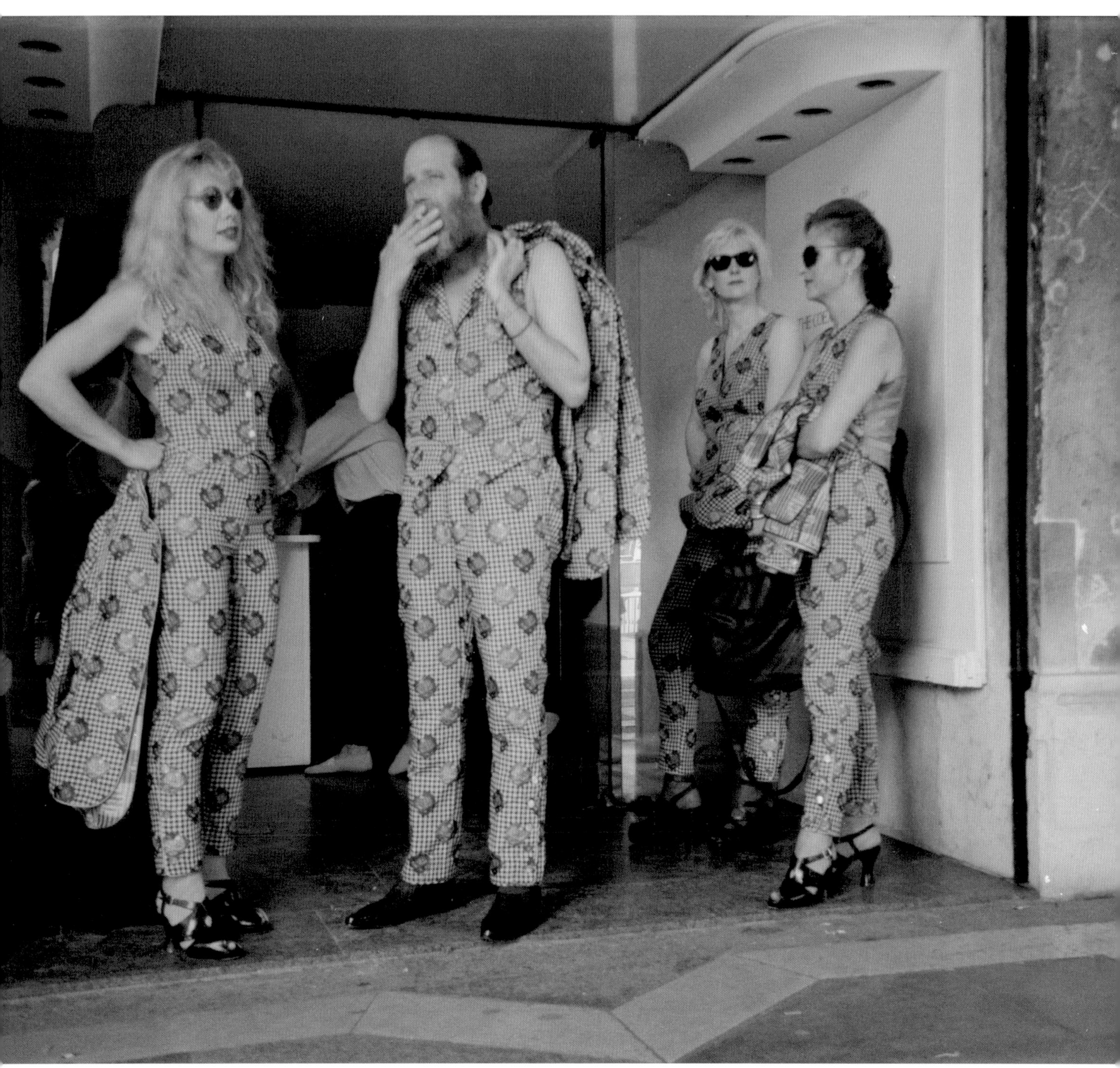

# Böse ist besser

## To Bitch Is To Be

FELIX RUF

Daß das Böse in der Welt ist, daran gibt es keinen Zweifel: es ist in den Kindergärten, in den Stuben der Bürokratie, auf den Marmorklippen, auf dunklen Kellerstiegen. Und ist es einmal irgendwo, dann kann es an allen Stellen lauern. Der Skandal ist ein anderer: daß man nicht sagen kann, was es ist. Das Böse ist nichts für sich und trägt keinen Namen. Man stelle sich vor, mit welchem Schrecken man die Praxis des Arztes verläßt, wenn der gesagt hat: „Sie haben eine Krankheit, die keinen Namen hat.“

Das Böse ist immer schon ein Gegensatz. Zum Guten, Schönen, Wahren, dem Göttlichen und dem Vernünftigen, doch so sicher ist die Sache nicht. Man hat deshalb danach getrachtet, das namenlos Böse in Schachteln zu stecken, um es zu beherrschen. Die Schachteln wurden mit Etiketten versehen: Theologie, Jurisprudenz, Philosophie, Psychiatrie im ersten Regal, darunter etwa in einer anderen Ordnung: Aggression, Lust, Macht. Die Kirche bevorzugte bis vor kurzem noch konkrete Namen. Von Zeit zu Zeit stellt die Wissenschaft eine neue Schachtel ins Regal und verteilt den Inhalt der alten Schachteln, bis das Böse zumindest provisorisch einen Namen erhält und die Angst

That the evil is in the world is something there can be no doubt about: it is in kindergartens, in the offices of bureaucracy, on marble cliffs, on dark cellar steps. And once it is somewhere, it may lurk in all places. The scandal is a different matter: you cannot tell what it is. The evil is nothing in itself and has no name. Imagine the horror with which you would leave a medical practice after being told that you have a disease that has no name.

The evil is always something in opposition. In opposition to the good, the beautiful, the true, the divine, and the reasonable, yet there is something uncertain about it. This is why people have tried to put the nameless evil into boxes to control it. The boxes have been labeled: theology, jurisprudence, philosophy, psychiatry on the first shelf; and below, following a different order: aggression, lust, and power. The church has preferred concrete names until recently: From time to time, science puts another box on the shelves and distributes the contents of the old boxes until the evil gets

Erstmals erschienen in
*DIE DAMEN*, Wien/Bozen:
Folio Verlag 1995

First published in
*DIE DAMEN* (Vienna/
Bolzano: Folio Verlag, 1995)

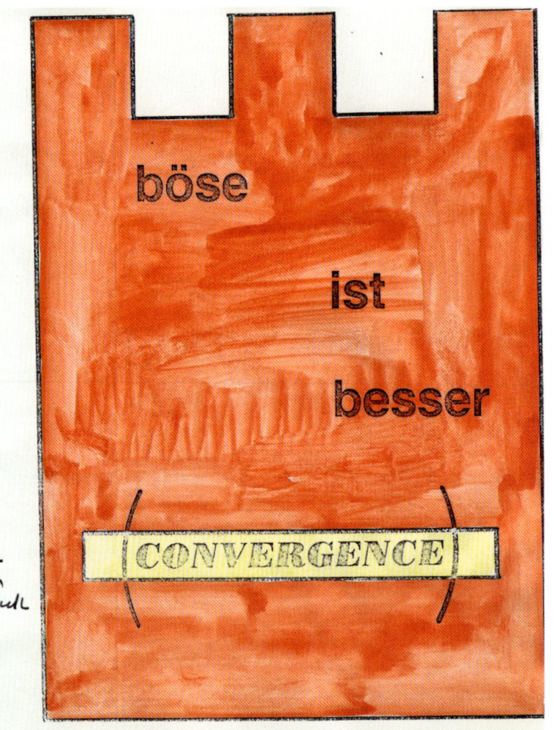




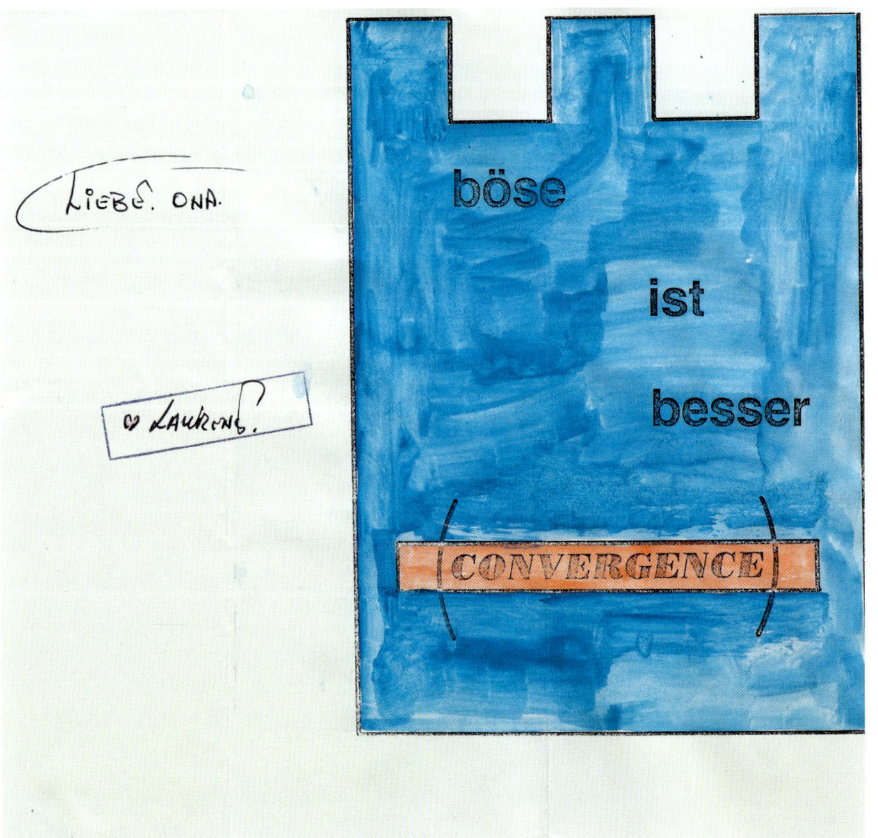




← Korrespondenz
Lawrence Weiner, 1993
Je 20 × 21,5 cm

Correspondence
Lawrence Weiner, 1993
20 × 21.5 cm each

vor dem Schrecken ohne Namen vertrieben wird. Die Verzeichnisse des Bösen werden auf diese Weise länger, seine Namen differenzierter. Man ist beschäftigt und für kurze Zeit beruhigt.

Da es nichts ist, seine Namen nur immer vorläufige sind, bleibt das Böse Negation: Nicht gut oder schlecht, sondern besser oder schlechter, im Verhältnis zu dem, was da ist. Die Bosheit, die Lust an der Negation von dem, was ist, durch die das Böse sich äußert, ist seltsam frei. Die Bosheit ist unberechenbar. Sie hat zwar Regeln, aber ist willkürlich, ein zweckfreies Spiel. Die Beschäftigung der Kunst mit dem Bösen und der Bosheit lenkt die Fragen zurück auf das, was da eigentlich verneint wird: Wenn die Bosheit zweckfrei ist, was ist dann der Zweck des anderen? Wenn das Böse den Glanz des Schönen trägt, manchmal eine Blume ist, was ist dann ihr Gegenteil? Wie sagt Mephistopheles? „Ich bin der Geist, der stets verneint! / Und das mit Recht; denn alles, was entsteht, / Ist wert, daß es zugrunde geht; / Drum besser wär's, daß nichts entstünde." Das Gegenteil muß man erst beweisen.

an at least provisional name and the fear of the horror without name is dispelled. The registers of the evil become longer this way, its names more differentiated. One is busy and calms down for the time being.

Since it is nothing and all its names are only provisional, the evil remains a negation: neither good nor bad, but better or worse in regard to what is there. The malice, the pleasure in the negation of what there is, through which the evil articulates itself, is free in a peculiar way. Malice is incalculable. It has its rules, but it is random, a game with no purpose. Art's dedication to the evil and to malice refocuses the questions on what is actually negated. If malice has no purpose, what then is the purpose of the other? If the evil wears the splendor of the beautiful, is sometimes a flower, what then is its opposite? How did Mephistopheles put it: "I am the spirit that negates. / And rightly so, for all that comes to be / Deserves to perish wretchedly; / 'Twere better nothing would begin." The opposite has yet to be proved.

↓

**Taubenfuttersäckchen,** 1993
Beidseitig gestempelt,
Pergaminpapier, Vogel-
futter, 8 × 5 cm
Landessammlungen
Niederösterreich

———

**Pigeon feed sachets,** 1993
Glassine paper, stamped
on both sides; birdseed
8 × 5 cm
Collections of the State of
Lower Austria

→

**Böse ist besser, Plakat,** 1993
Offsetdruck beidseitig,
32,3 × 29,7 cm
Landessammlungen
Niederösterreich

———

**To Bitch Is To Be,** 1993
Offset print poster, printed
on both sides, 32.3 × 29.7 cm
Collections of the State of
Lower Austria

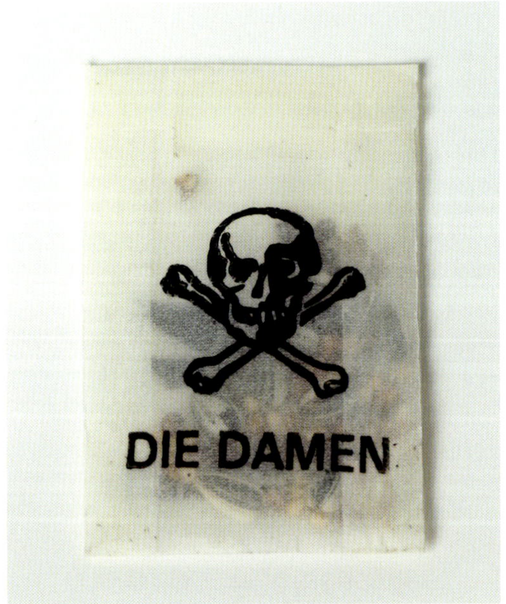


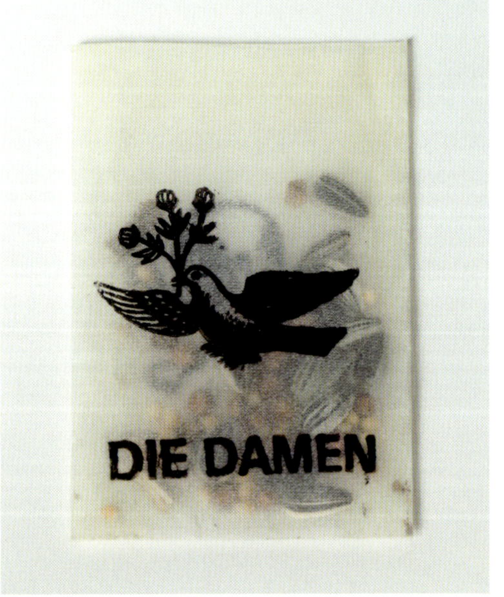

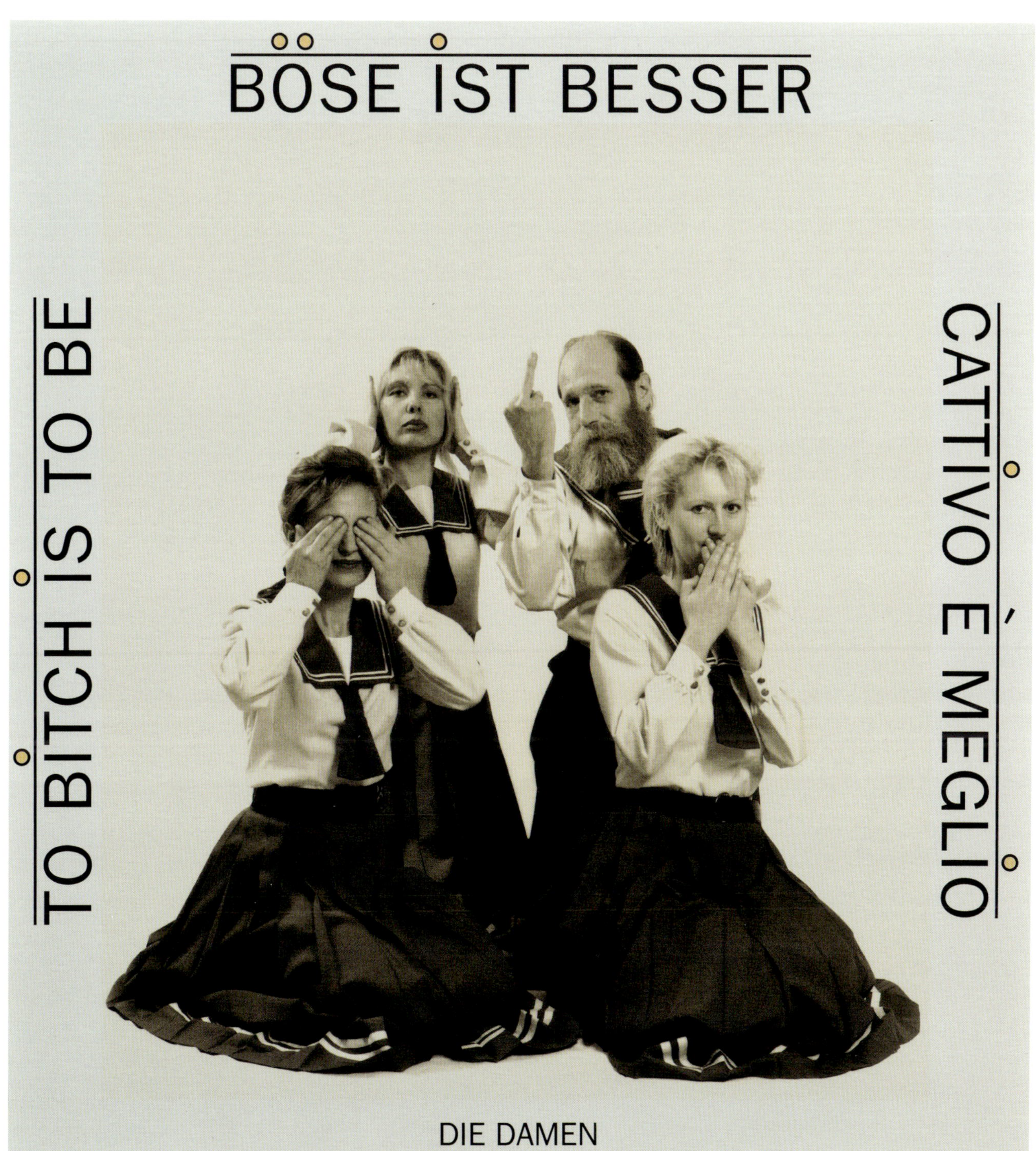


DIE DAMEN

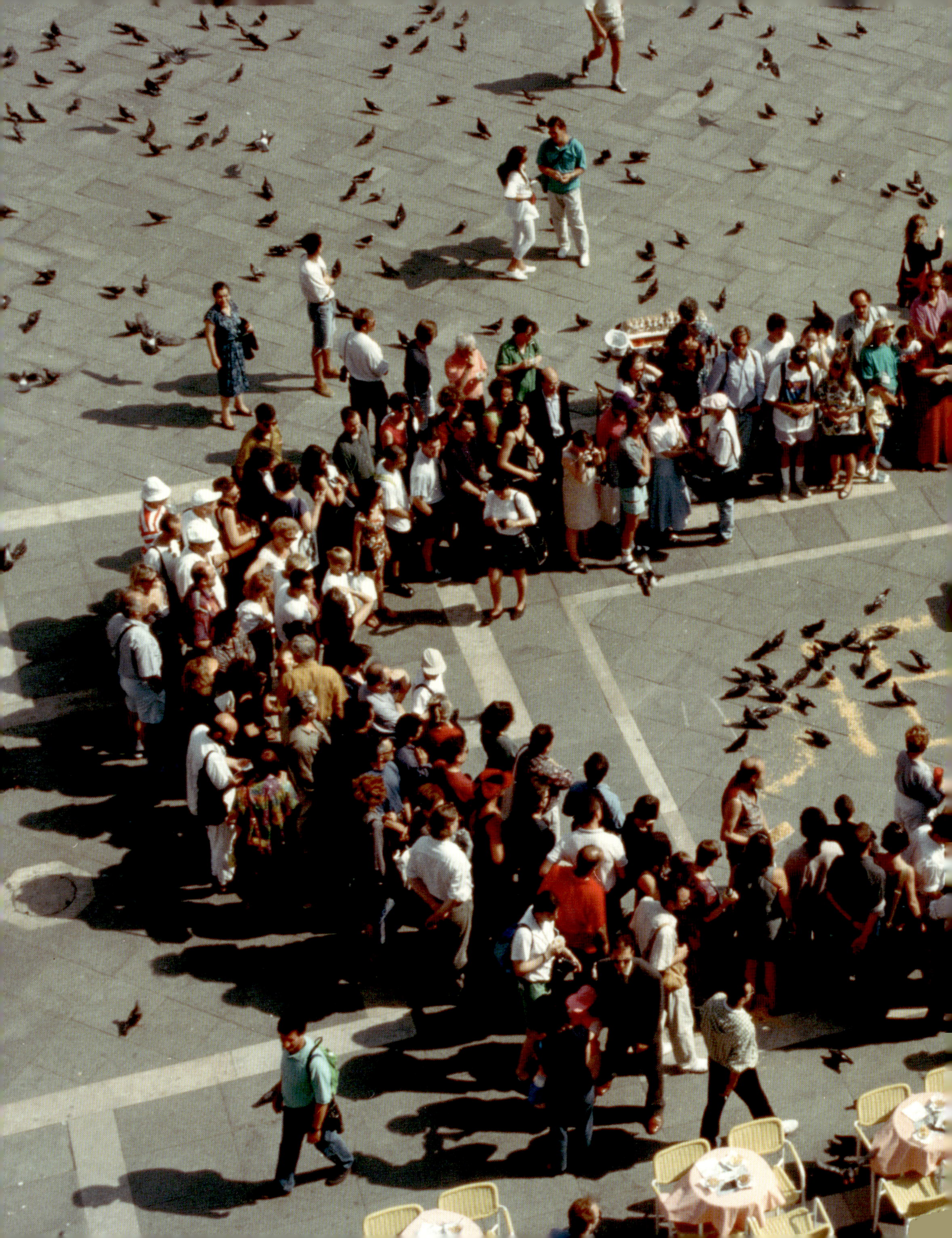

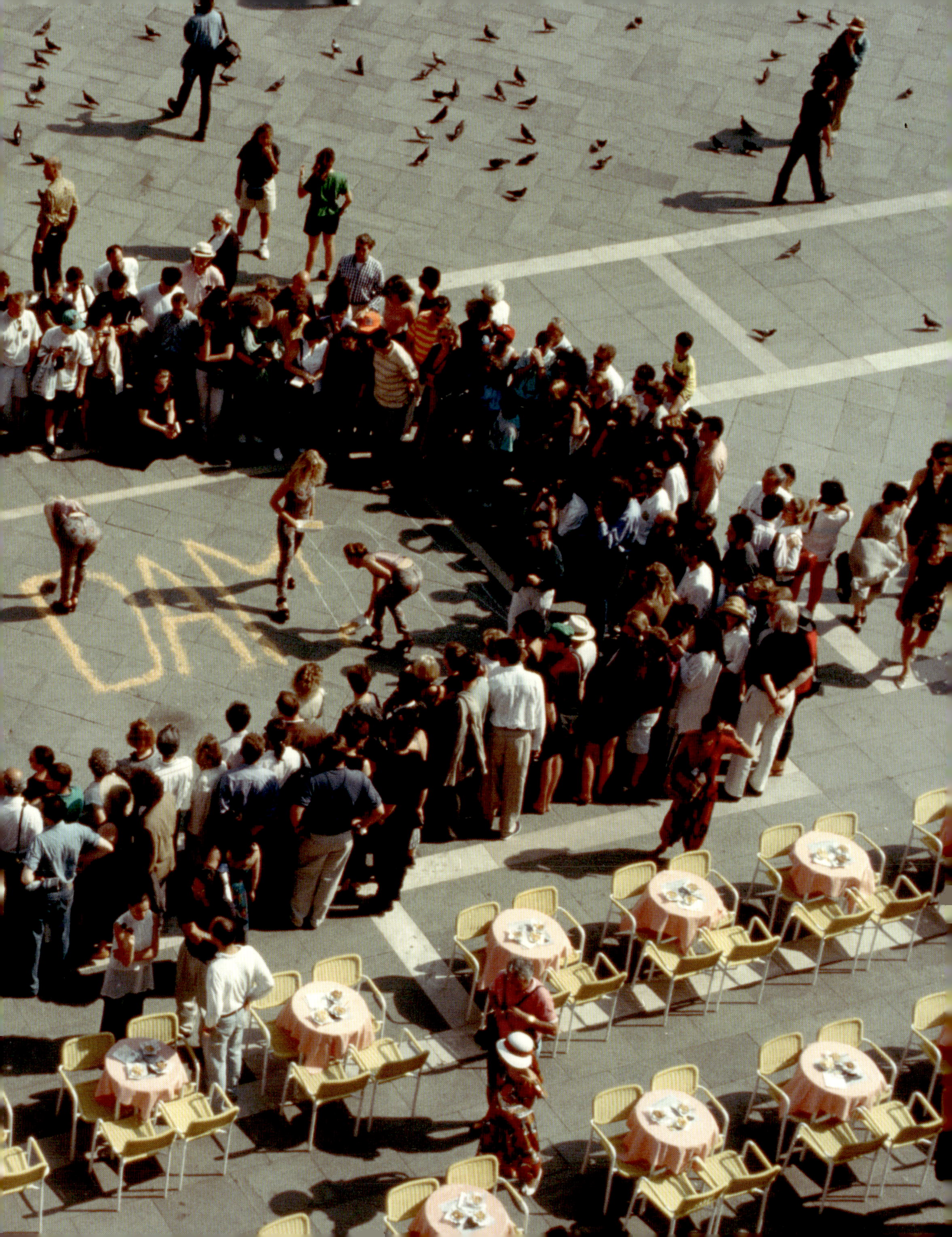

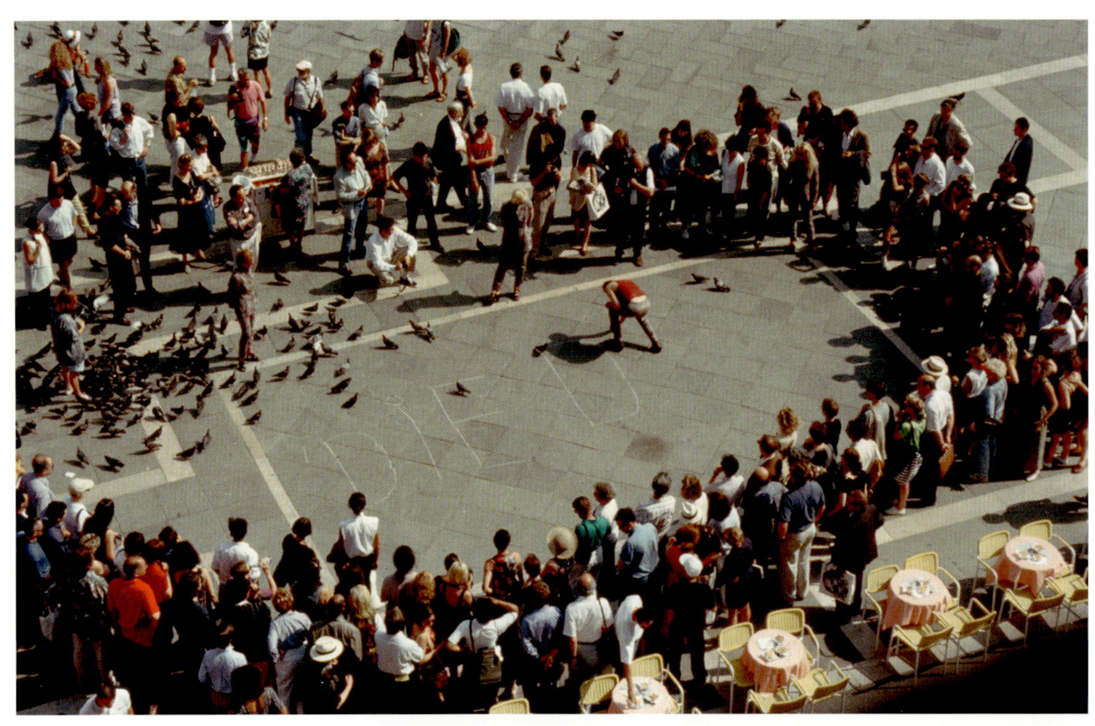

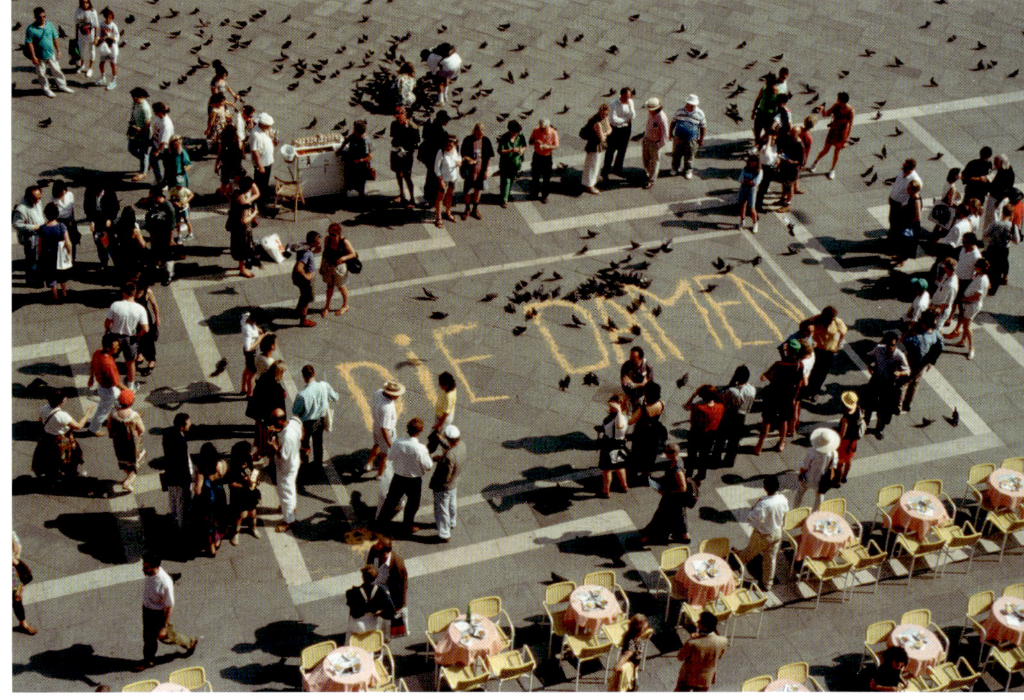



← ← ↑ →

Performance auf dem
Markusplatz, Venedig, 1993

Performance on St. Mark's
Square, Venice, 1993

→
Ausstellungsansicht, Alte
Prokuratien, Markusplatz,
Venedig, 1993

Exhibition view, Procuratie
Vecchie, St. Mark's Square,
Venice, 1993

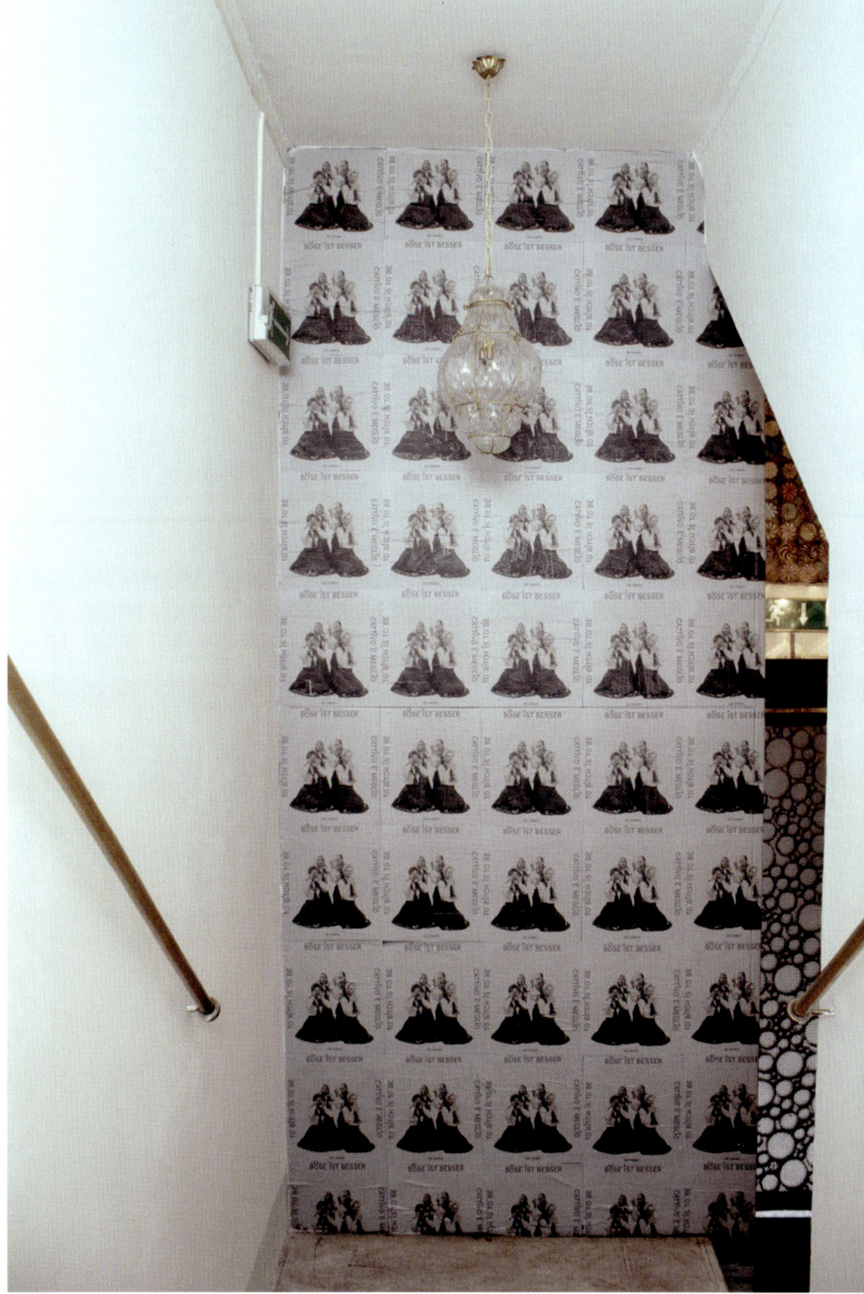

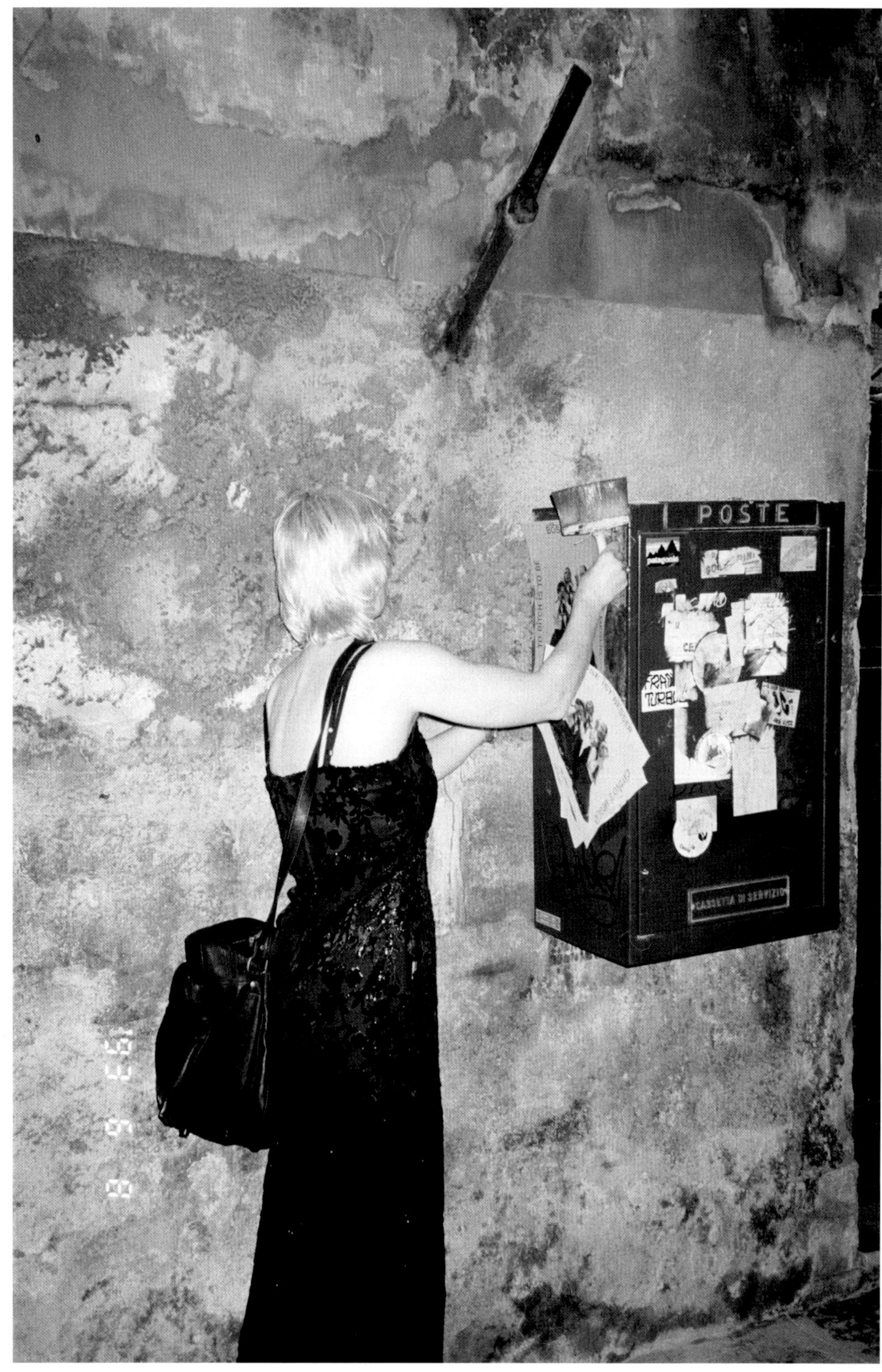



→
Illegale Plakatierung,
Venedig, 1993

Flyposting in Venice, 1993

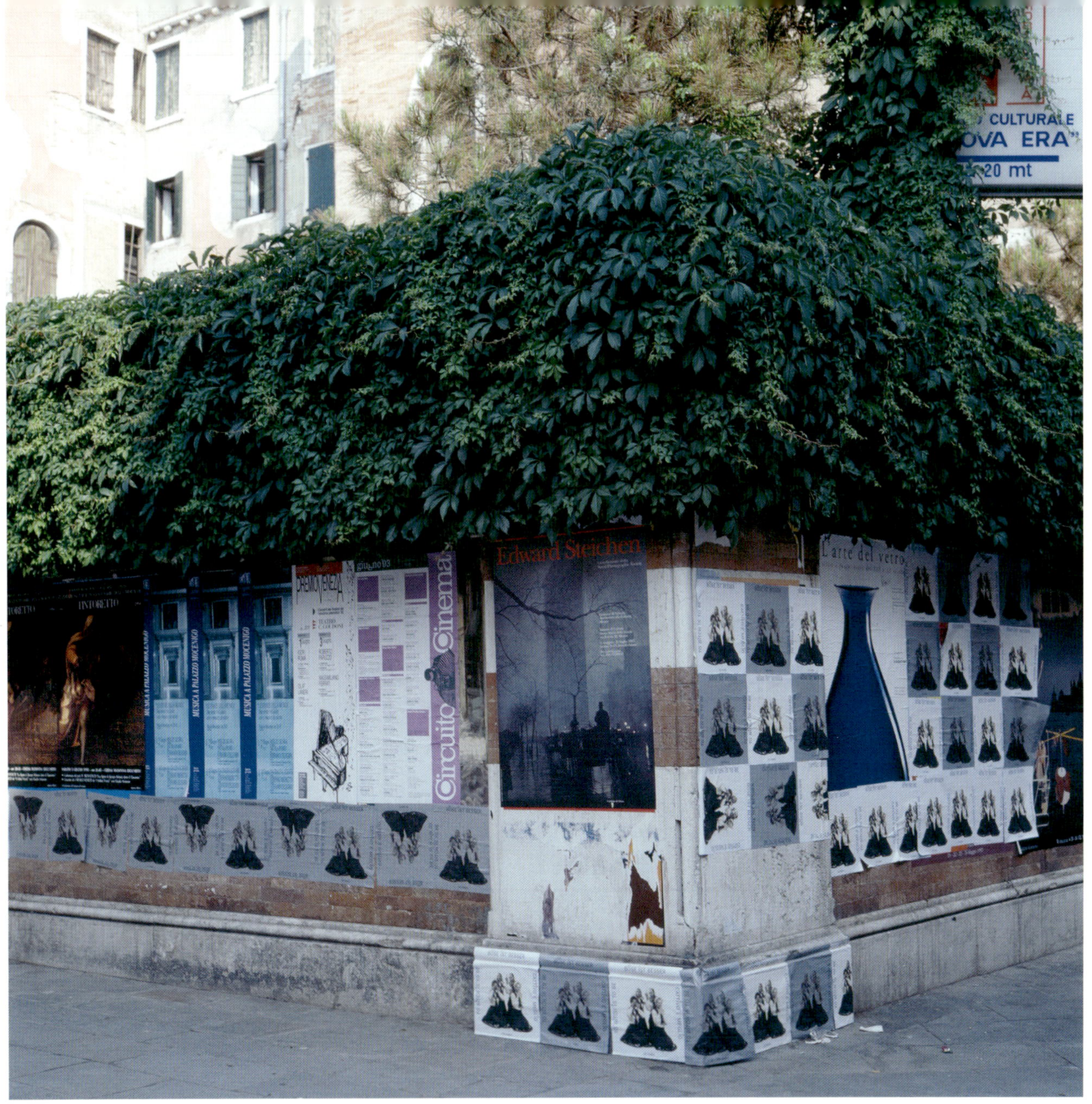

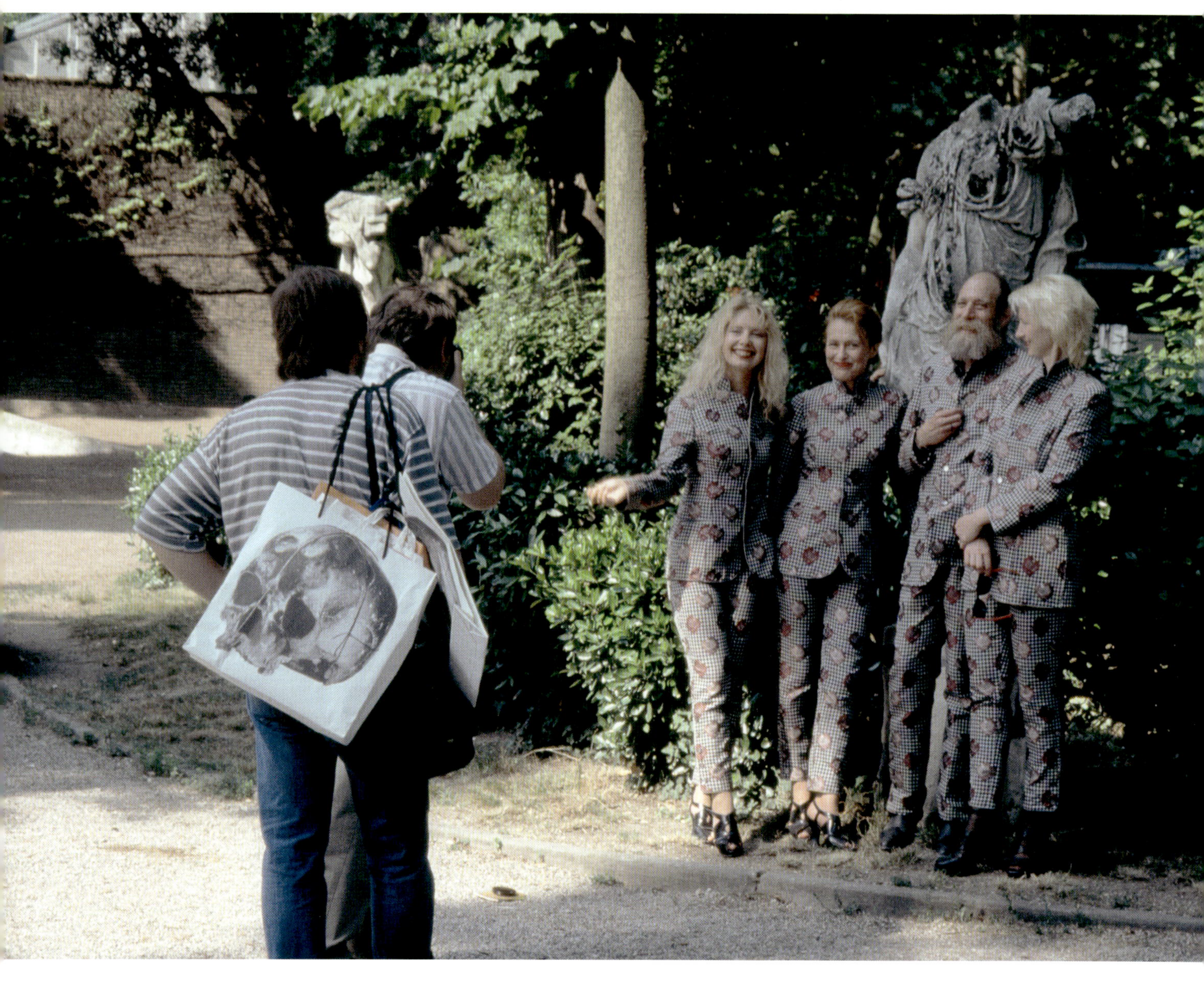

↑ →
Venedig, 1993

Venice, 1993

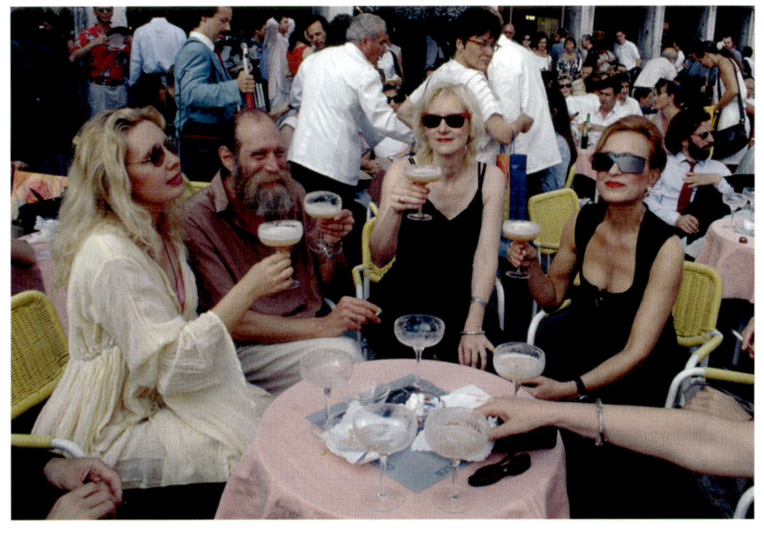

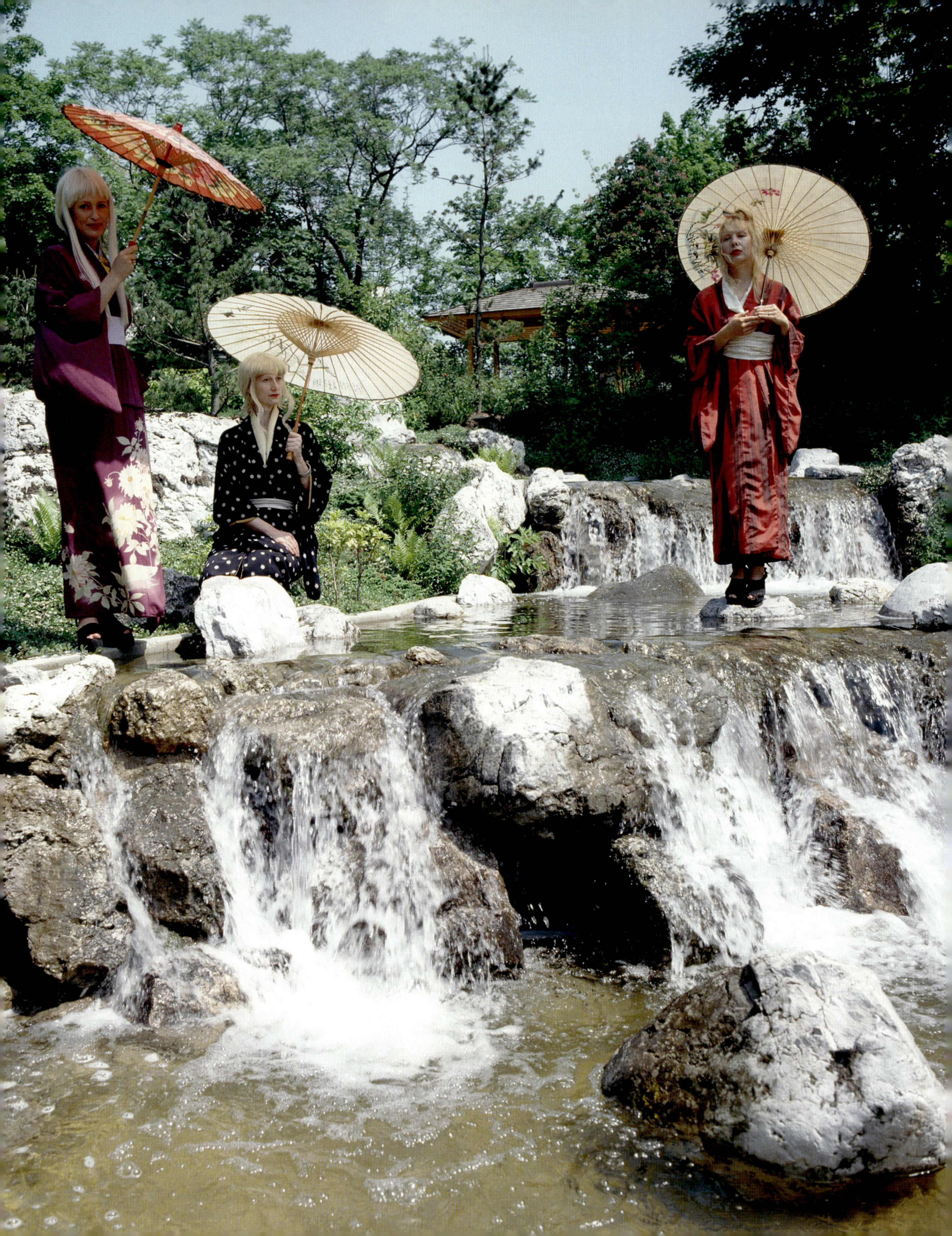

# Böse ist besser, Japan, 1993

Transkulturelle Recherche zu Frage und Gegenstand des Bösen, Japan
*Reise zu den Quellen,* museum in progress, Kuratorin: Stella Rollig

———

# To Bitch Is To Be, Japan, 1993

Transcultural research on the issue and the subject of the evil, Japan
*Travelling to the Sources,* museum in progress, curator: Stella Rollig

museum in progress, ein innovativer Kunstverein, der sich im Kommunikationsraum der Medien herumtreibt, entwickelt mit der Kuratorin Stella Rollig das Format *Reise zu den Quellen.* Es gibt jungen österreichischen Künstlern die Möglichkeit zu Auslandsaufenthalten.

Das Projekt der DAMEN sieht vor, in Tokio eine „transkulturelle Recherche zu Frage und Gegenstand des Bösen" durchzuführen. Lawrence Weiner, der das Thema vorgegeben hat, muss zu Hause bleiben. Für Pressezwecke lassen sich die Globetrotterinnen am Wasserfall des Japanischen Gartens in Wien-Döbling mit blonden Perücken, Schirmchen und Kimonos fotografieren.

Mit Venedig-Hosenanzügen und Ankara-Regenmänteln im Gepäck geht die Reise los. Die Unterbringung bei der österreichischen Kultur-attachée Gabriele Tschürtz bringt verschiedene Annehmlichkeiten mit sich. Mit Visiten- und Fragekarten in Japanisch ausgerüstet begeben sich DIE DAMEN auf Sightseeingtour und überreichen sie bei jeder sich bietenden Gelegenheit. „Wenn Ihnen Böses widerfährt", steht darauf, „halten Sie sich entweder Augen, Ohren oder Mund zu?

museum in progress, an innovative art association navigating media communication spaces, developed, together with curator Stella Rollig, a format called *Travelling to the Sources,* which provided young Austrian artists with opportunities to work stays abroad.

The project of DIE DAMEN was to conduct "transcultural research on the issue and the subject of the evil" in Tokyo. Lawrence Weiner who had come up with the subject had to stay at home. For press purposes, the globetrotters-to-be posed—with blonde wigs, umbrellas, and in kimonos—for a photo shoot at the waterfall of the Japanese garden in Vienna's nineteenth district.

They set out on their trip with Venice pant-suits and Ankara raincoats in their luggage. Taking up lodgings with the Austrian cultural attaché Gabriele Tschürtz had its amenities. Equipped with business and question cards, DIE DAMEN went on a sightseeing tour, handing out cards at every chance. They read, "If anything bad happens to

Text: Brigitte Huck

←

Pressefoto, Japanischer
Garten, Wien, 1993

———

Press photo, Japanese
garden, Vienna, 1993

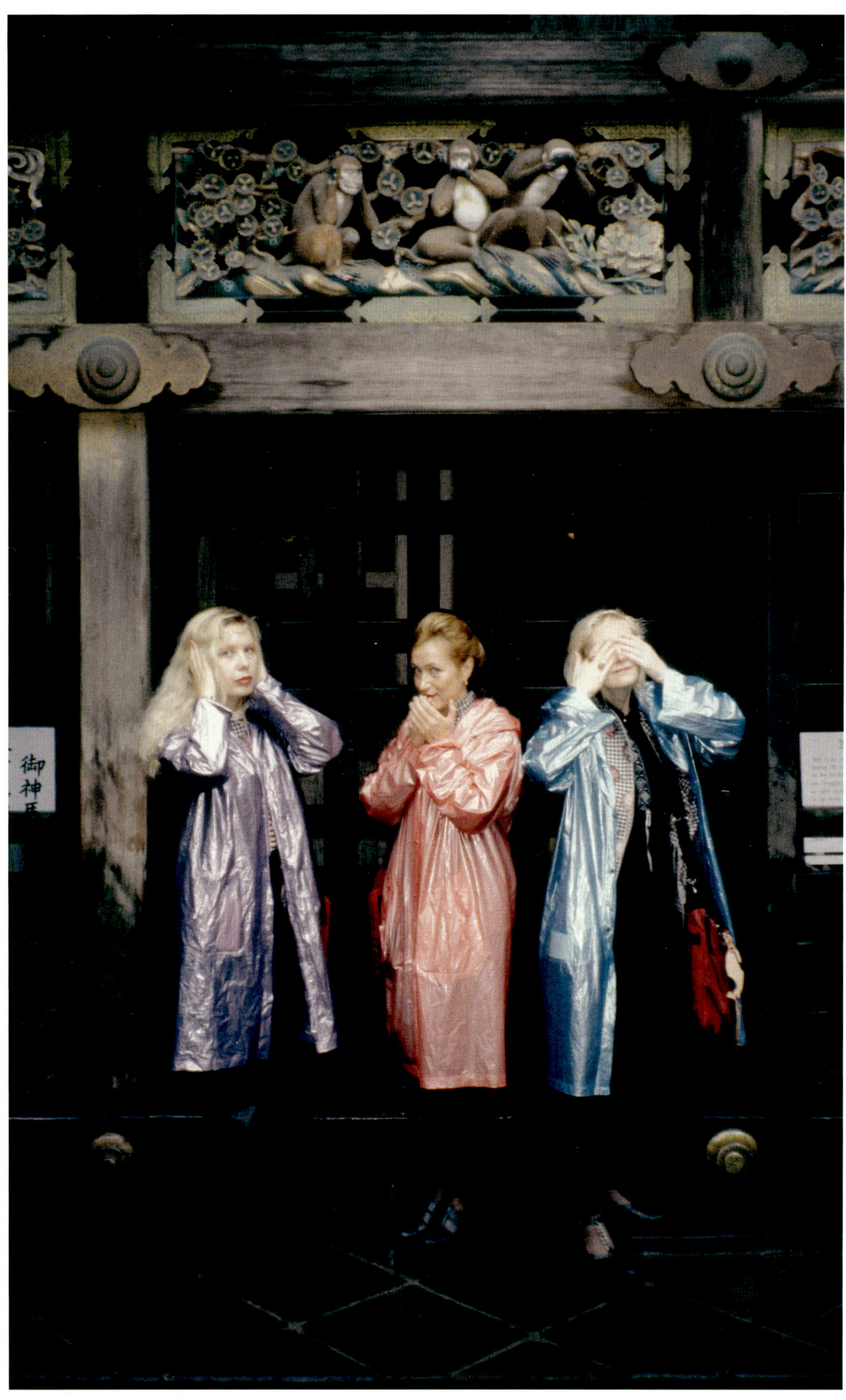

Würden Sie für uns diese Geste machen und dürfen wir Sie dabei fotografieren? Vielen Dank."

Nach zehn hektischen Tagen, angefüllt mit mehreren privaten Empfängen, lange geplanten Treffen mit Museumsdirektoren, einem Abend im traditionellsten Restaurant Tokios, Nudelshoptests, Kabukitheater, dem Fischmarkt im Morgengrauen, den wegen eines Ruhetags verpassten Sumoringern und einem Ausflug zum Affenrelief in Nikkō, ist genug Material für das geplante Buch *DIE DAMEN* zusammengekommen.

you, do you cover your eyes, ears, or mouth with your hands? Would you do it for us, and may we take your photo while you are doing it? Thank you very much."

After ten hectic days with a tight schedule of several private receptions, long planned meetings with museum directors, an evening at Tokyo's most traditional restaurant, some noodle shop testing, Kabuki theater, the fish market at the break of dawn, sumo wrestlers (who they failed to see due to a rest day), and a trip to the Nikkō shrine to see the monkey relief, enough material was compiled for the projected book *DIE DAMEN*.

→
Fragekarte, 1993
„Wenn Ihnen Böses widerfährt, halten Sie sich entweder Augen, Ohren oder Mund zu? Würden Sie für uns diese Geste machen und dürfen wir Sie dabei fotografieren? Vielen Dank."
10 × 14,8 cm
———
Question card, 1993
"If anything bad happens to you, do you cover your eyes, ears, or mouth with your hands? Would you do it for us, and may we take your photo while you are doing it? Thank you very much."
10 × 14.8 cm

←
DIE DAMEN vor der Schnitzerei der drei Affen an der Fassade des heiligen Pferdestalls, Shintō-Schrein in Nikkō, Japan, 1993
———
DIE DAMEN in front of the carving of the three monkeys on the façade of the Holy Horse Stable of the Nikkō Shintō shrine, 1993

何かいやなことに出くわした時、あなたは目をつぶり、耳と口をふさぎますか。

実際にその動作をしていただけますか。

それを写真に撮らせていただけますでしょうか。

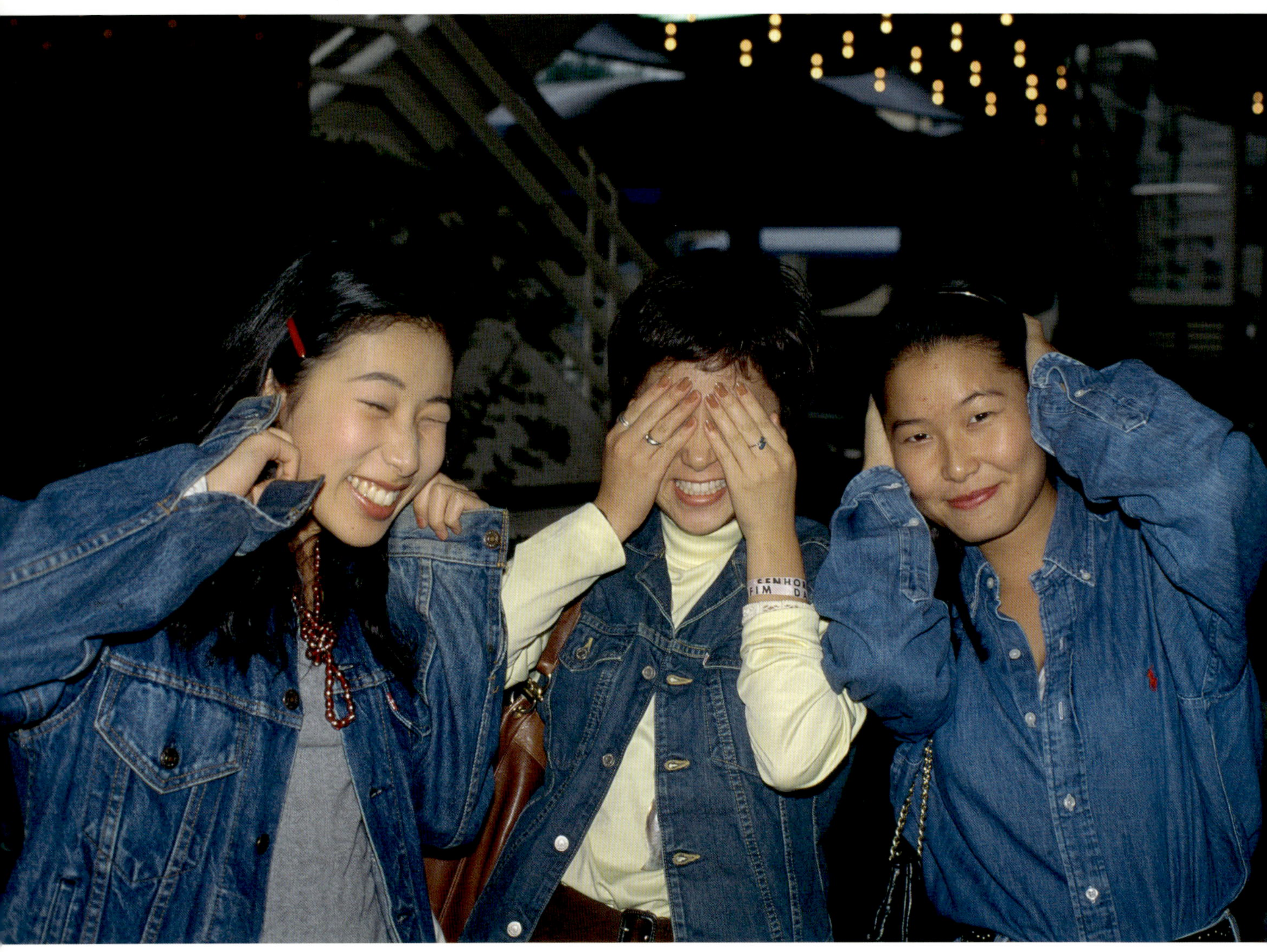

Reaktionen auf die von
den DAMEN gestellte Frage,
Tokio, 1993

Reactions to the question
asked by DIE DAMEN, Tokyo,
1993

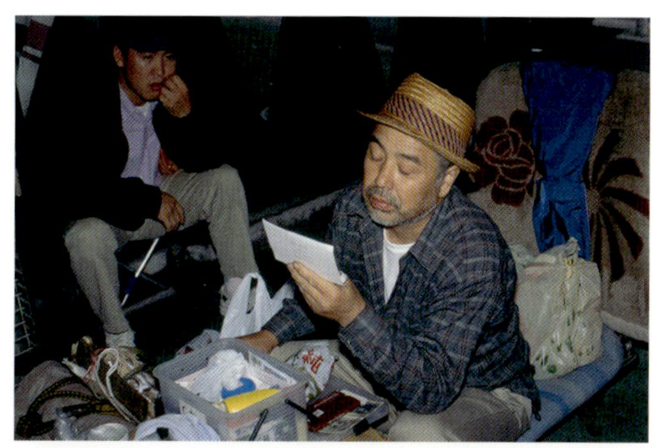

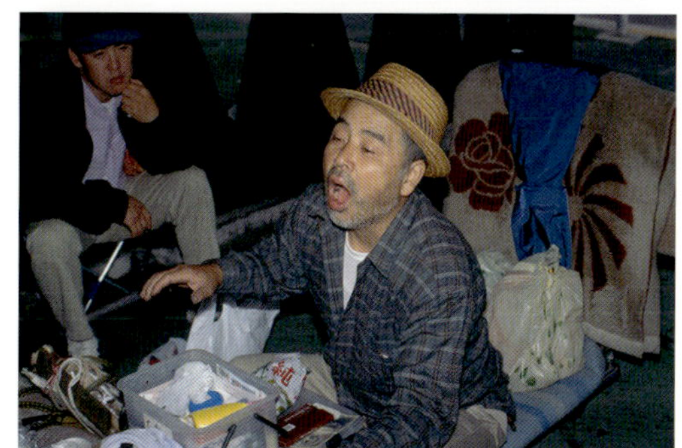

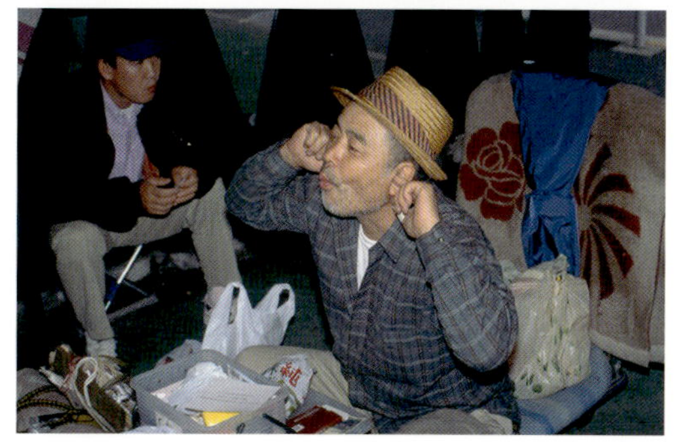

Reaktionen auf die von
den DAMEN gestellte Frage,
Tokio, 1993

Reactions to the question
asked by DIE DAMEN, Tokyo,
1993

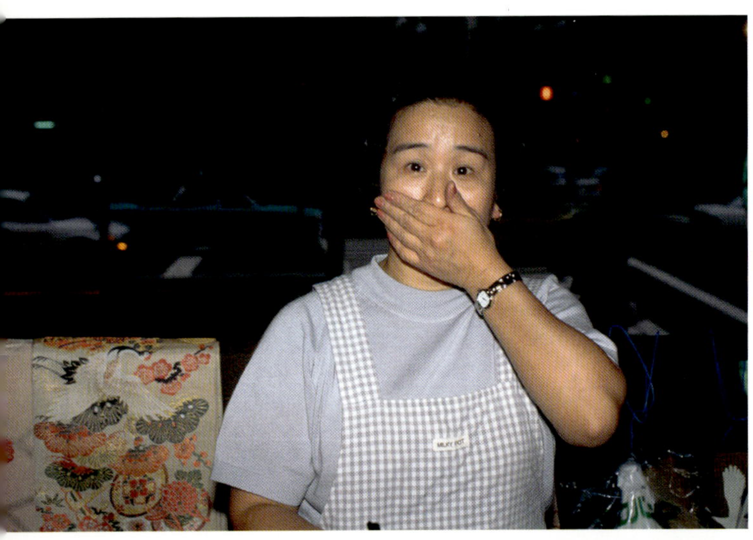
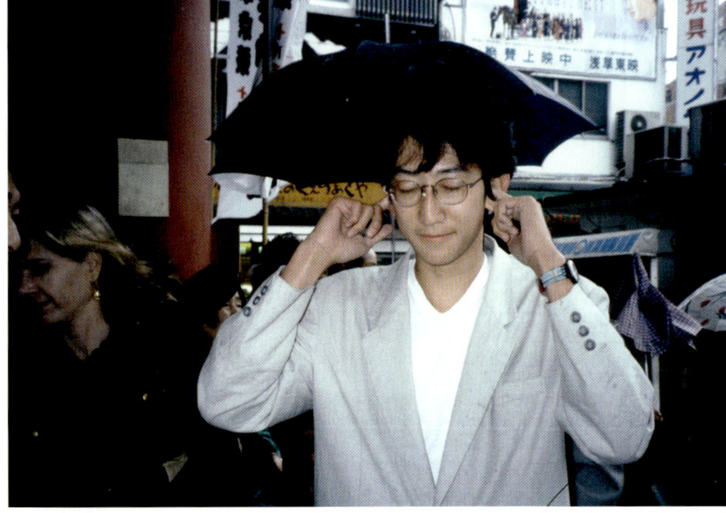
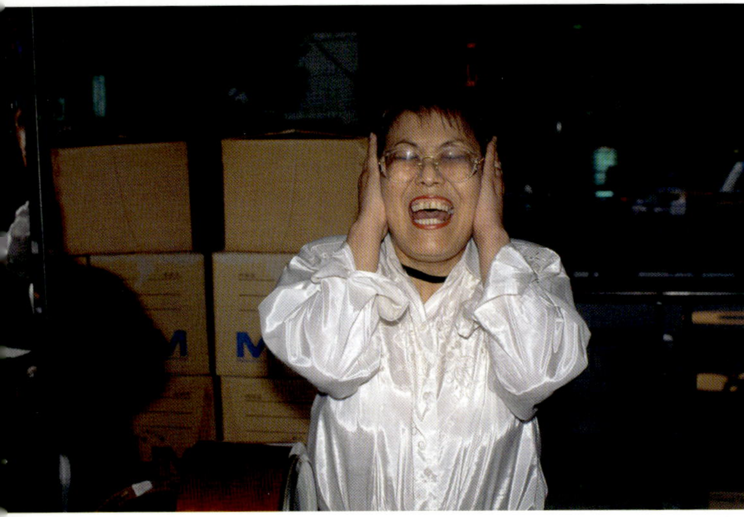
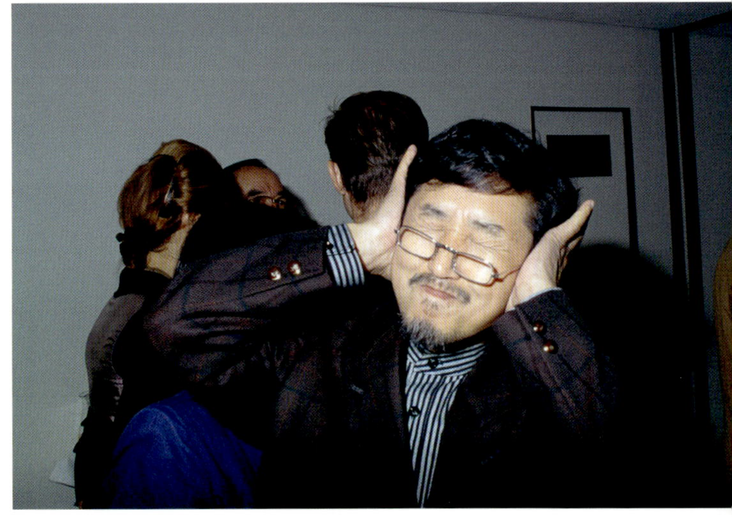

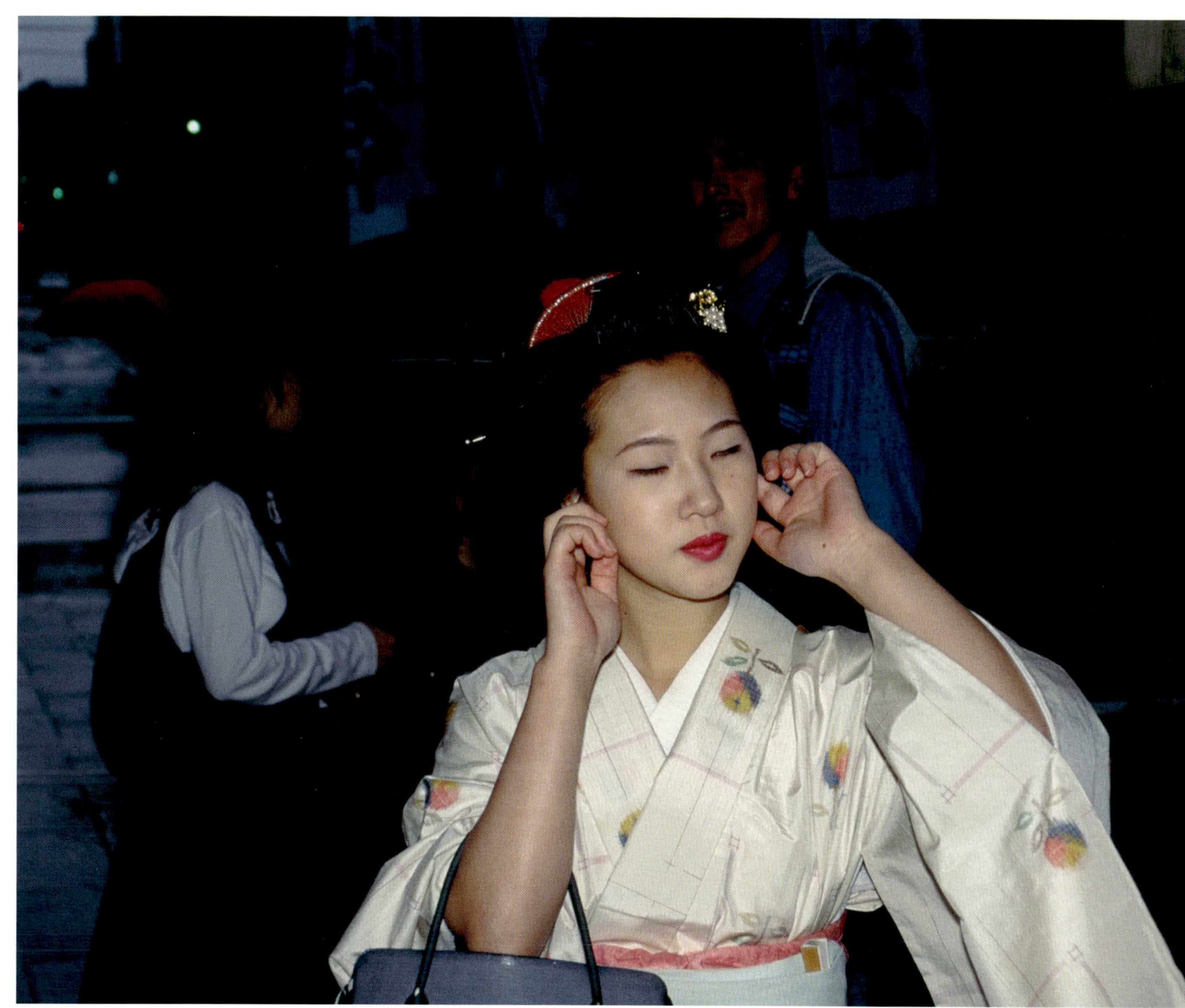

# „… zufällig die Geste der drei Affen"

## "It is not a coincidence that you have chosen the gesticulations of the three wise monkeys…"

CHIDORI GENTA

Ich komme der Gelegenheit, einen Text über unsere gemeinsamen Tage zu verfassen, mit großer Lust nach, solange die Erinnerung daran noch so wach ist wie jetzt. Ihre gestrige Bitte nach einer Aufzeichnung erfüllt mich nun nicht nur mit Freude, sondern ein wenig auch mit Angst, ob es mir gelingen mag, das Erlebte und Beobachtete verständlich zu beschreiben. Meine Beobachtung galt Ihrem fremden Blick auf das für mich Vertraute.

Es waren für mich zehn magische Tage, an denen ich Sie begleitet habe. Mein Blick fiel auf das Land meiner Kindheit, das mir einmal vertraut war, das ich für lange Zeit nicht nur räumlich verlassen habe und das mir durch Ihren Blick und Ihre Inszenierung nun noch fremder geworden ist als vorher. Ob in Roppongi, im Park von Ueno oder im Kamakuratempel der Toten Kinder: Die Magie dieser Tage und meine Irritation lag offenkundig in der Entfremdung, die Sie durch Ihre öffentliche Inszenierung herbeigeführt haben. Durch Ihre Uniformen, die Karte, die Sie verteilt haben, und die Reaktionen, die Ihre Karte bei den Personen, die Sie zu Schauspielern in Ihrem Theater gemacht haben, bewirkt hat.

It is with great pleasure that I avail myself of the opportunity to compose a text about our days together while the memory is still as fresh as it is now. Your request of yesterday for an account not only fills me with joy, but also with a modicum of fear whether I might be able to reasonably render what I have seen and noticed. My observation focused on the foreign gaze you cast at what was familiar to me.

For me, those were ten magic days which I spent keeping company with you. My gaze fell upon the country of my childhood, once so familiar to me, which I had left behind for a long time—and not just territorially—and which has now become even more foreign to me than before because of your view of it and your enactments. Whether it was in Roppongi, in the Park of Ueno, in the temple shrine of the dead children in Kamakura: the magic of these days and my distraction obviously had its roots in the alienation induced by you with your public enactments. With your uniforms, with

Übersetzung und redaktionelle Vorarbeit: Felix Ruf.
Erstmals erschienen in
*DIE DAMEN*, Wien/Bozen:
Folio Verlag 1995.

———

Translation into German and preliminary editorial work:
Felix Ruf.
The German text was first published in *DIE DAMEN*,
Vienna/Bolzano: Folio
Verlag, 1995.

Ich habe die Karte vor mir. Sie erinnern sich an den Abend im Restaurant in Roppongi, das so plötzlich zur Bühne wurde; das Stück, das Sie mit dem Besitzer inszeniert haben und das sich so oft wiederholt hat und das doch immer anders war; den Moment, als Sie die Karte überreichten und der Besitzer sie las: „Wenn Ihnen etwas Böses widerfährt, halten Sie sich entweder Augen, Ohren oder Mund zu? Würden Sie für uns diese Geste machen und dürfen wir Sie dabei fotografieren? Vielen Dank."

Das waren Augenblicke des Fremdseins, ein grausamer Moment für den Mann, die Geste auszuführen, das kleine Lachen, die kleine Provokation und doch das Vorrecht der ungewohnten Gäste, die Kooperation erzwingen. Das waren für mich Momente der Entfremdung *(alienation)*, ein Wort, glaube ich, das in Ihrer Sprache seit langer Zeit eine negative Bedeutung enthält. Die japanische Kultur kennt dieses Wort nicht, doch sie kennt wohl besser als die europäische Kultur den Vorgang, *das Gesicht zu verlieren.*

Sie haben für Ihre Inszenierung wohl nicht zufällig die Geste der drei Affen in Nikko gewählt, die ihren Weg auch nach Europa gefunden hat: „Sieh nichts Böses, hör nichts Böses, sprich nichts Böses", ein altes Verbot der Erziehung der Söhne durch die Mutter – nicht nur in Japan. Wie kein anderes verlockt das Verbot den Sohn, es lustvoll zu übertreten. Und wie voller Lust, glaube ich, war es für die Männer, das Gesicht verlieren zu dürfen vor einer fremden Frau! Das war für mich der erste Hintersinn Ihres Experimentes.

Ruth Benedict hat einmal die japanische Kultur als *Kultur der Scham* beschrieben, aus der sich eine auf das Äußere gerichtete Moral entwickelt hat, eine männliche Moral des Kämpfers, des Samurai, mit dem innersten Grundsatz, sein Gesicht vor dem Feind nicht verlieren zu dürfen. Es läßt sich zeigen, daß die Kultur der Scham auf dem konfuzianischen Prinzip der Verehrung des Mannes und der Verachtung der Frau beruht. Seit der Edo-Zeit diente die Frau als gute Ehefrau, als weise Mutter oder als Hetäre. Wie weit war der Weg bis zur Gegenwart, zu Künstlerinnen wie Harumi Setouchi oder Taeko Kōno. Die Hegemonie dieser alten Kultur gibt es zwar nicht mehr, aus

the card you handed around, and the responses it provoked from those who you made actors in your theater.

I have the card before me. You remember that evening at the restaurant in Roppongi which all of a sudden turned into a stage; the play you staged with the proprietor which was repeated so often and yet was different every time; the moment when you handed over the card and the proprietor read it. "If anything bad happens to you, do you cover your eyes, ears, or mouth with your hands? Would you do it for us, and may we take your photo while you are doing it? Thank you very much."

Those were moments of foreignness, a cruel moment for the man to make the gesture, the little laugh, the little provocation, and yet the prerogative of these strange guests who force cooperation from him. For me, those were moments of alienation, a word, I think, which has long been negatively connoted in your language. Japanese culture does not know this word, but what it does know, probably better than European culture does, is the occurrence of *losing one's face.*

It is not a coincidence that you have chosen the gesticulations of the three wise monkeys—which have also made their way to Europe—for your enactments: "See no evil, hear no evil, speak no evil," a cautionary don't that mothers teach their sons—and not only in Japan. And like no other forbiddance it tempts the sons to offend against it with lusty pleasure. And what a pleasure, I think, it must have been for these men to be allowed to lose their face in front of a woman stranger. For me, this was the first deeper meaning of the experiment.

Ruth Benedict once described Japanese culture as a "shame culture," out of which a morality of outward appearances developed, a male morality of the swordsman, the samurai, its most fundamental tenet being never to lose one's face in front of the enemy. It can be shown that the culture of shame is based on the Confucian principle of honoring the male and despising the female. From the beginning of the Edo period, women were

den Samurais sind Spesenritter geworden, aber
dennoch träumen sie, ob im Restaurant oder vor
den Videogeräten, in heimlichen Momenten vom
Seppuko, von der erhabenen Tat und vom adeligen
Feind. Wie ich gesehen habe, wird der alte Traum
vom Schwert in Europa eifrig rezipiert wie die
Schriften Yukio Mishimas und dabei verschwiegen,
daß der Zwillingsbruder der männlichen Erhaben-
heit die Lächerlichkeit ist.

Die Kultur der Scham, die Moral des
Äußeren stilisiert die Maske zu ihrem wichtigsten
Requisit. Eine Maske ist auch die Uniform – mit
dem Unterschied, daß Sie sie getragen und damit
ermöglicht haben, daß die Maske der anderen
zumindest für einen Moment lang entfernt werden
konnte. Eine Uniform gewährt Anonymität und
deckt unerlaubte Freiheiten. Zugleich weist sie den,
der keine hat oder sie im Moment des Ausführens
seiner Geste verliert, auf seine Unfreiheit hin. Ihre
Uniform ist eine Form der Liederlichkeit, indem sie
Ihre Individualität zum Verschwinden bringt, die
andere jedoch bloßlegt. Im *Großen Glas* hat Marcel
Duchamp den männlichen Figuren, den Jungge-
sellen am Friedhof der Livreen, solche Uniformen
angezogen. Ein Rollentausch in Ihrem Experiment.

Eine andere Wurzel noch: Die Moral des
Äußeren entsteht zur Zeit [von] Chikamatsu Monzaemon, dem Vollender des Kabuki-Theaters und
dem wohl wichtigsten Dramatiker des Bunraku-
Puppenspieles. Es wird Sie nicht überraschen, daß –
gerade in der Kultur der Masken und der Scham –
der Mensch als Puppe erscheint. So heißt es in der
alten Schrift Jōchōs [gemeint ist Jōchō Yamamoto],
dem Hagakure: „Was sind die Menschen anderes
als kunstvoll entworfene Puppen?! Zwar hängen
sie nicht an Fäden; dafür sind sie aber so geschickt
angefertigt, daß sie gehen, rennen, hüpfen, ja sogar
reden können." Der Mensch als Puppe ohne Fäden.
Ich denke, Sie haben in Ihrem Bunraku bewiesen,
wie dünn diese unsichtbaren Fäden sind und wie
leicht sie zu durchtrennen sind. Ein (verzeihen Sie)
romantisches Unterfangen, wie es europäischer
nicht sein könnte.

Mishima hat das Hagakure als nihilistischen
Text gelesen. Und wenn ich ihm auch in nichts
recht geben will, so hat er – wenn schon nicht als
Künstler, so als Philologe – in dieser Interpretation

reduced to serving as good wives, wise mothers,
or paramours. It has been a long way from there
up to the present day, to female artists like Harumi
Setouchi or Taeko Kōno. It is true, the hegemony
of the old culture is over, the swordplayers have
become pencil pushers, and yet they dream in
secret moments, in restaurants and in front of their
videos, of seppuku, of deeds of valor, and noble
enemies. I have seen that the dream of the sword
is enthusiastically received in Europe, as are the
writings of Yukio Mishima, but what is not said is
that the other side of sublime male valor is sublime
male ridicule.

The culture of shame, the morality of outward appearance, makes the mask its most important prop. A uniform also is a kind of mask—the
difference being that it was you who wore it and
thus made it possible for the masks of the others to
be removed, if only momentarily. A uniform gives
anonymity and provides cover for illicit liberties
taken. At the same time, it makes him who does
not have one or loses it in the moment of making
his gesture become aware of his loss of freedom.
Your uniform is a kind of dissoluteness in that it
makes your individuality disappear and brings out
that of others. In his *Large Glass*, Marcel Duchamp
put such uniforms on his male characters, the
bachelors at the graveyard of liveries. Roles were
switched in your experiment.

There is yet another root. The mortality
of outward appearances emerges at the time of
Chikamatsu Monzaemon, the consummator of
Kabuki Theater and probably the most important
dramatist of Bunraku puppetry. It will not come
as a surprise to you that humans are particularly
likely to appear as puppets in a culture of masks
and shame. As it reads in Jōchō Yamamoto's
*Hagakure*, the old book of the samurai, "Is not man
like a well-operated puppet? It is a piece of dexter-
ous workmanship that he can run, jump, leap, and
even talk though there are no strings attached."[1]
Humans as puppets with no strings attached.
I think that you have shown in your *Bunraku* how
thin, and how easily cut, these invisible strings are.

recht behalten. Die Moral des Äußeren ist eine nihilistische Philosophie. Mishima hat allerdings die falschen Schlüsse gezogen. Nihilismus zu leben erfordert nicht das Schwert, sondern Charme und gute Manieren. An anderer Stelle heißt es bei Jōchō, und diese Stelle erinnert mich stark an *Ihr* Bunraku:

„Des Menschen Leben ist kurz. Man sollte es verbringen, indem man tut, was man mag. In dieser Welt, die nicht länger dauert als ein Traum, nur mit Ungelegenem widerwillig sich zu quälen, ist töricht. Da dies indessen, falsch verstanden, Schaden stiften könnte, behalte ich es lieber für mich und sage es den jungen Leuten nicht weiter."

Das Hagakure von Jōchō ist die Lebensweisheit des Samurai. Mishima wollte es wiedererwecken im Namen der Kunst, einer Verschmelzung von Kunst und Leben im Gedanken an die Nation. Wie seine Sache ausgegangen ist, wissen wir. Sie verdient unsere Bewunderung nicht. In Ihrem Lebenstheater verschmilzt Leben und Kunst in ganz anderer Weise, mit gehöriger Ironie, mit Charme und dem Verweis auf die Künstlichkeit (nicht die Natürlichkeit) der Situation, in der wir leben.

Ihr uniformtragender Schauspieler ist weiblich, sein Kampfstil ist von brutaler Höflichkeit. Sie wissen vielleicht, daß das Kabuki-Theater keine weiblichen Schauspieler duldete. Es benötigte den Onnagata, den Frauenspieler. Im Ayamegusa, welches die Vorschriften für den Onnagata enthält, heißt es:

„Charme ist für den Onnagata unerläßlich. Aber sogar ein Onnagata, der natürliche Reize besitzt, wird seinen Charme verlieren, wenn er bewußt versucht, sich anmutig zu gebärden. Er wird nichts anderes erreichen, als daß er durch und durch verderbt wirkt. Daher muß ein Onnagata, der es zu höchster Vollendung bringen will, auch im Alltag wie eine Frau leben. Je mehr er sich auf der Bühne um ein typisch weibliches Verhalten bemüht, desto männlicher wird er erscheinen. Ich bin überzeugt, daß es vor allem darauf ankommt, wie sich der Schauspieler im täglichen Leben verhält."

Ich denke, daß der Onnagata der Gegenwart nicht unbedingt ein Mann ist. Nicht nur in Japan, sondern überall, in allen Kulturen und Nationen.

A (forgive me) profoundly romantic undertaking that could not be any more European.

Mishima read the *Hagakure* as a nihilist text. And however unwilling I am to admit that he may be right in anything, he has indeed been proved right with this interpretation, as a philologist, if not as an artist. The moral of outward appearances is a nihilist philosophy. However, Mishima drew the wrong conclusions. It does not take the sword to live nihilism, but charm and good manners. Another passage in Yamamoto reads—and this strongly reminds me of *your* Bunraku—: "Human life is truly a short affair. It is better to live doing the things that you like. It is foolish to live within this dream of a world seeing unpleasantness and doing only things that you do not like. But it is important never to tell this to young people as it is something that would be harmful if incorrectly understood."[2]

Yamamoto's *Hagakure* is the guide to the way of the samurai. Mishima sought to revitalize it in the name of art, of a fusion of art and life informed by the idea of the nation. We know how this has ended. It does not deserve our admiration. In your theater of life, life and art fuse in an entirely different manner, with a due measure of irony, with charm and a reference to the artificiality (not naturalness) of the situation that we live in.

Your uniform-wearing actor is female, her fighting style is brutal politeness. You may know that female actors were not allowed in Kabuki Theater. It needed the *onnagata*, the female impersonator. In the *Ayamegusa*, which contains rules and instructions for *onnagata* acting, it says: "The *onnagata* role has its basis in charm, and even one who has innate beauty, if he seeks to make a fine show in a fighting scene, will lose the femininity of his performance. Or again, it he tries deliberately to make his interpretation elegant, it will not be pleasing. For these reasons, if he does not live his normal life as if he was a woman, it will not be possible for him to be called a skillful *onnagata*. The more an actor is persuaded that it is the time when he appears on the stage that is the most important

In Ihren Inszenierungen ist mir klargeworden, daß Kunst keine Vermittlerin zwischen Kulturen ist. Im Gegenteil steht Kunst den Kulturen stets fremd gegenüber. Sie überschreitet die Grenzen und verbindet, nicht weil sie alle Nationen gleichermaßen liebt, sondern weil sie alle Nationen gleichermaßen haßt.

part in his career as an *onnagata*, the more masculine he will be. It is better for him to consider his everyday life as the most important."[3]

I think that the *onnagata* of the present day is not necessarily a man. Not only in Japan, but everywhere, in all cultures and nations.

It has become clear to me through your enactments that art is not a mediator between cultures. On the contrary, art always remains alien to cultures. It crosses borders and connects, not because it loves all nations alike, but because it hates all nations alike.

1
Yamamoto Tsunetomo
(also Jōchō), *Hagakure,
The Book of the Samurai*,
transl. William Scott Wilson
(Tokyo, 2002), 71.

2
Ibid., 77 f.

3
Charles J. Dunn, Bunzō
Torigoe (eds.), *Yakusha
Rongo, The Actors's
Analects* (New York, 1969),
53.

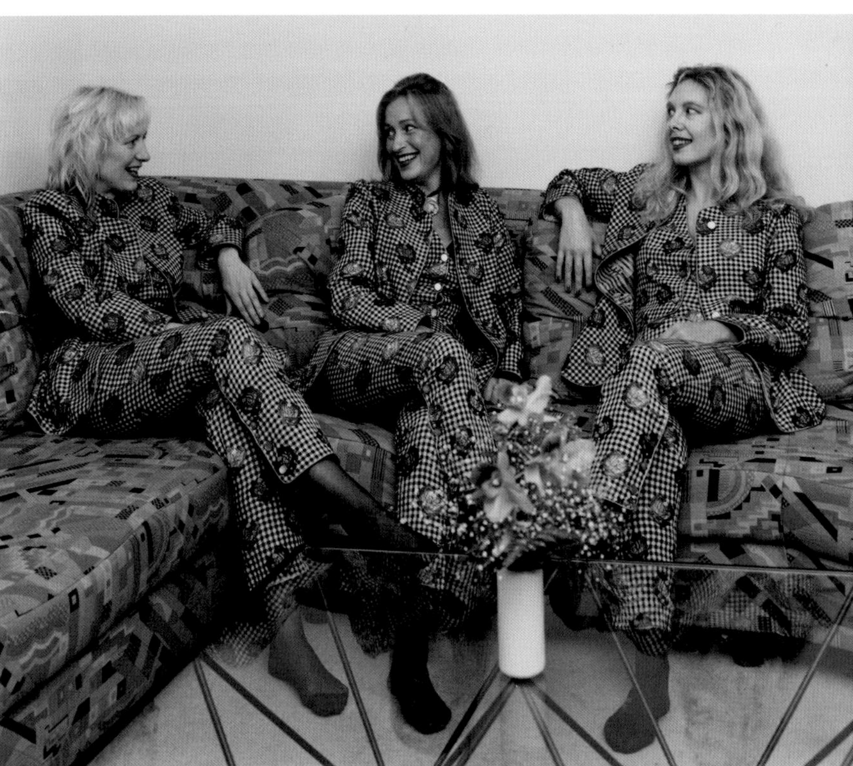

→
Tokio, 1993
———
Tokyo, 1993

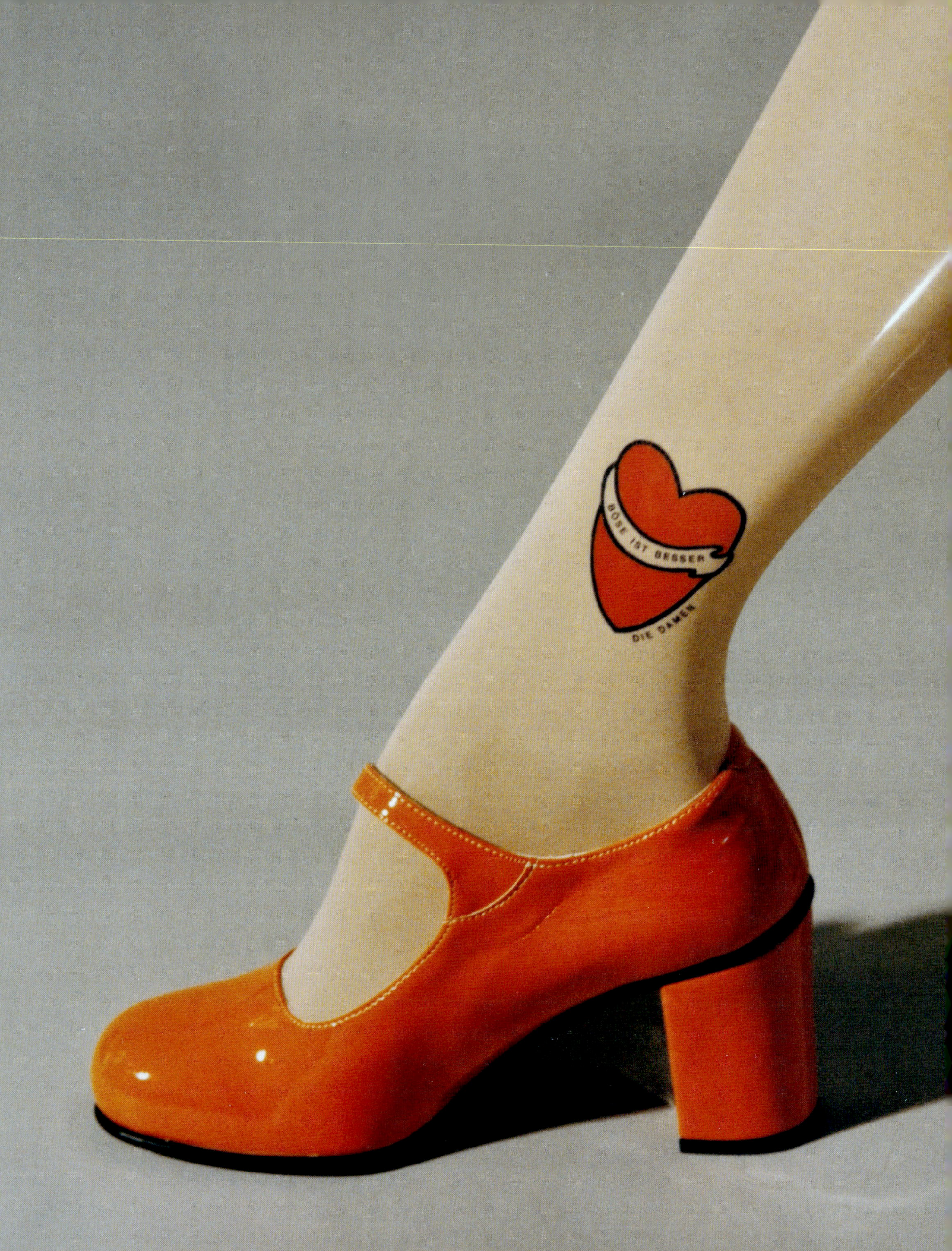
BÖSE IST BESSER
DIE DAMEN

# Böse ist besser, Editionen, 1994

Emailschild, Auflage: 100 Stück
Strumpfhose, Auflage: 150 Stück

---

# To Bitch Is To Be, Editions, 1994

Enamel plate, edition: 100 pieces
Pantyhose, edition: 150 pieces

Es ist die Zeit, als Lawrence Weiner zur DAME mutiert. Er nimmt einen zweiten Vornamen an, Catherine, und legt sich in den „ladies' departments" der Kaufhäuser Manhattans Unentbehrliches zu: Blusen, Stiefeletten, Lippenstift.

DIE DAMEN überlegen sich mittlerweile ein Vertriebssystem für Damenartikel. Für den ersten Pop-up-Store Wiens entwirft Lawrence Weiner die Arbeitskleidung der Verkäuferinnen: Sie sollen Florence-Nightingale-Kostüme tragen. Das erste Produkt im Sortiment ist eine hautfarbene Strumpfhose mit eleganter „DIE DAMEN"-Wäscheetikette. Über dem Knöchel ist ein rotes Herz mit Schleife und dem Text „Böse ist besser" aufgedruckt. Sie kommt in einem lachsfarbenen Satinsäckchen mit grüner Kordel und Schachtel in einer Auflage von 150 Stück auf den Markt. Zunächst planen DIE DAMEN eine Kooperation mit dem Strumpf- und Wäscheerzeuger Wolford, der das Herzmotiv allerdings einsticken und damit den Tattoocharakter torpedieren will. DIE DAMEN verzichten dankend und verwirklichen ihr Konzept in Eigenregie.

Lawrence Weiner regt noch ein weiteres Gimmick an: Eine Emailplakette mit Herzsujet erscheint in einer Auflage von 100 Exemplaren.

It was the time when Lawrence Weiner turned into a DAME himself. He took on another first name, Catherine, and got himself a couple of feminine must-haves from the ladies' departments of the big Manhattan stores: blouses, ankle boots, lipstick.

Meanwhile, DIE DAMEN were thinking about a distribution system for articles for ladies. Lawrence Weiner designed the working outfits for the salesladies at Vienna's first pop-up store: they were supposed to wear Florence Nightingale costumes. The first product of the line was a skin-colored pantyhose with an elegant DIE DAMEN brand label. Above the ankle, a red heart with a ribbon showing the words "Böse ist besser" (To Bitch Is To Be) was to be printed on the fabric. DIE DAMEN decided for an edition of 150 pieces to be put on the market in small salmon-colored satin bags with a green cord in a box. At first, they were considering a cooperation with the hosiery and lingerie manufacturer Wolford who, however, suggested embroidering the heart motif, which would have undercut the tattoo character. To this, DIE DAMEN said 'thanks, but no thanks' and instead implemented the concept on their own.

Lawrence Weiner also suggested another gimmick: an enamel plate with a heart motif which came out in a 100-piece series.

Text: Brigitte Huck

←

**Böse ist besser,
Strumpfhose,** 1994

———

**To Bitch Is To Be,
pantyhose,** 1994

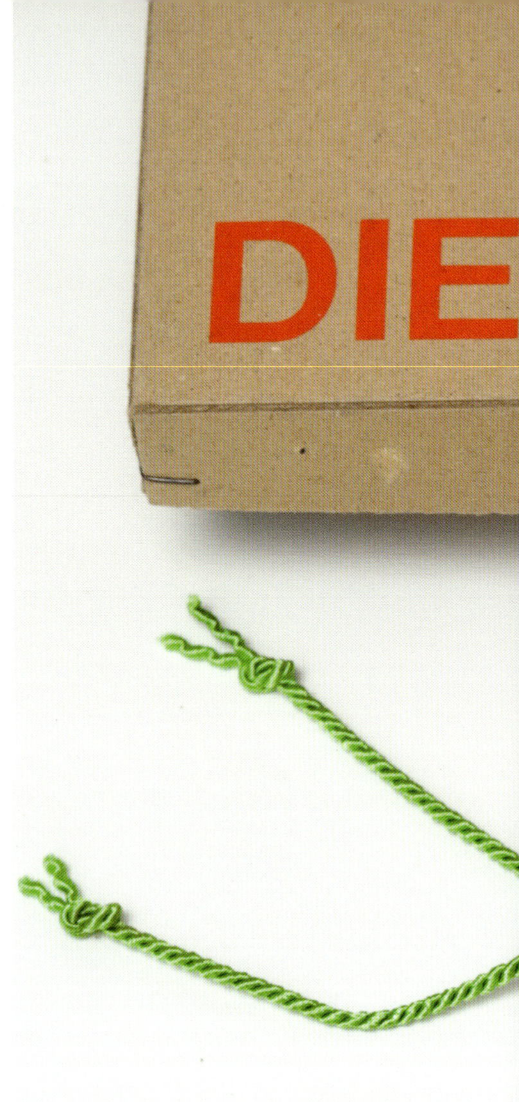

→
**Böse ist besser,
Strumpfhose,** 1994
Strumpfhose, bedruckt,
in Satinbeutel, Karton
Schachtel bedruckt
Landessammlungen
Niederösterreich

———

**To Bitch Is To Be,
pantyhose,** 1994
Pantyhose, printed, in
small satin bag; cardboard
box, printed
Collections of the State of
Lower Austria

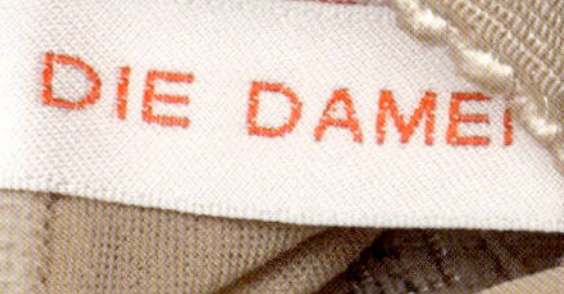

WIEN
DIE DAMEN


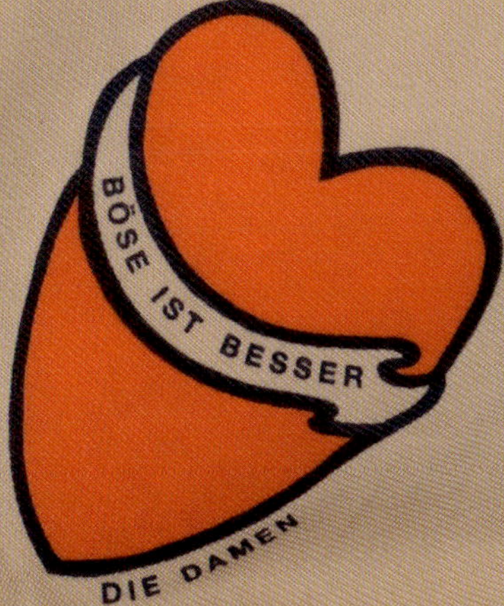

BÖSE IST BESSER
DIE DAMEN

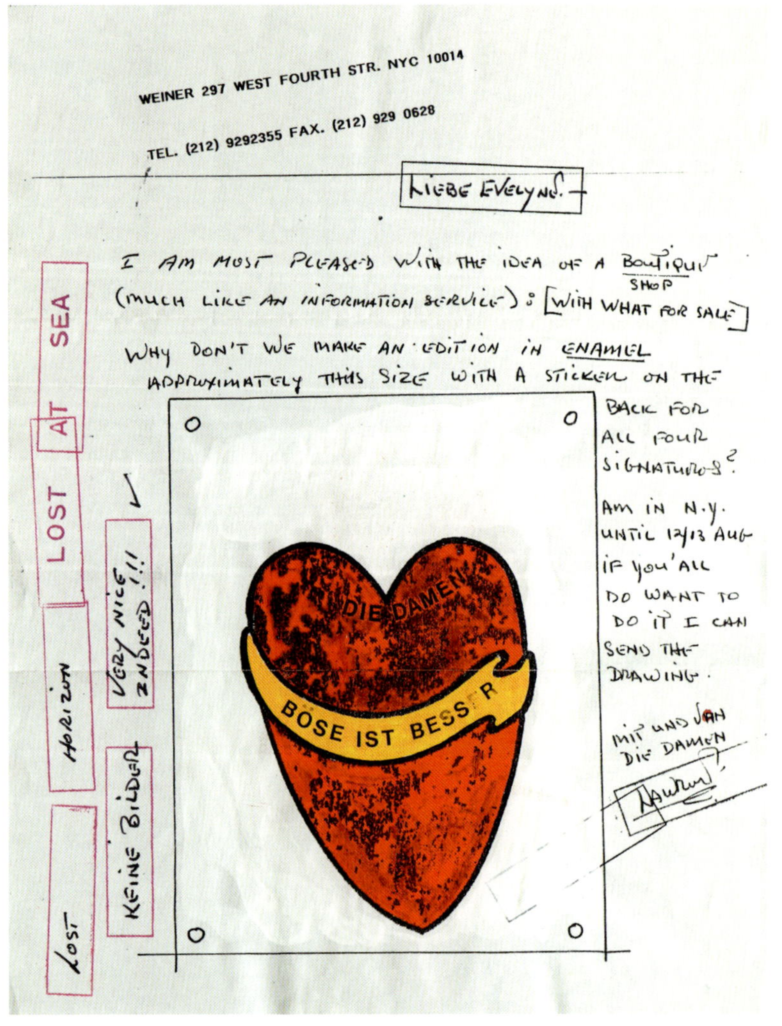



← 

Korrespondenz Lawrence
Weiner, 1994

———

Correspondence Lawrence
Weiner, 1994

→ 

**Böse ist besser,
Emailschild,** 1994
Email, 13,5 × 13 cm
Landessammlungen
Niederösterreich

———

**To Bitch Is To Be,
enamel plate,** 1994
Enamel, 13.5 × 13 cm
Collections of the State of
Lower Austria

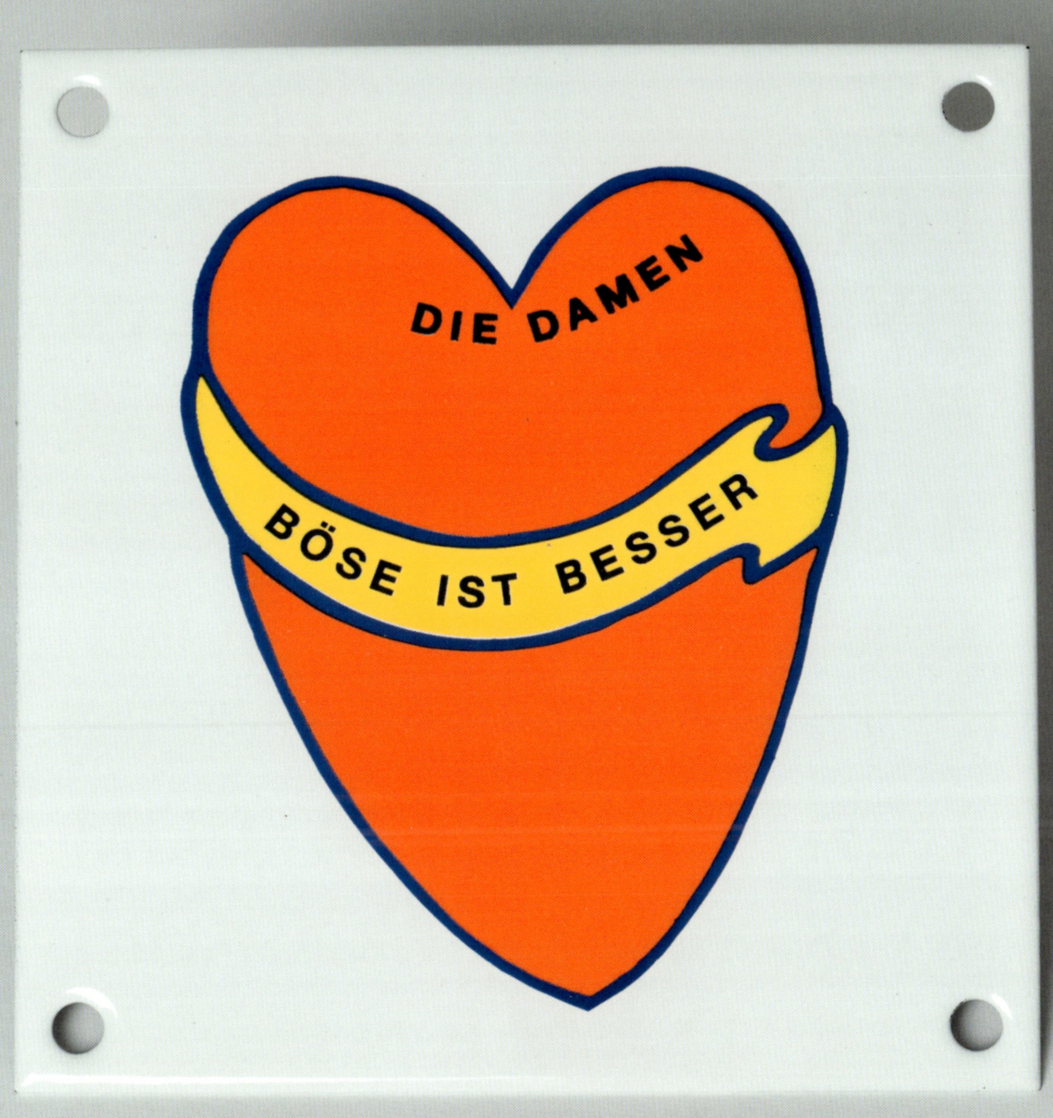

DIE DAMEN
BÖSE IST BESSER

УЗНАЙТЕ
БУДУЩЕЕ
БЕСПЛАТНО
СУББОТА 21 ОЕ МАЯ
28 ОЕ МАЯ
4 ОЕ ИЮНЯ
11 ОЕ ИЮНЯ
С 14.00 ДО 18.00
ЦЕНТРАЛЬНЫЙ ДОМ
ХУДОЖНИКА МОСКВЫ
DIE DAMEN
МОСКОВСКИЙ
ПРОЕКТ 1994Г

# Erfahren Sie die Zukunft – gratis, 17. Mai bis 19. Juni 1994

Haus der Kunst, Neue Tretjakow-Galerie, Moskau

----

## Find out the Future—Free of Charge, from May 17 to June 19, 1994

State Tretyakov Gallery at Krymsky Val, Moscow

DIE DAMEN sind eingeladen, an der Ausstellung *Le Saut dans le Vide* teilzunehmen, die Peter Weibel für die Staatliche Tretjakow-Galerie in Moskau kuratiert. Das Ausstellungskonzept sieht Arbeiten vor, die sich mit dem Immateriellen beschäftigen. DIE DAMEN verzichten deshalb auf das Paradigma des materialgebundenen Objekts und lassen sich von einer Wahrsagerin vertreten, die den Besuchern die Zukunft vorhersagt.

DIE DAMEN were invited to participate in the exhibition *Le Saut dans le Vide*, curated by Peter Weibel for the State Tretyakov Gallery in Moscow. Since the concept for the show aimed at highlighting works concerned with the immaterial, DIE DAMEN abstained from the paradigm of the material-bound object and asked a fortune teller foretelling the visitors' future to represent them.

Text: Brigitte Huck

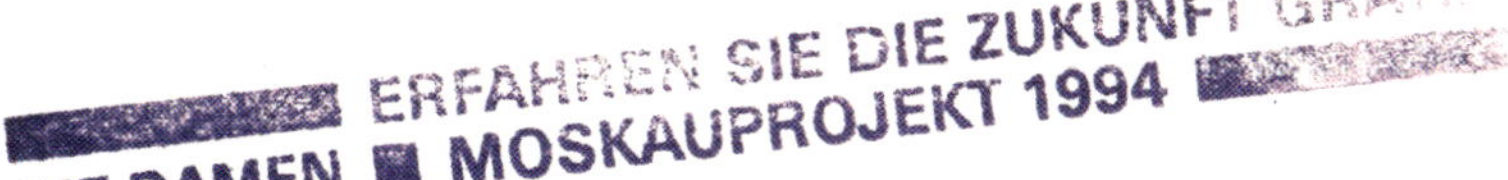


←
Einladungskarte, Haus der Kunst, Neue Tretjakow-Galerie, Moskau, 1994
21 × 14,8 cm

----

Invitation card, State Tretyakov Gallery at Krymsky Val, Moscow, 1994
21 × 14.8 cm

# Der Künstler/die Künstlerin anstelle des Werkes
## Konzeptpapier

—

## The Artist in Place of the Work
## Draft Paper

PETER WEIBEL

Österreich könnte zu diesem Thema zwei Beiträge leisten: einen historischen und einen aktuellen. In einer Art historischem Kabinett könnte die frühe pionierhafte Rolle der österreichischen Kunstszene in der Ablösung des Werkes durch die Person des Künstlers dargestellt werden. Diese Ablösung erfolgte entweder durch den Körper des Künstlers (Brus), der als Medium der künstlerischen Aktivität auftaucht, oder durch die technischen Medien wie Fotografie, Film und Video, welche sowohl den Körper des Künstlers wie auch die Materialität des Werkes mediatisierten bzw. auflösten (Export, Bechtold, Kriesche, Pezold).

Der Körper des Künstlers und das technische Bild des Künstlers vertraten die Rolle des Werkes, gelegentlich auch in Kombination, z. B. Künstlerfilme und Künstlerfotografie, Fotoséancen (Rainer). Die Substitution des Werkes durch Bilder und Körper des Künstlers hat auch die Rolle und Identität des Künstlers selbst in Frage gestellt. Durch öffentliche Aktivitäten und Plakataktionen (Oberhuber) wurde nicht nur das Werk substituiert, sondern auch die Identität des Künstlers negiert. Kunstlose Künstler und Werke ohne Künstler entstanden.

Austria could make two contributions to this subject: a historical and a present-day one. The early pioneering role of the Austrian art scene in the replacement of the work by the person of the artist could be represented in a kind of historical cabinet. This substitution relied either on the artist's body (Brus) that became a medium of artistic activity or on technological media such as photography, film, and video that mediatized or dissolved both the artist's body and the work's material character (Export, Bechtold, Kriesche, Pezold).

The artist's body and the artist's technological picture, occasionally also a combination of the two, came to stand for the work, e.g. artist films and artist photography, photo séances (Rainer). The replacement of the work by the artist's pictures and body also put a question mark over the artist's role and identity. Public activities and poster campaigns (Oberhuber) not only took the place of the work, but also negated the artist's identity. Artless artists and works without artists emerged.

Dieser Text stammt aus dem Jahr 1993 und wird hier erstmals publiziert.

———

This text from 1993 is published here for the first time.

Aus dem historischen Diskurs entstanden in der Gegenwart neue Spielarten der Substitution des Werkes durch den Künstler. Diese Substitution ist weniger gekennzeichnet durch die Körperlichkeit, sondern vielmehr durch eine totale Mediatisierung. Die Künstlerinnengruppe „DIE DAMEN" entwirft sich selbst als Kunstwerk, indem sie sich auf kulturelle Artefakte bezieht, z. B. auf Bilder über die Rolle der Künstlerin und der Frau in den Massenmedien. Jörg Schlick konstruiert einen fiktiven Künstler durch Bezugnahme auf Kollektive wie Logen und Firmenzeichen. Ein Firmenname ersetzt den Künstler und das Werk.

Christine Gloggengiesser bearbeitet fotografisch und kosmetisch den Künstler als Werk. Elke Krystufek ersetzt durch persönliche Collagen mit dem Material der Massenmedien und durch mediale Berichte über ihren Körper das Werk. Die Kleider als angrenzende Teile des Körpers des Künstlers und des Betrachters ersetzen bei Erwin Wurm das Werk. Michael Zinganel ersetzt durch die Aktivität des Beobachters im Umgang mit dem technischen Medium Video das Werk. Heinz Frank konstruiert durch Anzugtapeten die Auflösung des Künstlers und des Werks.

Der österreichische Beitrag zur Auflösung des Werkbegriffes in der Gegenwart ist demnach durch drei Aspekte beschreibbar:

1.		Enthistorisierung und Entpersonalisierung.

2.		Identität wird konstruiert durch Kontiguität, d. h. durch das linguistische Verfahren der topologischen Angrenzung bzw. Nähe (der Körper ersetzt das Werk, der Anzug den Körper, z. B. Wurm).

3.		Der Künstler drückt nicht sich aus, sondern ist nur das Ausdrucksmedium. Wenn er sich selbst ausdrückt, dann durch andere bzw. durch Referenzen auf anderes.

Today's new variants of replacing the work by its artist sprang from this historical discourse. This kind of substitution is not so much a matter of corporeality, but rather of total mediatization. DIE DAMEN, a group of women artists, present themselves as a work of art by relating to cultural artifacts such as pictures dealing with the role of the female artist or of women in the mass media. Jörg Schlick constructs a fictitious artist by referring to collectives like logotypes and trademarks: a company name replaces artist and work of art.

Christine Gloggengiesser transforms the artist into a work of art photographically and cosmetically. Elke Krystufek uses personal collages of material from the mass media and reports on her body in the media to substitute the work. Clothes as elements adjoining the artist's and the viewer's bodies replace the work in Erwin Wurm's production. Michael Zinganel substitutes the viewer's activity in regard to the technological medium of video for the work. Heinz Frank's suit wallpapers support the dissolution of both artist and work of art.

The Austrian contribution to the dissolution of the concept of the artwork may therefore be described under three aspects:

1.		dehistoricization and depersonalization;

2.		the construction of identity through contingency, i.e. the linguistic procedure of topological abutment or closeness (the body replaces the work, the suit the body, e.g. Wurm);

3.		the artist does not express himself/herself, but is only a medium of expression—if he/she expresses himself/herself, it is only through others or references to other things.

↓
Moskau, 1994


Moscow, 1994

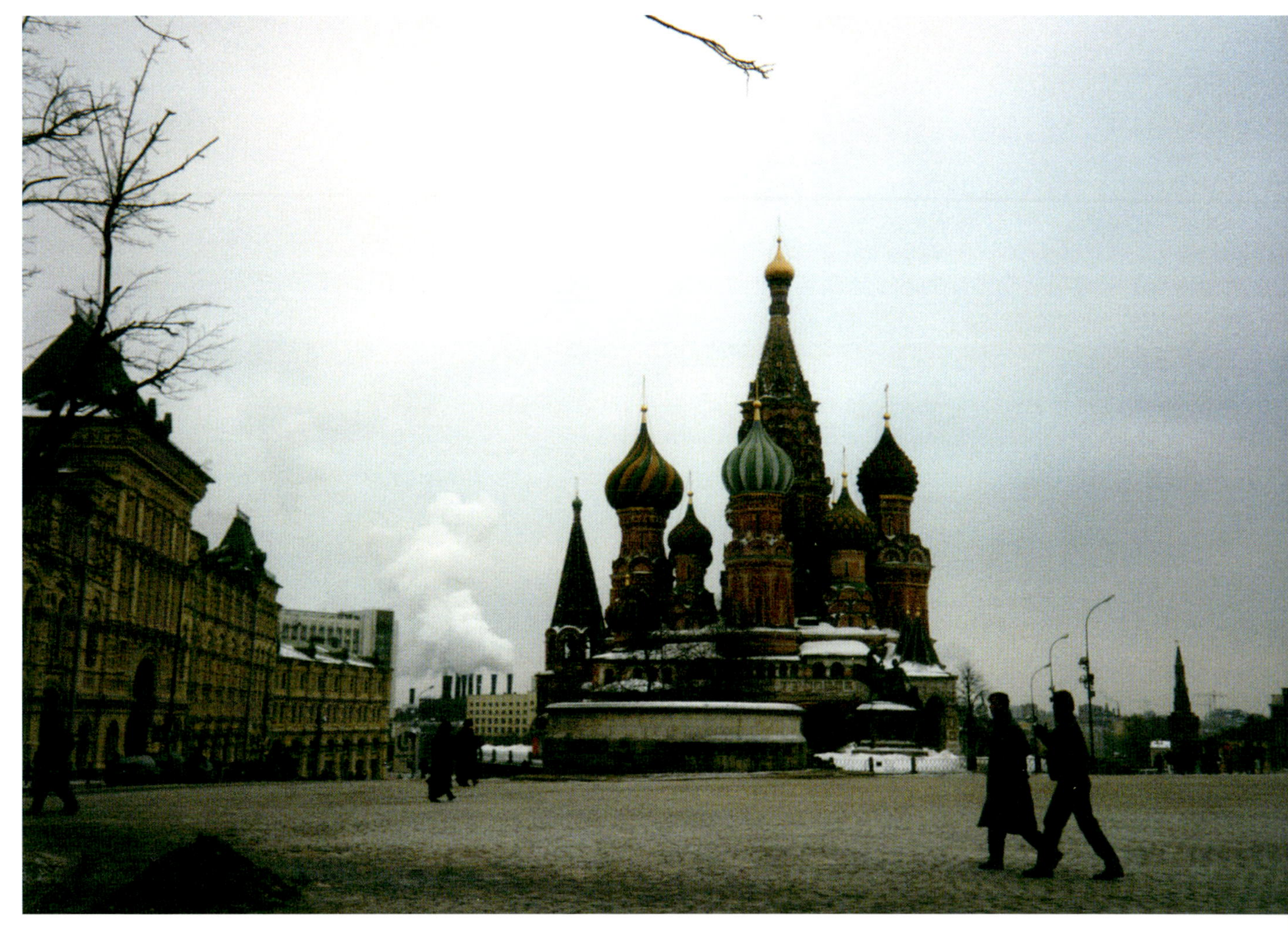

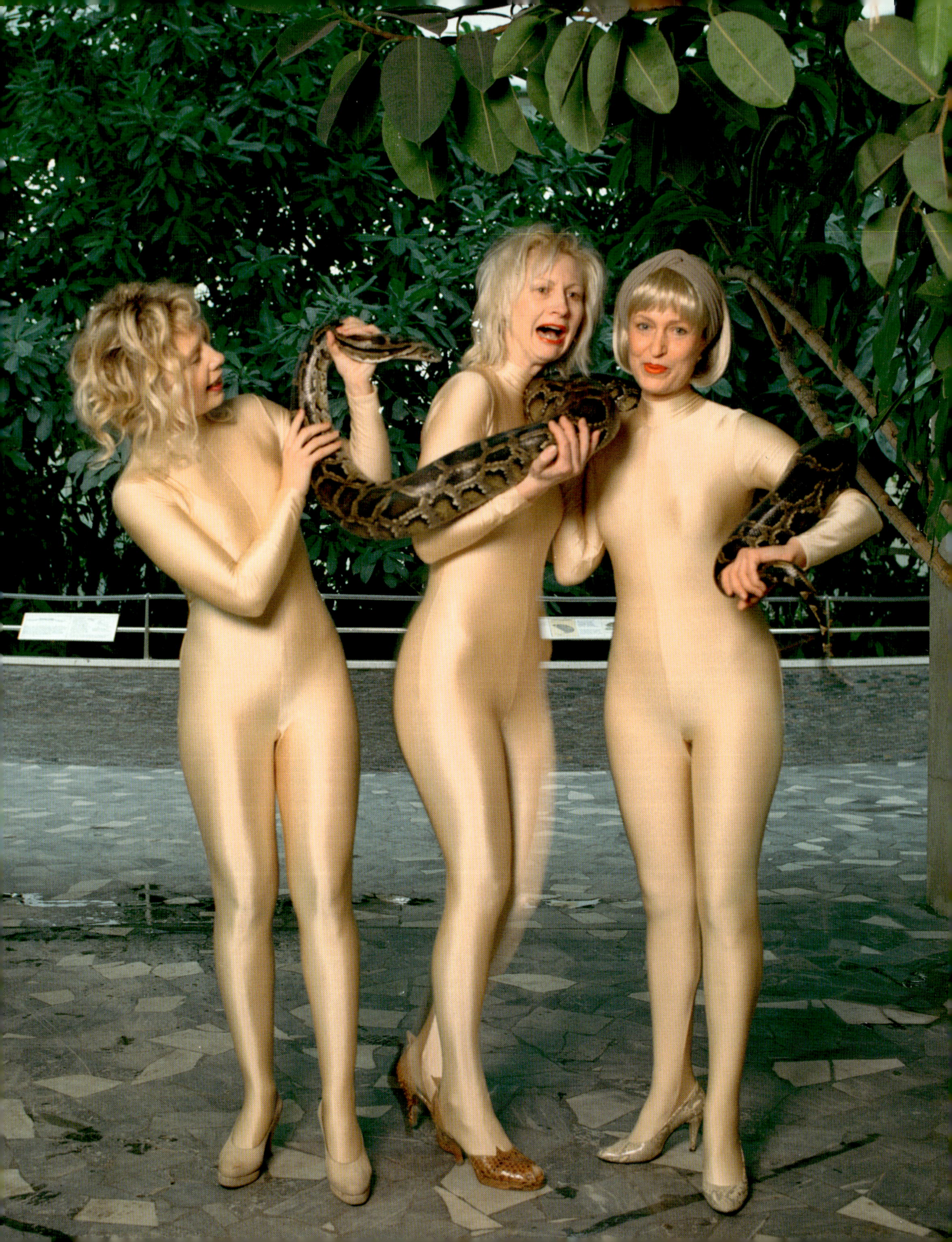

# DIE DAMEN im Paradies, 1994

Werbung für Reprozwölf

---

# DIE DAMEN in Paradise, 1994

Advertisement for Reprozwölf

Die Reproanstalt Reprozwölf gehört zu den Sponsoren, die das Buch über DIE DAMEN, das 1995 im Folio Verlag erscheint, unterstützen.

Für die Anzeige im Buch werden DIE DAMEN mit einer Riesenschlange um die Schultern im Tiergarten Schönbrunn fotografiert. Das Terrarienhaus wirkt mit seinen Gummibäumen und der Bruchsteinpflasterung wie eine Tanzdiele aus den Roaring Sixties, DIE DAMEN in glänzenden Ganzkörperanzügen kommen wie beim Casting für die blonde Agentin Tamara aus der Science-Fiction-Fernsehserie *Raumpatrouille* daher, die seit 1966 Kult ist. Evelyne hat eine Schlangenphobie und wird in die Mitte genommen, fünf Tierwärter stehen einsatzbereit im Hintergrund.

The repro studio Reprozwölf was one of the sponsors supporting the publication of the book about DIE DAMEN issued by Folio in 1995.

For the advertisement in the book, a photograph of DIE DAMEN holding a constrictor was taken in the Vienna Zoo. With its rubber plants and undressed-stone floor covering, the terrarium house resembled a roaring sixties dancefloor, and DIE DAMEN in their shining full-body suits turned up as if being casted for the blonde agent Lt. Tamara in the TV science-fiction series *Raumpatrouille (Space Patrol),* which had cult status from 1966 on. Suffering from snake phobia, Evelyn was positioned in the middle; five animal keepers were ready for duty in the background.

Text: Brigitte Huck

←

Variante zum Anzeigenmotiv, 1994

---

Variant of the advertisement motif, 1994

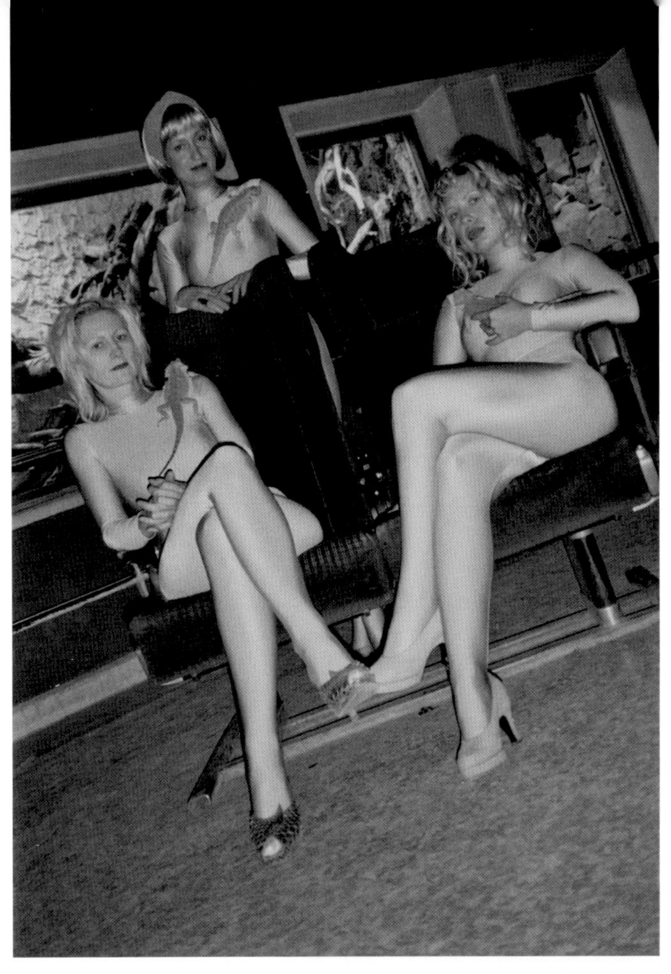

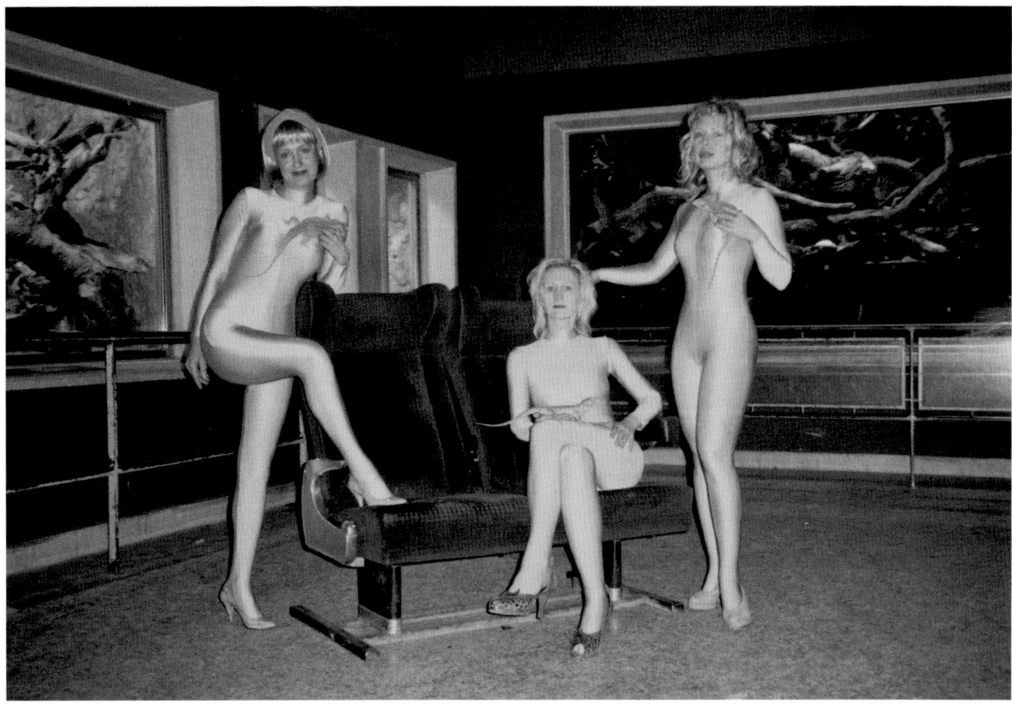

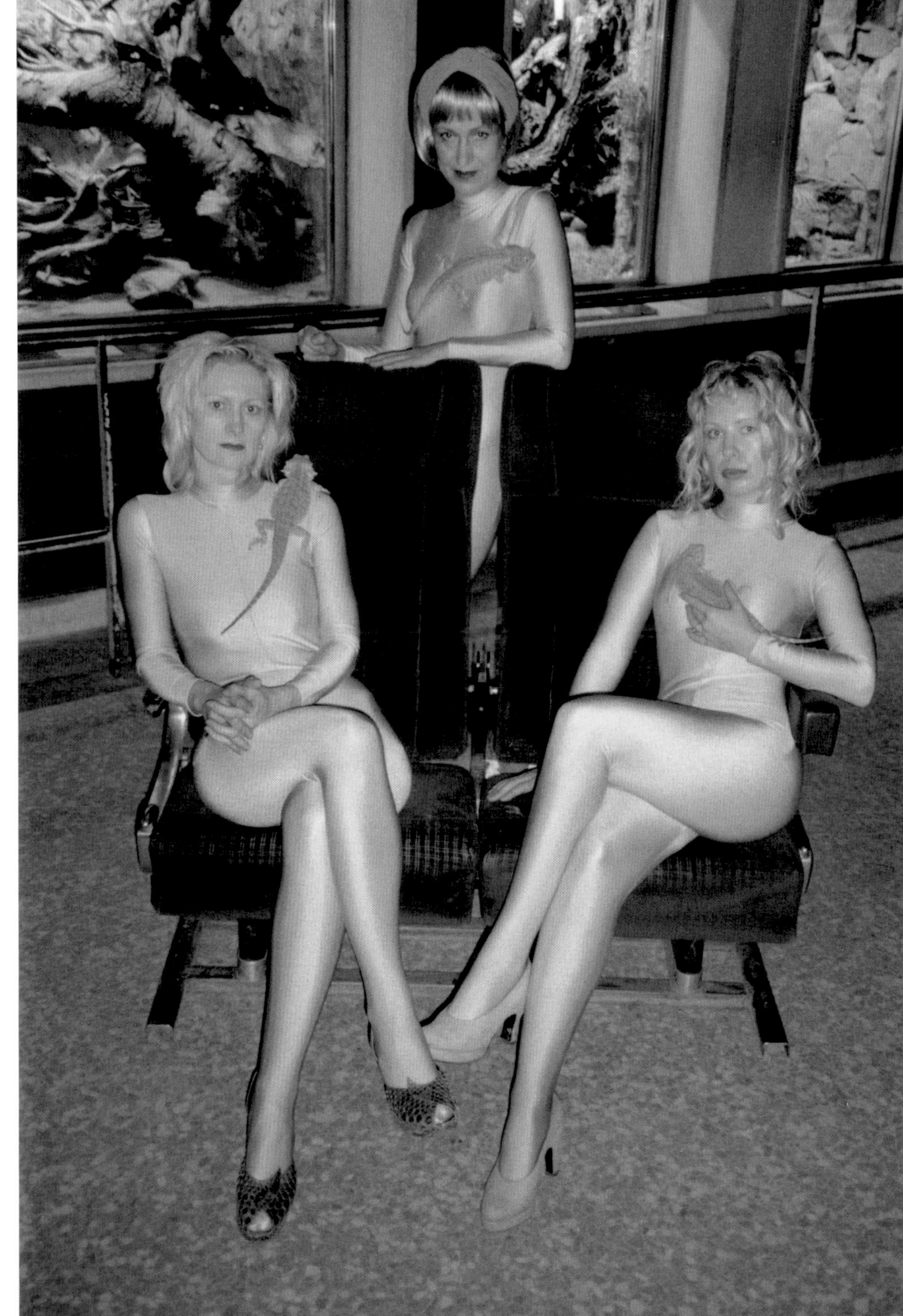

Fotoshooting im Terrarienhaus, Tiergarten Schön-
brunn, Wien, 1994

Photo shooting in the
terrarium house, Vienna
Zoo, 1994

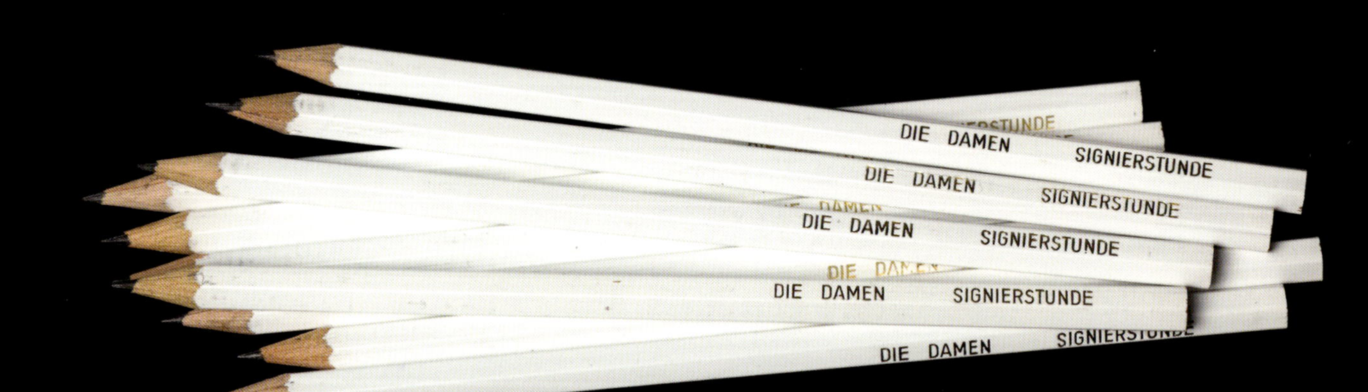
DIE DAMEN
SIGNIERSTUNDE

# Signierstunde, 24. März 1995

Rathaus, Wien
*DIE DAMEN,* Buch, Folio Verlag, Wien/Bozen
Bleistift, bedruckt

---

# Book-Signing, March 24, 1995

City Hall, Vienna
*DIE DAMEN*, book, published by Folio Verlag, Vienna/Bolzano
Pencil, printed

Das ist das erste und einzige Mal, dass alle fünf Mitglieder der Truppe vollständig versammelt sind. Das Buch *DIE DAMEN* wird von der amtsführenden Stadträtin Ursula Pasterk im Stadtsenatssitzungssaal präsentiert. Die Vorzugsausgabe enthält ein handkoloriertes Foto. Der Schauspieler Uwe Falkenbach liest einen kurzen Text des Szenekönigs Kurt Kalb, Günter Einbrodt Aphorismen aus dem Fundus der DAMEN.

Für den Anlass produzieren DIE DAMEN Bleistifte als Souvenirs für ihre Fans, die sich den Band an diesem unwiederbringlichen Tag von allen DAMEN signieren lassen können. Der Stift ist weiß mit silbernem Aufdruck: „DIE DAMEN Signierstunde".

It was the first and only event which brought all five members of the troupe together. The book *DIE DAMEN* was presented by Executive City Councilor for Cultural Affairs Ursula Pasterk in the City Hall's Senate Chamber. The special edition included a hand-colored photograph. The actor Uwe Falkenbach read a short text by Kurt Kalb, the king of the city's in-scene, Günter Einbrodt some aphorisms from the collection of DIE DAMEN.

DIE DAMEN had white pencils with the silver inscription "DIE DAMEN Book-Signing" produced as souvenirs for their fans who could get their volume signed by all DAMEN on this irretrievable occasion.

Text: Brigitte Huck

←

Signierstunde,
Bleistifte, 1995
Bleistifte, bedruckt
Landessammlungen
Niederösterreich

---

Book-Signing,
pencils, 1995
Pencils, printed
Collections of the State
of Lower Austria

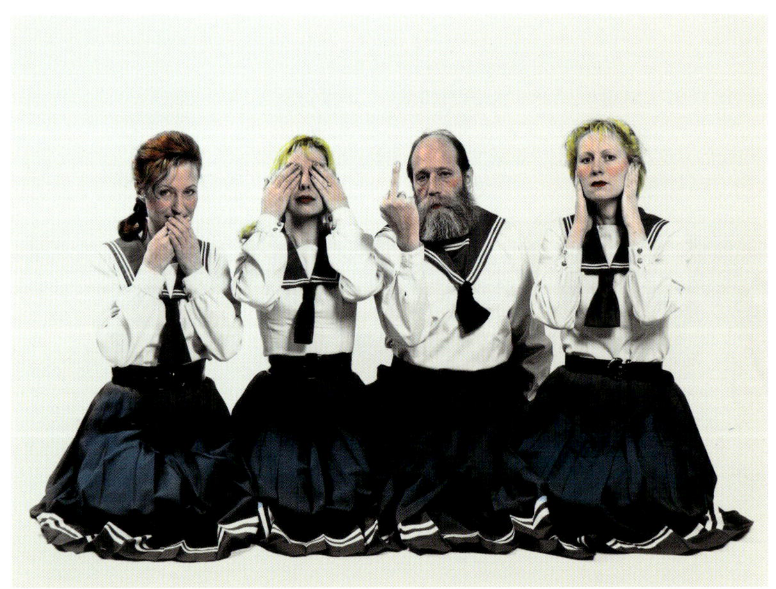



←

Edition
*DIE DAMEN*-Buch, 1995
Auflage: 40 Stück
handkolorierter
Gelatinesilberabzug

Edition
*DIE DAMEN* book, 1995
Edition: 40 copies
gelatin silver print,
hand colored

→

*DIE DAMEN*-Buch

*DIE DAMEN* book

210

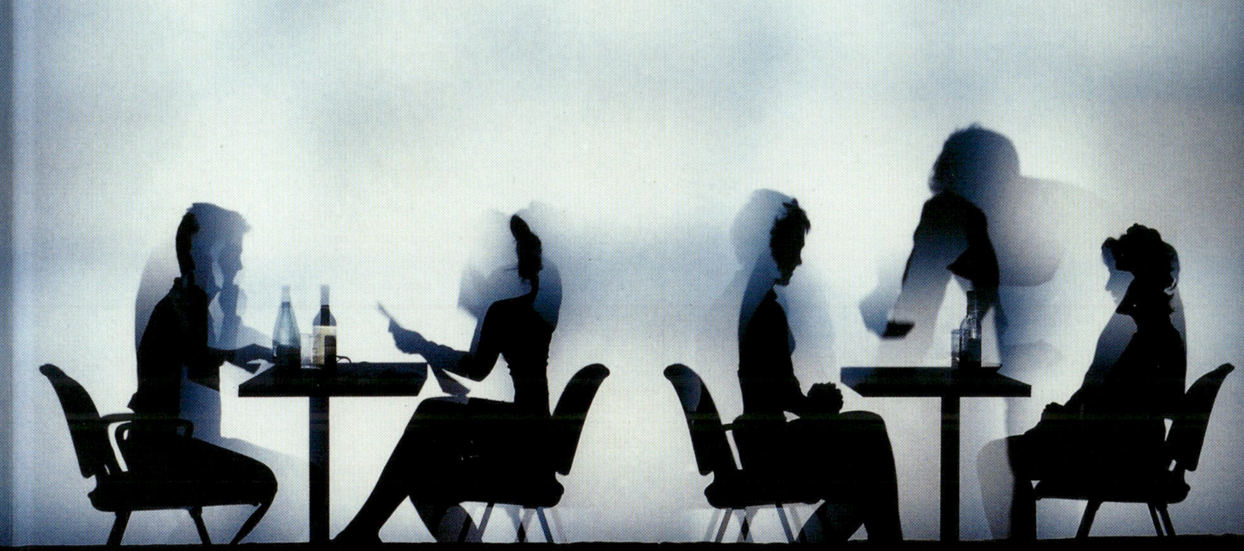

# DIE DAMEN

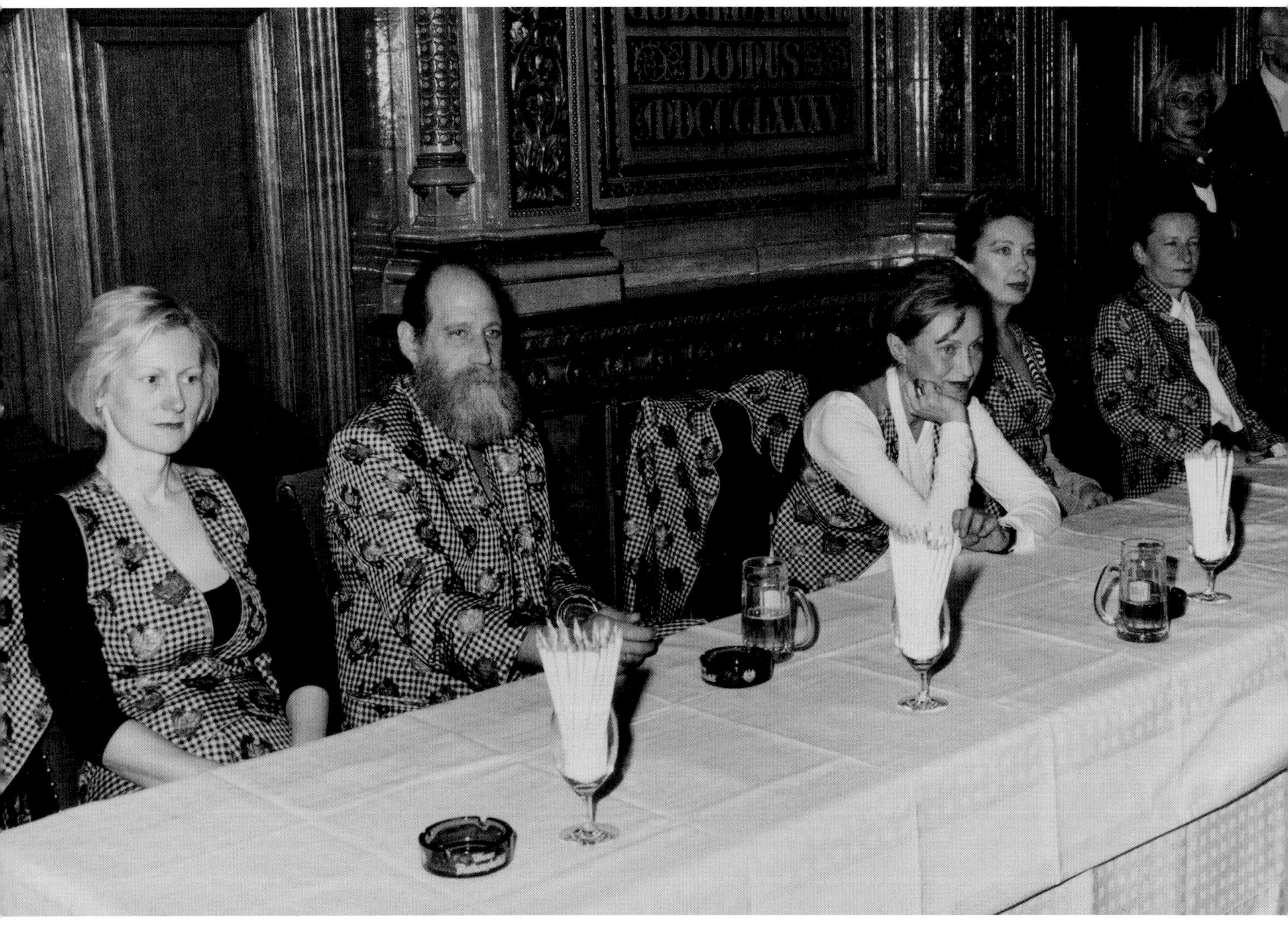

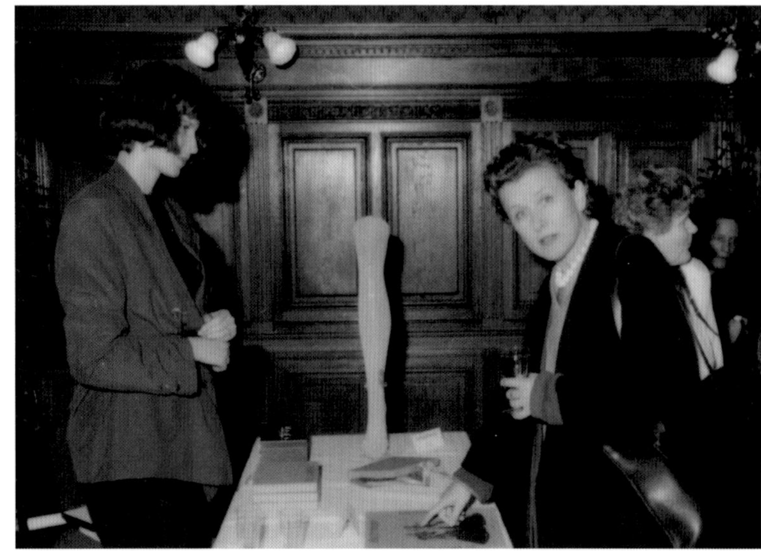

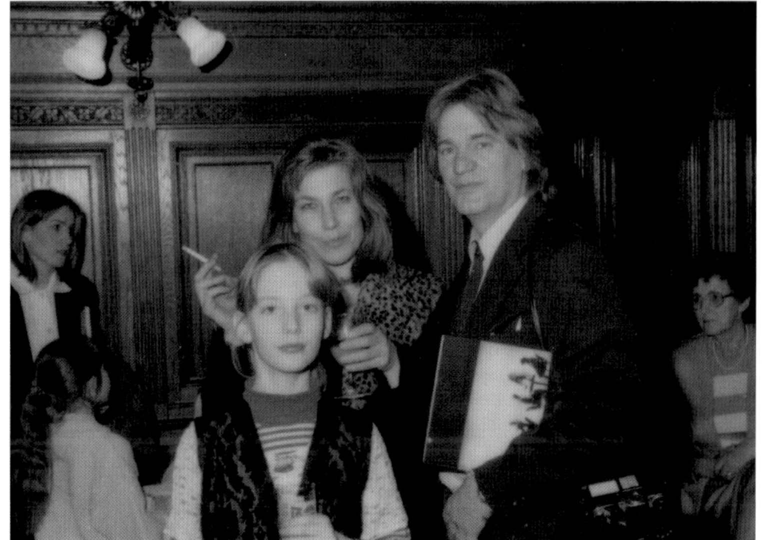

←
Das erste und einzige Mal,
dass alle fünf Mitglieder
der DAMEN vollständig
versammelt sind,
Rathaus, Wien, 1995

The first and only event
which brought all five
members of DIE DAMEN
together, City Hall, Vienna,
1995

→
Prominente Gesichter
bei der Signierstunde:
Margherita Spiluttini
(oben, im Foto rechts),
Silvia Steinek und
Wolfgang Woessner (Mitte),
Pater Paterno und Kurt Kren
(unten), Rathaus, Wien,
1995

Prominent faces at the
book signing: Margherita
Spiluttini (top, to the right),
Silvia Steinek and Wolfgang
Woessner (center), Pater
Paterno and Kurt Kren
(bottom), City Hall, Vienna,
1995

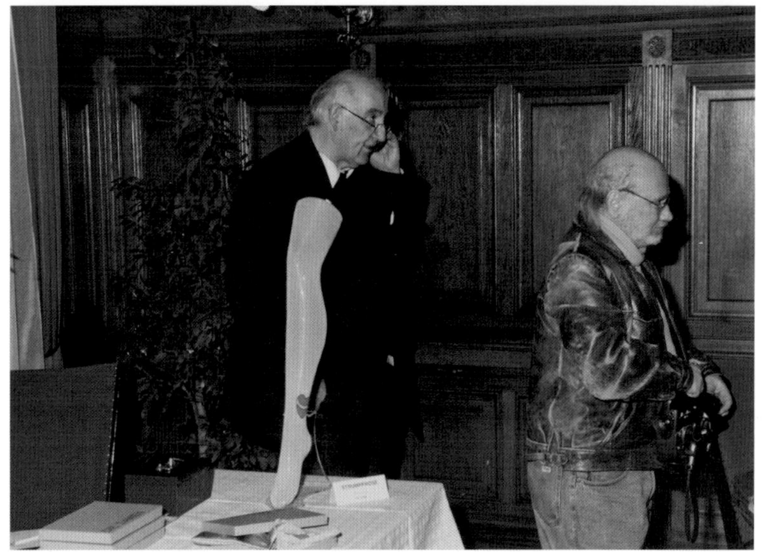

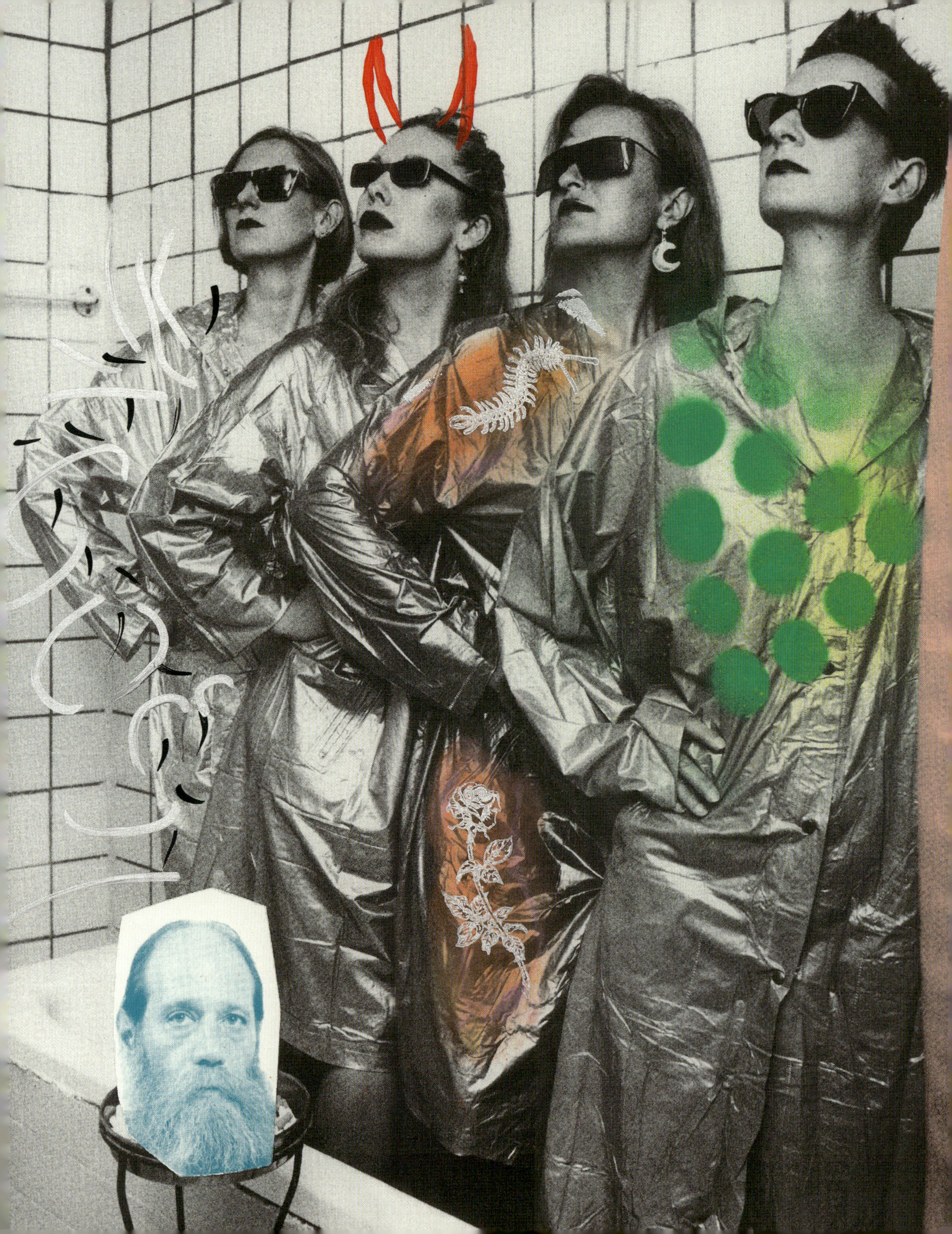

# DIE DAMEN und ein Herr, 1995

Siebdruck, Auflage: 100 Stück

———

# DIE DAMEN and a Gentleman, 1995

Silk-screen print, edition: 100 copies

Auf dem vierfarbigen Siebdruck nehmen DIE DAMEN (Ona B., Evelyne Egerer, Birgit Jürgenssen, Ingeborg Strobl) Posen ein, die für Künstlerinnen normalerweise nicht vorgesehen sind. Ihren Blick herausfordernd gen Himmel gerichtet, erinnern sie an ein Astronautenteam, auch wenn sie, nur in Silbermäntel gehüllt, in der Badewanne stehen. Ganz offensichtlich huldigen sie einer anderen Präsenz als der von Lawrence Weiner. Dessen Foto ist unterhalb der Frauen montiert, wo ihm trotz seiner räumlich zentralen Position keinerlei Beachtung geschenkt wird. Dort, wo sich Weiner befindet, wollen DIE DAMEN gar nicht hin. Auf seinen Status als Einzelkünstler deutet ein klassisches Portraitfoto hin, das sich von der Selbstinszenierung der DAMEN deutlich abhebt. Doch in demselben Maße, wie sie als Künstlergruppe den Typus des individuellen Künstlers ablehnen, beschäftigen sie sich mit ihm.

The four-color silk-screen print shows DIE DAMEN (Ona B., Evelyne Egerer, Birgit Jürgenssen, Ingeborg Strobl) putting on poses which are usually not included in the repertoire of women artists. Their eyes defiantly turned toward the sky, they make us think of a team of astronauts even if they stand in a bathtub wrapped in silver coats only. There can be no doubt that they are paying tribute to another presence than that of Lawrence Weiner. We see a photograph of him mounted below the women where he is paid no attention whatsoever despite his central position within the room. DIE DAMEN really do not want to get where Weiner is. His status as a single artist is highlighted by a traditional portrait photograph which clearly differs from the self-presentation of DIE DAMEN. And yet, as much as they, as a group of artists, reject the type of the individual artist he embodies, they concern themselves with him.

Erstmals erschienen in *Texte zur Kunst,* Nr. 19/1995, „Edition"

———

First published in *Texte zur Kunst,* no. 19/1995, "Edition"

←

**DIE DAMEN und ein Herr** (Ausschnitt), 1995 Siebdruck, individuell überarbeitet (Unikat) 50 × 70 cm

———

**DIE DAMEN and a Gentleman** (detail), 1995 Silk-screen print, individually reworked (unique example) 50 × 70 cm

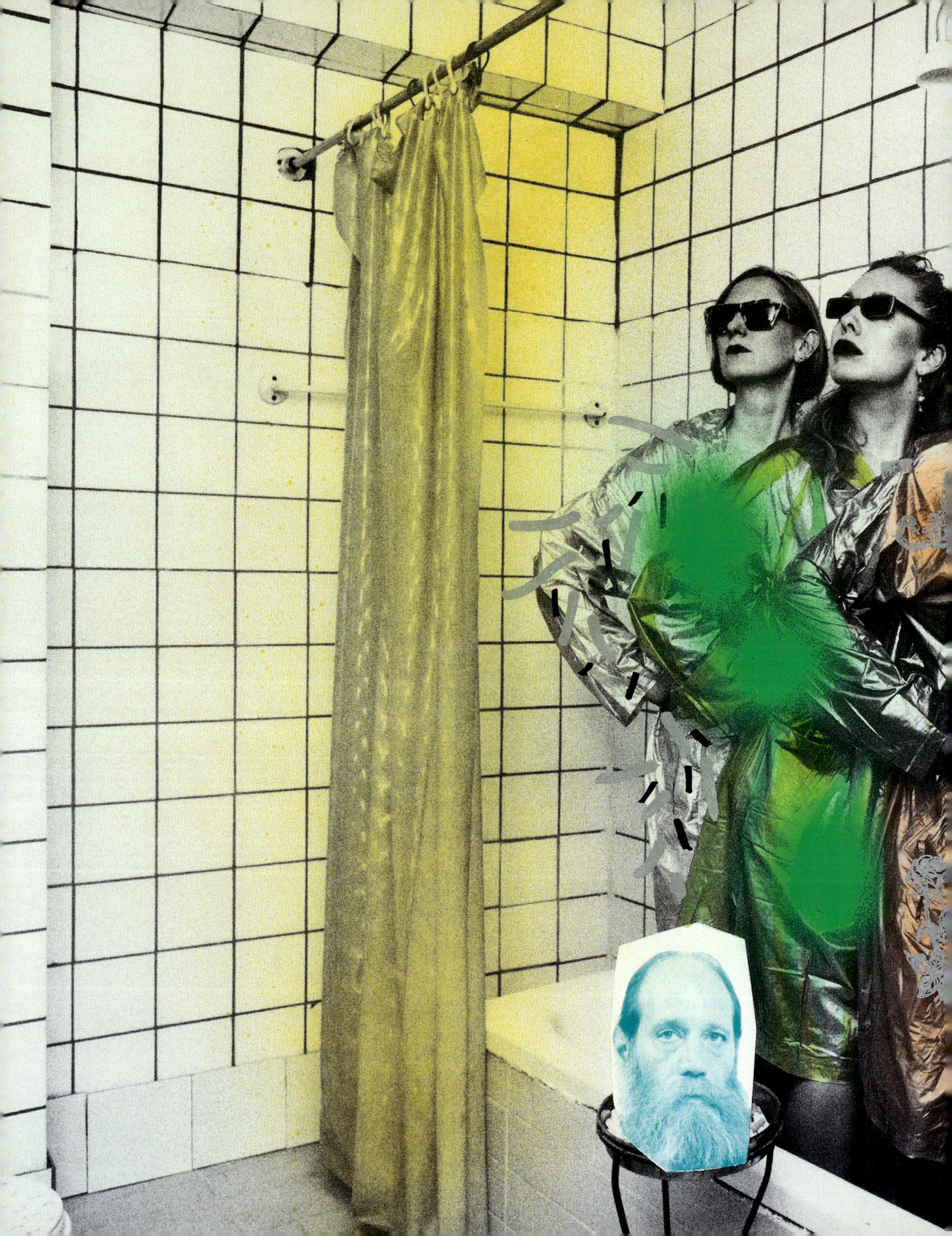

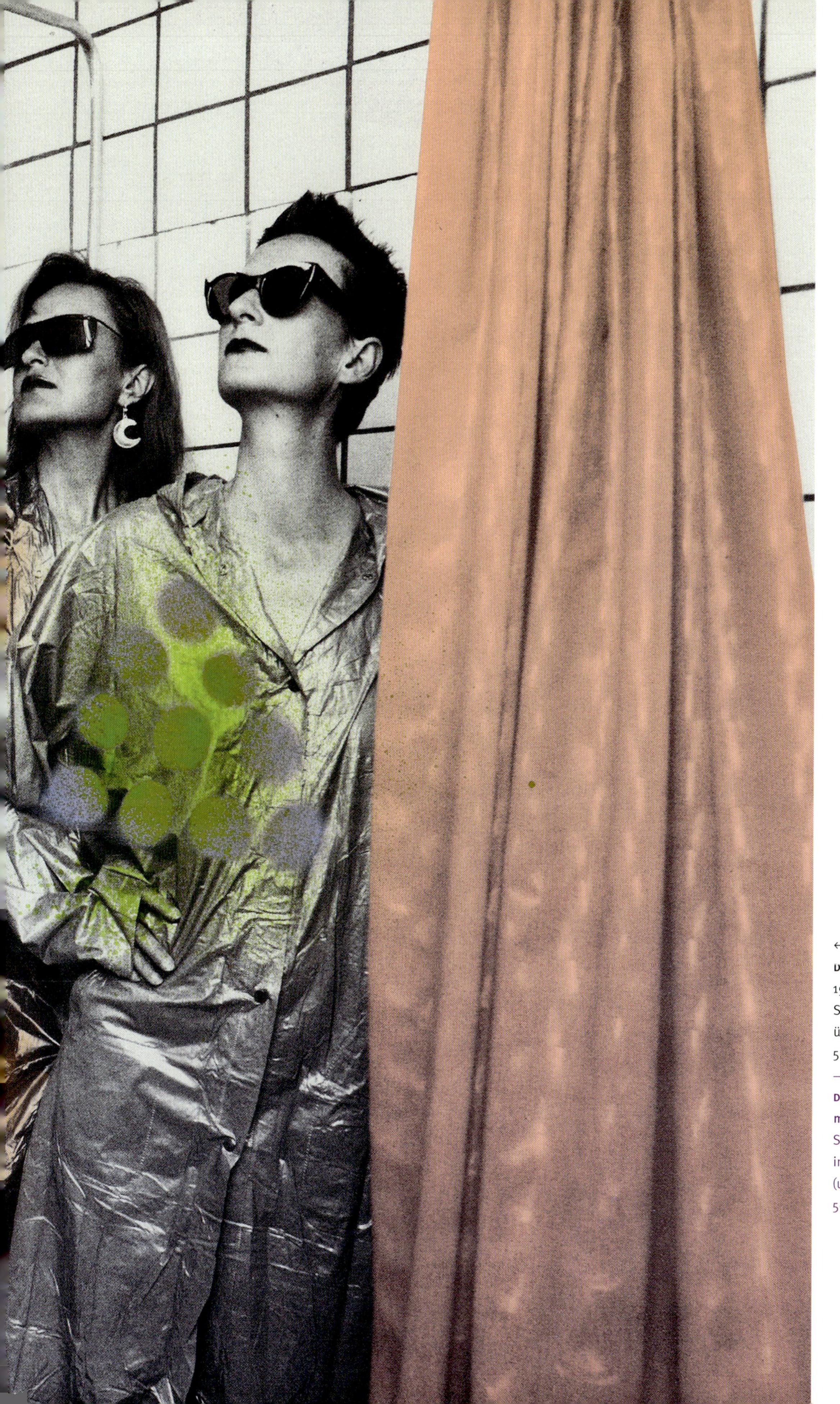



DIE DAMEN und ein Herr,
1995
Siebdruck, individuell
überarbeitet (Unikat)
50 × 70 cm

DIE DAMEN and a Gentle-
man, 1995
Silk-screen print,
individually reworked
(unique example)
50 × 70 cm

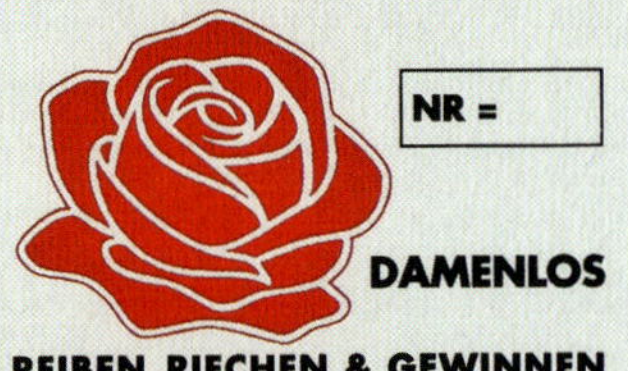

NR =
DAMENLOS
REIBEN RIECHEN & GEWINNEN


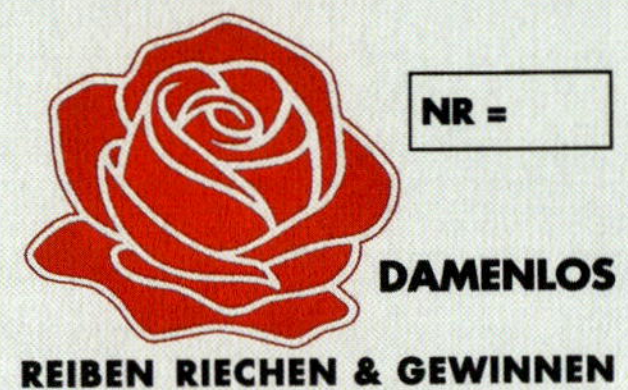

NR =
DAMENLOS
REIBEN RIECHEN & GEWINNEN


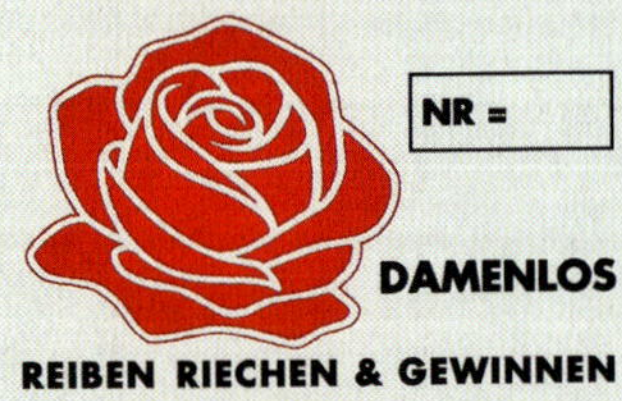

NR =
DAMENLOS
REIBEN RIECHEN & GEWINNEN

# DAMEN-Tombola, 18. Mai 1996

Gärtnerei Schullian, Bozen
Maifest, Folio Verlag
Duftsiebdruck, Auflage: 25 Stück

———

# DAMEN Tombola, May 18, 1996

Schullian Market Garden, Bolzano
Mayfest, Folio Verlag
Scented silk-screen print, edition: 25 copies

Auf der Einladung steht: „DIE DAMEN, die witzigste Kunsttruppe, die Wien in den letzten Jahren hervorgebracht hat".

Anlass ist eine Buchpräsentation des Folio Verlags, in dem neben dem DAMEN-Buch auch Künstlerbücher von Birgit Jürgenssen/Lawrence Weiner und Ingeborg Strobl erschienen sind. Ingeborg ist wieder mit dabei. Die Inszenierung ist souverän, wie immer. DIE DAMEN tragen hellgrüne Kostüme und Gärtnerschürzen, die Onas Großmutter Maria Horak genäht hat. DIE DAMEN verkaufen Lose für die Tombola: Das Los, ein Riechfarben-Siebdruck mit dem Motiv einer Rose, existiert auch als Edition auf Büttenpapier. Gewinnen kann man Multiples der DAMEN.

Nach beinahe zehn intensiven Jahren ist 1996 mit dem Gartenfest in Südtirol die Zusammenarbeit der charismatischen Künstlerinnengruppe beendet.

The invitation read: "DIE DAMEN, the funniest art troupe Vienna has seen in recent years."

The occasion was a presentation of books issued by Folio, the publishers whose program, apart from the book DIE DAMEN, also included artist books by Birgit Jürgenssen/Lawrence Weiner and Ingeborg Strobl. Ingeborg was in on it again. As always, the mise-en-scène was perfectly convincing. DIE DAMEN wore light-green costumes and gardening aprons sewn by Ona's grandmother Maria Horak. The tickets they sold for the tombola were scented silk-screen prints showing the motif of a rose; a deckle-edged paper edition had been printed, too. The prizes to be won were multiples produced by DIE DAMEN.

With the garden party in South Tyrol in 1996, the collaboration of the charismatic group of women artists came to an end after almost ten intense years.

Text: Brigitte Huck

←

DAMEN-LOS, 1996
Duftsiebdruck auf
Büttenpapier
56,5 × 44 cm
Landessammlungen
Niederösterreich

———

DAMEN Tombola ticket, 1996
Scented silk-screen print on
deckle-edged paper
56.5 × 44 cm
Collections of the State of
Lower Austria

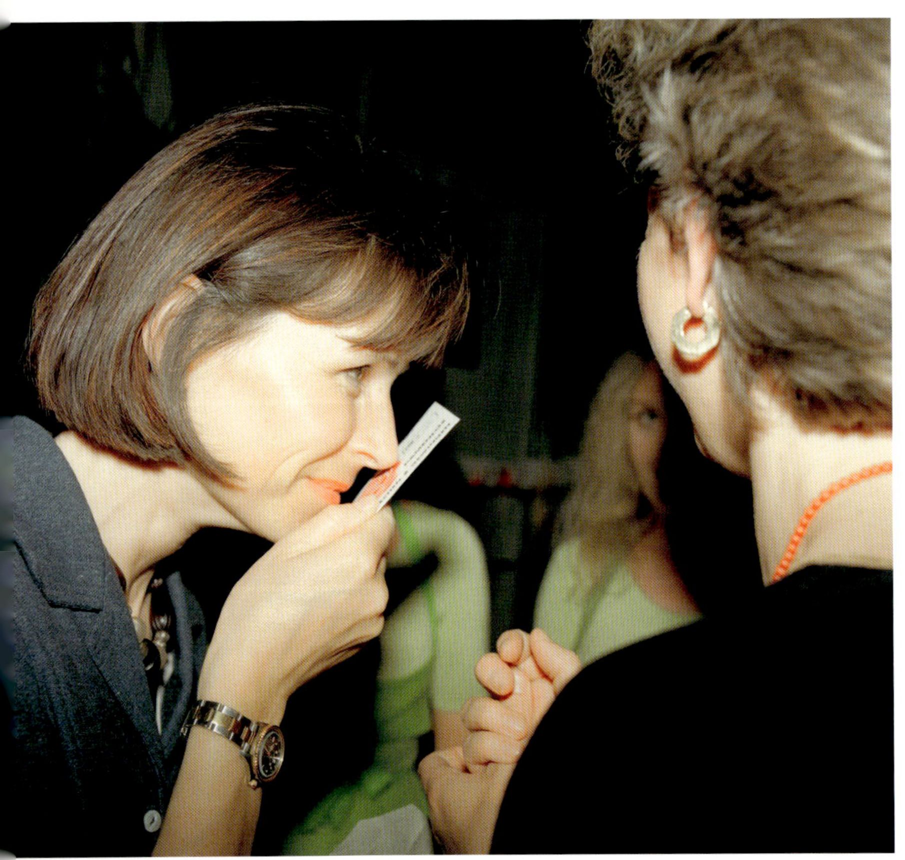

←

**DAMEN-LOS** (Duftsiebdruck),
Maifest des Folio Verlags,
Gärtnerei Schullian, Bozen,
1996

———

**DAMEN Tombola ticket**
(scented silk-screen print),
Folio Mayfest, Schullian
Market Garden, Bolzano,
1996

→

**DIE DAMEN** als Gärtnerinnen,
Gärtnerei Schullian, Bozen,
1996

———

**DIE DAMEN** as gardeners,
Schullian Market Garden,
Bolzano, 1996

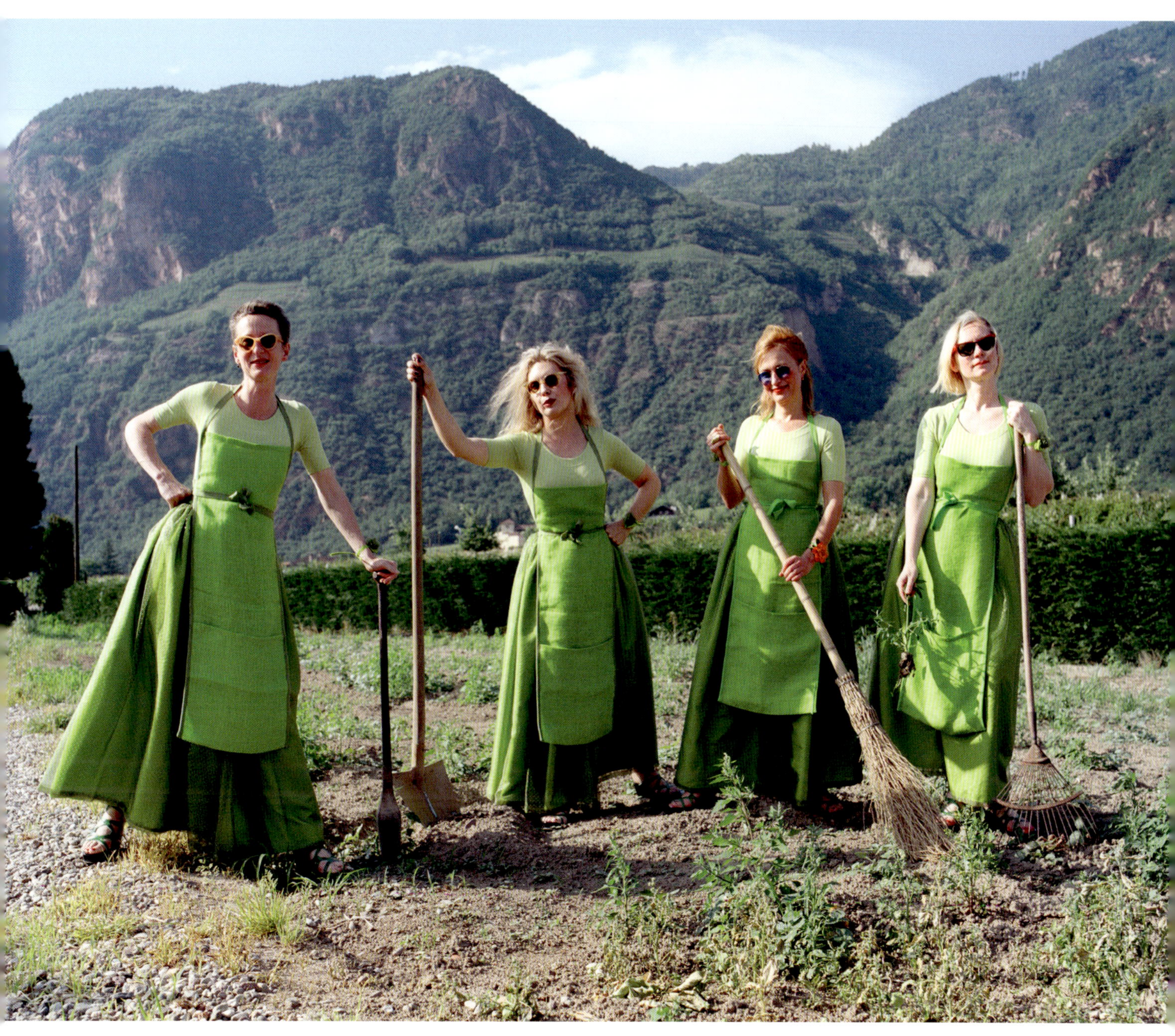

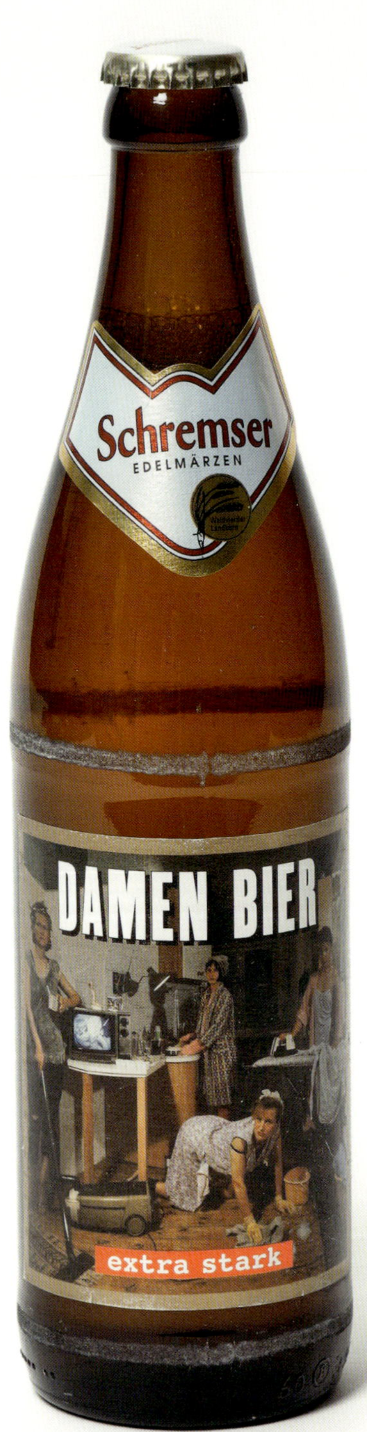
Schremser
EDELMÄRZEN
DAMEN BIER
extra stark

# Gulasch für DIE DAMEN, Nachschlag in St. Pölten, 23. Mai 2013

Café Alt Wien, Wien
*DAMEN Bier extra stark,* Edition, Auflage: 1.000 Flaschen
Bierdeckel, Kunstedition, Auflage: 2.500 Stück

———

# Goulash for DIE DAMEN, Second Helping in St. Pölten, May 23, 2013

Café Alt Wien, Vienna
*DAMEN extra strong beer,* edition of 1,000 bottles
Coaster, art edition, 2,500 copies

Zu einem Reparaturseidel am Vormittag laden DIE DAMEN Freunde und Fans in ihr Wohnzimmer Alt Wien in der Bäckerstraße im ersten Bezirk, um ihre neuen Kreationen, das *DAMEN Bier extra stark* und passende Bierdeckel, zu präsentieren. Dies anstatt einer Pressekonferenz anlässlich der Ausstellung DIE DAMEN, die am 21. Juni 2013 um 19 Uhr im Rahmen von ZEIT KUNST NIEDERÖSTERREICH in der Landesgalerie für zeitgenössische Kunst St. Pölten eröffnet wird.

Das Kaffeehaus Alt Wien war jahrelang das Wohnzimmer und Büro der DAMEN. Viele Projekte wurden hier erarbeitet. Auch die Abende verbrachte man regelmäßig an diesem anregenden Ort, der als Treffpunkt für Künstler und Künstlerinnen noch immer von Bedeutung ist. In jener Präinternet- und Prähandyzeit funktionierte das soziale Leben nach anderen Gesetzen. Es gab zwei bis drei Lokale, von denen man wusste, dass sie von Freunden häufig, ja sogar täglich frequentiert wurden. Um die Freunde zu treffen, musste man ohne Termin einfach nur hingehen.

DIE DAMEN invited friends and fans to have a hangover-cure beer in their living room Alt Wien on Bäckerstrasse in the city's first district and attend the morning presentation of their new creations, the *DAMEN extra strong beer* and coasters to go with it. This in lieu of a press conference on the occasion of the exhibition DIE DAMEN, which would be opened at the Contemporary Art Gallery of Lower Austria St. Pölten as part of the program of ZEIT KUNST NIEDERÖSTERREICH on June 21, 2013 at 7 p.m.

The Café Alt Wien had served DIE DAMEN as a living room and office for years. Many of their projects were developed there. DIE DAMEN regularly spent their evenings in this inspiring place that is still a popular hangout for artists today. In the pre-Internet and pre-mobile-phone era, Vienna's social life followed different rules. There were two or three places where one's friends would turn up regularly or even daily. Without making a date, you just had to go there to meet them.

Text: DIE DAMEN

←

**DAMEN Bier extra stark,** 2013
0,5-l-Bierflasche
Landessammlungen
Niederösterreich

———

**DAMEN extra strong beer,** 2013
0.5 l beer bottle
Collections of the State of
Lower Austria

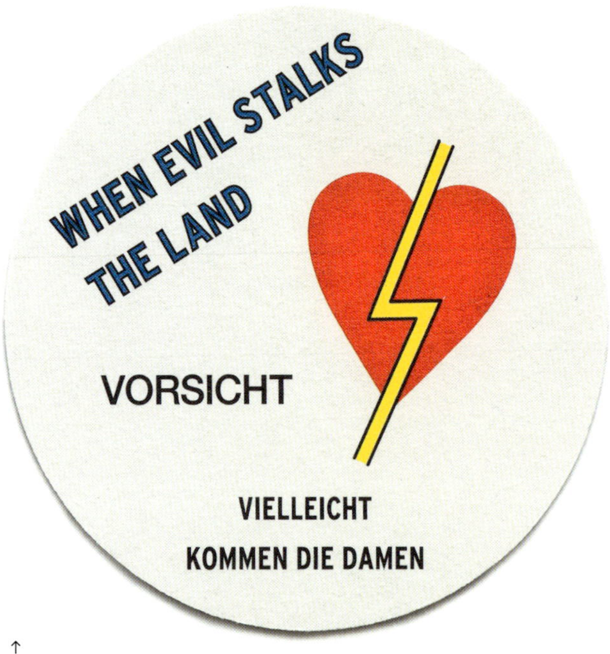


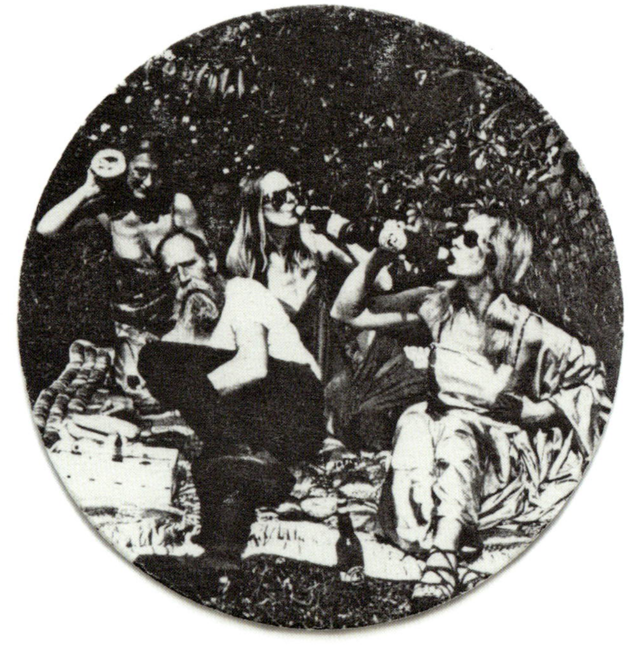

↑
**Bierdeckel,**
Kunstedition, 2013
Vorder- und Rückseite
ø 11,5 cm
Landessammlungen
Niederösterreich

———

**Coaster,** art edition, 2013
verso and recto
ø 11.5 cm
Collections of the State of
Lower Austria

→
Ideenskizze, Lawrence
Weiner, 1993

———

Concept sketch by
Lawrence Weiner, 1993

→→
**Gulasch für DIE DAMEN,**
Einladungskarte, 2013

**Goulash for DIE DAMEN,**
Invitation card, 2013

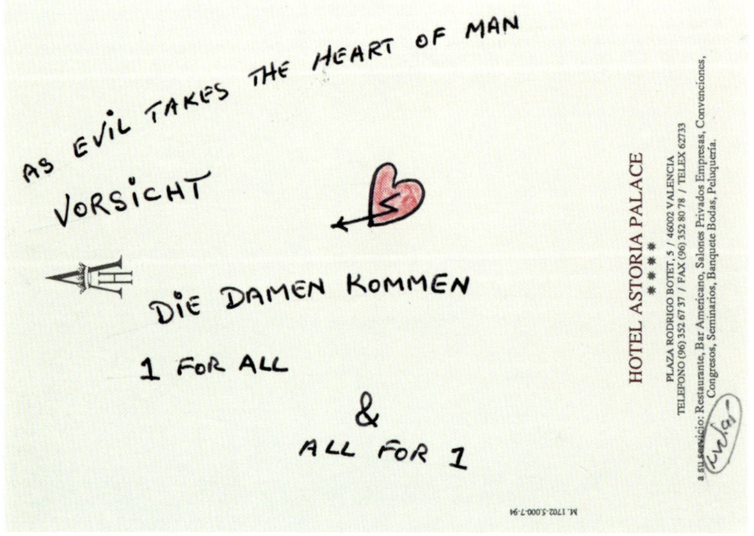

Mit der Wahl dieses Ortes für die Einladung zeigen DIE DAMEN einen wichtigen Aspekt, der zu ihrem Entstehen und ihrer Arbeit beigetragen hat: die Wiener Lebensart und die Beiselszene der späten 1980er/1990er-Jahre. Man denke nur an einen Ober, der fragt: „Noch einen Wunsch, DIE DAMEN?"

Bei den Recherchen für die Ausstellung wird im DAMEN-Archiv ein nicht realisierter Entwurf aus dem Projekt *Böse ist besser* gefunden, den Lawrence Weiner 2003 den DAMEN gewidmet hat. Aus dieser Skizze entsteht der Bierdeckel.

Das *DAMEN Bier extra stark*, von der Firma Schremser für DIE DAMEN produziert, ist eine weitere Idee exklusiv für die Ausstellung 2013.

Diese Produkte werden bei der Einladung *Gulasch für DIE DAMEN, Nachschlag in St. Pölten* im Café Alt Wien vorgestellt.

By choosing this place for their invitation, DIE DAMEN highlighted an aspect that had contributed essentially to the foundation of their troupe and its work: Vienna's way of life and the pub and bar scene of the late 1980s and 1990s. Just imagine a waiter asking: "Anything else, miladies?"

An unrealized design for the project "To Bitch Is To Be," which Lawrence Weiner dedicated to DIE DAMEN in 2003, was discovered in the group's archives during the research work for the exhibition in St. Pölten. The coaster was developed from this sketch.

The *DAMEN extra strong beer*, produced by the Schremser brewery for DIE DAMEN, is another exclusive idea for the 2013 show.

Both products were presented at the event *Goulash for DIE DAMEN, Second Helping in St. Pölten* in the Café Alt Wien in the run-up to the exhibition.

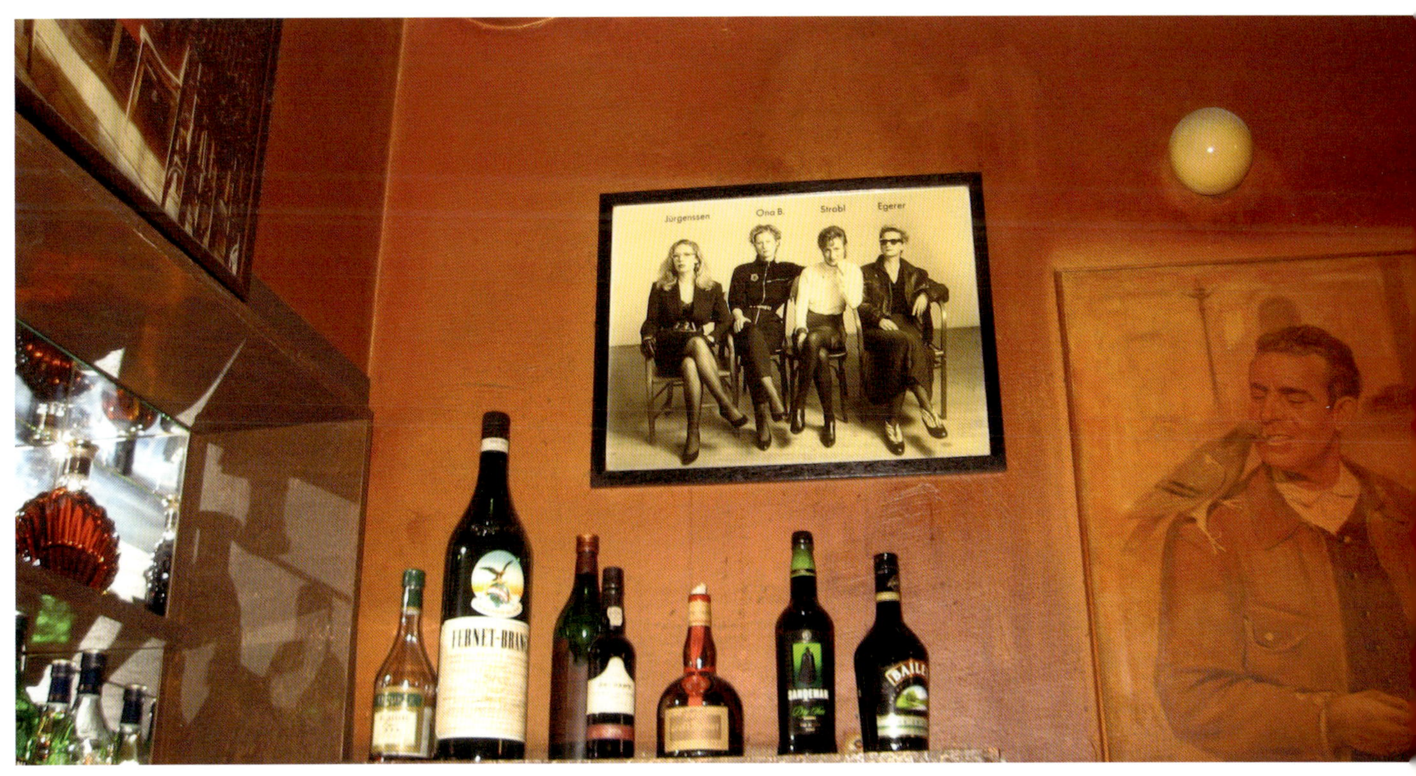

… presented by DIE DAMEN

———

… presented by DIE DAMEN

ALEXANDRA SCHANTL

Kunst und Werbung verbindet von jeher eine zwiespältige Beziehung, wobei schon die Meinungen darüber, ob Kunst und Werbung überhaupt etwas miteinander zu tun haben oder vielmehr zu tun haben sollten, weit auseinandergehen. Unter dem schnöden Verkaufsaspekt betrachtet mag Kunst in der Werbung fehl am Platz sein, weil sie keinen praktischen Zweck verfolgt und ihre Symbolsprache im Allgemeinen zu hintergründig ist, um sofort verstanden zu werden. Daher hat intelligente Werbung auch nicht unbedingt eine Wirkung, die die Kauflust anregt oder gar große Absätze garantiert.

Der deutsche Künstler, Kommunikationsdesigner und ehemalige Leiter der Werbeagentur GGK Düsseldorf Michael Schirner, der als „Beuys der Reklame" gilt, sieht die Sache entschieden anders. In einem Interview mit der *FAZ* aus dem Jahr 1987 etwa spricht er davon, dass die Werbung die Kunst in ihrer Funktion, ästhetische Inhalte im täglichen Leben zu vermitteln, abgelöst habe. Dass Werbung etwas verkaufe, sei außerdem eine von den Agenturen ausgedachte Lüge, um Kunden zu akquirieren: „Die Wahrheit ist, daß

The relationship between art and advertising has always been an ambiguous affair. Opinions on whether art and advertising have, or rather should have, to do with each other are clearly divided. From the viewpoint of—vile—sales, art may be out of place in advertising because it serves no practical purpose and depends on a symbolic language that is generally too subtle to be immediately understood. This is why intelligent advertising does not necessarily stimulate the people's urge to spend money or guarantee a large turnover.

The German artist, communication designer, and former head of the advertising agency GGK Düsseldorf, Michael Schirner, who became known as "the Beuys of advertising," has a completely different view of the issue. In an interview with the *Frankfurter Allgemeine Zeitung* in 1987, he pointed out that advertising has replaced art in its function of conveying aesthetical contents in everyday life. He described the idea that advertising helps to sell something as a lie concocted by

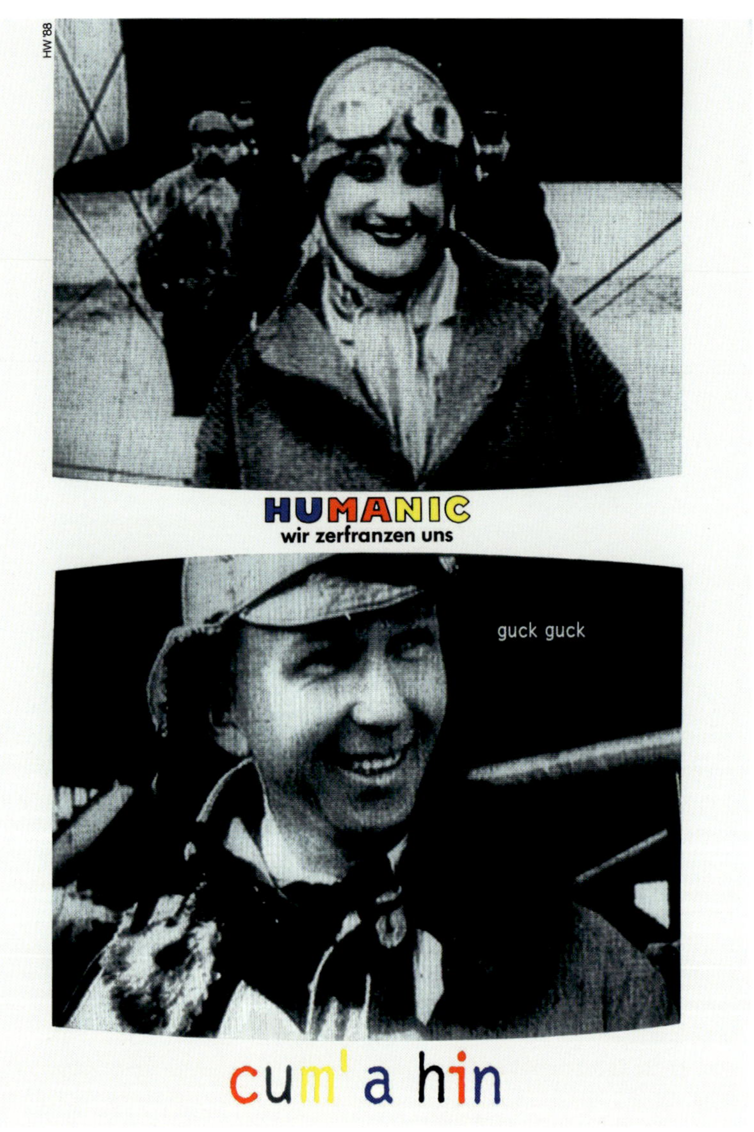




Humanic poster "look,
look," fall 1988

gerade Werbung, die verkaufen will, das Gegenteil von dem bewirkt, was sie will; weil sie nämlich mit ihren ewigen Appellen das Publikum anödet. Dagegen schafft es Werbung, die sich nicht mehr und nicht weniger vornimmt, als das Publikum mit Witz, Ironie und Doppelbödigkeit zu unterhalten, daß sich dieses fürs Produkt interessiert, es liebgewinnt und vielleicht kauft.“[1]

Ein Beleg für Schirners These ist die unkonventionelle Werbelinie des österreichischen Schuhhändlers Humanic, die von den 1970er-Jahren an für drei Dekaden in aller Munde war. Der legendäre Erfolg der diversen Kampagnen für Fernsehen, Radio und Printmedien basierte darauf, dass Kunst zur Erregung von Aufmerksamkeit eingesetzt wurde, wobei nicht die einzelnen Produkte, sondern die Marke in den Vordergrund gestellt wurde. Das in seinem gesamten Stil dadaistisch anmutende Konzept ging sogar so weit, dass der Name „Franz“ und daraus abgeleitete Slogans wie „Wir zerfranzen uns“ zu einer Art Synonym für Humanic wurden. Die Ideen lieferten bekannte Künstler der österreichischen Avantgarde wie H. C. Artmann, Axel Corti, Anselm Glück, Roland Goeschl oder Otto M. Zykan. Die einzige Bedingung, die ihnen gestellt wurde, war, dass sie den Namen Humanic bzw. einen Werbespruch einbauen mussten, und sei es in Form eines Anagramms wie „cum’ a hin“. Es handelte sich also um eine, wie man heute sagen würde, reine Imagekampagne, die in ihrer Radikalität zum damaligen Zeitpunkt revolutionär war und der Marke einen unerwartet hohen Bekanntheitsgrad bescherte.[2]

Um Branding ging es auch bei den Werbefeldzügen der DAMEN. Den unwiderstehlichen Charme und die Businesskontakte von Ona B. ausspielend, gelang es den vier immer wieder, die unterschiedlichsten Wirtschaftsunternehmen vor ihren Karren zu spannen. Dies geschah vornehmlich über klassische ganz- oder doppelseitige Werbeanzeigen, die einerseits sowohl im DAMEN-Magazin als auch im DAMEN-Buch als essenzielle Gestaltungselemente fungieren und andererseits als selbstständige künstlerische Statements anzusehen sind. Eine Bestätigung dafür findet sich im Inhaltsverzeichnis des DAMEN-Magazins, wo ihnen unter der Überschrift „CHANCEN – Beruf/Erfolg/

advertising agencies keen on acquiring clients: "The truth is that advertising that wants to sell something achieves the exact opposite of what it wants because it bores the public to tears with its permanent appeals. Advertising which aims at nothing less nor more than entertaining the public with wit, irony, and ambiguity, however, succeeds in ensuring that people get interested in and fond of a product and perhaps buy it."[1]

Proof for Schirner's hypothesis provides the unconventional advertising method of the Austrian Humanic shoe stores that was on everyone's lips for three decades since the 1970s. The legendary success of Humanic's TV, radio and print media campaigns was based on using art to attract attention and highlighting the brand instead of individual products. The concept, which had something Dadaist about it, even went as far as turning the name "Franz" and the slogan "Wir zerfranzen uns" (a pun on "wir zerfransen uns" = we bend over backwards) into synonyms for the company. The ideas were provided by renowned Austrian avantgarde artists such as H. C. Artmann, Axel Corti, Anselm Glück, Roland Goeschl, or Otto M. Zykan. The only condition to be fulfilled by the artists was the use of the name Humanic in their slogans, even if in the form of an anagram like "cum' a hin" (see you there, too). It was a pure image campaign, as we would say today, which was revolutionary in its radical character at the time and unexpectedly ensured the brand a high degree of familiarity.[2]

The advertising campaigns run by DIE DAMEN were also about branding. Bringing to bear Ona B.'s irresistible charm and her business contacts, the four women artists again and again succeeded in roping in various companies for their projects. They mostly relied on traditional one- or double-page ads which provided central design elements both for the magazine and the book DIE DAMEN, but are also to be seen as independent artistic statements of the quartet. Evidence for this can be found on the contents page of the magazine DIE DAMEN, which, besides further entries like "Jobs with Prospects" or "On the Trail of Money" dedicated a special

Finanzen" neben weiteren Einträgen wie „Berufe mit Aussicht" oder „Dem Geld auf der Spur" eine eigene Rubrik gewidmet ist. Ganz konkret werden unter dem Schlagwort „Anlage-Tip" [sic] sämtliche Firmen, die im Magazin mit Werbeanzeigen vertreten sind, aufgezählt. Gemeinsames Merkmal dieser „Anlagetipps" sind natürlich DIE DAMEN, die Testimonials liefern und die Dinge ins vermeintlich rechte Licht rücken, ob für Austrian Airlines, das Bundesministerium für Unterricht, Kunst und Sport, Citroën, Diners Club, L'Oréal oder den Vienna International Airport. Die Attraktivität der Produkte oder Dienstleistungen wird aber durch die Settings, in denen sich DIE DAMEN inszenieren, eher konterkariert als forciert. So macht etwa die trübe Stimmung der Austrian-Airlines-Werbung – verstärkt durch den ungewollt absurden Slogan („If you think of rain get on the plain ...‟), der auf einem Fehler beruht („plain" statt „plane") – nicht gerade Lust auf Urlaub. Das karge Ambiente und das ernste Gehabe der vier uniform gekleideten Models sind auch nicht dazu angetan, dem Diners-Club-Spruch „Gönnen Sie sich mehr" Glaubwürdigkeit zu verleihen. Genauso wenig vermag in Anbetracht des von den DAMEN demonstrierten „bad hair day" das Inserat der Firma L'Oréal von der Qualität ihrer Haarkosmetikprodukte zu überzeugen. Wer aber in jedem Fall gut wegkommt, sind DIE DAMEN selbst, die sich durch ihr „Modeln" für anerkannte Qualitätsmarken den Status von Celebrities verleihen, um damit die Marke DIE DAMEN zu stärken, nach der Devise: DIE DAMEN bürgen für Qualität und schaffen Vertrauen; sie sind bekannt und beliebt.

Bei den von den DAMEN eingefädelten Werbedeals floss zwar nicht immer Geld, aber dafür verursachten sie ihnen auch nur relativ wenig Aufwand. Denn die Anzeigensujets beruhten auf bereits vorhandenen, im Zusammenhang mit diversen Aktionen und Performances der DAMEN entstandenen Fotografien, die von den Künstlerinnen im Hinblick auf die beabsichtigte Pointe mit Bedacht ausgewählt und schließlich nach ihren Wünschen unentgeltlich von den Grafikabteilungen der betreffenden Unternehmen werbegerecht aufbereitet wurden. Für Freunde wie den Wirt ihres Stammlokals Freihaus stellten sich DIE DAMEN auch völlig „selbstlos" für Werbezwecke zur

column to them under the heading "OPPORTUNITIES—Job/Success/Finances." Under the catchword "Investment Tip" we find a list of all companies represented in the magazine with advertisements. The investment tips' common feature are DIE DAMEN, of course, who provide testimonials and show certain things in a favorable light, whether for Austrian Airlines, the Federal Ministry for Education, Art and Sports, Citroën, Diners Club, L'Oréal, or the Vienna International Airport. The attractiveness of the highlighted products and services is, however, undermined rather than supported by the settings in which DIE DAMEN present themselves. Enhanced by the unwillingly absurd slogan "If you think of rain get on the plain . . ."—that mistakes "plain" for "plane"—the dreary atmosphere in the Austrian Airlines advertisement does not really whet one's appetite for going on vacation. Likewise, the bare ambience of the place depicted and the serious demeanor of the four models wearing the same clothes are not likely to lend plausibility to the Diners Club maxim "Treat Yourself to More!" Again, the advertisement for L'Oréal seems anything but suited to convince people of the quality of the company's hair products in view of the "bad hair day" demonstrated by DIE DAMEN. In any event, the quartet comes off well by lending themselves the status of celebrities in modeling for renowned quality brands in order to strengthen the brand DIE DAMEN after the motto: DIE DAMEN vouch for quality and built up trust; they are well-known and popular.

The advertising deals engineered by DIE DAMEN were not always coupled with a flow of money, but they also caused only comparatively little cost. The motifs were based on already existing photographs that had been taken in the context of various acts and performances. Everything the artists had to do was pick the right one with due consideration of the intended punch line before the picture was adapted to the purpose of the planned campaign according to the artists' wishes for free by a graphic designer of the respective company.

For friends like the owner of their favorite haunt Freihaus, DIE DAMEN offered their

Verfügung, ohne dabei freilich auf ihre bewährte subversive Strategie zu verzichten. Denn das Foto zeigt die vier fein zurechtgemachten Nachtschwärmerinnen mit gelangweilter Miene an einer Bar sitzend, wo sie vergeblich auf ihre Drinks warten, weil es sich um die geschlossene Bar des Hotels Yeni in Ankara handelt. Undank konnte man den DAMEN trotzdem nicht vorwerfen. Das belegen insbesondere die beiden Werbeeinschaltungen mit dem Slogan „Das Bundesministerium für Unterricht, Kunst und Sport hält Wort!", von denen eine ausdrücklich zu Ehren von Hilde Hawlicek entstanden ist. Als zuständige Ministerin hatte sie den DAMEN ihr Wort gegeben, bei dem Empfang mitzuspielen, den DIE DAMEN anlässlich des ihnen für ihren Beitrag zur Biennale von Ankara verliehenen „1. Türkischen Kunst-Sport-Preises" auf dem Flughafen Wien-Schwechat inszenierten. So kam es also in der VIP-Lounge des Flughafens, die, dazumal mit rosa Samtsofas und Wandteppichen ausgestattet, sehr offiziell anmutete, zu einem Fotoshooting mit vier plus einer Dame, die sich in Siegerlaune die Hände reichten. Dagegen wirkt die in schlichtem Schwarz-Weiß gehaltene ministerielle Werbung insofern mehr aus dem Leben gegriffen, als DIE DAMEN hier die Rolle von Bittstellerinnen spielen, obwohl das im Kulturministerium von Ankara, das auf dem Bild zu sehen ist, niemand von ihnen erwartet hätte – zumal sie ja am Ende ihrer langen Reise durch die türkische Hauptstadt tatsächlich mit dem Asian-European Art Prize der Biennale von Ankara ausgezeichnet wurden. Ihren Ruhm in der internationalen Kunstwelt vorwegnehmend zierte daher konsequenterweise das Inserat „Smartforum International" die Rückseite des DAMEN-Magazins. Stars are born!

advertising services "unselfishly" without abandoning their tried and tested subversive strategy, though. The respective photograph shows the four nighthawks all spruced up sitting at a bar with bored faces, waiting in vain for their drinks to be served because the location is the closed bar of the Yeni Hotel in Ankara. One cannot accuse DIE DAMEN of being ungrateful, as particularly the two advertisements with the slogan "Das Bundesministerium für Unterricht, Kunst und Sport hält Wort!" (The Federal Ministry for Education, Art and Sports is as good as its word!) illustrate, one of which was especially conceived in honor of Hilde Hawlicek. As the appropriate authority, the Minister had given DIE DAMEN her word to play along with the reception they staged on the occasion of receiving the First Turkish Art Sports Prize for their contribution to the Ankara Biennale at Vienna International Airport. And so it happened that four plus one ladies, joining hands in their joy of victory, posed for a camera in the VIP lounge of the airport, which, boasting red velvet sofas and tapestries, had a quite official flair in those years. The modest black-and-white ministerial advertisement strikes us as taken from real life rather in comparison: it features DIE DAMEN as petioners, though nobody would have expected that from them in the Ministry of Culture in Ankara, which is to be seen in the picture—particularly as they were awarded the Asian-European Art Prize of the Ankara Biennale after their long journey across the Turkish capital had ended. Anticipating their renown in the international art world, the advertisement "Smartforum International" adorned the back cover of the DAMEN magazine. Stars are born!

1
„S. Turner im Gespräch mit Michael Schirner", in: *Frankfurter Allgemeine Zeitung*, 29. Mai 1987, http://serifenlos.de/drupal-2006wir/files/schirner.pdf (Zugriff: März 2013).

2
Vgl. Andrea Doczy, „Warum aus ‚franz' ein ‚shoemanic' wurde …", Diplomarbeit, Wien 2009, http://othes.univie.ac.at/5545/1/2009-06-01_9702893.pdf (Zugriff: März 2013).

1
"S. Turner im Gespräch mit Michael Schirner," *Frankfurter Allgemeine Zeitung*, May 29, 1987; http://serifenlos.de/drupal-2006wir/files/schirner.pdf (acc. March 2013).

2
See Andrea Doczy, "Warum aus ‚franz' ein ‚shoemanic' wurde …," diploma thesis, Vienna 2009; http://othes.univie.ac.at/5545/1/2009-06-01_9702893.pdf (acc. March 2013).

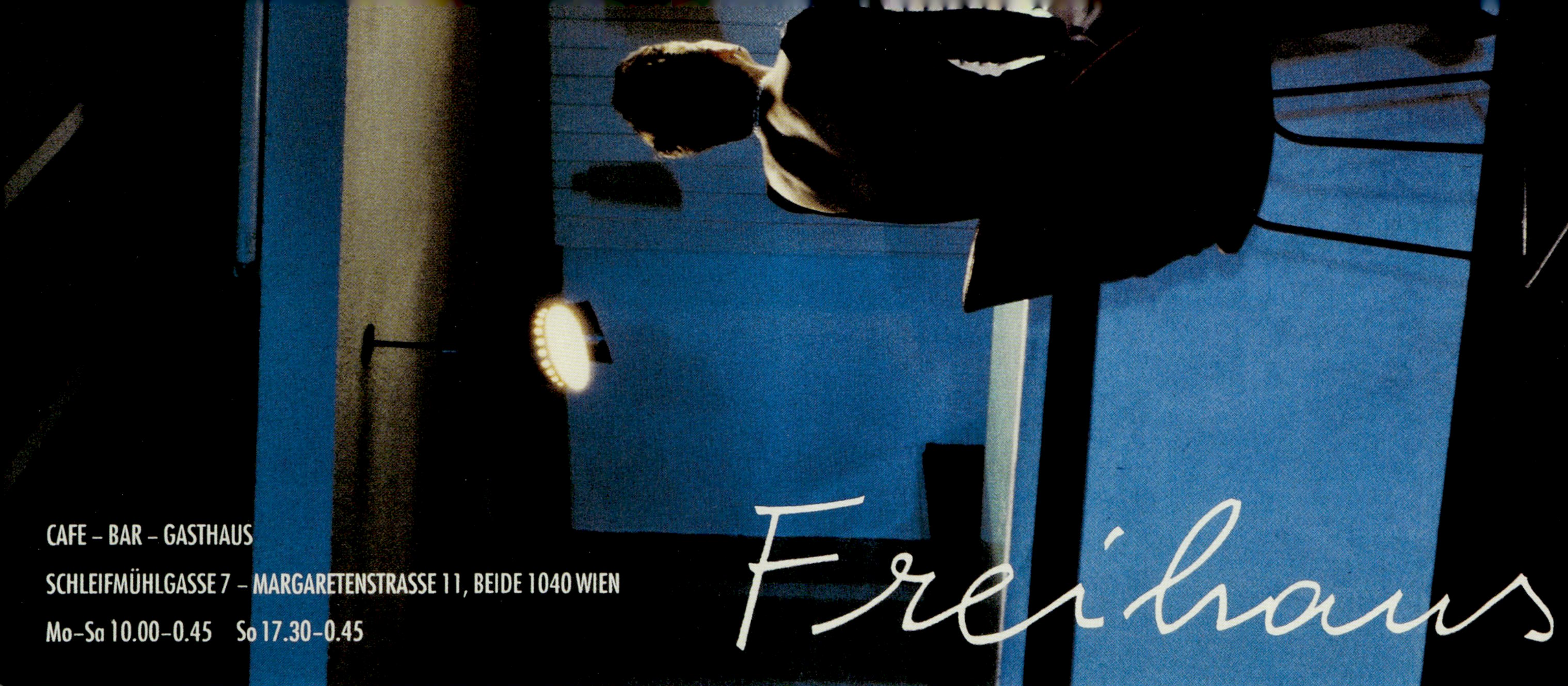
CAFE – BAR – GASTHAUS
SCHLEIFMÜHLGASSE 7 – MARGARETENSTRASSE 11, BEIDE 1040 WIEN
Mo–Sa 10.00–0.45    So 17.30–0.45
Freihaus

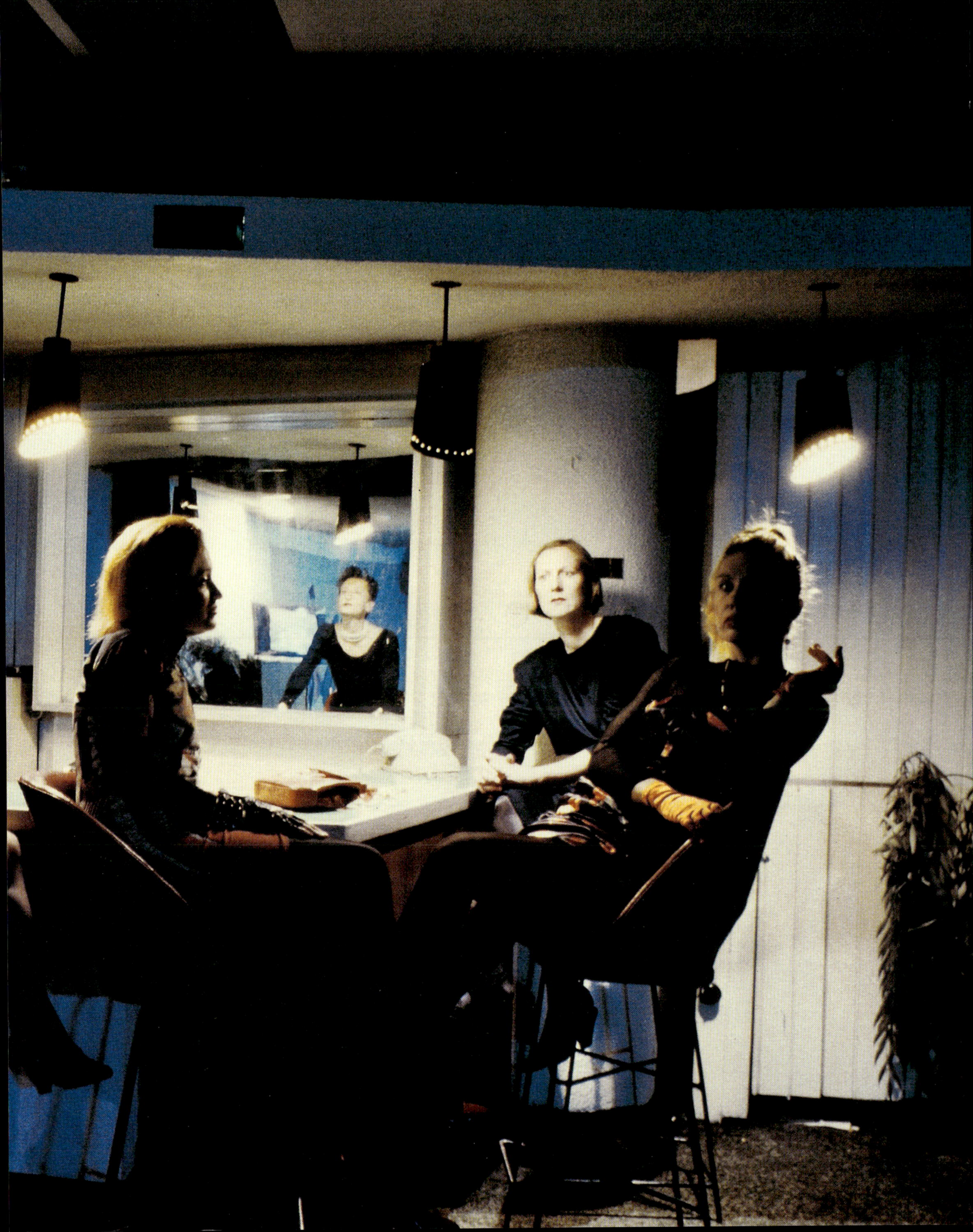

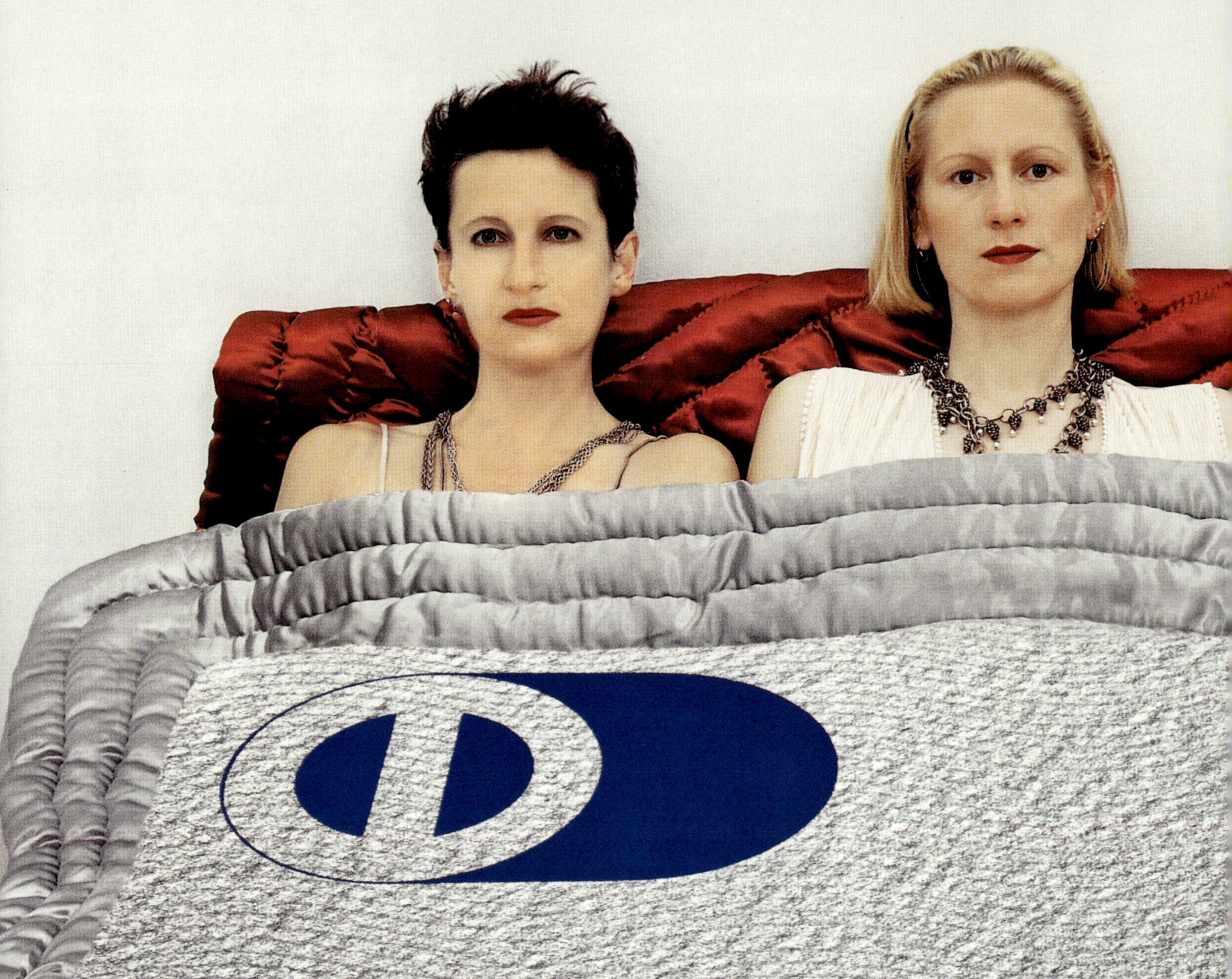

3677 777
DR. DIE DAME
MEMBER SINCE 94 DC UA
VALI

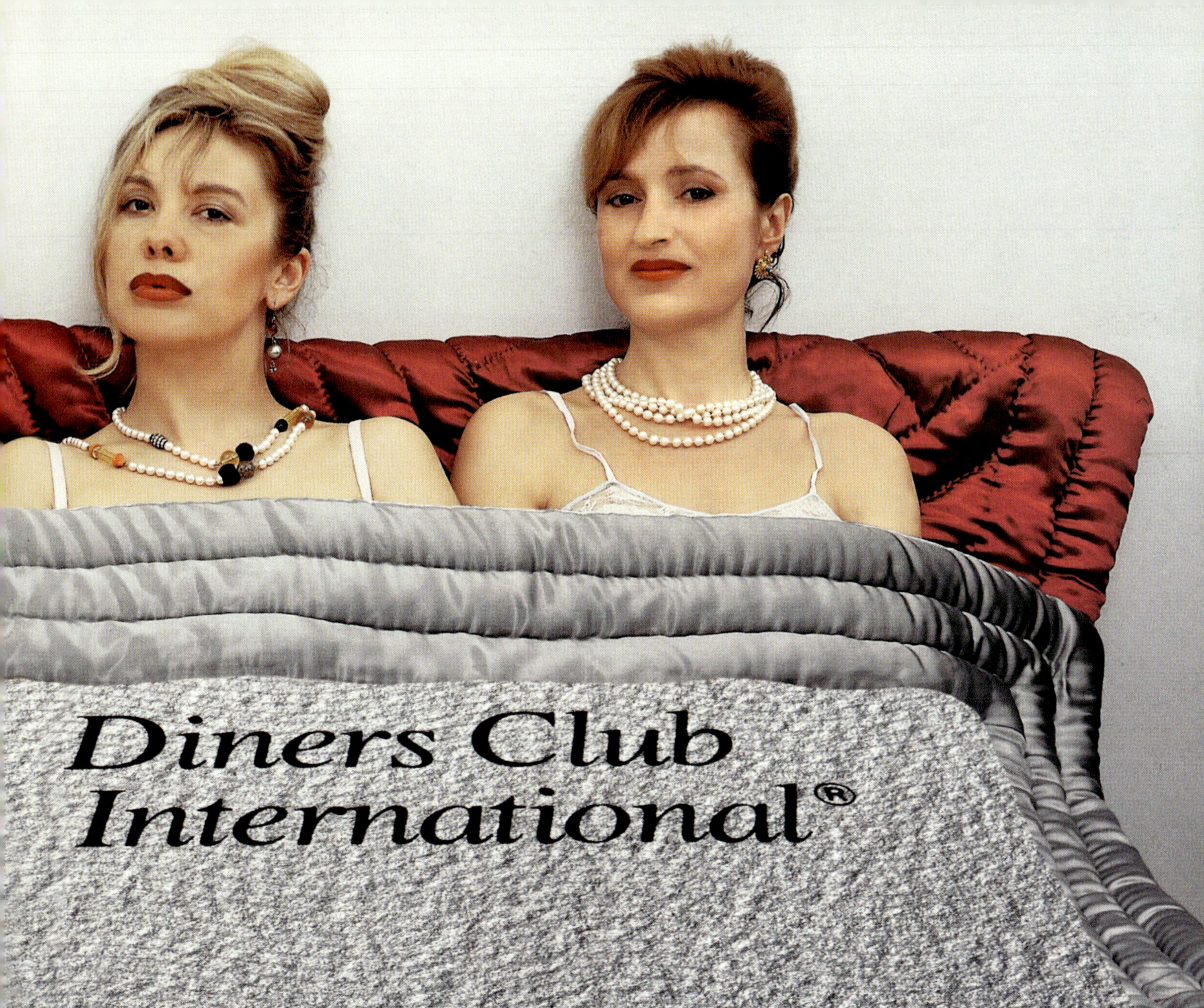

Diners Club
International®
08/94   THRU   08/99

# FEEL
# GOOD

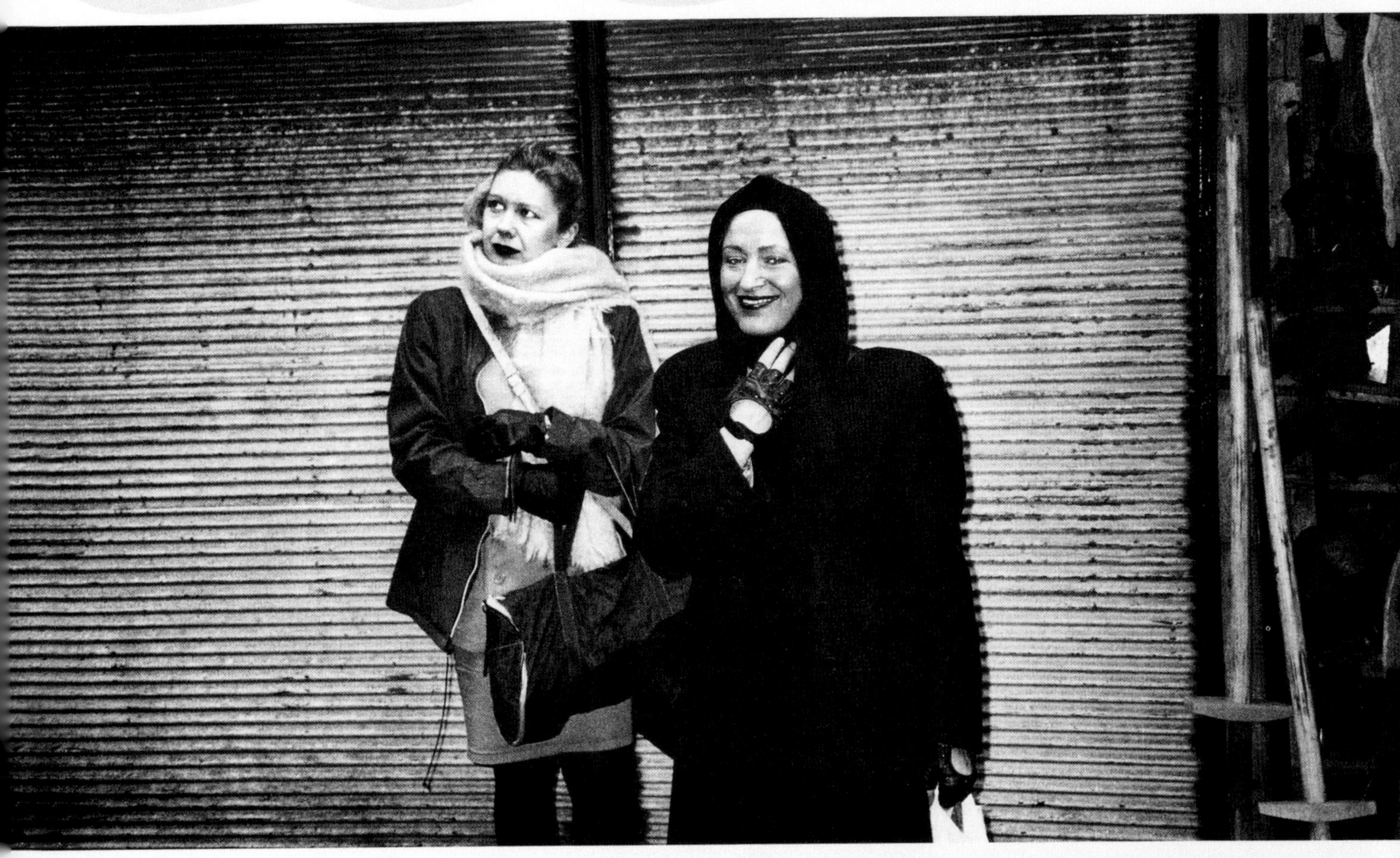

# FEEL GOOD

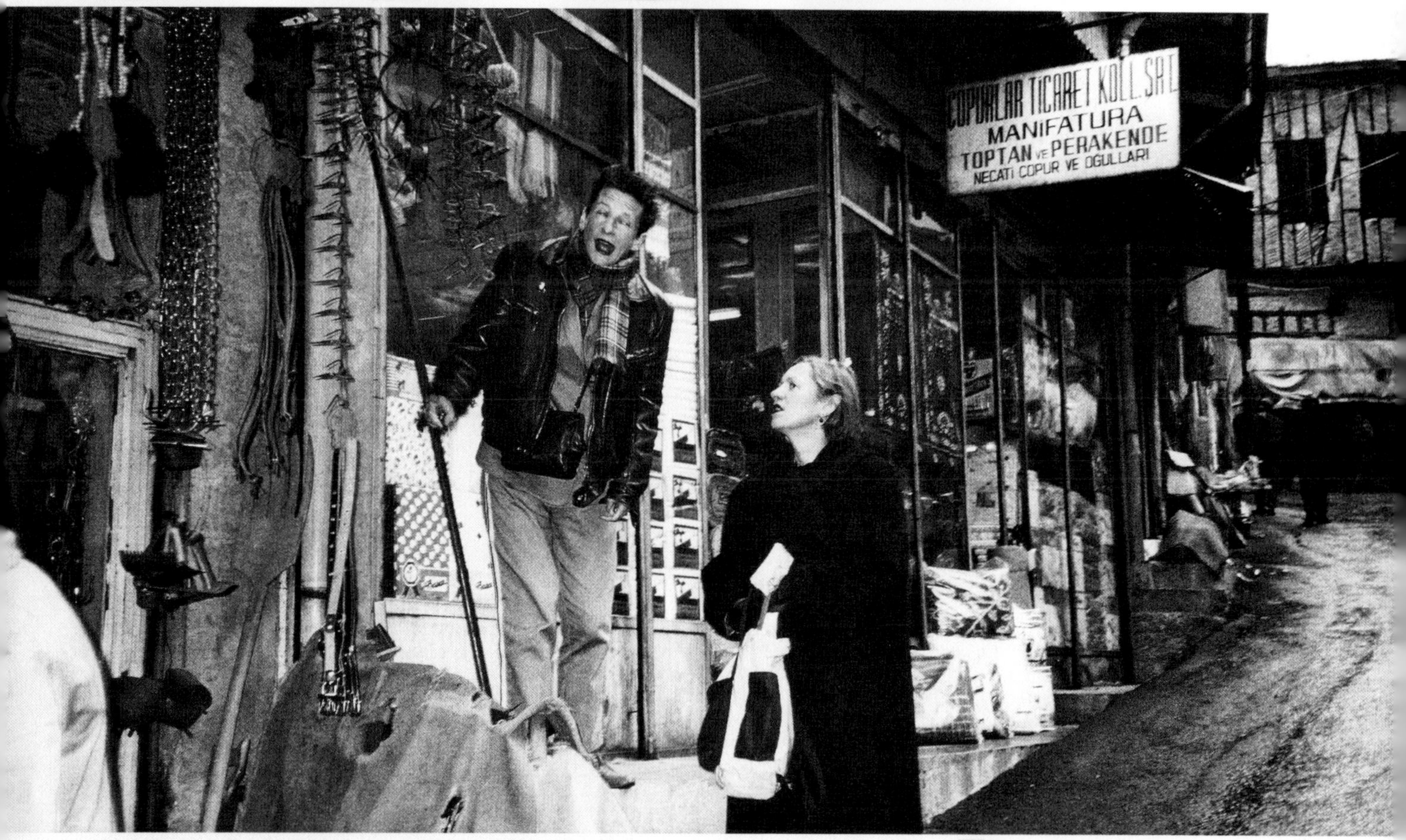

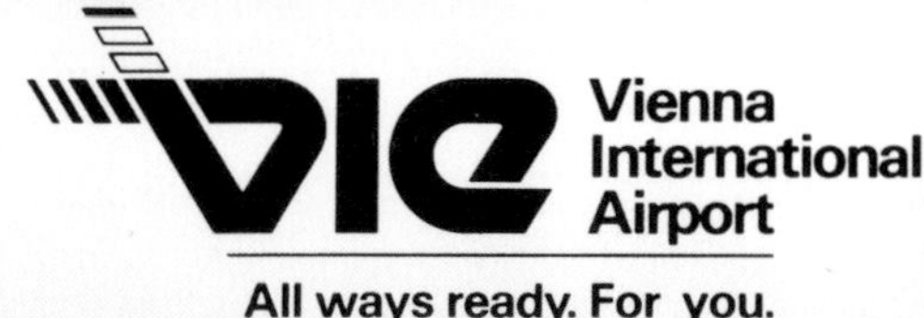


vie Vienna International Airport

All ways ready. For you.

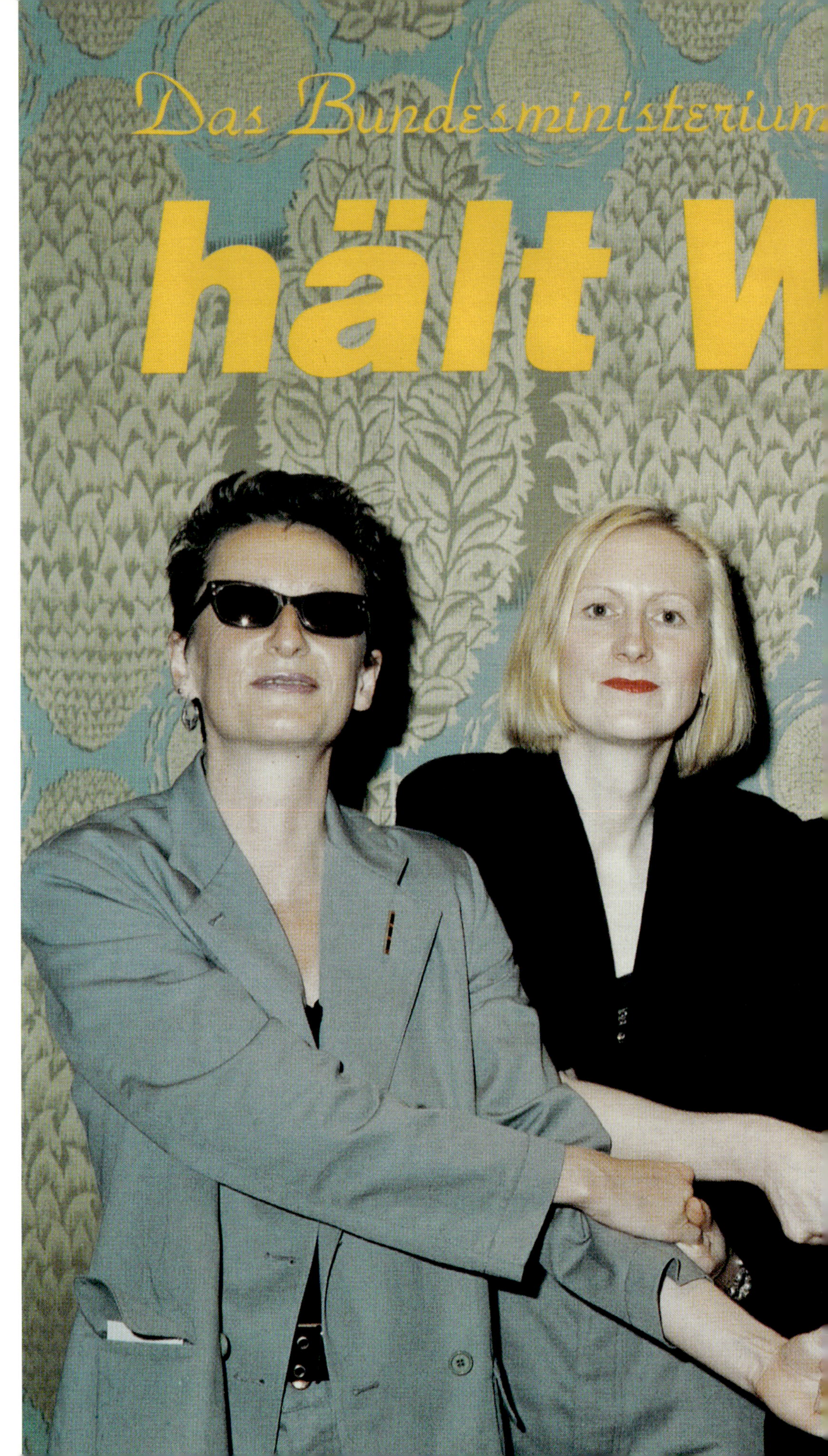

Das Bundesministerium
hält W

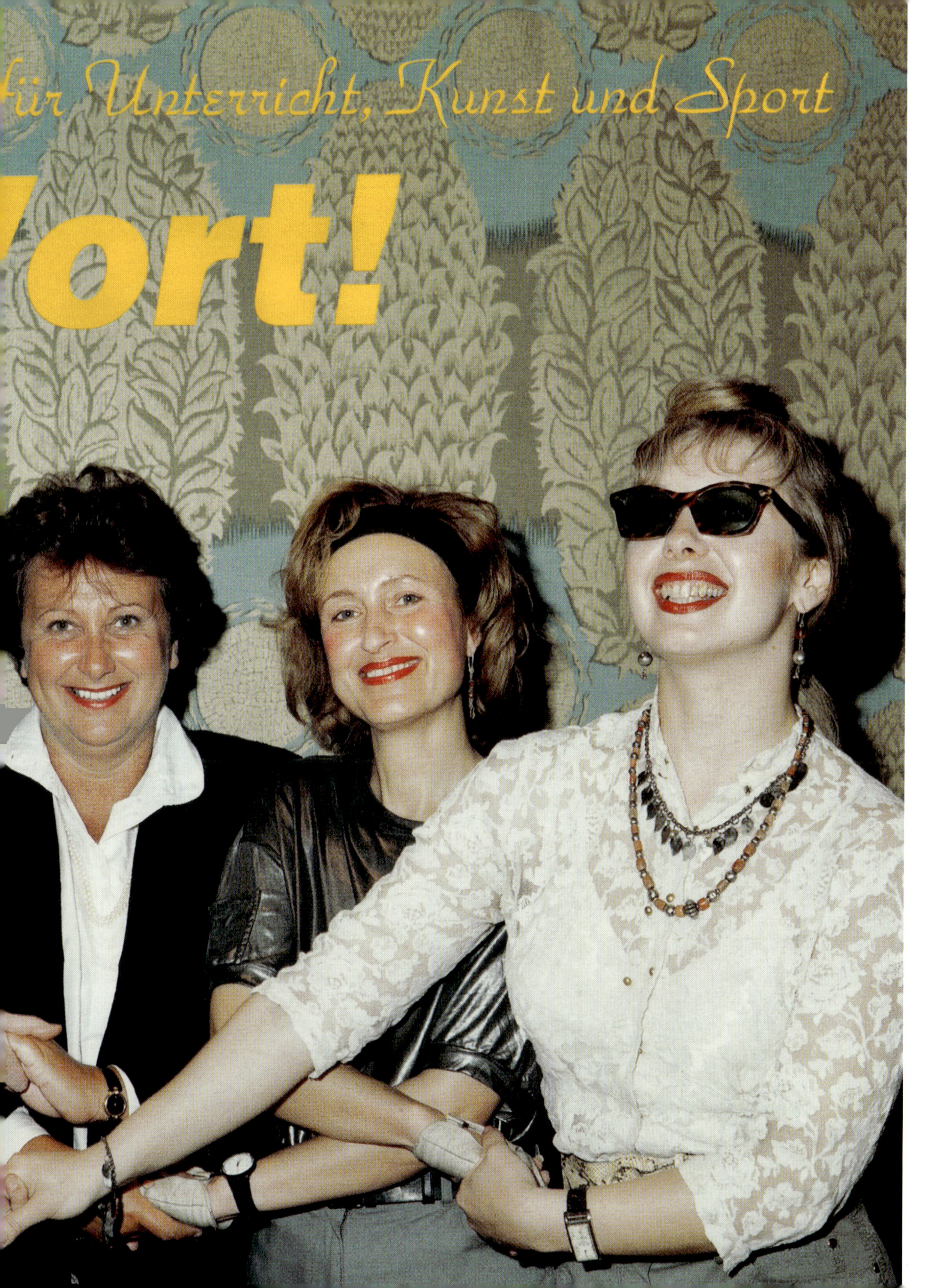
für Unterricht, Kunst und Sport
ort!

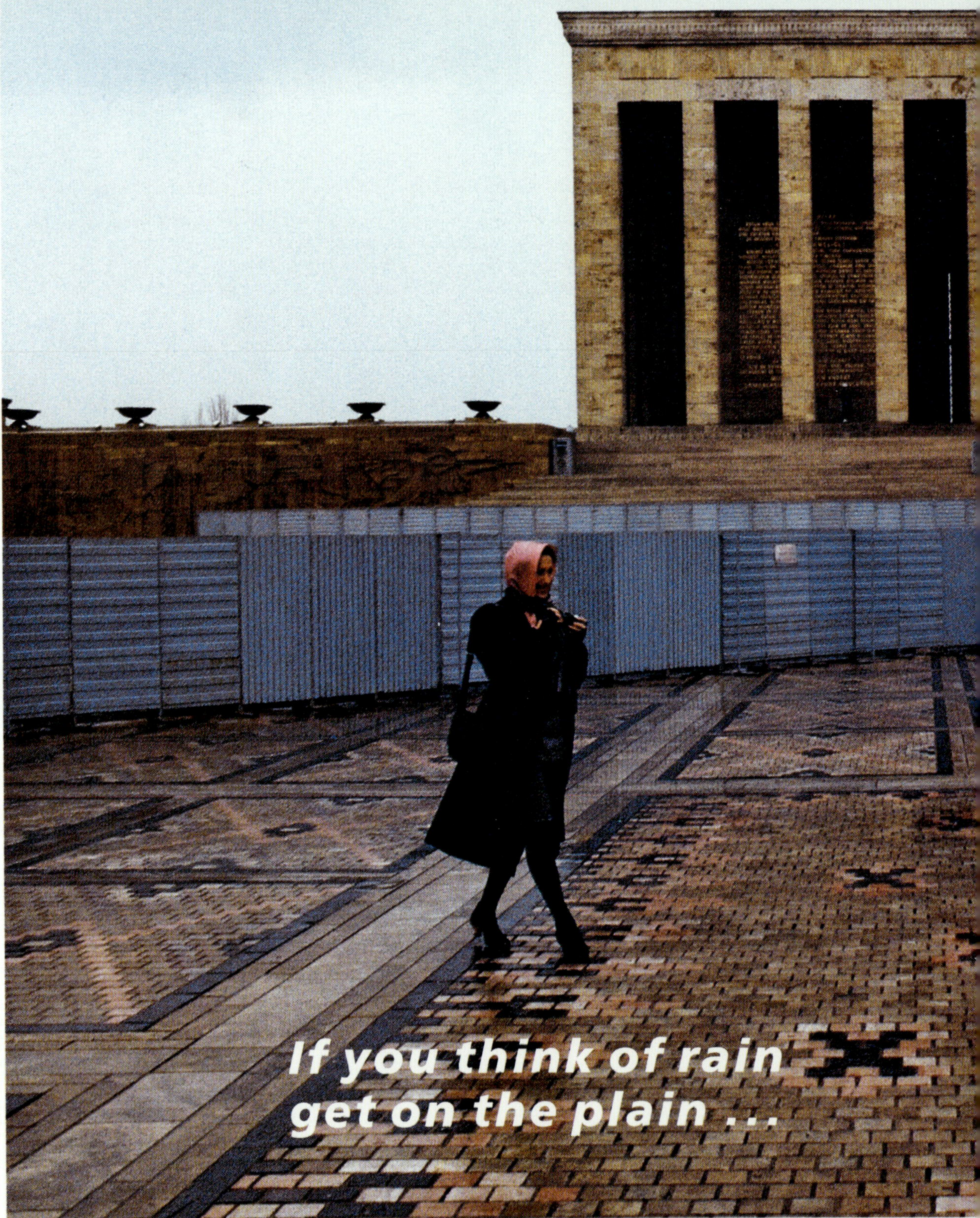
If you think of rain
get on the plain …

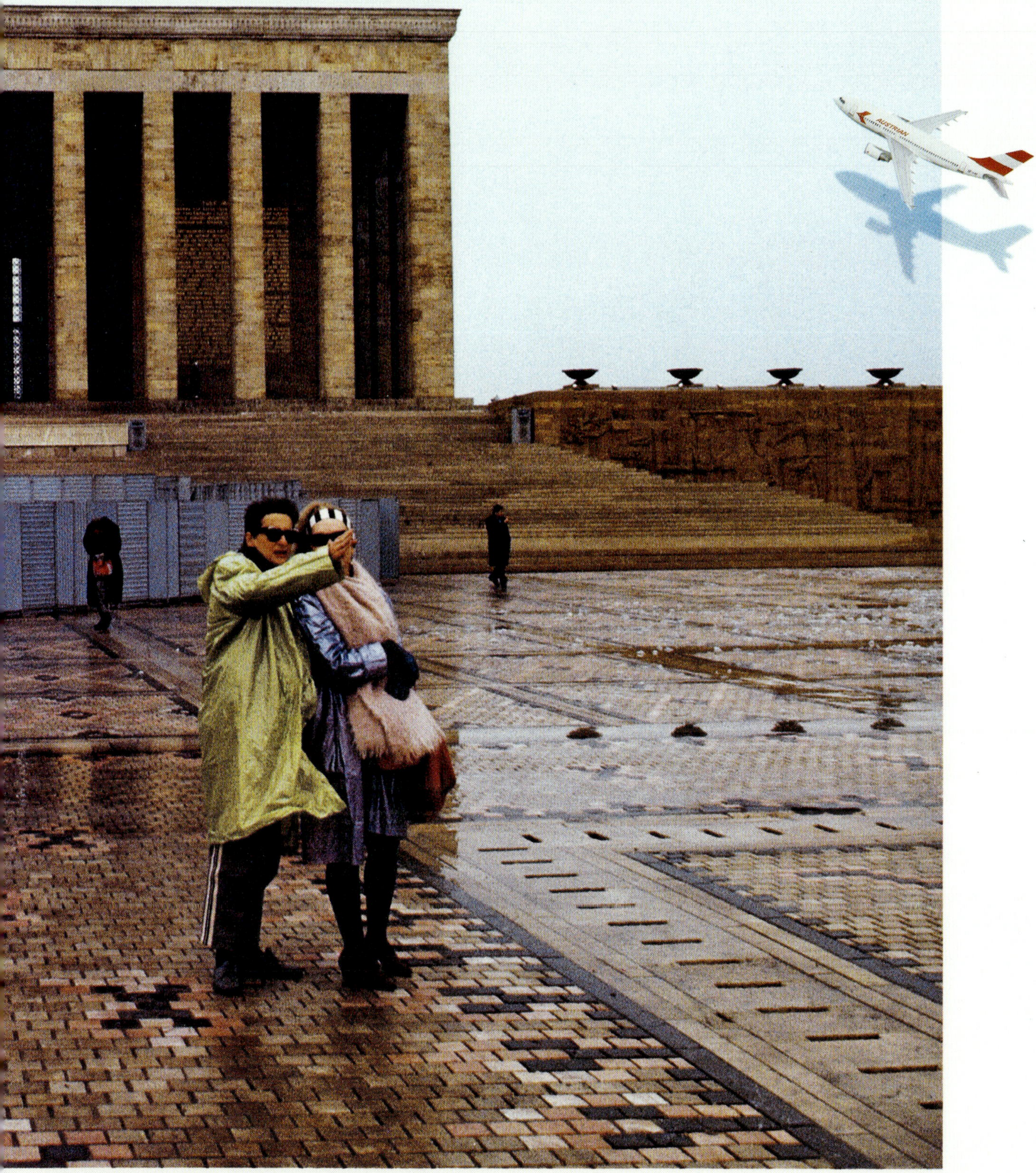

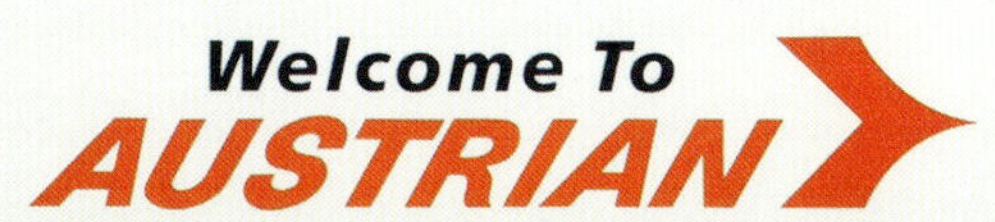

Welcome To
AUSTRIAN

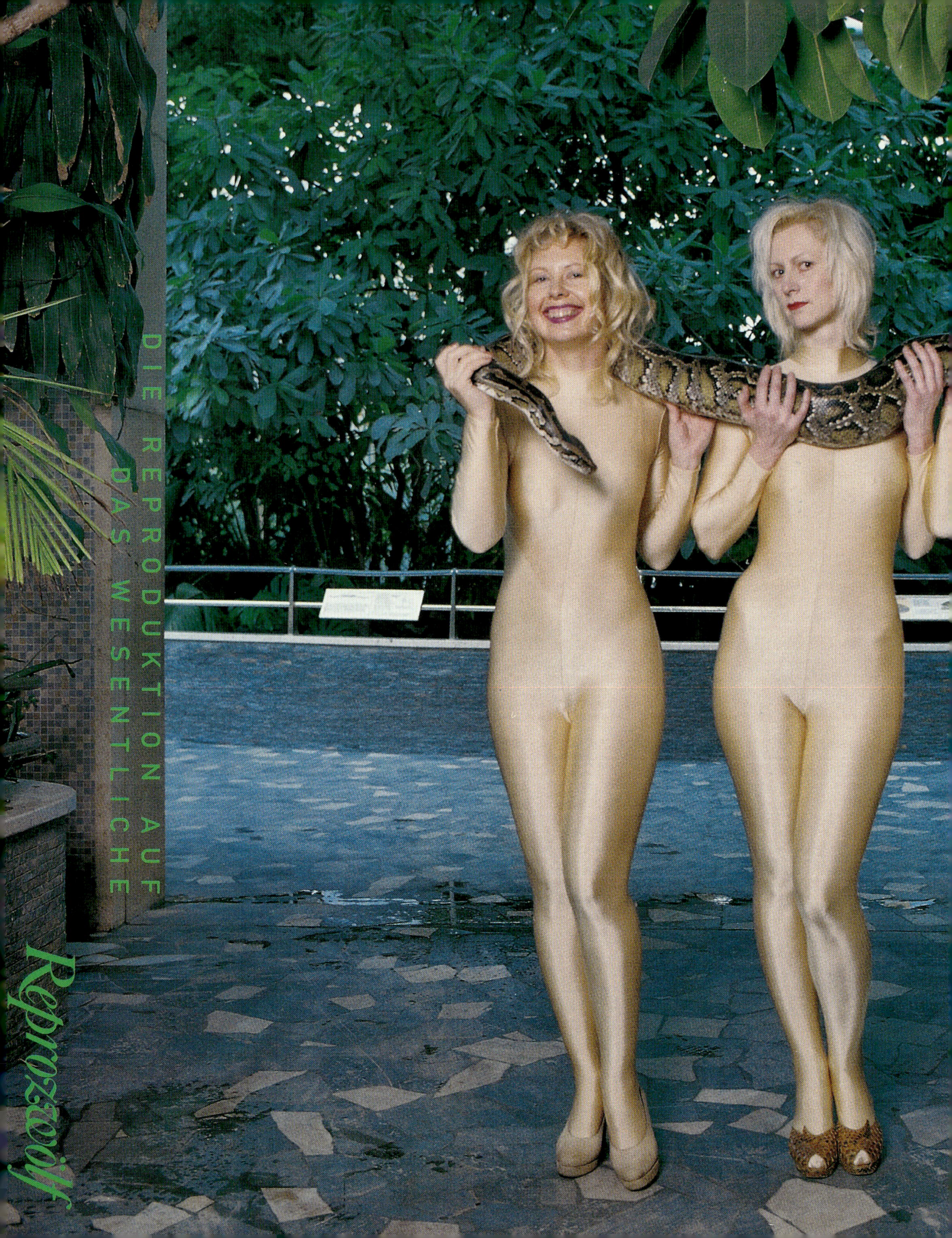

DIE REPRODUKTION AUF DAS WESENTLICHE
Reprozeit

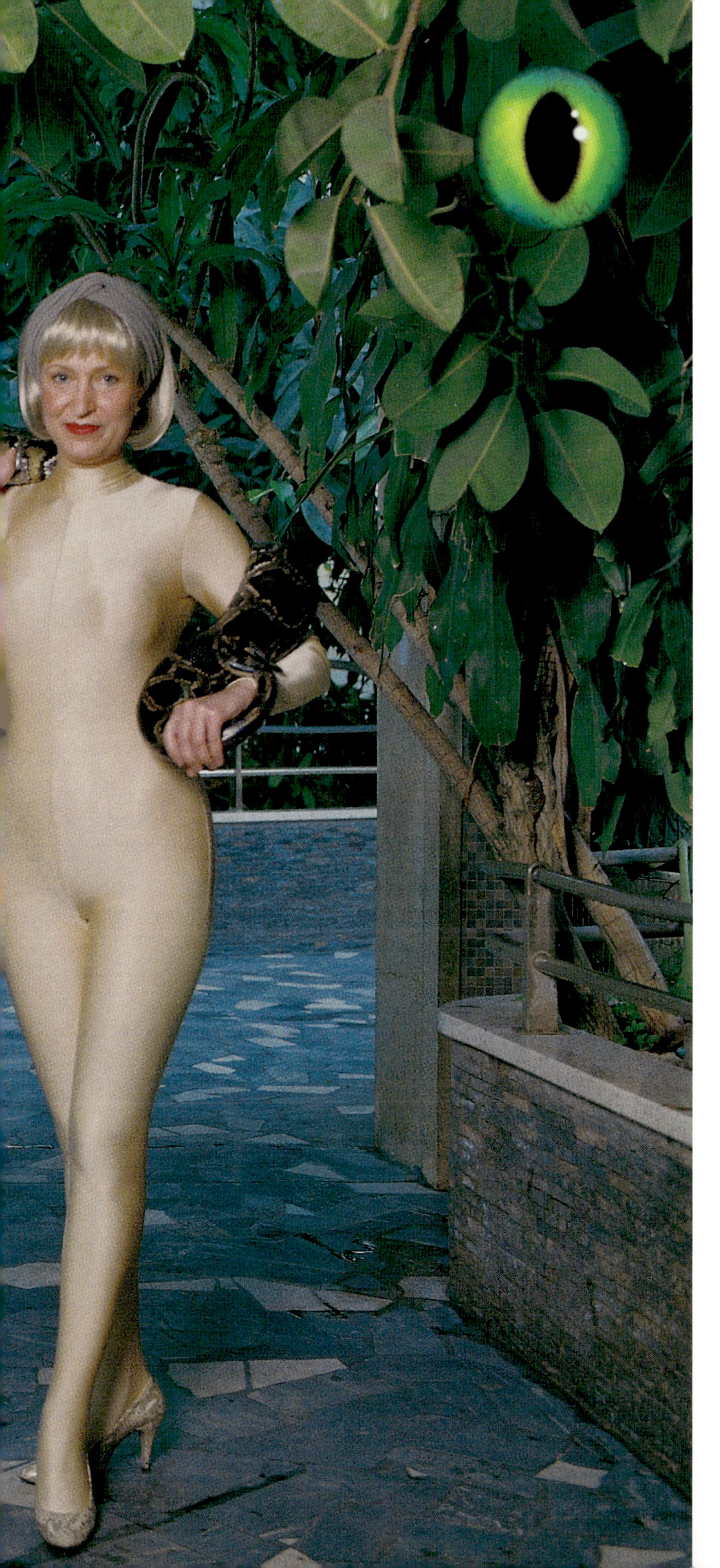

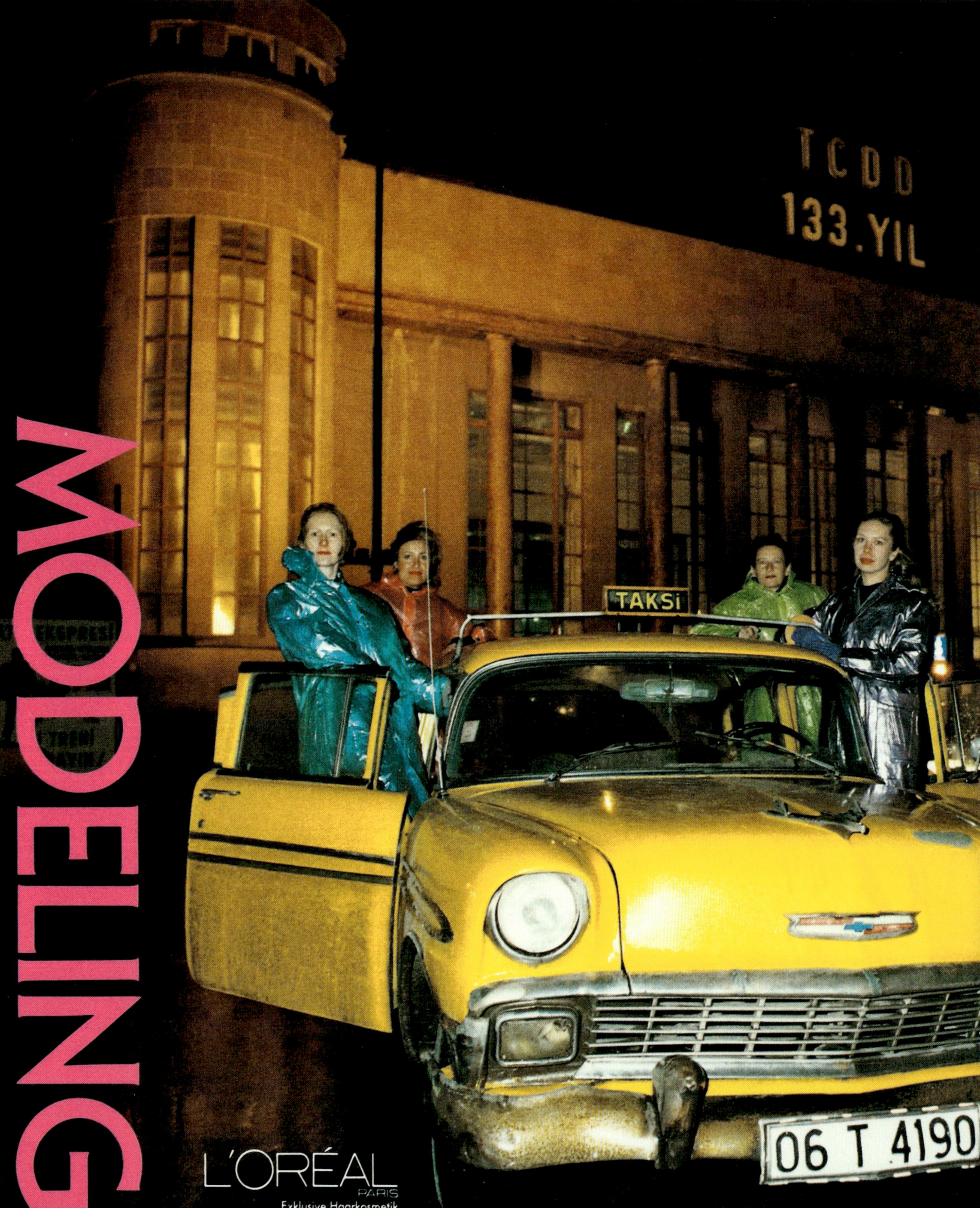

NEUE WEGE BRAUCHEN N
TCDD
133.YIL
TAKSİ
06 T 4190
MODELING
L'ORÉAL
PARIS
Exklusive Haarkosmetik

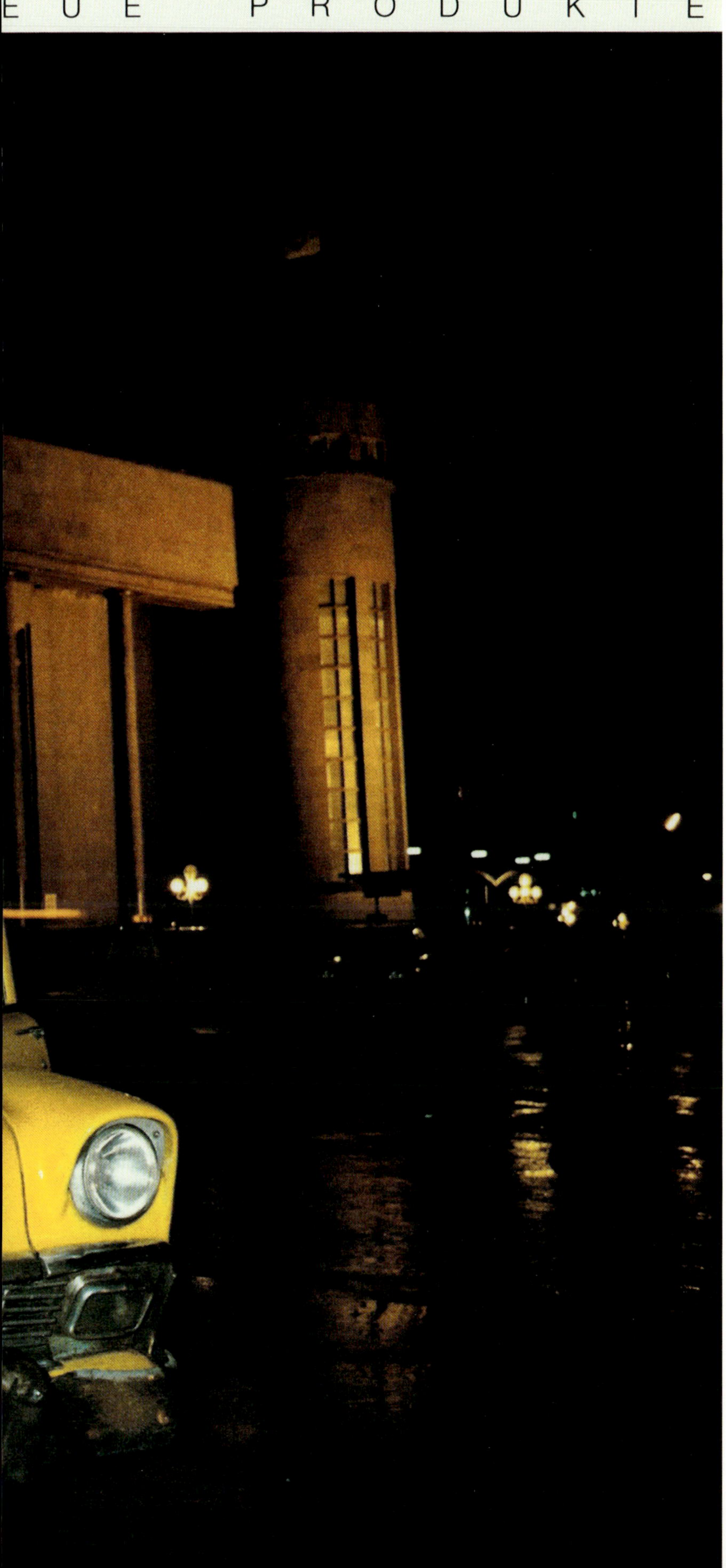

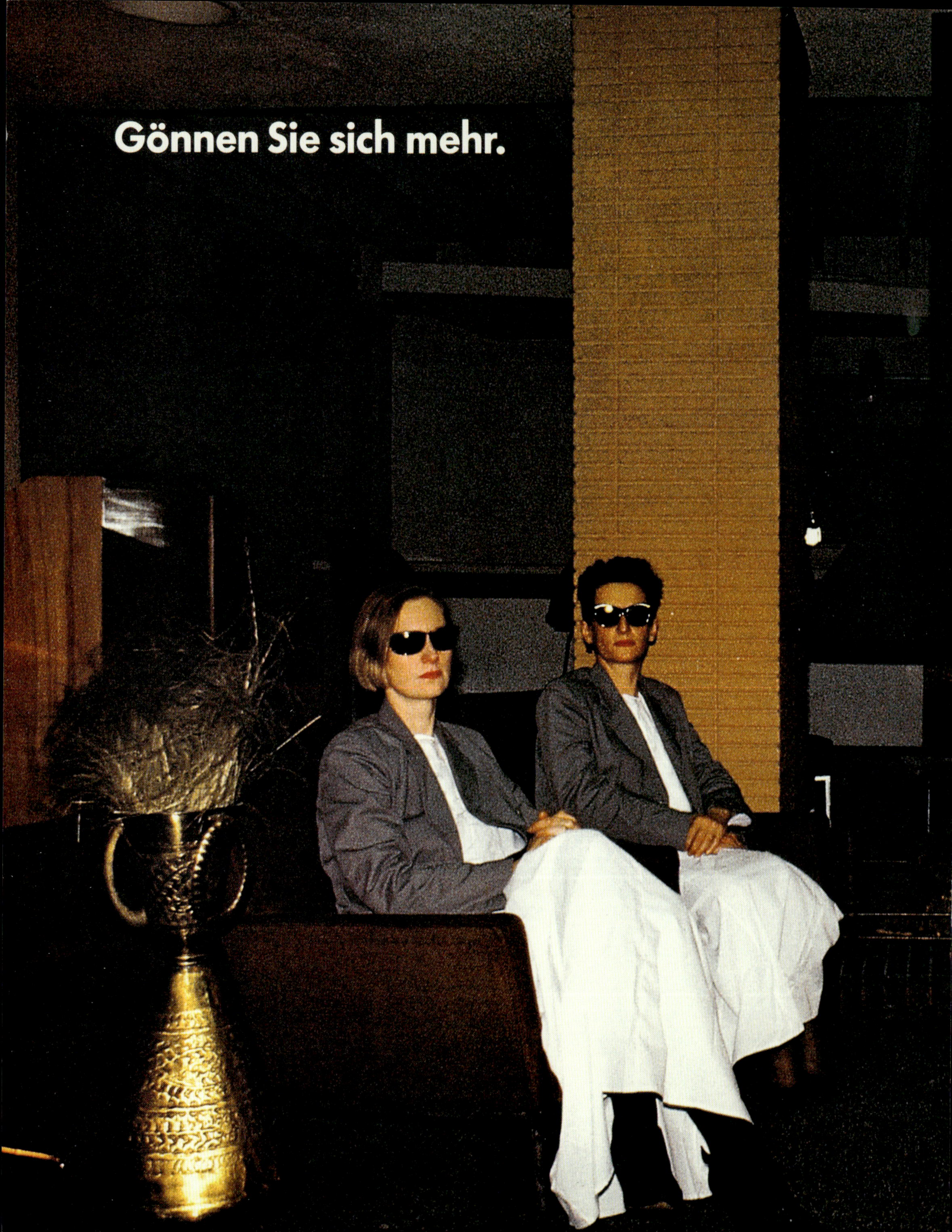
Gönnen Sie sich mehr.

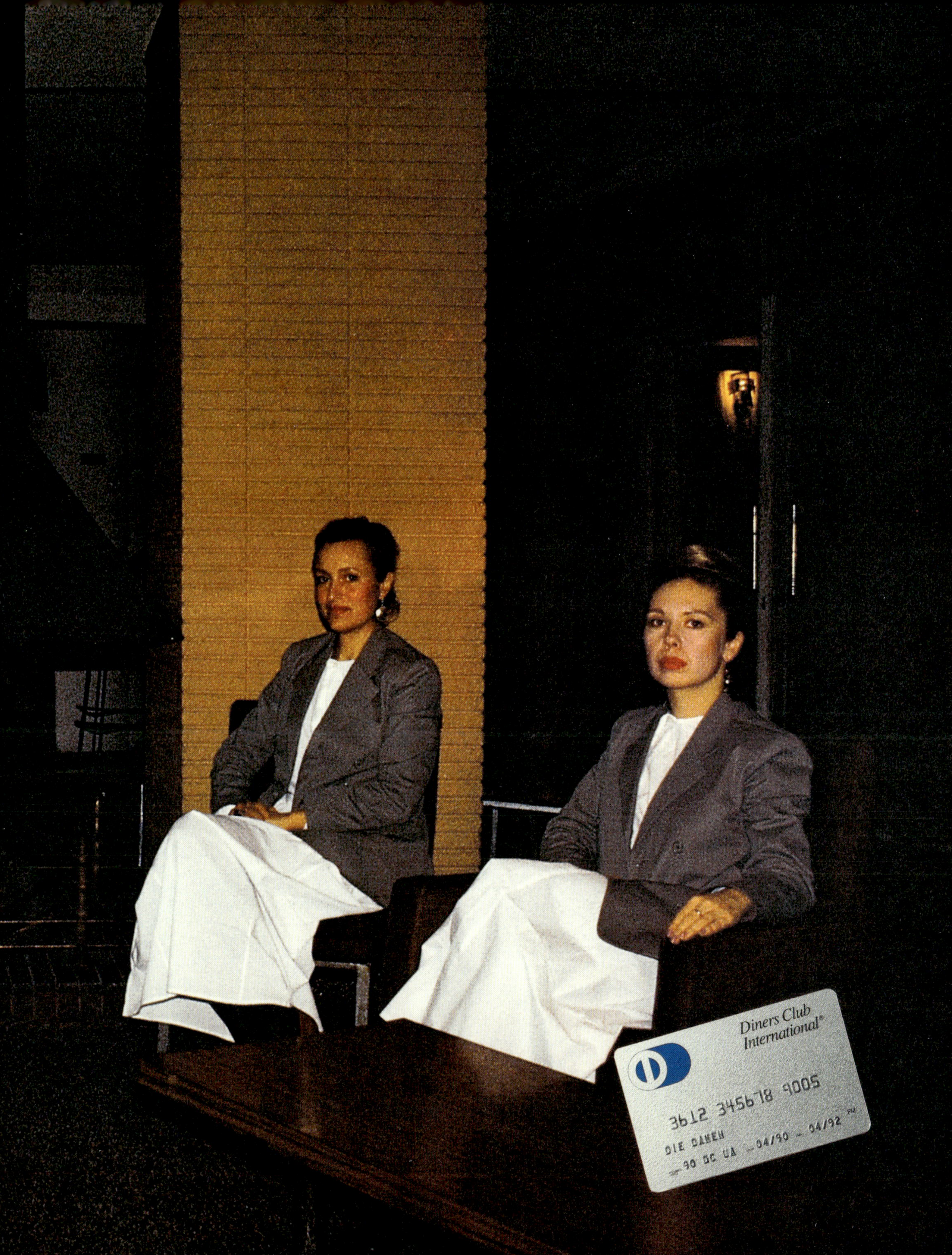

Diners Club
International®
3612 345678 9005
DIE DAMEN
90 DC UA 04/90 04/92

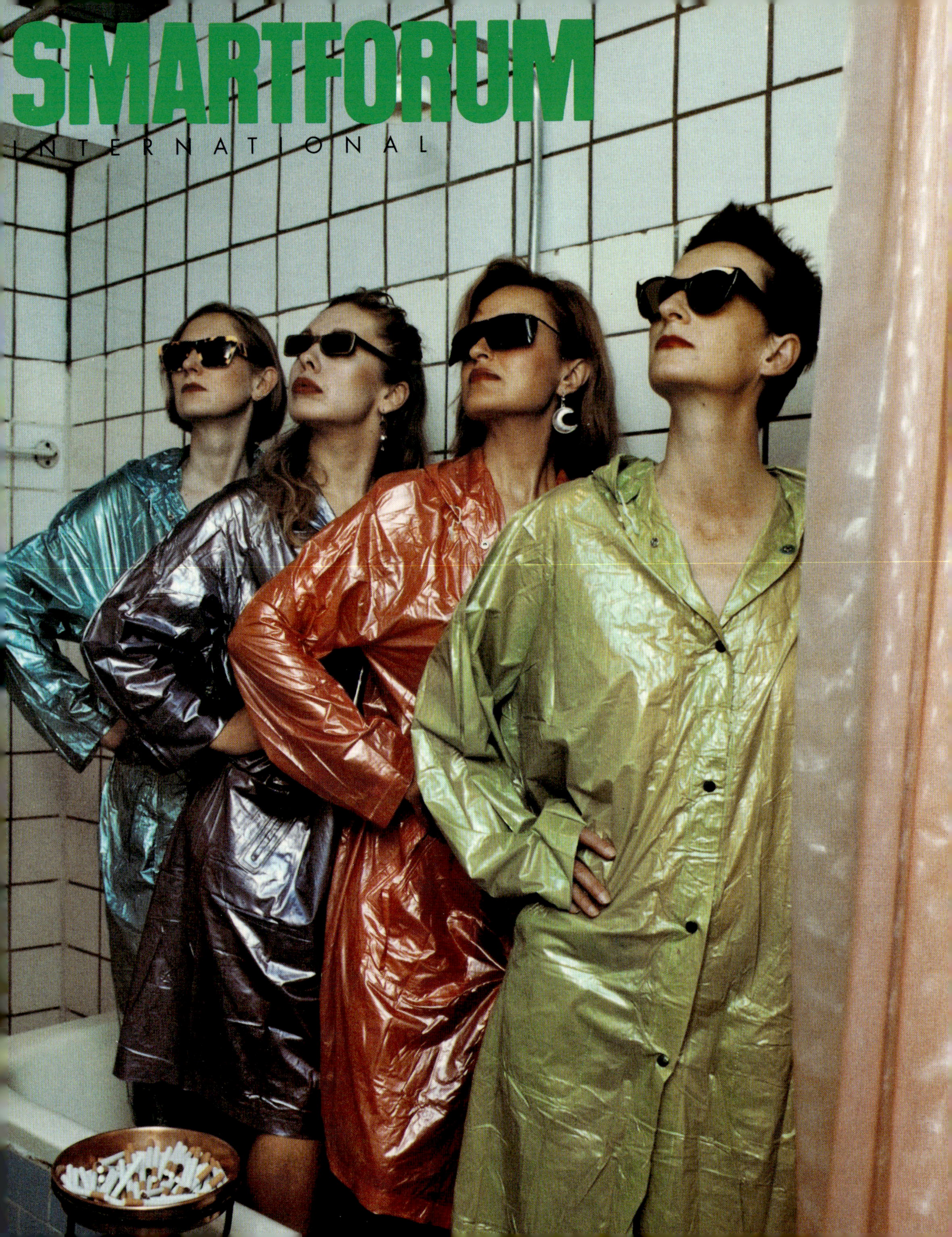
SMARTFORUM
INTERNATIONAL

# Unterhaltsam war es auch
## Eine Erinnerung

———

# Entertaining it was, too
## Recollections

PETER ZAWREL

**Aus gegebenem Anlass**

Wiener Westbahnhof, 8. Jänner 1988, 40. Todestag
von Kurt Schwitters, 19 Uhr. Das Gedränge war
groß und entsprach der Neugier, die eine schlichte
Einladungskarte ausgelöst hatte, die nur verriet,
dass vier – in der Szene gut bekannte – Künstlerinnen „aus gegebenem Anlaß“ in das Bahnhofsrestaurant einluden. Aus gegebenem Anlass – das
heißt doch, auf etwas Bezug zu nehmen, das beim
Adressaten als bekannt vorausgesetzt werden darf.
Aber was konnte der gegebene Anlass sein? Um
eine Antwort auf diese Frage zu erhalten, musste
man also hingehen. Schon der erste Auftritt der
vier – die sich zu diesem Zeitpunkt noch nicht
DIE DAMEN nannten, sondern ihre Namen aufzähl-
ten – startete mit semantischer Raffinesse, die auf
die Behauptung eines gesellschaftlichen Ereignis-
ses aus sich selbst heraus abzielte.

Aber selbstverständlich erwarteten alle, die
kamen, Kunst. Ob das, was sie für zehn Schilling
bei einiger Geduld in der Menge erhielten, Kunst
war, darüber gingen die Meinungen auseinan-
der. Eine Postkarte um einen Zehner mit einer
Fotografie von Leo Kandl, auf der die „vier neuen

**In View of the Occasion**

Vienna Western Train Station, January 8, 1988,
the fortieth anniversary of Kurt Schwitters's death,
7 p.m. There was quite a crowd, which matched
the curiosity aroused by a simple card that only
revealed that four women artists, well known in the
scene, invited their guests to the station restaurant
"In View of the Occasion." Doesn't "in view of the
occasion" relate to something that the addressee
is supposed to know? What could that occasion be,
though? You had to show up there to get an answer.
The first appearance of the four artists, who still
presented themselves under their names and did
not call themselves DIE DAMEN then, already
revealed a semantic refinement that suggested a
social event by declaring it to be one.

All those who came expected to get some art,
of course. Opinions were divided whether what
they got for ten schillings after patiently waiting
in the crowd was art after all: the postcard with a
photograph by Leo Kandl showing "The four new

Mitglieder des Ersten Wiener Männergesang-
vereins" zu sehen waren, rief zwar konspirative
Erheiterung hervor, aber konnte Kunst um zehn
Schilling Kunst sein? War alles nur ein Gag, bloßes
Entertainment? Und wenn es das war, war das nun
gut oder schlecht?

Ich erinnere mich an eifrige Diskussionen,
wie sie in dieser Zeit, die noch keinen Ennui kannte,
alltäglich waren. Die vier Damen im Bahnhofsrestaurant entzogen sich ihnen mit Unnahbarkeit,
freundlich lächelnd, dem Small Talk zugeneigt,
aber ohne die geringste Absicht zu zeigen, ihr Tun
zu erklären. Kein Kommentar. Ich war nicht der
Einzige, den das faszinierte, und es wurde spät.

Keine Erklärung, aber ein Kommentar in
Form eines Metatextes wurde im *Diners Club
Magazin*, Nr. 2/1988, nachgeliefert. Einen einzigen
Satz trug Leo Kandl, der Fotograf der neuen Mit-
glieder des Männergesangvereins, zur gepflegten
Konversation unter Damen bei, die hier „Viermal
erste Geige" spielten: „Die sensiblen Menschen –
die müssen gepflegt werden wie die Rennpferde."
Der einzige Satz von einem Mann in einem feminin-
feministischen Textkonstrukt, das sich wie eine
Parodie auf Alice Schwarzers *Emma* liest, musste
doch eine Bedeutung haben?

Die folgenden Aktivitäten der DAMEN
konnten zur Überraschung des zum Kollabora-
teur gemachten Publikums die Effekte der ersten
Veranstaltung noch steigern, aber im Kern war
hier, am Westbahnhof, schon alles angelegt:
Einladungen, die mehr offenließen, als sie an
Information vermittelten, oder eine Information
enthielten, die sich erst dadurch entschlüsselte,
dass man der Einladung Folge leistete, waren Ende
der 1980er-Jahre in den damals neu entstandenen
„Produzentengalerien" en vogue geworden. Dafür
stehen Gruppierungen und Orte wie Cult, REM,
Augenspiel und Luftbad. Die meistgenannten Orte
in meinem Kalender vom Winter 1987/88 sind Luftbad (in der Luftbadgasse in Wien 6), Trabant (in der
Schleifmühlgasse in Wien 4, die damals noch sehr
weit davon entfernt war, eine Galeriemeile zu sein)
und Cult (in der Postgasse in Wien 1). Das Adventprogramm von Cult im Trabant hieß *raumeis* und
kam als mehrteiliger Papierweihnachtsbaum im
roten Krampuspapier ins Haus. Was man sich unter

members of the First Vienna Men's Choir" caused
some conspiratorial amusement—yet could art
for ten schillings really be art? Or was everything
just a gag, mere entertainment? And if so, was this
good or bad?

I remember eager discussions as they were
quite usual in those days still free of ennui. The
four ladies in the station restaurant avoided them
by remaining aloof, smiling friendly, showing
themselves inclined to small talk, but not evincing
the least intention to explain their act. No comment.
I was not the only one who was fascinated, and it
had become late.

The second 1988 issue of the *Diners Club
Magazin* supplied no explanation, but a comment
in the form of a metatext. Leo Kandl, the photographer of the male-voice choir's four new members,
contributed a single sentence to the cultivated
conversation of the ladies, who played "First Fiddle
Four Times" here: "Sensitive people have to be
taken care of like racehorses." The only sentence
uttered by a man in a feminine feminist text con-
struct that read like a parody on Alice Schwarzer's
*Emma* had to mean something!

Though the following activities of DIE DAMEN
even enhanced the effects of the first event to
the surprise of the public turned collaborator,
everything was already there in a nutshell at the
Western Train Station: invitations that tended to
leave things open instead of supplying information
or contained some information that only became
clear when you took up the invitation had become
en vogue in the newly established "producers'
galleries" of the late 1980s. Groups and places
like Cult, REM, Augenspiel, and Luftbad were key
then. The places featuring most prominently in my
calendar for the winter of 1987/88 are Luftbad (in
Luftbadgasse in Vienna's sixth district), Trabant (in
Schleifmühlgasse in Vienna's fourth district, which
was far from presenting itself as a gallery mile in
those days), and Cult (in Postgasse in Vienna's
first district). Cult's Advent program in the Trabant
was called *raumeis (space ice)* and delivered home
as a several-part paper Christmas tree in red

einzelnen Programmpunkten wie *08/16 besinnliches Adventrutschen* vorzustellen hatte, blieb unklar, die Räume waren täglich zum Bersten voll.

Die stets hochgestochenen Galerie- und Museumsprogramme mit ihren gestylten Vernissagen, umständlichen Eröffnungsritualen und aufwendigen Katalogproduktionen hatten ein Alternativprogramm in der Stadt provoziert, das einen in Trab halten konnte. Gleichzeitig fanden aber sogenannte Alternativfestwochen im institutionalisierten Rahmen des 20er Hauses statt, die sich vom Gedankengut der Arena der 1970er-Jahre und ihren Folgen (Besetzung des Schlachthofgeländes St. Marx, Gründung des WUK als offenes Werkstätten- und Kulturhaus) weit entfernt hatten. Diese Vielfalt gebar Paradoxien wie die Ausstellung *60 Tage Österreichisches Museum des 21. Jahrhunderts*, die Oswald Oberhubers Institut für Museologie an der damaligen Hochschule für angewandte Kunst erarbeitet hatte. In einer aufgelassenen Fabrik in Floridsdorf wurden 170 Künstler(innen) gezeigt, die jünger als 35 waren. Die Ausstellung hätte aber genauso gut im Künstlerhaus oder im Palais Liechtenstein stattfinden können.

Die Off-Szene, die Künstler(innen) selbst, die sich als Regisseure und Produzenten in einem verstanden, waren erst dabei, ihre eigenen Inszenierungen und Rituale zu entwickeln. Die Locations waren eher trashy, wer Krawatte statt Pulli oder Rock statt Hose trug, gab sich als Vertreter(in) des Marktes zu erkennen, sei es einer Institution oder einer Galerie, war ein Sponsor oder gar ein Sammler. Das Adventprogramm im Trabant war übrigens von den Firmen solar therm und Red Bull gesponsert. Red Bull war erst kurz zuvor (1987) auf den österreichischen Markt gekommen und hatte Coca-Cola noch nicht als Basisgetränk in den Denkwerkstätten der Kreativen abgelöst. Aber noch wurden Sponsoren genannt wie Förderer und aus dem Sponsoring keine Marketingstrategie entwickelt.

Alles das, was ich hier aus der Erinnerung beschreibe – eine strukturierte Darstellung und Analyse der Wiener Kunstszene in den Jahren rund um die große Wende von 1989, die in Österreich auch die Waldheim-Jahre und auch die Jahre nach Tschernobyl waren, fehlt –, haben DIE DAMEN auf den Kopf gestellt, indem sie etwas vollkommen

Krampus paper. Though the meaning of certain offers on the agenda like *08/16 pensive Advent slides* (08/15 = run-of-the-mill) may have remained unclear, the rooms were jam-packed day after day.

The high-falutin gallery and museum programs with their styled vernissages, longwinded opening rituals, and lavish catalogues had incited an alternative program in the city which was apt to keep you on your toes. Simultaneously, a so-called alternative festival was staged in the institutionalized context of the Museum of the Twentieth Century which had left the ideas of the Arena of the 1970s and its consequences (occupation of the St. Marx abattoir premises, foundation of the WUK as an open house for workshops and cultural initiatives) far behind. This variety resulted in paradoxes like the exhibition *60 Days of the Austrian Museum of the Twenty-First Century* prepared by Oswald Oberhuber's Institute of Museology at the then College of Applied Arts. One hundred and seventy artists younger than thirty-five were presented in a shut-down factory in Floridsdorf—a survey that might have been very well shown in the Künstlerhaus or the Liechtenstein Palace.

The off-scene, the artists themselves, who saw themselves as directors and producers all in one, had only just started to develop their own rituals and forms of mise-en-scène. The venues were trashy rather; those who wore a tie instead of a pullover or a skirt instead of trousers identified themselves as representatives of the market, of an institution, or a gallery and were sponsors or even collectors. The Advent program in the Trabant was sponsored by the companies solar therm and Red Bull, by the way. Red Bull had come onto the Austrian market just the year before (1987) and had not yet replaced Coca-Cola as the basic drink in the intellectual workshops of the creative sector. Yet, sponsors were still listed like supporters, and sponsoring was not used for developing a marketing strategy.

Everything I describe here from memory— there is no structured survey and analysis of Vienna's art scene around the crucial turning

Neues postulierten, das sich sowohl der Institutionalisierung verweigerte als auch dem Grindhouse-
Stil der alternativen Szene die kalte Schulter zeigte.
Renommee ohne Schirmherrschaft einer Galerie
oder eines Museums, Locations in den damals noch
kunstfreien Zonen der Stadt, und das alles aus
keinem anderen Grund als dem gegebenen Anlass.

Mit der Einladung ins Bahnhofsrestaurant
und der dortigen Inszenierung hatten die vier
Künstlerinnen handstreichartig – und wie es sich
für einen Handstreich gehört, mit großer Eleganz –
die Gegensätze der Kunst und ihrer Zeit auf einen
Punkt gebracht, der im Wien der 1980er-Jahre
schon seit Langem überfällig gewesen war: den der
Ironie; und zwar einer Ironie, die umso ironischer
erschien, als sie eine feministische Botschaft trans-
ponierte und dennoch so unübersehbar war wie
das betont feminine, elegante und erotisierende
Auftreten der vier Künstlerinnen. Aber: Einen
ironisch-femininen Feminismus, durfte es das
überhaupt geben? War nicht schon das ein gewagter Grenzgang, ein Jahr nachdem Alice Schwarzer
die *PorNO*-Kampagne ausgerufen hatte?

**„It is better to be looked over than
overlooked" (Mae West, zitiert von Birgit
Jürgenssen)** [1]

Am 18. April 1989 trieben DIE DAMEN ihr Spiel
mit dem Publikum auf die Spitze. Vor der Wiener
Secession standen die Eingeladenen und die
Mitgebrachten Schlange, ohne zu wissen, was
sie erwartete. Was hätte man sich auch vorstellen
sollen, zeigte die Einladungskarte doch einen
Briefträger und den Titel *Postmodern*; keine DAMEN.
Das Postamt in der Secession mit vier DAMEN im
„executive style" von Postbeamtinnen, gegeben von
Künstlerinnen, die man kannte, die aber plötzlich
unnahbar geworden waren, war schon am nächsten
Morgen legendär und wurde in der Folge gehörig,
also post-dialektisch, durchdekliniert. Dabei blieb
jedoch – so wie in den von den DAMEN gezielt
inszenierten Dokumenten ihres fotografischen
Begleiters Wolfgang Woessner – die Atmosphäre
des Abends auf der Strecke, die nur in den filmi-
schen Aufnahmen und den Schnappschüssen des
Publikums erfahrbar wird. Ob es Zufall ist, dass
dieses Publikum vorwiegend männlich gewesen zu

point of 1989, which were also the Waldheim
years and the years after the Chernobyl disaster
in Austria—was turned topsy-turvy by DIE DAMEN
who postulated something entirely new, something
that rejected both institutionalization and the
grindhouse style of the alternative scene. Renown
without a gallery's or a museum's patronage,
locations in the still art-free zones of the city—and
everything for no other reason than the one given.

With their invitation to the station restaurant
and the presentation there, the four women artists
had got right to the heart of the contradictions in
the art and reality of their time, which had long
been overdue in the Vienna of the 1980s—and they
did so in a surprise attack and with the elegance a
surprise attack calls for: it was hinged on irony, an
irony that was all the more ironical as it transposed
a feminist message and was nevertheless as impossible to ignore as the four women artists' emphati-
cally feminine, elegant and eroticizing appearance.
Yet was an ironic and feminine feminism within
the accepted limits at all? Wasn't the act an all too
daring crossing of the border one year after Alice
Schwarzer's proclamation of the *PorNO* campaign?

**"It is better to be looked over than
overlooked" (Mae West, quoted by Birgit
Jürgenssen)** [1]

On April 18, 1989, DIE DAMEN carried their games
with the public to extremes. The invited guests and
the people the latter had brought along queued
up before the Secession without knowing what
awaited them. No wonder: the invitation just
showed a postman and the title, *Postmodern*, no
DAMEN. The post office installed in the Secession
with the four DAMEN clothed in the "executive
style" of postal clerks, embodied by artists you
knew, who had suddenly become unapproachable,
was already legend the following morning and was
duly, i.e. post-dialectically, run through from A to Z.
Like in the documents by the quartet's photographic companion Wolfgang Woessner specifi-
cally staged by DIE DAMEN, the atmosphere of the
evening, which only conveys itself in the visitors'

sein scheint?

Das Fräulein von der Post war ein Topos wie der Briefträger auf der Einladung, Männerfantasie traf Frauenfantasie, und an diesem Abend in der Secession wurde mit allen verfügbaren Topoi auf allen verfügbaren Ebenen gespielt, getreu der Antwort von Evelyne Egerer auf die Frage „Why four Ladies?“: „At least a few kind of card games are possible" (im Interview *Reisen: Lyrik oder Poesie*; in der englischen Übersetzung von Cynthia Peck klingt das einfach besser als im deutschen Original).

Das Spiel mit dem Topos, das DIE DAMEN trieben, fand stets auf verschiedenen Ebenen (im Sinne des Schriftsinns und der sozialen Distinktionen) statt, war subkutan-erotisch und niemals didaktisch. Die Postkarte, die sie im Bahnhofsrestaurant verkauft hatten, war eine Persiflage auf Christian R. Skreins Fotoikone *Wir nicht* von 1968 gewesen; diese zeigt Ingrid Schuppan-Wiener als einzige Frau am rechten Bildrand neben lauter männlichen Künstlern, die als Elite der Avantgarde posieren. Wer das erkannt hatte, verstand die Aufnahme in den Männergesangverein (der Künstler) als Reinszenierung der Achtundsechziger, die in Österreich alles andere als emanzipatorisch gewesen waren. Aber auch ohne dieses Wissen war die Botschaft der DAMEN genauso eindeutig wie der Titel einer Ausstellung, die noch im selben Jahr, am 15. November 1988, in der Galerie Gras postulierte: *Stellt mehr Frauen aus*; nur war sie subtiler, frei von Imperativen, mit denen noch keine Verführung gelungen ist. Während andere, sich ereifernd, ermüdeten, animierten DIE DAMEN das vielschichtige Denken: „Wir schon!"

Die Kunst der Verführung war zu jener Zeit, wenigstens in Österreich, wie mir schien, nicht sehr entwickelt. „To be looked over" im Sinne von Mae West galt in den sich elitär gebenden Kreisen von Künstlern und Intellektuellen doch eher als Anbiederung an die Welt des Business oder sogar als vulgär. Für einen Mann genügte es schon, Krawatte, Hut und Seidenschal zu tragen, um als Dandy zu gelten. Was man sich selbst nicht (zu)traute, hatte man an Substitute delegiert, die, von Meistern ihres Faches wie Patrick Schierholz entworfen, von den zahlreichen Werbeflächen der Stadt blickten. In

film takes and snapshots, fell by the wayside. Was it an accident that the public seems to have been male mainly?

The female postal clerk was a popular topos like the postman on the invitation, male fantasy met female fantasy, and all available topoi were played with on all available levels that evening in the Secession, true to Evelyne Egerer's answer to the question "Why four Ladies?": "At least a few kind of card games are possible . . ." (in the interview "Travel: Poetry or Prose," which simply sounds better in the English translation by Cythia Peck than in the German original).

The games played by DIE DAMEN with the topos at issue always unfolded on various levels (in terms of meaning and of social distinction), were subcutaneously erotic, and never didactic. The postcard they had sold in the station restaurant was a parody on Christian R. Skrein's photographic icon *Wir nicht (Not Us)* of 1968: it showed Ingrid Schuppan-Wiener as the only woman near the right margin next to only male artists posing as the elite of the avant-garde. Those who made the connection understood the admission to the male-voice choir (of artists) as a reenactment of the era of 1968 which had been anything but emancipatory in Austria. Yet, even without this knowledge, the message of DIE DAMEN was as unequivocal as the title of the show demanding to exhibit more works by women artists *(Stellt mehr Frauen aus)*, which was presented at the Gras Gallery on November 15 of the same year; but it was subtler, though, free from imperatives which never seduce anyone. While others, getting worked up, tired, DIE DAMEN encouraged their visitors to a complex mode of thinking: "We will!"

To me, the art of seduction did not seem to be really developed in those days, at least in Austria. "To be looked over" in the sense of Mae West was rather regarded as currying favor with the world of business or even as vulgar in the artists' and intellectuals' circles presenting themselves as elitist. Wearing a tie, a hat, and a silk scarf was enough for a man to be reputed as a dandy. What you did not

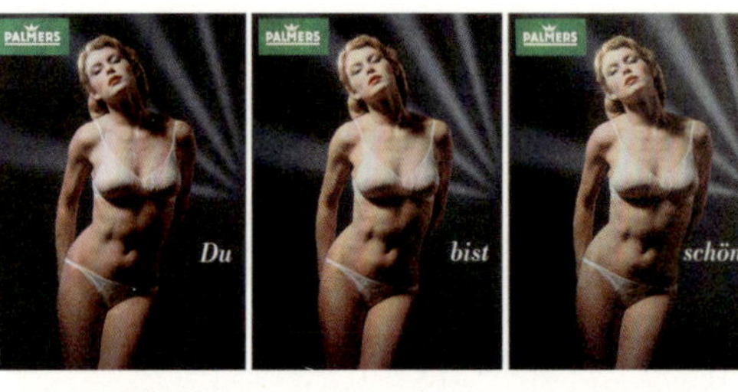

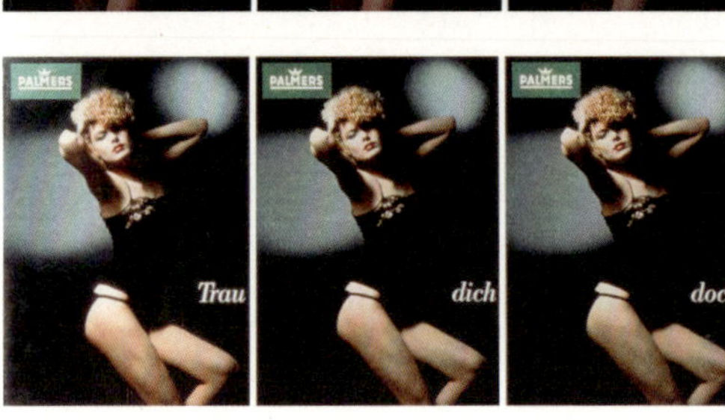

keiner anderen Metropole Europas dürfte es in den 1980er-Jahren so viele Werbeflächen im öffentlichen Raum gegeben haben wie in Wien, und daran hat sich bis heute nichts geändert.

„Trau dich doch.“, rief es schon seit Ende der 1970er-Jahre von den unverschämt erotisierenden Palmers-Plakaten, die Elfie Semotan fotografierte; „Römerquelle belebt die Sinne“, das wusste gar schon seit 1972 jedes Kind im Land, auch wenn es das subtil-unterkühlte Spiel der Dreieckskonstellationen rund um die grüne Flasche lange vor dem Aufkommen der Patchworkfamilie nicht verstand. Kunst und Werbung waren zu einem beliebten Thema für Podiumsdiskussionen geworden, doch ging es meistens um die Frage der Reziprozität und nicht um jene der Appropriation. DIE DAMEN machten auch damit endlich Ernst und kreierten, ganz ohne Manifest, Pamphlet oder Einmauerung ihre künstlerische Marke aus dem Geist des Marketings.

Diese Camouflage gelang so perfekt, dass „DIE DAMEN beleben die Sinne“, 1990 auf ein Trinkglas gedruckt, nicht mehr als plumpe Aneignung erschien, sondern als logische Vermählung zweier Marken. So weit, dass sie für ein Palmers-Plakat posiert hätten, gingen DIE DAMEN aber nicht; stattdessen ins Bett mit Diners Club. Das Foto von 1994 ist emblematisch. Perlenketten, Negligés, der Blick auf die Kamera gerichtet, aber auf der die DAMEN-Körper verbergenden Bettdecke steht „DR. DIE DAMEN“. Der akademische

dare to do or did not consider yourself capable of had been delegated to substitutes which, designed by masters in their field like Patrick Schierholz, was looking at you from the city's numerous advertising spaces. There was probably no other metropolis in Europe with as many advertising spaces as Vienna in the 1980s, which has not changed to this day.

The impudently eroticizing Palmers posters photographed by Elfie Semotan already encouraged passers-by "Trau dich doch." (Go ahead.) in the late 1970s; "Römerquelle belebt die Sinne" (Römerquelle animates the senses) was a slogan familiar to every child from 1972 on, even if the child did not understand the subtle subdued play of triangle constellations around the green bottle before the emergence of the patchwork family. Art and advertising had become a popular subject for panel discussions, though the focus was mostly on reciprocity and not on appropriation. DIE DAMEN went through with this, too, at last and created their art trademark from the spirit of marketing without any manifesto, pamphlet, or immurement.

This camouflage was so perfect that "DIE DAMEN beleben die Sinne" (DIE DAMEN animate the senses), printed on a glass in 1990, did not appear as a crude appropriation, but as the logical marriage of two brands. Though it would have meant going too far for DIE DAMEN to pose for a Palmers poster, they did go to bed with Diners Club. The photo from 1994 is emblematic: pearl necklaces, negligées, the members of the quartet looking into the camera, but the bedspread that covers the bodies of DIE DAMEN identifying the holders of the card as "DR. DIE DAMEN." The academic title on the credit card maintains that its holders are not available for everybody and everything. The origin of the conspicuous number of the card, 3677 777777 7773, still gives me a headache today.

Rome, which was about three times as large as Vienna then, did not have half of its advertising space. I had spent more time there than in Vienna after 1983; time enough at any rate to bring forth a specific attitude toward life. I had got to know a left-wing and feminist culture of discourse, of protest,

Anspruch auf der Kreditkarte bleibt gewahrt, die Inhaberinnen sind nicht für alle und alles zu haben. Wie es zur auffälligen Kartennummer 3677 777777 7773 kam, bereitet mir heute noch Kopfzerbrechen.

In Rom, damals etwa dreimal so groß wie Wien, gab es nicht halb so viele Plakatflächen wie in Wien. Ich hatte dort seit 1983 mehr Zeit verbracht als in Wien; jedenfalls so viel, dass sich daraus ein Lebensgefühl entwickelt hatte. In Rom hatte ich eine Kultur des kritischen linken und feministischen Diskurses kennengelernt, des Protestes und der Agitation, von der man in Wien damals keine Vorstellung hatte. Alles, was an der Donau schwerfällig und verkrampft wirkte oder Botschaften hervorbrachte, die wie Befehle im morgendlichen Radioturnen mit der legendären Ilse Buck wirkten („Trau dich doch"), erschien am Tiber leichtfüßig und elegant. Damenhaft und revolutionär zu sein, war dort kein Widerspruch.

Die anfängliche Faszination dieses Phänomens wich bald dem Staunen darüber, dass es in der römischen Kultur keine zeitgenössische Kunst gab. So lebendig das Alte rundum war, Ergebnis eines jahrtausendelang geübten Aneignungsprozesses, so wenig vorhanden war das Neue; ausgenommen das Kino. Aber das wurde ja auch unter „spettacolo" rubriziert, nicht unter „arte". Seltsam daran war, dass einem nichts fehlte, und die Erklärung dafür war so simpel, dass sie jedem Ausländer, der in Rom lebte, erst nach einer gewissen Zeit vor Augen stand, vermutlich eines Morgens beim letzten prüfenden Blick in den Spiegel vor Verlassen des Hauses. Die Erklärung war: Es ging nicht um Kunst, sondern um Stil; „to be looked over". Wer Stil hatte, dem lag die Stadt zu Füßen. Alle anderen liefen sich die ihren wund.

### „Egerer: In welcher Stadt würden Sie am liebsten die Nächte verbringen? Ona B.: In jeder, die mir zu Füßen liegt"

Mein Leben in Rom war den Wiener Freunden schwer zu erklären gewesen: täglich die Arbeit in den Archiven, gar im Vatikan, und nächtliche Gespräche, die um die gleichen politischen und kulturellen Themen kreisten wie anderswo, aber doch ganz anders verliefen, und nichts ging ohne

and agitation which people in Vienna had no idea about. Everything that struck me as awkward and tense in the city on the Danube or produced messages resembling the legendary Ilse Buck's instructions in her morning gymnastics radio program ("Trau dich doch."), seemed fleet-footed and elegant on the banks of the Tiber. Being a lady and a revolutionary was no contradiction there.

My initial fascination with this phenomenon soon gave way to surprise when I realized that Roman culture knew no contemporary art. As much life as I found in the ancient world around me, which was the result of an appropriation process spanning millennia, as rarely did I come upon something new, with the exception of the cinema. But the cinema was categorized under "spettacolo," not under "arte." The strange thing was that you did not miss anything, and the explanation for it was so simple that every foreigner living in Rome would only arrive at it after some time, perhaps in the morning when scrutinizingly looking into the mirror for a last time before leaving the house. The explanation was: it was not art that mattered, but style: "to be looked over." If you had style, you had the city at your feet. All others walked their feet off.

### "Egerer: In which city would you most like to spend your nights?—Ona B.: In every city at my feet."

It was difficult to explain my life in Rome to my friends in Vienna: my daily research work in various archives, even in the Vatican, the nightly discussions which were concerned with the same political and cultural subjects as in other places, yet took a completely different course, and the fact that eating was absolutely essential in whatever situation, the food simply the best. Irrespective of the social milieu, even on the buses which the workers used to get from the suburbs to the biggest demonstrations organized in Europe before the Wall came down, a man had to wear a jacket and a scarf at least whose color codified the person wearing it in summer and winter. On March 8, the International Women's Day, elegant Roman

Essen, simply the best. Egal in welchen sozialen Kreisen, auch in den Bussen, mit denen die Arbeiter aus den Suburbs zu den größten Demonstrationen fuhren, die es in Europa vor der Wende gab, hatte ein Mann wenigstens ein Sakko zu tragen und einen Schal, dessen Farbe winters wie sommers den Träger kodierte. Am 8. März, dem Internationalen Frauentag, verteilten elegante Römerinnen – Mitglieder der damals größten kommunistischen Partei Europas – aus großen Körben Mimosensträußchen an Männer: Mein verdutzter Blick trug mir gleich noch „baci" links und rechts ein.

Die selbstironische Reflektiertheit solcher Gesten warf alles, was sich stillos gebärdete, als barbarisch auf sich selbst zurück, geschlechtsunabhängig und gnadenlos. Mir fällt im Rückblick eine einzige österreichische Feministin ein, die dem standgehalten hätte, Elfriede Jelinek.

Im „Stil" war der Gegensatz von Kunst und Leben aufgehoben, um den die nächtlichen Gespräche im postmodernistischen Jargon kreisten, die entlang der Wiener Bäckerstraße geführt wurden, rechter Hand im Oswald & Kalb unter Wahrung einer gewissen bürgerlichen Fasson, linker Hand im Café Alt Wien eher leger. DIE DAMEN entzogen sich – nicht als Individuen, aber als Gruppierung – diesen Kreisen, indem sie einen Stil etablierten, der jegliche Form der Anbiederung, wie sie gang und gäbe war, unterband. Damit legten sie sich Wien zu Füßen.

Der Andrang, den das Flair des ungewiss anderen auslöste, das sich jeder Vergewisserung verweigerte, hatte schon in der Secession den gewohnten Rahmen von Vernissagen gesprengt. Drei Jahre später, am 1. Juni 1992, hatten DIE DAMEN uns so weit, dass wir uns mit Shuttlebussen zu einer *House Warming Party* an einem mehr als verdächtigen Ort entführen ließen, nämlich im Fertigteilhaus-Park „Blaue Lagune" im größten Shoppingcenter Europas, der SCS in Vösendorf vor den Toren Wiens. Ein Kunstevent im Rahmen des Programms *Expanded Art* der Wiener Festwochen als Persiflage auf Lebenslügen im Lifestyle-Gewand der Fertigteile als Charity-Aktion für Sozialprojekte als Fahrt ins Blaue einer Lagune ohne Campanile war nicht mehr zu übertreffen. Konsequenterweise führte ein Jahr später die Arbeit

women—members of the then largest communist party in Europe—gave away mimosa nosegays they carried in big baskets to men. My nonplussed look earned me some "baci" left and right.

The self-ironical reflection behind such gestures referred every behavior in bad style as barbaric back to itself, independent of gender and without mercy. I can just think of one Austrian feminist who would have been able to stand her ground: Elfriede Jelinek.

"Style" suspended the opposition between art and life, which was the central subject of the nightly conversations held in the postmodernist jargon along Vienna's Bäckerstrasse, maintaining a certain bourgeois appearance at Oswald & Kalb on the right and more casually in the café Alt Wien on the left. DIE DAMEN—as a group, not as individuals—evaded these circles by establishing a style that excluded any of the quite popular forms of currying favor. This was how they conquered the city.

The rush caused by the flair of the uncertain other, which rejected all assurance, had already gone beyond the scope of usual openings in the Secession. Three years later, on June 1, 1992, DIE DAMEN had brought us to the point where we did not object to being taken to a *House Warming Party* at a really dubious place by shuttle buses: to the model house park "Blaue Lagune" (Blue Lagoon) near the largest shopping center of Europe, the SCS in Vösendorf, on the outskirts of Vienna. An art event organized as part of the *Expanded Art* program of the Wiener Festwochen as a parody on grand delusions in the lifestyle guise of prefabrication as a charity action for social projects as a mystery tour to a lagoon without campanile was something impossible to outdo. Logically, the work *Böse ist besser/To Bitch Is To Be/Cattivo è meglio*, already including Lawrence Weiner instead of Ingeborg Strobl, made the artists start out for a real lagoon to symbolically poison pigeons on St. Mark's Square.

Vienna had come to worship DIE DAMEN with devoted readiness; the quartet's next stops were

*Böse ist besser/To Bitch Is To Be/Cattivo è meglio,*
schon mit Lawrence Weiner statt mit Ingeborg
Strobl, zum symbolischen Taubenvergiften auf dem
Markusplatz an die echte Lagune.

Wien war den DAMEN ergebenst schnell zu
Füßen gelegen, es folgte DAMEN-haftes in Ankara,
Venedig, Tokio, Moskau. Oder auch nicht. Nicht ob
das, was geschah, dort geschah, wo es vorgab zu
geschehen, war wichtig, sondern wie es dargestellt
wurde, wie darüber gesprochen wurde, was davon
übrig blieb. DIE DAMEN waren eine Inszenierung,
flüchtig wie jedwede Bühnenimpression, und wir,
ihre „Followers", waren ihr Publikum. Wie sollte
dieses Flüchtige der Nachwelt erhalten bleiben,
abgesehen von den Multiples, deren Verkauf half,
die nächste Bühne zu bauen?

**„Wir haben früh begriffen [...]" (Ona B.)**
Irgendetwas hatte Ona B. mit Niederösterreich zu
tun. Vielleicht war es auch nur der Umstand, dass
sie mit Walter Berger verheiratet gewesen war,
denn der war aus St. Pölten. Das Postkartenlabel
der beiden, phoenix production, war der Vorläufer
aller späteren Mail-Art in Österreich gewesen.
Ich hatte Walter Berger und Ona B. schon in Rom
kennengelernt, wo sie als Delegierte des Wiener
WUK – das schon bald nach seiner Gründung 1981
zu einer europäischen Benchmark geworden war –
einer römischen Initiative beratend unter die Arme
griffen. Im Jänner 1987 wurde ich in der Kultur-
abteilung des Landes Niederösterreich angestellt,
übernahm die Leitung der Blau-Gelben Galerie
und tätigte Ankäufe für die Kunstsammlung des
Landesmuseums. Wenn ich ein Werk oder ein
Œuvre als für die Sammlung wichtig erachtete, war
mir jede Argumentation recht, jemanden zu „ver-
niederösterreichern", und man ließ mich gewähren.

Am 12. Jänner 1988, wenige Tage nach dem
ersten Auftritt der DAMEN am Westbahnhof, war
ich bei Ona B., um, wie mir der Kalender verrät, ein
Bild abzuholen. Er verrät mir auch, dass 78 Jahre
zuvor der amerikanische Kongress das Verbot des
Mädchenhandels beschlossen hatte. Das schien
mir schon damals ein gutes Omen zu sein, und
ich legte Ona B. dar, dass ich ab jetzt alles von
den DAMEN sammeln wollte, was sie zu erzeugen
gedachten. Die Postkarte vom Bahnhof mitsamt

Ankara, Venice, Tokyo, and Moscow. Weren't they?
It did not matter whether what happened really
happened where it was supposed to happen, but
how it was presented, how it was talked about, and
what remained of it. DIE DAMEN were an act, a
mise-en-scène, fleeting like all impressions from
the stage, and we, their followers, were their public.
How could this fleeting phenomenon be preserved
for posterity, apart from the multiples whose sale
helped build the next stage?

**"We realized early on [...]" (Ona B.)**
Ona B. must have had something to do with Lower
Austria. Maybe it was just that she had been mar-
ried to Walter Berger, who was born in St. Pölten.
The couple's postcard label, *phoenix production,*
was the forerunner of all later Mail Art in Austria.
I had already met Walter Berger and Ona B. in
Rome, where they counseled a Roman initiative
as delegates of Vienna's WUK, which had become
a European benchmark soon after its foundation
in 1981. In January 1987, I was employed by the
Cultural Department of the State of Lower Austria,
took over the management of the Blau-Gelbe
Galerie, and purchased works for the art collection
of the Museum of Lower Austria. When I regarded a
work or an oeuvre to be important for the collection,
there was no argument I would not fall back on to
"lower-Austrianize" the artist in question, and the
authorities let me have my way.

A few days after the first appearance of
DIE DAMEN at Vienna's Western Train Station, on
January 12, 1988, I visited Ona B. to collect a picture,
as my calendar tells me. My calendar also tells me
that the Mann Act, later known as the "white slave
traffic act," had been adopted by the American
Congress seventy-eight years before. I found that
this was a good omen even then, and told Ona B.
that I wanted to collect everything DIE DAMEN
would produce in the future. I already had the
postcard from the train station including the invitation card. Ona B. did not seem to get anything from
my suggestion. What was "everything" supposed
to mean?

der Einladungskarte hatte ich schon. Ich hatte nicht den Eindruck, dass Ona B. meinem Ansinnen etwas abgewinnen konnte. Was hieß „alles"?

Ja, es war schon klar, dass die Strategie der DAMEN auf das inszenierte fotografische Dokument hinauslief, das einen Werkcharakter behaupten sollte. Mir jedoch erschien es unzureichend, das Kunstwollen der DAMEN ausschließlich mit den von ihnen deklarierten Werken zu dokumentieren. Was immer sonst an Materialien entstehen würde, gehörte, so befand ich, nicht in ein Archiv, sondern sollte Bestandteil der Kunstsammlung „DIE DAMEN" sein, weil das Werk nur das Ganze sein konnte.

Möglich, dass Ona B. mich an diesem Nachmittag für einen Fetischisten hielt. Sie wollte sich jedenfalls mit den anderen besprechen. Ich war ausgebildeter Archivar, Mitglied des elitären Instituts für österreichische Geschichtsforschung. Möglich, dass Archivare Informationsfetischisten sind. Die Beratung der DAMEN verlief zu meinen Gunsten.

Eine Folge davon ist, dass es in der Kunstsammlung des Landesmuseums Niederösterreich *Vogelfutter in Venedig* und zehn Bleistifte, ein Relikt der *Signierstunde*, gibt. Die Anlieferungen waren stets ein heiteres Ereignis. „Wir haben früh begriffen, dass Österreicher unterhalten werden wollen" (Ona B. im Film von Fritz Kleibel, dessen Beauftragung, aus vorhandenem und nachzudrehendem Material einen Film über DIE DAMEN zu machen, der Absicht zur umfassenden Dokumentation entsprang). Dies gilt auch für Kulturbeamte.

### „Strobl: [...] den Büffel habe ich noch nicht geküßt ..."

DIE DAMEN waren Künstlerinnen und Entrepreneure, sie waren ihre eigenen Managerinnen und Vermittlerinnen, und sie sind es immer noch; sie haben alles bis ins kleinste Detail bestimmt und kontrolliert und dadurch auch die mediale Oberhoheit über ihr Tun und ihr Werk behalten, und sie tun es immer noch. Den feministischen Diskurs der 1980er-Jahre haben sie auf eine Metaebene verfrachtet, indem sie als Verführerinnen aufgetreten sind, und es ist ihnen damit auch gelungen, was nur wenigen gelingt, sie haben den Jargon geprägt.

So wie der Film nach Peter Kubelka viele Mütter und Väter hat, hatten die „Shows" der

Doubtlessly, the strategy of DIE DAMEN was aimed at the orchestrated photographic document which was to maintain its position as a work. I found it was not enough, though, to document the artistic endeavors of DIE DAMEN exclusively by means of what they declared to be their works. I found that all materials that would emerge should not become part of an archive, but of the art collection "DIE DAMEN," because only the whole could be the work.

Ona B. might have considered me to be a fetishist that afternoon. She said she would tell the others. I was a trained archivist, a member of the elitist Institute for Austrian Historical Research. It may be true that archivists are information fetishists. My consultation with DIE DAMEN was concluded in my favor.

One result is that *Vogelfutter in Venedig (Birdseed in Venice)* and ten pencils from the *Signierstunde (Book-Signing)* event in Vienna's City Hall are to be found in the Collections of the State of Lower Austria. The deliveries were always a cheerful event. "We realized early on that Austrians want to be entertained" (Ona B. in the film by Fritz Kleibel, whose commission to make a film on DIE DAMEN from extant and reshot material was owed to the intention of documenting the subject comprehensively). Which also applies to employees in governmental cultural departments.

### "Strobl: [...] a buffalo—which I have not kissed yet . . ."

DIE DAMEN were artists and entrepreneuses, they were their own managers and agents, and they still are. They defined and controlled everything down to the last detail and thus maintained the medial sovereignty over what they did and over their work, and they still do. They transferred the feminist discourse of the 1980s to a metalevel by making their appearance as seductresses, and they succeeded in informing the day's jargon, something only a few succeed in.

As a film has many mothers and fathers according to Peter Kubelka, the "shows" of

DAMEN viele Wurzeln, und die wenigsten davon in
der bildenden Kunst. Werbung, Mode, TV-Shows,
Glamour und Design verschmolzen im „Auftritt",
mit dem DIE DAMEN jedweder Vereinnahmung einer
Haltung, sei es durch Institutionalisierung oder
Ausgrenzung, entgegentraten. Dass sie dabei auch
dem Publikum die kalte Schulter zeigten, bemerkte
dieses gar nicht. Es wurde Zeuge einer Inszenierung, in deren medialer Repräsentation es selbst
keine Rolle mehr spielen sollte. Wer in der Secession
eine Briefmarke kaufte, hielt vorrangig diese für das
Werk. Das eigentliche Werk entstand aber erst durch
den Kreislauf, den die fotografische Repräsentation
auslöste. Die Darbietungen der DAMEN weckten ein
Begehren, das immer nur im medialen Substitut
seine Erfüllung fand. Eine männlichere Haltung in
einem weiblicheren Gewand konnte es nicht geben.

Auf den Punkt gebracht wurde diese feministische Dialektik, der ich selbst bis dahin nur in
der römischen Linken, aber nicht in Wien begegnet
war, in dem zur Ikone gewordenen Hausfrauen-
szenario des Dezemberfotos im Austria-Tabak-
werke-Kalender von 1991, *DIE DAMEN präsentieren
ihre Zukunft*. Im Fernseher auf dem Küchentisch
sehen wir Mae West mit dem unerlässlichen
Zigarettenspitz, die den DAMEN das Motto für die
folgenden Jahre zuzuflüstern scheint: „When I'm
good, I'm very good. But when I'm bad, I'm better."

Die *House Warming Party* 1992 wurde von der
Wiener Stadtzeitung *Falter* in der wöchentlichen
Rubrik „Gut – Böse – Jenseits" als „gut" belobt. Von
da an waren sie, DIE DAMEN, nur noch besser, bis
sie für nachfolgende Generationen zur Legende
wurden. Und wann hat man schon die Gelegenheit,
zum Archivar einer Legende zu werden? Aus gegebenem Anlass hat es sich so ergeben und schuld
daran waren vielleicht nur die Mimosensträußchen
der Römerinnen. Aber unterhaltsam war es auch.

DIE DAMEN had many roots, the fewest of them
in the fine arts. Advertising, fashion, TV shows,
glamor, and design merged in their "appearance,"
in which DIE DAMEN, opposing any identification
with an attitude, whether through institutionalization or exclusion, thwarted all attempts to
monopolize what they did. That they also cold-
shouldered the public passed unrealized. The
public witnessed acts in whose medial representation it did not play a role any more. The people
who bought a stamp in the Secession regarded
primarily the stamp as the quartet's work. The real
work, however, only emerged in the circulation
triggered by the photographic representation. The
acts of DIE DAMEN aroused a desire that was only
fulfilled in the medial substitute. It is impossible to
imagine a more determined male attitude in a more
female guise.

This feminist dialectics which I had come
upon only in the left-wing scene of Rome and
not in Vienna until then, was put in a nutshell in
the housewife scenario staged in the soon iconic
December photograph of the Austrian Tobacco
Company's calendar for 1991, *DIE DAMEN Present
Their Future*. The TV screen on the kitchen table
shows Mae West with her imperative cigarette
holder; she seems to whisper the motto of the years
to come to DIE DAMEN: "When I'm good, I'm very
good. But when I'm bad, I'm better."

The *House Warming Party* in 1992 was
praised as "good" in the weekly column "Good—
Better—Beyond" in the Vienna city magazine *Falter*.
From then on DIE DAMEN were even better, until
they became a legend for the following generations.
How often does the opportunity come up to act as
the archivist of a legend? It happened to work out
like that for me in view of the occasion, and the
Roman women's mimosa nosegays had perhaps set
this in train. And entertaining it was, too.

1

Die Zitate in diesem, dem
nächsten und dem letzten
Zwischentitel stammen
aus „Viermal erste Geige",
in: *Diners Club Magazin,*
Nr. 2/1988.

1

The quotations for the head-
ings of this, the following
and the last subsection are
taken from "First Fiddle
Four Times," in *Diners Club
Magazin,* no. 2/1988.

→

Korrespondenz Wolfgang
Woessner, 1990
16,5 × 23,5 cm

———

Correspondence Wolfgang
Woessner, 1990
16.5 × 23.5 cm

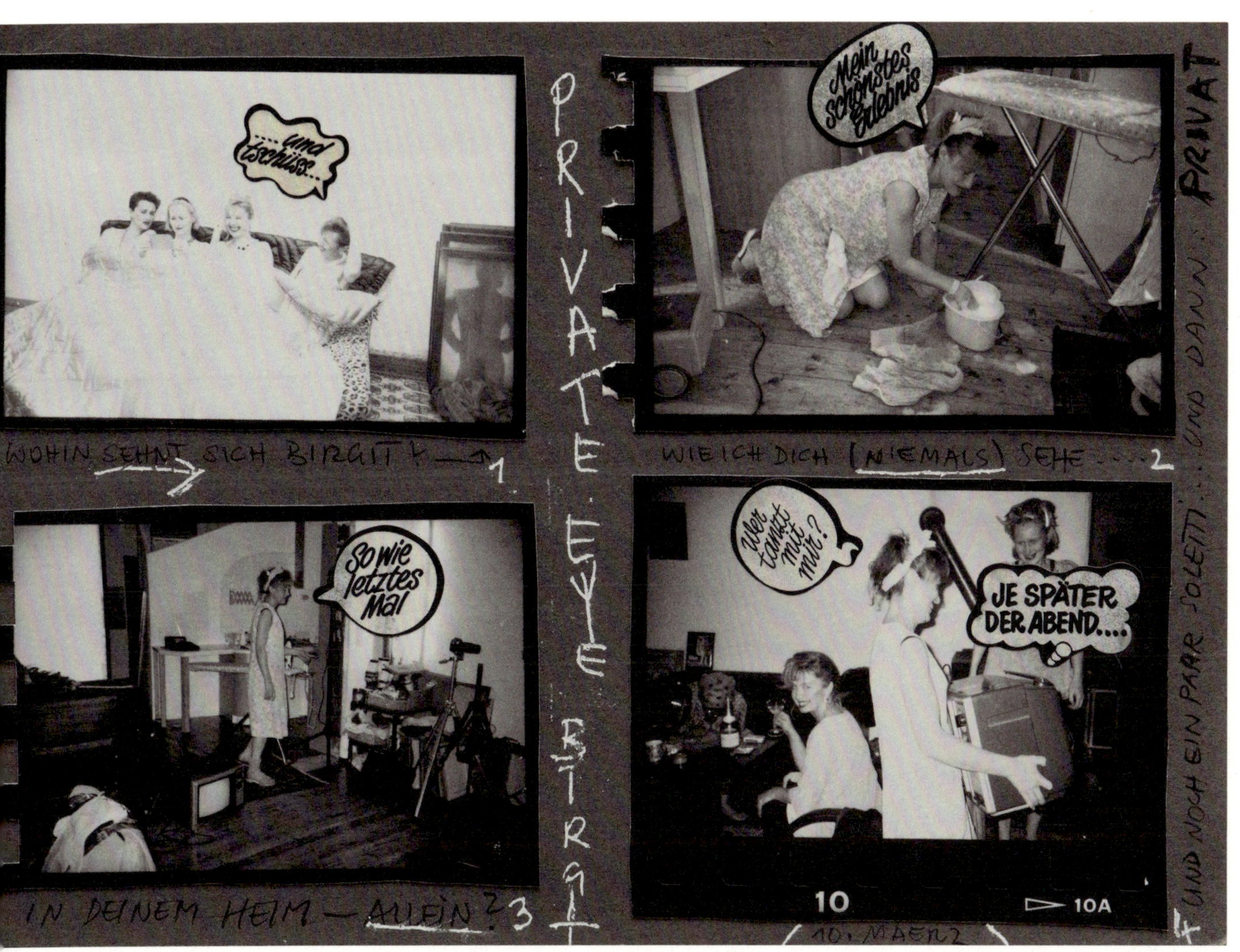

...und tschüss...
WOHIN SEHNT SICH BIRGIT ___ 1.
Mein schönstes Erlebnis
WIE ICH DICH (NIEMALS) SEHE .... 2.
PRIVATE . EYE . BIRGIT
PRIVAT
...UND DANN :
So wie letztes Mal
IN DEINEM HEIM — ALLEIN ? 3
Wer tanzt mit mir ?
JE SPÄTER DER ABEND....
10        ▷ 10A
10. MAERZ
4 UND NOCH EIN PAAR SOLEITI...

263

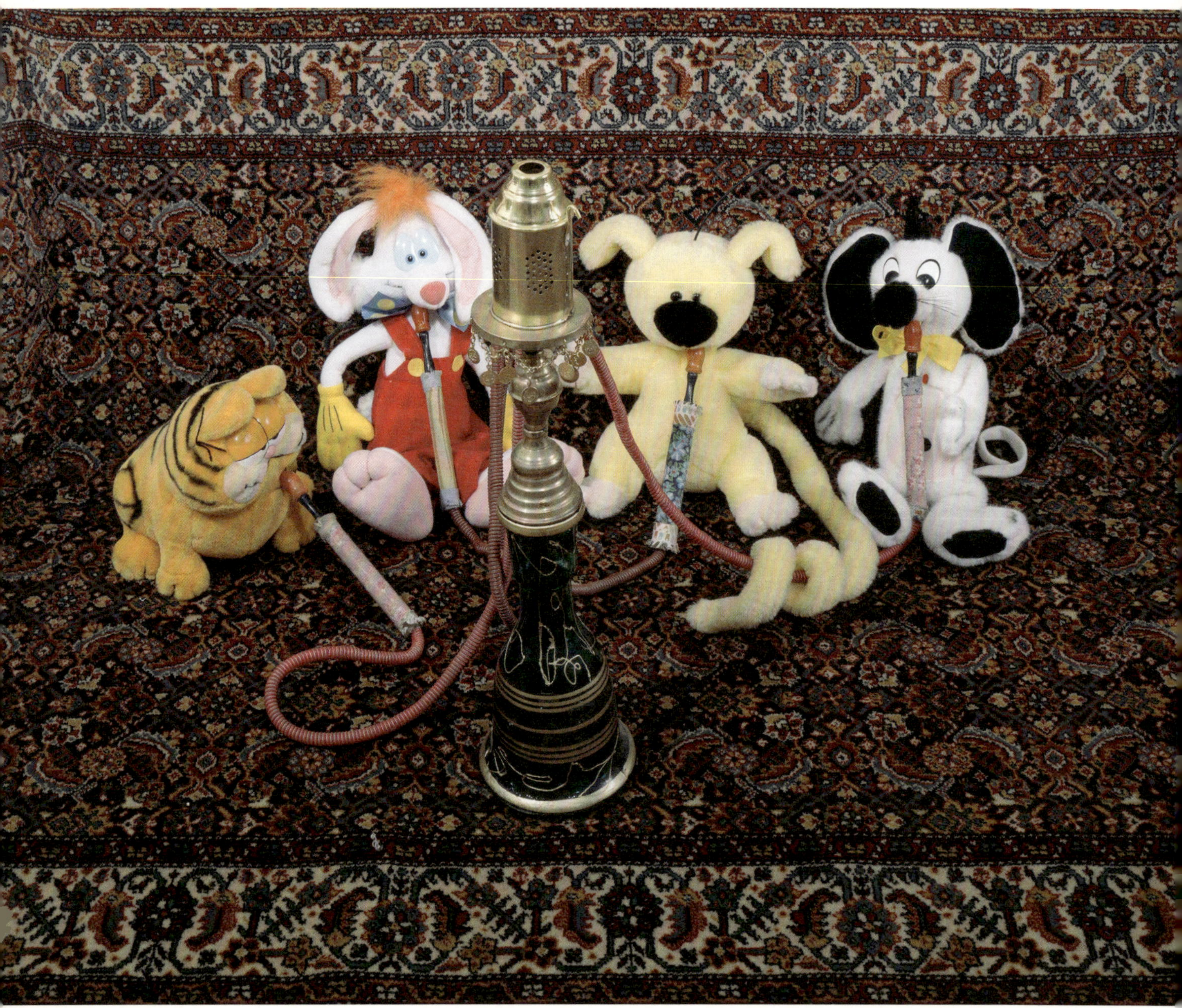

# Chronologie, Bibliografie

---

# Chronology, Bibliography

## Chronologie

### 1987
– Beginn der Zusammen-
arbeit von Ona B., Evelyne
Egerer, Birgit Jürgenssen
und Ingeborg Strobl

### 1988
– *Aus gegebenem Anlaß*,
Restaurant Westbahnhof,
Wien, 8. Jänner, Postkarte
*Die vier neuen Mitglieder
des Ersten Wiener
Männergesangvereins*

### 1989
– *Postmodern*, Secession,
Wien, 18. April, Briefmarke
4 D, gedruckt von der
Österreichischen
Staatsdruckerei, num-
meriert, gestempelt oder
ungestempelt, Auflage:
1.000 Stück
– *Die goldene Kunst in der
Kassette*, Österreichisches
Tabakmuseum, Wien,
20. November, Multiple
im Auftrag der Austria
Tabakwerke, Geschenk
für besondere Kunden,
Auflage: 60 Stück

## Chronology

### 1987
– Beginning of collaboration
between Ona B., Evelyne
Egerer, Birgit Jürgenssen,
and Ingeborg Strobl

### 1988
– *In View of the Occasion*,
Restaurant Westbahnhof,
Western Train Station, Vi-
enna, January 8, postcard
*The four new members
of the First Vienna Men's
Choir*

### 1989
– *Postmodern*, Secession,
Vienna, April 18, 4 D stamp,
printed by the Austrian
State Printing House,
numbered, with and
without postmark, edition
of 1,000 copies
– *Golden Art in the Cassette*,
Austrian Tobacco Museum,
Vienna, November 20,
multiple commissioned
by the Austrian Tobacco
Company, present for
special clients, edition of
60 copies

– Briefmarkenbörse,
ÖVEBRIA, Wien, 24. bis
26. November

### 1990
– Förderungspreis des
Adolf-Schärf-Fonds
– *Goldene Ehrennadel*,
Freihaus, Wien, 9. April
– Teilnahme an der Biennale
von Ankara als Vertretung
Österreichs
– DAMEN-Magazin *Paul
Ankara meets DIE DAMEN*,
produziert anlässlich der
Biennale von Ankara
– *1. Türkischer Kunst-Sport-
Preis*, Ministerempfang in
der VIP-Lounge des Vienna
International Airport,
5. Mai
– *Asian-European Art Prize,
Biennale von Ankara*,
Pressekonferenz im Café
Landtmann, Wien, 11. Juni
– *DIE DAMEN beleben
die Sinne*, Vorarbeit im
Thermalbad Oberlaa, Wien,
Herbst

– Stamp fair, ÖVEBRIA,
Vienna, November 24–26

### 1990
– Adolf Schärf Fund
Promotion Award
– *Golden Honorary Pin*,
Freihaus, Vienna, April 9
– Participation in the Ankara
Biennale as represen-
tatives of Austria
– DAMEN Magazine
*Paul Ankara meets DIE
DAMEN*, produced on the
occasion of the Ankara
Biennale
– *First Turkish Art Sports
Prize*, minister's reception
in the Vienna International
Airport's VIP Lounge, May 5
– *Asian-European Art Prize,
Ankara Biennale*, press
conference at Café Landt-
mann, Vienna, June 11
– *DIE DAMEN animate the
senses*, preparatory work
in the Oberlaa Thermal
Baths, Vienna, fall

– Eröffnung und Aktion zum Gewinn des Römerquelle-Fotopreises, Secession, Wien, 18. Oktober, Trinkglas mit Aufdruck „DIE DAMEN beleben die Sinne", Auflage: 1.000 Stück
– *DIE DAMEN präsentieren ihre Zukunft*, Österreichisches Tabakmuseum, Wien, 8. November, Kunstkalender der Austria Tabakwerke für das Jahr 1991

**1991**
– *Wählen Sie die Mehrheit*, bezahlte Anzeige in der Wiener Stadtzeitung *Falter*, Nr. 45/1991
– *Im Bilde – v obraze. Aktuelle Fotografie aus Österreich*, Fluss – NÖ Fotoinitiative, Galerie der Stadt Prag
– Konzept für das Olympiamuseum, Wien

**1992**
– *Fleck*, Auszeichnung für besondere Verdienste um die Bemühungen zur Vertiefung und Verknüpfung von Auslandskontakten, Postkarte
– *House Warming Party*, Blaue Lagune, Vösendorf, 1. Juni, im Rahmen der Wiener Festwochen, *Expanded Art*, Kuratorin: Cathrin Pichler, CD *Hausmusik*
– Ingeborg Strobl verlässt die Künstlerinnengruppe, Lawrence Weiner wird DAME

– Exhibition opening and performance on the occasion of winning the Römerquelle Photography Award, Secession, Vienna, October 18, drinking glass printed with the sentence "DIE DAMEN animate the senses," edition of 1,000 pieces
– *DIE DAMEN Present Their Future*, Austrian Tobacco Museum, Vienna, November 8, art calendar of the Austrian Tobacco Company for the year 1991

**1991**
– *Vote for the Majority*, paid advertisement in the Vienna city magazine *Falter*, no. 45/1991
– *Im Bilde—v obraze. Aktuelle Fotografie aus Österreich*, Fluss— NÖ Fotoinitiative, Gallery of the City of Prague
– Concept for the Olympics Museum, Vienna

**1992**
– *Fleck*, award for special services to endeavors aimed at deepening and interlinking foreign contacts, postcard
– *House Warming Party*, Blue Lagoon, Vösendorf, June 1, as part of the Wiener Festwochen program *Expanded Art*, curator: Cathrin Pichler, CD *Hausmusik*
– Ingeborg Strobl leaves the group of women artists, Lawrence Weiner becomes a DAME

**1993**
– *Böse ist besser/To Bitch Is To Be/Cattivo è meglio*, Biennale von Venedig (IT), im Rahmen von *La coesistenza dell'arte*, Postkarte und Plakat, Aktion auf dem Markusplatz, Edition Taubenfuttersäckchen, Auflage: 300 Stück
– *Böse ist besser*, Japan, im Rahmen von *Reise zu den Quellen*, Konzept: museum in progress, Kuratorin: Stella Rollig, Fragekarte

**1994**
– *Böse ist besser*, Editionen, Emailschild, Auflage: 100 Stück, Strumpfhose, Auflage: 150 Stück
– *Erfahren Sie die Zukunft – gratis*, im Rahmen der Ausstellung *Le Saut dans le Vide*, Haus der Kunst, Neue Tretjakow-Galerie, Moskau, Konzept: Peter Weibel, 17. Mai bis 19. Juni
– DIE DAMEN *im Paradies*, Werbung für Reprozwölf, Tiergarten Schönbrunn, Wien

**1995**
– *Signierstunde*, Rathaus, Wien, 24. März, Buch DIE DAMEN, Edition Bleistift
– *DAMEN-Sprechstunde*, Salon im Hotel Bristol, Salzburg
– *Fisch & Fleisch. Photographie aus Österreich 1945–1995*, Kunsthalle Krems
– *DIE DAMEN und ein Herr*, Siebdruck, individuell überarbeitet, Edition für *Texte zur Kunst*, Nr. 19/1995, Auflage: 100 Stück

**1993**
– *Böse ist besser/To Bitch Is To Be/Cattivo è meglio*, Venice Biennale (IT), as part of *La coesistenza dell'arte*, postcard and poster, performance on St. Mark's Square, pigeon feed sachets, edition of 300 pieces
– *To Bitch Is To Be*, Japan, as part of *Travelling to the Sources*, concept: museum in progress, curator: Stella Rollig, question card

**1994**
– *To Bitch Is To Be*, editions, enamel plate: 100 pieces, pantyhose: 150 pieces
– *Find out the Future— Free of Charge*, as part of the exhibtion *Le Saut dans le Vide*, State Tretyakov Gallery at Krymsky Val, Moscow, concept: Peter Weibel, May 17–June 19
– *DIE DAMEN in Paradise*, advertisement for Reprozwölf, Schönbrunn Zoo, Vienna

**1995**
– *Book-Signing*, City Hall, Vienna, March 24, book DIE DAMEN, edition of pencils
– *DAMEN Consultation Hour*, salon of the Bristol Hotel, Salzburg
– *Fisch & Fleisch. Photographie aus Österreich 1945–1995*, Kunsthalle Krems
– *DIE DAMEN and a Gentleman*, silk-screen print, individually reworked, edition for *Texte zur Kunst*, no. 19/1995, 100 copies

**1996**
– *DAMEN-Tombola*, Gärtnerei Schullian, Bozen (IT), 18. Mai, Maifest, Folio Verlag, Duftsiebdruck, Auflage: 25 Stück

**1997**
– *Ich ist ein Anderer. Körper – Identität – Gesellschaft*, Steirischer Herbst, Kulturhaus der Stadt Graz

**1998**
– *Lifestyle. Kunst in der Stadt*, Kunsthaus Bregenz

**1999**
– *Get together. Kunst als Teamwork*, Kunsthalle Wien
– *Jahrhundert der Frauen. Vom Impressionismus zur Gegenwart. Österreich 1870 bis heute*, Bank Austria Kunstforum, Wien

**2002**
– *Let's twist again*, Kunsthalle Exnergasse, Wien
– *Welttheater – Heimat*, Landesmuseum Niederösterreich, St. Pölten

**2003**
– *Mimosen – Rosen – Herbstzeitlosen. Künstlerinnen. Positionen 1945 bis heute*, Kunsthalle Krems
– *Frauenbild. Fotografie, Skulptur und Video aus der Sammlung des Niederösterreichischen Landesmuseums*, Landesmuseum Niederösterreich, St. Pölten

**1996**

– *DAMEN Tombola*, Schullian Market Gardens, Bolzano (IT), May 18, Mayfest, Folio Verlag, scented silk-screen print, edition of 25 copies

**1997**

– *Ich ist ein Anderer. Körper—Identität—Gesellschaft*, Steirischer Herbst, Kulturhaus der Stadt Graz

**1998**

– *Lifestyle. Kunst in der Stadt*, Kunsthaus Bregenz

**1999**

– *Get together. Kunst als Teamwork*, Kunsthalle Wien, Vienna
– *Jahrhundert der Frauen. Vom Impressionismus zur Gegenwart. Österreich 1870 bis heute*, Bank Austria Kunstforum, Vienna

**2002**

– *Let's twist again*, Kunsthalle Exnergasse, Vienna
– *Welttheater – Heimat*, Landesmuseum Niederösterreich, St. Pölten

**2003**

– *Mimosen – Rosen – Herbstzeitlosen. Künstlerinnen. Positionen 1945 bis heute*, Kunsthalle Krems
– *Frauenbild. Fotografie, Skulptur und Video aus der Sammlung des Niederösterreichischen Landesmuseums*, Landesmuseum Niederösterreich, St. Pölten

**2004**

– *DIE DAMEN. Women's Work Is Never Done*, Ausstellungsreihe *Arbeitswelten* von museum in progress in Kooperation mit der Arbeiterkammer Wien in den Medien Plakat, Infoscreen und Zeitung *(Der Standard)*, Kuratorin: Brigitte Huck, Kunstdruck, Auflage: 4 × 12 Stück, 1989 / 2004

**2005**

– *Simultan. Zwei Sammlungen österreichischer Fotografie aus den Beständen des Bundes und des Museums der Moderne*, Museum der Moderne Mönchsberg, Salzburg

**2010**

– *Ich ist ein anderer. Die Kunst der Selbstdarstellung*, Landesmuseum Niederösterreich, St. Pölten

**2004**

– *DIE DAMEN. Women's Work Is Never Done*, as part of the exhibition series *Arbeitswelten* organized by *museum in progress* in cooperation with Arbeiterkammer Wien, presented in the form of posters, on Infoscreen spaces, and in the daily *Der Standard*, curator: Brigitte Huck, art print, edition: 4 × 12 copies, 1989 / 2004

**2005**

– *Simultan. Zwei Sammlungen österreichischer Fotografie aus den Beständen des Bundes und des Museums der Moderne*, Museum der Moderne Mönchsberg, Salzburg

**2010**

– *Ich ist ein anderer. Die Kunst der Selbstdarstellung*, Landesmuseum Niederösterreich, St. Pölten

**2012**

– *Reflecting Fashion. Kunst und Mode seit der Moderne*, Museum moderner Kunst Stiftung Ludwig Wien

**2013**

– *Gulasch für DIE DAMEN, Nachschlag in St. Pölten*, Café Alt Wien, Wien, 23. Mai, DAMEN Bier extra stark, Edition, Auflage: 1.000 Flaschen; Bierdeckel, Kunstedition, Auflage: 2.500 Stück
– *DIE DAMEN*, ZEIT KUNST NIEDERÖSTERREICH Landesgalerie für zeitgenössische Kunst, St. Pölten

**2012**

– *Reflecting Fashion. Kunst und Mode seit der Moderne*, Museum moderner Kunst Stiftung Ludwig Wien, Vienna

**2013**

– *Goulash for DIE DAMEN, Second Helping in St. Pölten*, Café Alt Wien, Vienna, May 23; DAMEN extra strong beer, edition of 1,000 bottles; coaster, art edition, 2,500 copies
– *DIE DAMEN*, ZEIT KUNST NIEDERÖSTERREICH contemporary Art Gallery of Lower Austria, St. Pölten

↓

DAMEN-Scheck

———

A check of DIE DAMEN

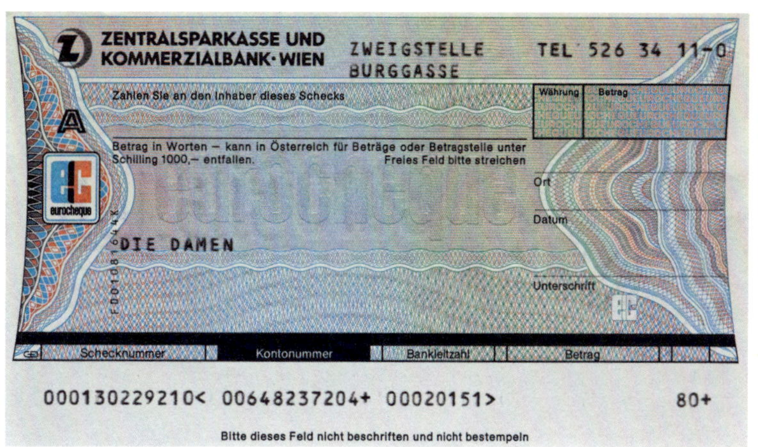

# Bibliografie

## Bücher und Ausstellungskataloge

*DIE DAMEN. Paul Ankara meets DIE DAMEN*, Magazin, hg. v. DIE DAMEN, Ankara/Wien 1990

*The Third International Asian-European Art Biennial*, Ankara 1990

*Das pluralistische Jahrzehnt. Graphik und Photographie in Österreich am Beispiel der Römerquelle-Kunstwettbewerbe 1980–1990*, Wien 1991

*Im Bilde – v obraze. Aktuelle Fotografie aus Österreich*, Ausst.-Kat. Fluss – NÖ Fotoinitiative, Wolkersdorf 1991

*La coesistenza dell'arte. Un modello espositivo. La Biennale di Venezia*, Ausst.-Kat. Museum moderner Kunst Stiftung Ludwig Wien, 1993

*Reise zu den Quellen*, 2 Bde., hg. v. Stella Rollig, Wien 1994

*DIE DAMEN*, hg. v. DIE DAMEN, mit Textbeiträgen von Julius Deutschbauer, Helene Maimann, Georg Schöllhammer, Ernst Strouhal alias Felix Ruf und Jana Wisniewski, Wien/Bozen 1995

## Bibliography

### Books and exhibition catalogues

*DIE DAMEN. Paul Ankara meets DIE DAMEN*, magazine, ed. by DIE DAMEN (Ankara/Vienna, 1990)

*The Third International Asian-European Art Biennial* (Ankara, 1990)

*Das pluralistische Jahrzehnt. Graphik und Photographie in Österreich am Beispiel der Römerquelle-Kunstwettbewerbe 1980–1990* (Vienna, 1991)

*Im Bilde – v obraze. Aktuelle Fotografie aus Österreich*, exh. cat. Fluss – NÖ Fotoinitiative, Wolkersdorf (Wolkersdorf, 1991)

*La coesistenza dell'arte. Un modello espositivo. La Biennale di Venezia*, exh. cat. Museum moderner Kunst Stiftung Ludwig Wien (Vienna, 1993)

*Reise zu den Quellen*, 2 vols., ed. by Stella Rollig (Vienna, 1994)

*DIE DAMEN*, ed. by DIE DAMEN, with text contributions by Julius Deutschbauer, Helene Maimann, Georg Schöllhammer, Ernst Strouhal a.k.a. Felix Ruf, and Jana Wisniewski (Vienna/Bolzano, 1995)

*Fisch & Fleisch. Photographie aus Österreich 1945–1995*, Ausst.-Kat. Kunsthalle Krems, Wien/Köln/Weimar 1995

*Ich ist ein Anderer. Körper – Identität – Gesellschaft*, hg. v. Margit Zuckriegl, Ausst.-Kat. Kulturhaus der Stadt Graz, Salzburg 1997

*Get together. Kunst als Teamwork*, Ausst.-Kat. Kunsthalle Wien, Wien/Bozen 1999

*Jahrhundert der Frauen. Vom Impressionismus zur Gegenwart. Österreich 1870 bis heute*, hg. v. Ingried Brugger, Ausst.-Kat. Bank Austria Kunstforum, Wien, Salzburg 1999

*Kunst nach 1945. Meisterwerke aus dem Niederösterreichischen Landesmuseum*, Ausst.-Kat. Landesmuseum Niederösterreich, St. Pölten, 2002

*Frauenbild. Das Bild der Frau in Kunst und Literatur*, Ausst.-Kat. Landesmuseum Niederösterreich, St. Pölten, 2003

*Mimosen – Rosen – Herbstzeitlosen. Künstlerinnen. Positionen 1945 bis heute*, Ausst.-Kat. Kunsthalle Krems, 2003

*Fisch & Fleisch. Photographie aus Österreich 1945–1995*, exh. cat. Kunsthalle Krems (Vienna/Cologne/Weimar, 1995)

*Ich ist ein Anderer. Körper-Identität –Gesellschaft*, ed. by Margit Zuckriegl, exh. cat. Kulturhaus der Stadt Graz (Salzburg, 1997)

*Get together. Kunst als Teamwork*, exh. cat. Kunsthalle Wien (Vienna/Bolzano, 1999)

*Jahrhundert der Frauen. Vom Impressionismus zur Gegenwart. Österreich 1870 bis heute*, ed. by Ingried Brugger, exh. cat. Bank Austria Kunstforum, Vienna (Salzburg, 1999)

*Kunst nach 1945. Meisterwerke aus dem Niederösterreichischen Landesmuseum*, exh. cat. Landesmuseum Niederösterreich, St. Pölten (St. Pölten, 2002)

*Frauenbild. Das Bild der Frau in Kunst und Literatur*, exh. cat. Landesmuseum Niederösterreich, St. Pölten (St. Pölten, 2003)

*Mimosen – Rosen – Herbstzeitlosen. Künstlerinnen. Positionen 1945 bis heute*, exh. cat. Kunsthalle Krems (Krems, 2003)

*Arbeitswelten 2001–2005*, hg. v. Roman Berka, Wien 2005

*Simultan. Zwei Sammlungen österreichischer Fotografie*, hg. v. Agnes Husslein-Arco, Ausst.-Kat. Museum der Moderne Mönchsberg, Salzburg, Wien 2005

*Let's twist again. Was man nicht denken kann, das soll man tanzen. Performance in Wien von 1960 bis heute. Eine psychogeografische Skizze*, hg. v. Carola Dertnig und Stefanie Seibold, Gumpoldskirchen 2006

*Ich ist ein anderer. Die Kunst der Selbstdarstellung*, hg. v. Alexandra Schantl, Ausst.-Kat. Landesmuseum Niederösterreich, St. Pölten, Weitra [2010]

*Reflecting Fashion. Kunst und Mode seit der Moderne*, hg. v. Susanne Neuburger, Ausst.-Kat. Museum moderner Kunst Stiftung Ludwig Wien, 2012

*Arbeitswelten 2001–2005,* ed. by Roman Berka (Vienna, 2005)

*Simultan. Zwei Sammlungen österreichischer Fotografie,* ed. by Agnes Husslein-Arco, exh. cat. Museum der Moderne Mönchsberg, Salzburg (Vienna, 2005)

*Let's twist again. Was man nicht denken kann, das soll man tanzen. Performance in Wien von 1960 bis heute. Eine psychogeografische Skizze,* ed. by Carola Dertnig and Stefanie Seibold (Gumpoldskirchen, 2006)

*Ich ist ein anderer. Die Kunst der Selbstdarstellung,* ed. by Alexandra Schantl, exh. cat. Landesmuseum Niederösterreich, St. Pölten (Weitra [2010])

*Reflecting Fashion. Kunst und Mode seit der Moderne,* ed. by Susanne Neuburger, exh. cat. Museum moderner Kunst Stiftung Ludwig Wien (Vienna, 2012)

## Zeitschriftenartikel / Articles in magazines

Jana Wisniewski, „Eine Fotoaktion im Bahnhofsrestaurant: Dünne Oberschicht von Frauen", in: *AZ/Tagblatt,* 18. Jänner 1988

Jana Wisniewski, "Eine Fotoaktion im Bahnhofsrestaurant: Dünne Oberschicht von Frauen," in *AZ/Tagblatt,* January 18, 1988

Désirée Schellerer, „Aus gegebenem Anlaß", in: *Falter,* Nr. 5/1988

Désirée Schellerer, "Aus gegebenem Anlaß," in *Falter,* no. 5/1988

„Viermal erste Geige. Ein Gespräch von Ona B., Evelyne Egerer, Birgit Jürgenssen, Ingeborg Strobl mit Ona B., Evelyne Egerer, Birgit Jürgenssen, Ingeborg Strobl", in: *Diners Club Magazin,* Nr. 2/1988

"Viermal erste Geige. Ein Gespräch von Ona B., Evelyne Egerer, Birgit Jürgenssen, Ingeborg Strobl mit Ona B., Evelyne Egerer, Birgit Jürgenssen, Ingeborg Strobl," in *Diners Club Magazin,* no. 2/1988

Peter Mahr, „Briefmarke ohne Post", in: *Falter,* Nr. 17/1989

Peter Mahr, "Briefmarke ohne Post," in *Falter,* no. 17/1989

Jana Wisniewski, „4 D im Postamt als Kunstwerk", in: *AZ/Tagblatt,* 26. April 1989

Jana Wisniewski, "4 D im Postamt als Kunstwerk," in *AZ/Tagblatt,* April 26, 1989

Jana Wisniewski, „Flieg, Farphalla, flieg!", in: *AZ/Tagblatt,* 12. Februar 1990

Jana Wisniewski, "Flieg, Farphalla, flieg!," in *AZ/Tagblatt,* February 12, 1990

Judith Fischer, „Weder Muse noch Modell", in: *Wochenpresse,* Nr. 8/1990

Judith Fischer, "Weder Muse noch Modell," in *Wochenpresse,* no. 8/1990

Judith Fischer, „Ironisch über Kunstrituale", in: *Kurier,* 13. Juni 1990

Judith Fischer, "Ironisch über Kunstrituale," in *Kurier,* June 13, 1990

Herbert Maurer, „Paul ist der Weg", in: *AZ/Tagblatt,* 25. Juni 1990

Herbert Maurer, "Paul ist der Weg," in *AZ/Tagblatt,* June 25, 1990

Georg Schöllhammer, „Vier Damen, ein Streichquartett", in: *Der Standard,* 3. August 1990

Georg Schöllhammer, "Vier Damen, ein Streichquartett," in *Der Standard,* August 3, 1990

„Adabei", in: *Kronen Zeitung,* 26. Oktober 1990

"Adabei," in *Kronen Zeitung,* October 26, 1990

Martina Närr, „Austrians in Motion", Interview, in: *Up. Das Bordmagazin der Lauda Air,* Nr. 1/1992

Martina Närr, "Austrians in Motion," interview, in *Up. Das Bordmagazin der Lauda Air,* no. 1/1992

Anette Baldauf und Doris Knecht, „Wir hoffen auf die 90er", Interview, in: *Falter,* Nr. 9/1993

Anette Baldauf and Doris Knecht, "Wir hoffen auf die 90er," interview, in *Falter,* no. 9/1993

Sibylle Fritsch und Thomas Mießgang, „Raubtier statt Beute", in: *Profil,* Nr. 15/1993

Sibylle Fritsch and Thomas Mießgang, "Raubtier statt Beute," in *Profil,* no. 15/1993

„Schmäh über die Kunst", in: *Der Spiegel,* Nr. 23/1995

"Schmäh über die Kunst," in *Der Spiegel,* no. 23/1995

Andreas Hapkemeyer, „Kunst und Jux", in: *Südtirol-Profil,* Nr. 25/1995

Andreas Hapkemeyer, "Kunst und Jux," in *Südtirol-Profil,* no. 25/1995

## Impressum

ZEIT KUNST NIEDER-
ÖSTERREICH Landesgalerie
für zeitgenössische Kunst
St. Pölten | Krems, Nr. 5

**Herausgeber:**
Land Niederösterreich, Amt
der Niederösterreichischen
Landesregierung, Abteilung
Kunst und Kultur,
3109 St. Pölten
**Redaktion:**
Alexandra Schantl
Heidrun-Ulrike Wenzel
**Grafisches Konzept:**
Florian Jungwirth,
DYNAMOWIEN
**Grafische Gestaltung:**
Christoph Fuchs
**Lektorat:**
Wolfgang Astelbauer
Birgit Trinker
**Übersetzungen:**
Wolfgang Astelbauer
**Druck:**
Grasl Druck & Neue Medien
GmbH, Bad Vöslau

© Land Niederösterreich,
Amt der Niederösterreichischen Landesregierung,
Abteilung Kunst und Kultur,
3109 St. Pölten; Verlag für
moderne Kunst Nürnberg;
DIE DAMEN; die Autoren,
2013

Alle Rechte, auch die der
Übersetzung, der foto-
mechanischen Wiedergabe
und des auszugsweisen
Abdrucks, vorbehalten.

## Publisher's Notes

ZEIT KUNST NIEDER-
ÖSTERREICH Contemporary
Art Gallery of Lower Austria
St. Pölten | Krems, #5

**Edited by:**
Land Niederösterreich, Amt
der Niederösterreichischen
Landesregierung, Abteilung
Kunst und Kultur,
3109 St. Pölten
**Copy editing:**
Alexandra Schantl
Heidrun-Ulrike Wenzel
**Graphic concept:**
Florian Jungwirth,
DYNAMOWIEN
**Graphic design:**
Christoph Fuchs
**Proofreading:**
Wolfgang Astelbauer
Birgit Trinker
**Translations:**
Wolfgang Astelbauer
**Printed by:**
Grasl Druck & Neue Medien
GmbH, Bad Vöslau

© Land Niederösterreich,
Amt der Niederösterrei-
chischen Landesregierung,
Abteilung Kunst und Kultur,
3109 St. Pölten; Verlag für
moderne Kunst Nürnberg;
DIE DAMEN; the authors,
2013

All rights reserved,
including translation,
photomechanical
reproduction, and reprints
of parts of the work.

**Erschienen im**
Verlag für moderne Kunst
Nürnberg GmbH,
Königstraße 73,
D-90402 Nürnberg
www.vfmk.de

**Verlags- und
Museumsausgabe:**
ISBN 978-3-86984-446-6
Gedruckt in Österreich

**Bibliografische Infor-
mation der Deutschen
Nationalbibliothek:**
Die Deutsche Nationalbib-
liothek verzeichnet diese
Publikation in der Deut-
schen Nationalbibliografie;
detaillierte bibliografische
Daten sind im Internet über
http://dnb.ddb.de abrufbar.

**Vertrieb im Vereinigten
Königreich:**
Cornerhouse Publications

**Vertrieb außerhalb
Europas:**
D.A.P./Distributed Art
Publishers, Inc.

Der Herausgeber dankt
den Inhabern der Urheber-
und Werknutzungsrechte
für die Zustimmung zur
Vervielfältigung, Veröffent-
lichung und Verwertung im
Rahmen dieses Kataloges.
Im Fall geltend zu machen-
der Urheberrechte ersucht
der Herausgeber um
Kontaktaufnahme.

**Published by**
Verlag für moderne Kunst
Nürnberg GmbH,
Königstraße 73,
D-90402 Nuremberg
www.vfmk.de

**Trade and museum
editions:**
ISBN 978-3-86984-446-6
Printed in Austria

**Bibliographic information
published by Die Deutsche
Nationalbibliothek:**
Die Deutsche National-
bibliothek lists this
publication in the Deutsche
Nationalbibliografie;
detailed bibliographic data
are available in the Internet
at http://dnb.ddb.de

**Distributed in the United
Kingdom:**
Cornerhouse Publications

**Distributed outside
Europe:**
D.A.P./Distributed Art
Publishers, Inc.

Der Herausgeber thanks
all copyright owners and
owners of rights of use for
giving their consent for the
reproduction, publication,
and exploitation of material
in this catalog. In case that
not all copyright holders
could be contacted despite
all efforts to do so, claims
will be settled along the
usual lines upon request.

## Dank an

Alexandra Schantl

Rudolf Aigelsreiter
Wolfgang Astelbauer
Christian Bauer
Peter Brauseck
Natascha Burger
Anna Breitenberger
Café Alt Wien
Franz Dorfner
Curd Duca
Petra Egg
Helmut Ehgartner
Helmut Feier
Ulla Fleischer
Rahmen Frank
Andreas Froster
Christoph Fuchs
Andreas Geis
Roland Hagenberg
Hilde Hawlicek
Robert Hetzel
Katharina Höglinger
Elisabeth Höpfner
Maria Horak †
Brigitte Huck
Erwin Jerusalem
Herrn Joseph
Olaf Jürgenssen
Gabriele Kala †
Norbert Kaltenbrunner
Michael Kammeter
Leo Kandl
Fritz Kleibel
Bernd Klinger
Franz Kohl
Hans Kupelwieser
Hermann Lewetz
Hans-Jörg Lohn
Michael Lohn †
Stefan Maier

Theodore H. Matsuo
Beppo Mauhart
Wilhelm Missauer
Susanne Neuburger
Josef Nöbauer
Olga Okunev
Marc Parget-Schanzl
Ursula Pasterk
Heinrich Pichler
Theresia Pumhösel
Cosima Rainer
Stella Rollig
Konstantin Rössl
Didi Sattmann
Werner Schedler
Alexandra Schlag
Brigitte Schlögl
Schremser Bier
Ed Schulz †
Wiener Secession
Bobby Sommer
Herta Spannbauer
Marius P. Spannbauer
Andreas Spiegl
Margherita Spiluttini
Reinald Stremmitzer
Ernst Strouhal
Birgit Trinker
Gabriele Tschürtz
Karl Unterweger
Hansjörg Wachta †
Johnnie Walker
Peter Weibel
Heidrun-Ulrike Wenzel
Christina Werner
Hubert Winter
Wolfgang Woessner
Peter Zawrel
Katharina Zmeck

und an die Vergessenen

## Thanks to

Alexandra Schantl

Rudolf Aigelsreiter
Wolfgang Astelbauer
Christian Bauer
Peter Brauseck
Natascha Burger
Anna Breitenberger
Café Alt Wien
Franz Dorfner
Curd Duca
Petra Egg
Helmut Ehgartner
Helmut Feier
Ulla Fleischer
Rahmen Frank
Andreas Froster
Christoph Fuchs
Andreas Geis
Roland Hagenberg
Hilde Hawlicek
Robert Hetzel
Katharina Höglinger
Elisabeth Höpfner
Maria Horak †
Brigitte Huck
Erwin Jerusalem
Herrn Joseph
Olaf Jürgenssen
Gabriele Kala †
Norbert Kaltenbrunner
Michael Kammeter
Leo Kandl
Fritz Kleibel
Bernd Klinger
Franz Kohl
Hans Kupelwieser
Hermann Lewetz
Hans-Jörg Lohn
Michael Lohn †
Stefan Maier

Theodore H. Matsuo
Beppo Mauhart
Wilhelm Missauer
Susanne Neuburger
Josef Nöbauer
Olga Okunev
Marc Parget-Schanzl
Ursula Pasterk
Heinrich Pichler
Theresia Pumhösel
Cosima Rainer
Stella Rollig
Konstantin Rössl
Didi Sattmann
Werner Schedler
Alexandra Schlag
Brigitte Schlögl
Schremser Bier
Ed Schulz †
Wiener Secession
Bobby Sommer
Herta Spannbauer
Marius P. Spannbauer
Andreas Spiegl
Margherita Spiluttini
Reinald Stremmitzer
Ernst Strouhal
Birgit Trinker
Gabriele Tschürtz
Karl Unterweger
Hansjörg Wachta †
Johnnie Walker
Peter Weibel
Heidrun-Ulrike Wenzel
Christina Werner
Hubert Winter
Wolfgang Woessner
Peter Zawrel
Katharina Zmeck

and to the forgotten